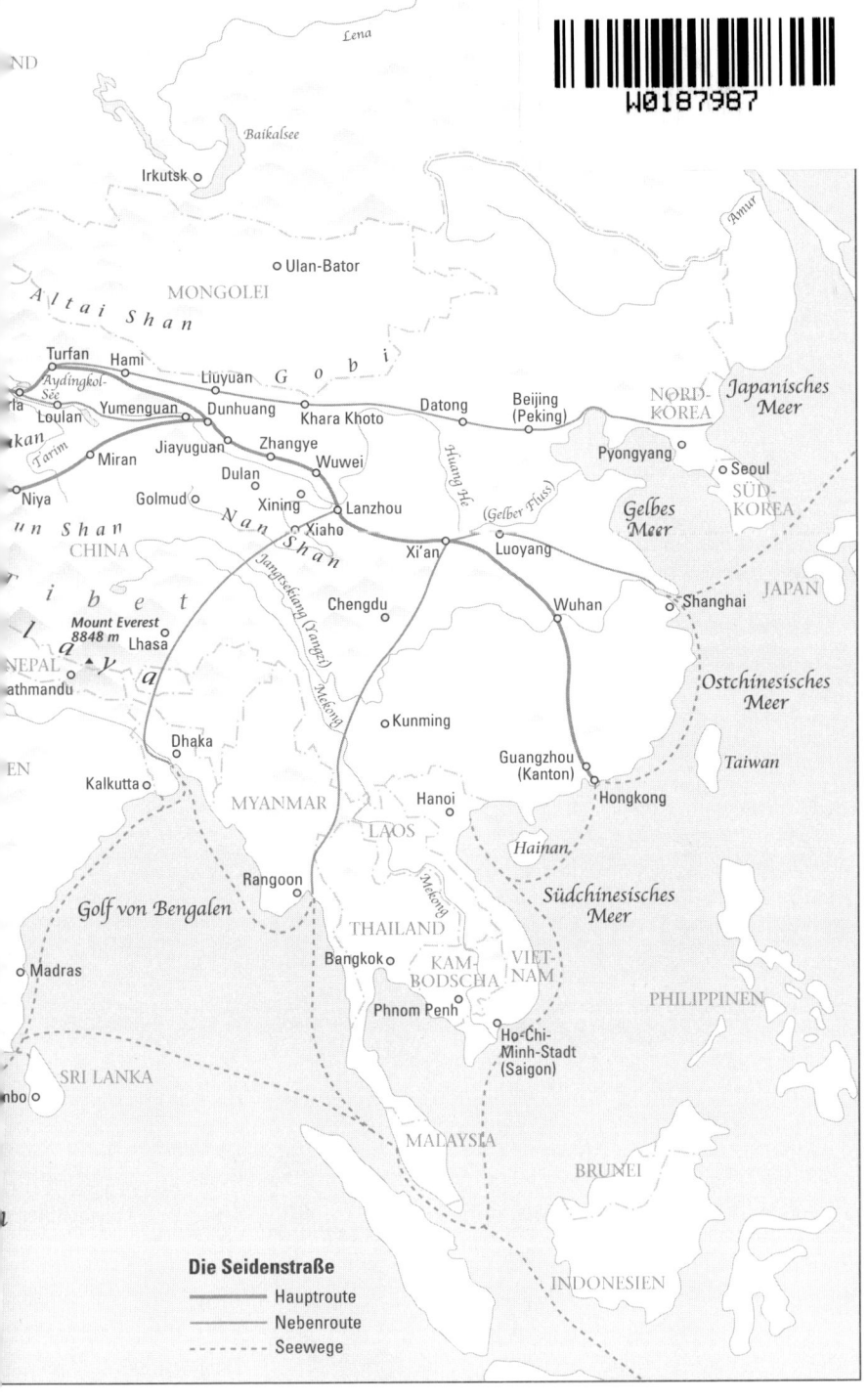

ND

Lena

Baikalsee

Irkutsk o

Ulan-Bator o

MONGOLEI

Altai Shan

Turfan Hami
Aydingkol-See
la Yumenguan o Liuyuan G o b i
Loulan Dunhuang Khara Khoto Datong Beijing (Peking) NORD-KOREA *Japanisches Meer*
kan *Tarim* Jiayuguan o Zhangye
Miran Dulan Wuwei Pyongyang o o Seoul
Niya Golmud o Xining Lanzhou SÜD-KOREA
un Shan *Nan Shan* Xiaho Xi'an *Huang He (Gelber Fluss)* *Gelbes Meer* JAPAN
CHINA *Shan* Luoyang
Tibet Chengdu Wuhan Shanghai
Mount Everest *Jangtsekiang (Yangzi)* *Mekong* o
8848 m Lhasa *Ostchinesisches Meer*
NEPAL *a y a*
athmandu *a*
Kunming o
Dhaka Guangzhou (Kanton) Taiwan
EN Kalkutta o Hanoi Hongkong
MYANMAR Hainan
LAOS
Rangoon *Südchinesisches Meer*
Golf von Bengalen THAILAND
o Madras Bangkok o KAM- VIET-
BODSCHA NAM PHILIPPINEN
Phnom Penh o
Ho-Chi-Minh-Stadt (Saigon)
SRI LANKA
nbo o
MALAYSIA
BRUNEI

INDONESIEN

Die Seidenstraße

— Hauptroute
— Nebenroute
- - - - Seewege

Claus Richter · Bruno Baumann · Bernd Liebner

Die Seidenstraße

Mythos und Gegenwart

Hoffmann und Campe

Die Deutsche Bibliothek – CIP-Einheitsaufnahme
Richter, Claus:
Die Seidenstraße : Mythos und Gegenwart / Claus Richter ;
Bruno Baumann ; Bernd Liebner.
– 1. Aufl. – Hamburg : Hoffmann und Campe, 1999
ISBN 3-455-11283-8

Schutzumschlaggestaltung: Thomas Bonnie
Foto: Silvestris/Keren Su
Bildteile: Die Fotos auf S. 1, 3 unten, 5 unten, 7 oben, 9 oben stammen
von Cheng Wei; alle anderen Fotos sind von Bruno Baumann
Satz: Utesch GmbH, Hamburg
Druck und Bindung: Graphischer Großbetrieb Pößneck
Printed in Germany

Inhalt

Vorwort
von Klaus Bresser   9

Die alte Seidenstraße
Geschichte und Geschichten
Seide – der Inbegriff von Luxus   11
Das bestgehütete Geheimnis der Menschheit   16
Verrat mit unabsehbaren Folgen   24
Landwege seit der Mongolenzeit   27
Die Seidenstraße zur See   32
Religionsexport und Ideentransfer   38

Am Anfang war Chang'an
Die alte Hauptstadt des Reiches der Mitte   42
Qin Shihuangdi, Herrscher aller Menschen   49
Wo die Straße der Seide ihren Anfang nahm   55
Autarkie als Teil der Staatsidee   60
Xuanzangs »Reise nach Westen«
und der Buddhismus in China   62

Lanzhou, die Stadt am Gelben Fluß
Umweltprobleme am Rand der Wüste   66
Auf der Suche nach der neuen Seidenstraße   69
Der Stausee an der Grenze zu den Barbaren   73
Der Gelbe Fluß, die gelbe Gefahr   76

Wege zur Vollendung
Das Lächeln eines lebenden Buddha 82
Der tibetische Buddhismus 86
Auf der Suche nach Erleuchtung 88
Falun Gong und die Zentralmacht 89

Durch den Gansu-Korridor
Jahrhundertstau auf der Seidenstraße 99
Himmlische Rosse 105
Die Modernisierung kommt auf leisen Sohlen 107
Rom in der Wüste Gobi 112
Die Große Mauer als Mythos und Schicksal 117
Asien erhält ein Gesicht 122

Im wilden Turkestan
Abenteuer Eisenbahn 129
Wie kommen die Weintrauben nach Turfan? 134
Xuanzang – ein heiliger Spion? 139
»Lop-Nor-Tiger« 144
Takla Makan – Das Geschäft mit der Angst 151
Khotan und das Geheimnis der Jade 157

»Fremde Teufel« plündern das Land
Schätze aus dem Wüstensand 165
Der Pfadfinder 170
Zur richtigen Zeit am richtigen Ort 179
Entdeckerruhm und internationale Claims 188
Freibeuterei im Namen der Forschung 200

Schmelztiegel Kashgar
Unendliche Geschichten 214
Jesus auf der Seidenstraße? 220
Mohammed vertreibt Buddha 224

Mit Vollgas aus der Steppe: Kirgisistan
Volk in zwei Staaten   230
»Ich leih mir einen Traum«   235
Schatten der Geschichte   240
Auch Demokratie muß erlernt werden   244
Begegnung mit Staatspräsident Askar Akajew   248
Varianten der Gewinnmaximierung   251

Bürde eines großen Erbes: Usbekistan
Zwischen Mohammed und Seidenstraße   254
Der Teufelskreis aus Menschenhand   259
Samarkand – Garten der Seele   262
Buchara, Stadt der Moscheen und Medresen   279

Die »Neue Seidenstraße«   293

Anhang
Zeittafel zur chinesischen Geschichte   302
Zur Aussprache   304

Die Seiten 165–213 und 230–292 stammen von Bruno Baumann;
die Seiten 42–164 und 214–229 von Bernd Liebner.

新丝绸之路

Vorwort

Wer könnte Namen wie Kashgar oder Takla Makan, Samarkand oder Buchara hören, ohne den Wunsch zu haben, die Koffer zu packen und dorthin aufzubrechen? Es sind im westlichen Bewußtsein magische, die Phantasie entzündende Orte. Sie alle verbindet die wohl spannendste Reiseroute der Welt, die voll von Abenteuern und Legenden selbst zum Mythos geworden ist: die Seidenstraße. Die Seidenstraße führte von Ost nach West, von Asien nach Europa, über 7000 Kilometer von Chinas alter Hauptstadt Xi'an an die Küsten des Mittelmeers. Auf dem längsten Handelsweg der Geschichte reisten zwei Jahrtausende lang Kaufleute und Pilger, Glückssucher und Heilsbringer, Händler brachten den Luxus in Form von Seide und anderen exotischen Kostbarkeiten ins Abendland. Über die Seidenstraße drangen die Weltreligionen Christentum, Islam und der in Indien entstandene Buddhismus nach Osten vor. Die aufblühenden Oasenstädte entlang der Seidenstraße wurden zu internationalen Umschlagplätzen von Gütern und Kulturen. Immer wieder erlagen Abenteurer – man denke nur an Marco Polo oder Sven Hedin – der Faszination eines Karawanenwegs, der durch die gefährlichsten Wüsten und die höchsten Gebirge führt, durch eindrucksvolle Kulturlandschaften und menschenfeindliche Einöden.

Eine solche Region zu bereisen und darüber zu berichten – das ist eine Herausforderung für jeden Reporter. Nach Jahrzehnten der Abschottung ist die Seidenstraße wieder in ganzer Länge zugänglich. Der Zusammenbruch der Sowjetunion und die Öffnung Chinas machen es möglich, durch Gebiete zu fahren, die früher für Ausländer gesperrt waren.

Dem Verlauf der alten Karawanenwege folgend, ist eine neue Seidenstraße entstanden. China und die zentralasiatischen Staaten im Süden Rußlands wollen sie zu einem modernen Verkehrs- und Kommunikationsweg ausbauen, zu einem »euro-asiatischen Korridor«. Die »Neue Seidenstraße« – dahinter verbirgt sich für die politischen Führungen von Peking bis Tiflis ein Projekt von hoher ökonomischer, ja strategischer Bedeutung.

Dieses Buch entstand während der Dreharbeiten zu einer dreiteiligen Serie des ZDF über Mythos und Gegenwart der Seidenstraße, ausgestrahlt im Weihnachtsprogramm 1999. Wenige Tage vor Beginn des 21. Jahrhunderts, das nach Meinung vieler Zukunftsforscher das Jahrhundert Asiens wird, präsentiert der Chefreporter des ZDF, Claus Richter, ein lebendiges Bild der Straße, die jahrhundertelang die Schlagader Asiens gewesen ist und sich heute wieder dazu entwickelt. Ein ehrgeiziges Projekt, mit dem das ZDF seinem hohen öffentlich-rechtlichen Anspruch gerecht wird.

Zwei ausgewiesene Asienkenner haben Claus Richter auf seiner Reportagereise beraten: Bruno Baumann, Abenteuerreisender und Ethnologe, hat mehrere Bücher über Aspekte der historischen Seidenstraße geschrieben und das ZDF-Team durch Zentralasien begleitet. Bernd Liebner, freier Fernsehproduzent und Autor mehrerer Dokumentarfilme über China, stand dort mit Rat und Tat zur Seite. Bernd Liebners Frau, die Schriftstellerin Cheng Wei, die bis 1989 in China lebte, führte das Team durch ihr Heimatland, dolmetschte und half im Umgang mit chinesischen Behörden. Zum ZDF-Team gehörten neben Claus Richter der Kameramann Hartmut Seifert und sein Assistent Michael Garret sowie Cheng Wei, die mit Bruno Baumann die Fotos für dieses Buch machte. Der Band ist das Ergebnis einer Gemeinschaftsarbeit – entstanden auf einer oft mühevollen, immer aber faszinierenden Reise.

Klaus Bresser   Im Oktober 1999

Die alte Seidenstraße
Geschichte und Geschichten

Seide – der Inbegriff von Luxus

Ihm war, als hielte er das Nichts in Händen – so läßt der italienische Romancier Alessandro Baricco seinen Helden Hervé Joncour empfinden, als dieser mit dem Stoff in Berührung kommt, der ihm zum Schicksal wird: Seide. Schon der Name klingt in allen Weltsprachen verführerisch: *silk*, *soie*, *seta* läßt heute wie vor 2000 Jahren an Luxus denken, an die vornehmste aller Textilien, »leicht wie eine Wolke, durchsichtig wie Eis«, fest, kühlend und wärmend zugleich, verhüllend und doch offenbarend. Die Herstellung von Seide war eines der bestgehüteten Industriegeheimnisse aller Zeiten. Ihr Ursprung verliert sich im Dunkel von Mythen und Legenden. Göttlicher Charakter wurde ihr zugeschrieben; stets galt sie als fürstlicher, Königen und Kaisern zugehöriger Stoff. Wer genau festlegen will, was Seide ist, verfällt leicht ins Raunen.

»Seide heißt das eigenthümliche Gespinst der Seidenraupe, welches sie bereitet, um sich darin zu verpuppen«, definiert das ehrwürdige »Reallexikon« für die gebildeten Stände um die Mitte des 19. Jahrhunderts. Seide ist eben wie nichts, und nichts ist wie Seide. Die Erklärung des Begriffs fällt ebenfalls ins Exotisch-Geheimnisvolle. Er leitet sich vermutlich ab vom lateinischen *saeta serica*, serisches Haar. *Seres*, Serer nannten Griechen und Römer die mutmaßlichen Erzeuger jenes »eigenthümlichen Gespinsts«, von dem das Abendland nicht wußte, woher es genau stammte und vor allem, wie es hergestellt wurde. So bezeichnete man das Volk, dem man die Erfindung zuschrieb, einfach insgesamt als »das seidenerzeugende«. In der Tat läßt sich der Name *ser* auf das chinesische *si* für Seide zurückführen. Serer, das waren, wie sich später herausstellte, die Chinesen.

Der Römer Strabo verlegt in seinem 17bändigen Hauptwerk

»Geographica« aus dem Jahr 20 n. Chr. das Land Seres an den östlichen Rand Asiens, nördlich von Indien und dem Himalaya. Aber da es über jenes ferne Land nur sehr unzuverlässige Quellen und Berichte gab, glaubten die Römer bis weit ins 1. nachchristliche Jahrhundert hinein, daß »die Serer den weißlichen Blattflor der wolltragenden Bäume mit Wasser besprengen und abkämmen«. Als Plinius der Ältere solchen Unsinn schrieb, war die Seide in Rom längst bekannt als Luxusartikel höchster Güte. Sie war so teuer, daß römische Schneider sie zunächst nur als Verzierung verwendeten. Erst später ließ sich die römische Oberschicht ganze Gewänder aus Seide fertigen. Römerinnen und Römer müssen geradezu verrückt gewesen sein nach dem kostbaren und verführerischen Nichts.

Mit der Seide kam eine Mode, wenn nicht *die* Mode überhaupt in die Welt. Damit verbindet sich bis heute auch der Begriff des Luxus, »der Welt des Schönen, jenseits des Notwendigen«. Werner Sombart hat in seiner brillanten Studie über »Liebe, Luxus und Kapitalismus« die überragende Bedeutung der Luxus-, insbesondere der Seidenindustrie für die Entwicklung des Kapitalismus nachgezeichnet.

Seide ist historisch *das* Luxusgut par excellence: ein kostbarer, aus fernen Ländern stammender Rohstoff, der kostspieliger und kunstvoller hergestellt und verarbeitet wird als ordinäre Güter und deshalb all diejenigen geradezu süchtig macht, die Geld haben und sich von der Masse unterscheiden wollen. Weil Luxus auch immer etwas Elitäres, politisch nicht Korrektes hatte, galt er Moralaposteln als verdächtig und schamlos. Das war auch in Rom so.

Plinius, der zwar die Seide auf Bäumen wachsen sah, empörte sich, »daß Frauen auf offener Straße halbnackt erscheinen«. Nicht nur in seiner Vorstellung verkörperten Seidenträger eine dem römischen Geist höchst abträgliche Mischung von Luxus, Unzucht und Dekadenz. Die Wächter der Moral machten auch die Politiker mobil. Der römische Senat beschloß gar ein Verbot von seidenen Gewändern für Männer, da diese durch solche Kleidung entehrt würden. Mahnungen und Verbote halfen wenig. Das Römische Reich stand auf dem Zenit seiner Macht, und die Schönen und Feinen von Rom, die Schickeria und die Neureichen, trugen Seide als Statussymbol. Der Preis spielte keine Rolle.

Es ist in diesem Zusammenhang recht amüsant, daß heute in vielen Ländern Asiens von Singapur bis Peking der weiße Mann, der Westen, für den Export von Unmoral verantwortlich gemacht wird. Darauf könnte man mit Recht erwidern, daß der Westen Pornographie und Promiskuität nur reexportiert, denn es war der Orient, der den Okzident korrumpierte, und nicht umgekehrt. Mit der Seide fing es an. Aus aufrechten und tugendhaften republikanischen Senatoren wurden parfümierte, pervertierte Kaiser, die sich weibisch in Seide hüllten. Es war der Osten, der den Hedonismus erfand, die erotischen Tänze, die Liebeshelfer, die Drogen, das Konkubinat, die Polygamie, den Gruppensex, ganz zu schweigen von den phantasiereichen Liebeslehren aus China, Indien und Persien. Der Westen, das Abendland, das war einst die biedere Provinz, der Osten hingegen die verdorbene große Welt unter dem Seidenbanner.

Dabei hatte Rom die Seide unter eher unglücklichen, fast tragischen Umständen kennengelernt – auf dem Schlachtfeld. Der römische Konsul Crassus, der Schwächste im Triumvirat mit Cäsar und Pompejus, führte 53 vor der Zeitenwende einen Feldzug gegen die Parther und überquerte dabei den Euphrat. Statt Ruhm erwartete die erfolgverwöhnten römischen Legionen eine böse Überraschung. Der Feind zog sich zum Schein in die Wüste zurück und lockte die Römer in die Falle. In der Nähe der Stadt Carrhae kam es zur Entscheidung. Entsetzt berichteten die römischen Geschichtsschreiber, wie sich auf einmal frische Truppen der Parther auf die Römer stürzten und dabei buntschillernde Banner entfalteten, die die Römer erst blendeten, dann völlig verwirrten. Es folgten Panik und ein Gemetzel. Mehr als 20 000 Römer fielen, darunter auch Crassus und sein Sohn.

Die farbenprächtigen, funkelnden, durchsichtigen Banner waren aus Seide. Das fand auch die römische Fernaufklärung heraus; sie nannte die schlachtentscheidenden Fahnen *vexilla serica*. Schon zehn Jahre später aber verwandelte Cäsar den Stoff der Niederlage in einen des Triumphs. Nach seinen Siegen ließ er Seidenbanner flattern; ja er soll sogar in einer ganz seidenen Toga aufgetreten sein. Von da an war der Siegeszug der Seide nicht mehr aufzuhalten. Was dem Cäsar recht war, konnte den Profiteuren seiner Beutezüge nur billig sein.

Roms Luxusleben aber hatte für die Staatskasse verhängnisvolle Folgen. Die Handelsbilanz gegenüber dem Osten rutschte immer mehr ins Minus. Während das mythische Land der Serer einen Exportschlager entdeckt hatte, floß römisches Geld ins Ausland. Seneca und Plinius beklagten die ungeheuren Kosten des Luxusimports, geschätzte 100 Millionen Sesterzen pro Jahr. Während der Osten gar nicht so viel liefern konnte, wie der Westen haben wollte, vermochte der Westen dem Osten nur wenig zu bieten: Güter wie Lebensformen oder die ihnen zugrundeliegende Philosophie – ein Phänomen, das sich mehr als 1800 Jahre später wiederholen sollte. Dann allerdings, wie wir sehen werden, mit tragischen Folgen für den Lieferanten.

Rom jedenfalls war dem fernen China gegenüber machtlos, und so blieb dem Senat nichts anderes übrig, als Handels- und Einfuhrbeschränkungen zu verfügen. Man belegte Seide mit einer Importsteuer von 25 Prozent. Nun blieben aber staatliche Eingriffe in den Welthandel zu allen Zeiten letztlich wirkungslos, vor allem dann, wenn man, wie im Fall der Seide, sich mit der menschlichen Eitelkeit anlegte. Rom mochte verarmen, doch die römische Gesellschaft auf ihren Luxus nicht verzichten. Kaiser Marc Aurel suchte diesen Teufelskreis zu durchbrechen und beschloß, mit gutem Beispiel voranzugehen: Er verkaufte seine seidenen Kleider, um seinen erschöpften Staatsschatz zu füllen – eine folgenlose Geste der Ohnmacht.

Es zählt zu den Merkwürdigkeiten des Handels auf der Seidenstraße, daß sich die beiden Partner am Ausgangs- und am Endpunkt nicht oder nur gerüchteweise kannten. Die Herrscher Roms hatten keine Ahnung, daß es da am Ende der Welt einen Kaiser von China gab, der zumindest genauso mächtig war wie der Imperator. Und die Chinesen ihrerseits wußten wenig von jenem Weltreich im Okzident. Römer und Chinesen trieben Handel miteinander über alle möglichen Vermittler, begegneten sich aber offiziell nicht. Dennoch scheinen beide voreinander große Achtung gehabt zu haben.

Römische Quellen sprechen den Serern übermenschliche Eigenschaften zu. Lukian etwa schreibt, gestützt aufs Hörensagen, noch im 2. nachchristlichen Jahrhundert, »daß die Serer bis zu 300 Jahre leben, wobei die einen der Luft, andere der Erde die Ursache für das hohe Alter zuschreiben, wieder andere aber der Ernährung, denn sie sagen, daß dieses ganze Volk Wasser trinke« – für einen weinliebenden Römer offenbar eine ans Wunderbare grenzende Tatsache. Die Chinesen ihrerseits hatten mit Bezug auf Rom ebenfalls nur Gerüchte zur Verfügung. Frühe Quellen erwähnen, die Bewohner dieses Landes seien »alle hochgewachsen und haben regelmäßige Gesichtszüge. Sie sehen genauso aus wie die Bewohner des Reiches der Mitte, weswegen man dieses Land Da Qin nennt.«

Das reiche Rom war also für die Chinesen ein zweites China, das unbekannte China für die Römer ein Land der Übermenschen. So beginnt eine ganze Kette von Mißverständnissen und Fehlinterpretationen, die das Verhältnis des Abendlands zu Asien und umgekehrt so schwierig machten bis hin zum Diktum Rudyard Kiplings, daß sich Ost und West nie wirklich verstehen könnten.

So wenig China und Rom voneinander wußten, so wenig kannten sie auch die Wege, auf denen Güter aller Art, vor allem deren kostbarstes, die Seide, transportiert wurden. Was zwischen der chinesischen Grenze und den Vorposten des Römischen Reiches passierte, blieb beiden Weltmächten des Altertums weitgehend unbekannt. Man interessierte sich auch nicht dafür, sprach abwertend von Landstrichen der Barbaren. Erst sehr viel später machten sich die ersten Reisenden auf, um genauere Informationen zu sammeln. Erst im nachhinein haben Wissenschaftler den ältesten und längsten Handelsweg der Menschheit rekonstruiert, den vollständig zu bereisen Jahre dauerte.

Der Schweizer Seidenstraßenforscher Christoph Baumer schreibt: »Unter dem Begriff Seidenstraße, der vom deutschen Geologieprofessor Ferdinand von Richthofen in der zweiten Hälfte des 19. Jahrhunderts geprägt wurde, versteht man diejenigen Gebiete, durch die von der Mitte des 1. Jahrtausends v. Chr. bis zum Ende der großen chinesischen Tang-Dynastie zu Beginn des 10. Jahrhunderts n. Chr. Handelskarawanen von Ost nach West Güter wie Seide, Eisen- und Stahlwaren, Bronzegegenstände, Lackwaren und Felle brachten, während in umgekehrte Richtung Glas-, Gold- und Silbergegenstände, Weihrauch, Bernstein, Elfenbein und schwarze Sklaven befördert wurden.«

Das bestgehütete Geheimnis der Menschheit

Ihre erste Blüte-, ihre Glanzzeit erreichte die Seidenstraße während der ersten nachchristlichen Jahrhunderte, in der Ära der chinesischen Han- und Tang-Dynastien (vgl. S. 302 f.). Wohl und Wehe der Seidenstraße hingen immer mit dem Wellenschlag chinesischer Geschichte zusammen, mit dem Auf und Ab von Perioden der Stabilität oder des Chaos, mit der Einheit des Reiches oder inneren Machtkämpfen.

Der wundersame Stoff, der einen ganzen Komplex von Handelswegen ins Leben rief, ist eine unbestritten chinesische Erfindung. Durch Jahrtausende gelang es China, das Geheimnis der Seidenherstellung zu wahren und ein Handelsmonopol zu errichten – ein einmaliger Vorgang in der Geschichte der Weltwirtschaft. Wie es sich für einen wunderbaren Stoff gehört, bringen chinesische Legenden ihn mit den Göttern und dem Kaiser in Verbindung. Als Göttin der Seide gilt Xiling, die Frau des mythischen Gelben Kaisers, der etwa 2700 Jahre vor unserer Zeitrechnung das Reich der Mitte schuf und regierte. Xiling soll bei einem Spaziergang beobachtet haben, wie ein Seidenschmetterling aus seinem Kokon schlüpfte. Die aufmerksame Kaisersgattin beschäftigte sich daraufhin mit der Entwicklung des Schmetterlings, vom Ei des Seidenspinners über das Raupenstadium bis zum Flüggewerden. Sie fand heraus, daß der Faden des Kokons bis zum Ausschlüpfen des Schmetterlings eine Länge von mehr als einem Kilometer erreichen und abgehaspelt werden kann.

Daraus ergaben sich entscheidende Erkenntnisse: Erstens ist unter vielen spinnenden Insekten der Maulbeerseidenspinner der fleißigste und edelste, und zweitens muß die Raupe noch im Kokon abgetötet werden, damit sie den Seidenfaden nicht zerstört. Das war der technische Aspekt. Hinzu kamen ein ernährungswissenschaftlicher und ein insektenpsychologischer. Aus ungeklärten Gründen fressen die bevorzugten Seidenraupen nun einmal die Blätter des Maulbeerbaums am liebsten; und am besten gedeihen sie in einer nahezu klinisch sauberen Umwelt. Das Geheimnis der Seidenherstellung hat viel damit zu tun, daß der Seidenspinner sein Werk nur bei sorgfältigster Pflege mit der nötigen Perfektion verrichtet.

Noch einmal Christoph Baumer:»Die Eier des Maulbeerseidenspinners werden zunächst abgehärtet, indem man sie der Winterkälte aussetzt oder in Salzwasser legt. Danach werden im Frühling die überlebenden Eier von Frauen, den sogenannten ›Müttern der Raupen‹, in einem fließenden Gewässer gebadet und dann auf weiches Papier in einen warmen Raum gelegt. Nun schlüpfen die knapp zwei Millimeter langen Raupen und entwickeln sofort einen unersättlichen Appetit nach frischen, zarten Maulbeerbaumblättern. In der ersten der drei folgenden Wochen braucht die Raupe halbstündliche Mahlzeiten, also 48 pro Tag, und wächst nach vier Häutungen zu einem bis zu 66 Millimeter langen Tier heran. Diese dreiwöchige Periode der Raupenfütterung war für die Frauen, die sie pflegten, so anstrengend, daß sogar Hochzeiten und Begräbnisse verschoben werden mußten, denn die Zucht der Seidenraupen setzte buchstäblich eine Pflege ›rund um die Uhr‹ voraus.«

Die Seidenraupen sind nicht nur gefräßige, sondern auch äußerst empfindliche Wesen. Eine chinesische Quelle nennt Einzelheiten: »Die Seidenraupen verabscheuen feuchte Blätter; sie ekeln sich vor warmen Blättern. Gerade erst geborene Raupen verabscheuen es, wenn Fisch oder Fleisch gesotten oder gebraten wird; sie mögen es nicht, wenn in ihrer Nähe Reis zerstoßen wird; sie mögen es nicht, wenn auf dumpf klingende Gefäße geschlagen wird; es beliebt ihnen nicht, als Amme eine Frau zu haben, die vor weniger als einem Monat niederkam; sie ekeln sich, wenn ein Mann, der Wein mit sich trägt, ihnen Maulbeerblätter zu essen gibt, sie fortträgt und auf die Leinwand verteilt. Von der Geburt bis zu ihrer Reife verabscheuen die Seidenspinner Rauch und Gerüche. Sie ekeln sich, wenn schmutzige Leute ins Seidenraupenhaus eintreten, im Seidenraupenhaus muß übler Geruch und Schmutz vermieden werden.«

Während der Fütterungszeit fressen die Raupen eine immer größere Menge Blätter, am Ende etwa die zwanzigfache Menge ihres Eigengewichts. Schließlich beginnen sie, ihren Kokon zu spinnen. Das nimmt nur wenige Tage in Anspruch. Ein Teil der Kokons wird für die weitere Zucht gebraucht. Nach zehn Tagen durchbrechen die Schmetterlinge die Kokons und fliegen davon. Männchen und Weibchen paaren sich. Das Männchen verendet, das Weibchen legt die Eier ab. Und der Zyklus beginnt von neuem. Der andere Teil der Kokons aber wird vor dem Ausschlüpfen in heißes Wasser geworfen. Die Raupe stirbt, und der sogenannte Seidenleim löst sich. Übrig bleibt der Seidenfaden. Die dünnen Fäden mehrerer Kokons werden gemeinsam zu einem dicken Faden aufgehaspelt und schließlich gewebt.

Ohne hier in weitere Einzelheiten gehen zu wollen, bleibt festzuhalten, daß chinesische Webtechniken weltweit ihresgleichen suchten. Das Monopol Chinas bei der Seidenherstellung ruhte nicht nur auf der als Staatsgeheimnis behandelten Aufzucht, sondern auch auf der Einzigartigkeit der Verarbeitung. Archäologische Befunde beweisen, daß zumindest zeitlich die Legende von der ersten Seidenspinnerin, der Dame Xiling, stimmen könnte. Wissenschaftler haben ermittelt, daß die ältesten noch vorhandenen Seidenreste etwa 4750 Jahre alt sind. Damit ist Seide etwa so alt wie Chinas überlieferte Geschichte. Seide ist Chinas erstes großes Geschenk an die Menschheit.

Von Beginn an war Seide auch in China nichts für gewöhnliche Sterbliche. Die Seidenweber selbst konnten es sich nicht leisten, Seide zu tragen. Dies war ein Privileg des Adels und des Kaisers. Die Farben der Seidengewänder waren Ausdruck der Hierarchie: Gelb allein für den Kaiser, Schwarz für die Kaiserin, Violett für die Nebenfrauen.

Seide war also weit mehr als nur eine Textilie. Sie drückte Prestige aus, Reichtum, höfischen Glanz. Sie wurde zu einer Art Währungsersatz und Währungsreserve, nur noch Gold vergleichbar. Mit Seide wurden Steuern entrichtet und Beamte bezahlt, und die Seidenballen trugen kaiserliche Gütesiegel, die Gewicht, Preis und Qualität reglementierten, was erst den Handel im großen Stil ermöglichte. Dabei standen die Seidenkaufleute in niedrigem Ansehen. Der Hof liebte den Handel, aber nicht die Händler. In den Zeiten der Han-Dynastie mußten sie diskriminierende Kleider tragen, etwa einen weißen Turban und unterschiedliche Schuhe, einer schwarz, einer weiß. Sie waren vom Staatsdienst ausgeschlossen, mußten Steuern zahlen, durften aber kein Land besitzen.

Die chinesische Führung jener Zeit, der Kaiser und seine Mandarine, wußten sehr wohl, über welchen Schatz sie verfügten. Den wollten sie auch bewahren, und so verboten sie bei Todesstrafe den Verrat des Rezepts und die Ausfuhr der Ausgangsprodukte. Andererseits erkannte der geschäftstüchtige chinesische Hof, zumindest theoretisch, welche phantastischen Gewinne sich mit dem Endprodukt im Export erzielen ließen. Allerdings unternahm das selbstgenügsame Reich der Mitte von sich aus wenig, um die Welt militärisch oder wirtschaftlich zu erobern. Der Siegeszug in den Westen begann eher zufällig, als China beschloß, sich vorsichtig nach Westen zu öffnen, mehr aus Not denn aus freien Stücken.

Seit den Anfängen des Reichs führte China nahezu ununterbrochen Krieg gegen Feinde an seiner Nord- und Westgrenze. Es war ein Krieg der Zivilisationen, einer Gesellschaft seßhafter Bauern gegen Nomadenstämme, die aus dem Innern Asiens, aus der Mongolei und dem Süden Sibiriens, vordrangen, ständig auf der Suche nach neuen Weidegründen.

Die verschiedenen chinesischen Dynastien fanden unterschiedliche Lösungen für diese wichtigste Frage der nationalen Sicherheit. Je nach Stärke schickte man militärische Strafexpeditionen oder zahlte Bestechungsgelder in Form von Seidenballen, oder man betrieb Heiratspolitik und legte den wilden Stammesfürsten chinesische Prinzessinnen in die Jurtenbetten, um die Barbaren, wenn sie nicht zu besiegen waren, zu Verbündeten zu machen. Vor allem begann China, sich mit großen Mauern nach Norden und Westen abzusichern, bis heute das Symbol einer ebenso größenwahnsinnigen wie hilflosen Abgrenzungspolitik. All diese Maßnahmen sicherten nur eine brüchige Stabilität, die dann zusammenbrach, als die Mongolen unter Dschingis Khan China im 13. Jahrhundert eroberten.

Gut 1000 Jahre zuvor hatten es die Chinesen schon einmal mit einem ausgesprochen lästigen Gegner zu tun gehabt, der den Norden unsicher machte, dort raubte und plünderte. Es war das Volk der Xiongnu, in denen manche Historiker die Vorfahren der Hunnen sehen. Gefürchtet wie die Hunnen waren die Xiongnu jedenfalls, die chinesische Quellen als bluttrinkende, Tierhäute tragende Monster beschreiben. Bei einem solchen Feind hielt der chinesische Hof eine nur militärische Antwort für unzureichend. Diplomatisch-strategisches Denken war China durchaus vertraut, und lange bevor Machiavelli seinem Fürsten mit zynischen Ratschlägen zur Seite stand, kannten die chinesischen »think tanks« der Han-Dynastie den Grundsatz: Der Feind deines Feindes ist dein Freund, ob du ihn nun magst oder nicht.

So schickte Kaiser Wu eine Delegation zu den Yuezhi, auch einem Nomadenvolk, das von den Xiongnu besiegt und nach Zentralasien abgedrängt worden war. Wohin genau, wußten des Kaisers Diplomaten nicht, aber das sollte der Leiter der Expedition, ein hoher Hofbeamter und Offizier, herausfinden. Dieser erste reisende Sicherheitsberater der Geschichte hieß Zhang Qian, dessen Mission für die Entstehung der Seidenstraße von entscheidender Bedeutung war. Zhang Qian machte sich mit 100 Mann auf die Suche nach Verbündeten, fiel aber kurz darauf erst einmal den Feinden Chinas in die Hände. Die ließen den Sonderbotschafter erstaunlicherweise am Leben und verheirateten ihn sogar mit einer Nomadenfrau. Doch Zhang konnte fliehen und sich zu den Yuezhi durchschlagen, nur um herauszufinden, daß die wenig Lust verspürten, an der Seite Chinas Rache zu nehmen. So zog Chinas Mann für heikle Operationen wieder ab, wurde erneut gefangengenommen und konnte wieder fliehen. Nach einer 13jährigen Irrfahrt kehrten er und einer aus der ursprünglichen Abordnung im Jahre 126 v. Chr. nach China zurück. Der Kaiser bereitete ihm einen würdigen Empfang und beförderte ihn zu einer Art Chef der Reichskanzlei, denn Zhang war zwar politisch gescheitert, hatte aber Gegenden kennengelernt, die für Chinas Wirtschaft hochinteressant waren. In seinem Bericht, von dem Teile erhalten sind, läßt er sich begeistert über mögliche wirtschaftliche Perspektiven aus. Es beginnt eine Zeit hektischer diplomatischer und kommerzieller Aktivitäten.

Zhang Qian rückte reich beladen mit Geschenken erneut aus, und diesmal brachte er als Gegengeschenk Dutzende von Pferden mit, die des Kaisers höchstes Lob fanden. Diese »himmlischen Pferde« stammten, so glaubte man, von jenen übernatürlichen Rössern ab, von denen chinesische Orakel kündeten. Sie verfügten nicht nur über einen erstklassigen Stammbaum, sondern erwiesen sich auch als den Nomadenpferden überlegen; vor allem aber kamen sie bei der Aufrüstung der in dauernden Kämpfen dezimierten chinesischen Reiterei gerade recht. Die Pferde stammten vermutlich aus der Gegend um Ferghana im heutigen Usbekistan. Auch Samarkand, später einer der Knotenpunkte der Seidenstraße, hatten die Kuriere des Kaisers kennengelernt, und sie hatten dort erstmals von fernen Reichen im Westen gehört, von Persien und Rom.

Eine neue Welt tat sich für China auf. Händler aus fremden Königreichen ließen sich in der chinesischen Hauptstadt nieder. Zhang Qian, den man in China den »Großen Reisenden« nennt, wurde auf diese Weise unbeabsichtigt zum Vater der Seidenstraße, denn mit seinen Expeditionen begannen Chinas Kontakte mit dem Westen. Die Expansion nach Zentralasien scheiterte in der Folge militärisch, aber wirtschaftlich war das Reich der Mitte überaus erfolgreich. Es erschloß neue Handelswege und Märkte, zumal mit dem Stoff, für den China das Weltmonopol besaß. In chinesischen Regierungsprotokollen jener Zeit gab man sich hoch zufrieden mit den Ergebnissen. »So strömen die Erzeugnisse der fremden Länder zu uns, aber kein Tropfen Gewinn strömt hinaus, so daß unsere Staatskasse überfließt und das Volk sein Auskommen hat.«

Den Truppen des Kaisers gelang es, die Nord-West-Passage, den Gansu-Korridor, zu erobern und damit den Handel zu sichern. Gleichzeitig wurde die Große Mauer bis nach Dunhuang verlängert, eine der großen Oasenstädte der Seidenstraße. Auch die Königreiche Loulan, Khotan und Kashgar im Tarim-Becken fielen an China, wurden unterworfen oder politisch abhängig gemacht.

Damit waren die Voraussetzungen geschaffen, daß die Karawanen durch halbwegs banditenfreie Gebiete ziehen konnten. Etwa um das Jahr 100 vor unserer Zeitrechnung brachen die ersten auf, Karawanen mit Hunderten Menschen und einer großen Anzahl von Lasttieren, vor allem Kamelen. Pro Tag kam man gute 30 Kilometer voran. Ausgangspunkt der Seidenstraße war Chinas alte Hauptstadt Chang'an, das heutige Xi'an, damals eine blühende Metropole mit zwei Millionen Einwohnern – ein Rom Asiens. Die Route führte westwärts nach Lanzhou, dann durch den Gansu-Korridor nach Dunhuang, damals die westlichste Stadt des chinesischen Reiches. Gleich nach Dunhuang symbolisierte das sogenannte Jadetor das Ende der Zivilisation und den Beginn der Barbarei. Hier begann das eigentliche Abenteuer Seidenstraße, denn nun galt es, das Tarim-Becken und die Wüste Takla Makan zu umgehen.

Das Tarim-Becken war ein einziges menschenfeindliches Niemandsland inmitten großartiger Kulissen. Im Norden erhob sich der Tian Shan, das »Himmelsgebirge«, im Westen der Pamir, das »Dach der Welt«, im Süden der Kunlun Shan, mit dem Pamir durch den Karakorum, das »schwarze Gebirge«, verbunden. Gebirgszüge, die zu den höchsten der Welt zählen, schließen wie eine Zange ein Gebiet ein, das im Verlauf der Geschichte als Chinesisch-Turkestan, Kashgarien oder Xinjiang bezeichnet wurde. Einzig nach Osten öffnet sich Xinjiang, in die Wüsten Gobi und Lop.

Seide reiste mühsam und unter ständiger Lebensgefahr für ihre Begleiter. Das Herz des Tarim-Beckens bildet die Wüste Takla Makan, in die sich nur Verrückte oder Lebensmüde trauten. Takla Makan, das bedeutet auf deutsch etwa: Wer hineingeht, kommt nie wieder heraus. Bis in die fünfziger Jahre unseres Jahrhunderts berichten Reisende von den in der Sonne bleichenden Knochen derjenigen, die den Namen nicht wörtlich nehmen wollten und dafür bezahlten. Auch der schwedische Forscher und Abenteurer Sven Hedin wäre hier fast zugrunde gegangen. Für ihn war die Takla Makan die schlimmste Wüste der Welt.

Den Karawanen blieb nur übrig, die Takla Makan entlang der Gebirgshänge zu umgehen, wo die Kamele halbwegs festen Boden fanden und sich Oasensiedlungen bildeten. So wie die Seidenstraße alten Nomadenpfaden folgte, so entwickelten sich mit dem Handel aus Oasen Handelsstädte, später Fürstentümer oder gar Königreiche.

Die südliche Umgehungsroute führte nach Khotan, Yarkand und Kashgar. Von hier zweigte ein Seitenarm ab, durch das Karakorum-Gebirge nach Süden ins heutige Pakistan. Den Karakorum nannten die Chinesen treffend blumig das Kopfschmerzgebirge. Die nördliche Route führte über Turfan, Korla, Kucha, Aksu nach Kashgar. Dort vereinten sich beide Routen wieder.

Nachdem die Karawanen die Wüste hinter sich gelassen hatten, wartete eine neue, kaum weniger bedrohliche Herausforderung, das Dach der Welt. Die Gebirgszüge des hohen Pamir galt es, auf Pässen in mehr als 4000 Meter Höhe zu überwinden. Die Hauptroute führte dann weiter durch die heutigen Republiken Kirgisistan, Usbekistan und Turkmenistan über Städte wie Osch, Samarkand und Buchara. Weiter ging es über Teheran, Bagdad und Damaskus ans Mittelmeer, an die Küste Syriens.

In den Oasensiedlungen um das Tarim-Becken muß sich ein buntes, auch wildes Leben entfaltet haben. Goldgräberstimmung machte sich breit. Vermögen wurden schnell gemacht und schnell verloren. Außerhalb der Karawansereien warteten Räuber und Entbehrungen auf die Kaufleute. Man war froh, Herbergen erreicht zu haben, die allerdings auch jede Menge zwielichtige Figuren anzogen, Gauner, Zauberer, Wahrsager und Spieler, Glücksritter aller Art. Die Karawansiers waren ausgehungert und freigiebig, wenn es um einen Ausgleich für die Mühen und Gefahren der Wüstenwanderungen ging. Auch die einschlägigen Damen waren zur Stelle. Helmut Uhlig zitiert in seinem Buch über die Seidenstraße die hübsche Anekdote, daß eine schöne Frau von einem fremden Kaufmann für eine Nacht hundert Pferde und tausend Seidengewänder erhielt. Das scheint stark übertrieben, aber billig dürfte in jenen Wüsten-Dorados nichts gewesen sein. Wenn jede Nacht die letzte sein kann, greift man auch mal tief in die Tasche.

Aus dieser ersten Blütezeit der Seidenstraße gibt es kaum Zeugnisse von Reisenden. Erst aus späteren Jahrhunderten, als buddhistische Mönche nach Indien reisten, um an den Quellen des Buddhismus die Originaltexte zu studieren, liegen Berichte vor. Sie erzählen von furchtbaren Qualen und hohen Verlusten. Auch auf den Umgehungsrouten konnten die Karawanen die Wüsten nicht ganz vermeiden. Ein Mönch namens Faxian, der um 399 n. Chr. von Chang'an aufbrach, erinnerte sich mit Schrecken an Dämonen und heiße Winde in der Öde und an verrottende Knochen von Toten als einzige Wegweiser. Noch Jahrhunderte später beklagt Marco Polo die Märsche durch glühende Sandwüsten in ganz ähnlichen Worten: »Es gibt keine Tiere, da es für sie nichts zu fressen gibt, aber wenn ein Reisender nachts den Anschluß verliert und versucht, seine Gruppe wiederzufinden, wird er Geister sprechen hören und glauben, daß es seine Kameraden sind. Die Geister werden ihn manchmal bei seinem Namen rufen, und so wird der Reisende irregeführt und findet seine Gruppe nie mehr. Sogar tagsüber hört man diese Geister.«

Und dann die Berge, die Pfade durch Schluchten über Abgründe in schwindelerregender Höhe. Ein weiterer Reisender: »So kommen unsere Gesandten, die die Hoheitszeichen der mächtigen Han tragen, in Bergen und Tälern schier vor Hunger um. Sie betteln, doch man gibt ihnen nichts, und nach zehn oder zwanzig Tagen irren Männer und Tiere in der Wüste umher, ohne wieder herauszufinden. Bezwingen sollen sie außerdem die Berge des Kopfschmerzes sowie die des kleinen Kopfwehs und die Abhänge der roten Erde und des Fiebers. Sie bekommen auch Fieber und haben keine Farbe mehr, leiden an Migräne und Erbrechen. Das gleiche gilt für Esel und Vieh. Die Reisenden, ob zu Pferd oder zu Fuß, klammern sich aneinander und ziehen sich an Seilen entlang. Erst nach mehr als 2000 Li (rund 1000 Kilometer) erreichen sie die Hängebrückenstraße. Wenn die Tiere stürzen, sind sie schon zerstückelt, bevor sie die Hälfte der Felsrinne erreicht haben. Wenn Männer stürzen, können sie einander nicht helfen. Die Gefahren dieser Abgründe lassen sich einfach nicht mit Worten beschreiben.«

Verrat mit unabsehbaren Folgen

Buddhistische Pilger erzählen auch, wie das Geheimnis der Seidenraupe in den Westen gelangte. Eine klare, historisch nachprüfbare Erklärung gibt es nicht, aber eine Legende, die später in die Annalen der Tang-Dynastie aufgenommen wurde. Sie handelt von einer jener Prinzessinnen, die der chinesische Hof mit jenen Königen und Fürsten am Rande des chinesischen Herrschaftsgebiets verheiratete, damit aus den zarten Banden der Ehe sich handfeste Bündnisse entwickeln sollten. Eine chinesische Prinzessin aber wuchs auf mit einem angeborenen Überlegenheitsgefühl, in der festen Überzeugung, der feinsten Zivilisation der Welt anzugehören, an der gemessen alles andere als gänzlich unakzeptabel erscheinen mußte. Bitter beschwerten sich manche Opfer dieser Heiratspolitik. Eine Han-Prinzessin schreibt nach Hause voller Wehmut: »Mein Volk hat mich ans Ende der Welt verheiratet. Sie haben mich in ein fremdes Land geschickt, zu dem König der Wusun. Meine Bleibe ist ein Zelt, meine Wände sind aus Filz. Rohes Fleisch und Stutenmilch, das ist meine Nahrung. Ich denke nur an meine Heimat, und mein Herz wird traurig. Oh, daß ich nicht dem gelben Schwane ähnlich bin, ich würde pfeilschnell in mein altes Haus fliehen.«

Der König von Khotan am Rande des Tarim-Beckens, durch dessen Gebiet die Seidenstraße führte, wollte seit langem das seidene Mysterium lüften, um Khotan vom Transit- zum Produktionsland zu befördern. Aber Chinas Obrigkeit und Spionageabwehr leisteten ganze Arbeit. Die Ausfuhr von Maulbeersamen und

Seidenraupen blieb streng verboten, und die Grenztruppen setzten dieses Verbot auch durch. Da hatte der König von Khotan eine Idee. »Er bat mit unterwürfigen Worten gemäß den Riten der Ehrerbietung darum, eine Frau aus dem Königreich des Ostens ehelichen zu dürfen. Der Prinz des Königreiches, der den fernen Volksstämmen wohlgesinnt war, gab dieser Bitte statt. Der König von Khotan befahl einem Boten, seine Gattin abzuholen, und trug ihm folgendes auf: ›Sag der Prinzessin des Königsrichs des Ostens, daß unser Land nie Seide und auch keinen Maulbeerbaum oder Seidenraupen besessen hat. Wenn sie sich Kleider fertigen will, muß sie welche mitbringen!‹ Nachdem das junge Mädchen diese Worte vernommen hatte, ließ sie sich heimlich Maulbeersamen und Seidenraupen bringen, die sie im Futterstoff ihres Kopfputzes verbarg. Als sie an die Grenze kam, kontrollierte der oberste Wachposten alles, doch die Kopfbedeckung der Prinzessin wagte er nicht zu untersuchen. So gelangte sie ins Königreich Khotan.«

China verlor sein Monopol, weil eine Prinzessin auf den heimischen Luxus nicht verzichten wollte und dafür zur Verräterin wurde. Von Khotan aus verbreitete sich die Seidenzucht nach Westen, zuerst nach Zentralasien, dann in den Mittleren Osten und schließlich ins Abendland, wieder durch Schmuggel und Verrat.

Das prächtige Byzanz, Zentrum des Oströmischen Reiches, hatte großen Hunger auf Seide, war aber von persischen Zwischenhändlern abhängig. Kaiser Justinian wollte das Geschäft endlich in eigener Regie betreiben, doch wußte er nicht, wie. Da kamen, so berichtet der zeitgenössische Historiker Prokop, einige Mönche zu ihm, die angeblich viele Jahre in Ser-India, also China, verbracht hatten. Sie wüßten, erklärten sie dem Kaiser, wie Seide auch im Reich der Römer hergestellt werden könne. Justinian verstand den Wink, versprach reiche Belohnung und zahlte einen Vorschuß.

Die Mönche reisten zurück nach China, wahrscheinlich nach Khotan, und erfüllten ihren Teil der Abmachung. Angeblich in ihren Wanderstäben schmuggelten sie – wie einst die Prinzessin von Khotan in ihrer Hochfrisur – Seidenraupeneier und Maulbeersamen nach Byzanz. Damit waren gleich zwei Monopole erledigt: das der Perser auf den Handel und das der Chinesen auf die Produktion. Nach fast 4000 Jahren war das chinesische Staatsgeheimnis Nummer eins endgültig keines mehr.

Byzanz seinerseits gründete ein eigenes Monopol für den westlichen Markt. Der chinesischen Seidenindustrie drohten die Märkte wegzubrechen, sie geriet in die Krise.

Westeuropa gelang es erst weitere 500 Jahre später, eine eigene Seidenproduktion ins Leben zu rufen, als König Roger II. von Sizilien während der Kreuzzüge griechisch-byzantinische Gebiete plünderte und Seidenhandwerker nach Sizilien entführte. Später wurden dann Italien und Frankreich wichtige europäische Seidenhersteller. China blieb Marktführer und größter Produzent, hatte aber seine Dominanz eingebüßt.

Just gegen Ende des Goldenen Zeitalters, während der Tang-Dynastie, rückten die islamischen Heere gegen China vor, eroberten Persien und Nord-Indien. Bei Talas, nordwestlich von Kashgar, kam es 751 zur Schlacht. China verlor den Kampf um die Vorherrschaft in Turkestan. Der Nordwesten des Reiches wurde nach und nach islamisch – und das ist er bis heute geblieben.

Bei dieser Schlacht fielen den siegreichen Arabern auch Spezialisten in die Hände, die sich auf die Herstellung von Seide und, sensationell zu dieser Zeit, von Papier verstanden. Die Folgen: Persien stieg ins Seidengeschäft ein, und das Abendland empfing durch moslemische Vermittlung das zweite große Geschenk Chinas an die Welt.

Nach ihrer Blütezeit in der chinesischen Tang-Dynastie verfiel die Seidenstraße. China machte wieder einmal eine Phase innerer Unruhen durch, in der weite Teile des Nordens unter den Einfluß fremder Völker gerieten. Die Risiken für die Karawanen stiegen in einem Maße, daß sich der Handel kaum mehr lohnte.

Zu dieser Zeit führte die Ausbreitung des Islam zum Verschwinden der buddhistischen Gemeinden entlang der Seidenstraße. Die Anhänger des Propheten lehnten jede bildliche Darstellung Gottes ab, und so wurden buddhistische Malereien und Skulpturen, Tempel und Stupas zerstört oder dem Verfall preisgegeben. Viele der im Wüstensand verborgenen Schätze kamen erst zu Beginn des 20. Jahrhunderts wieder zum Vorschein, entdeckt und anschließend geplündert von deutschen, britischen und russischen Archäologen und Abenteurern, die sich ein regelrechtes Wettrennen lieferten, wer am meisten nach Hause karren konnte (vgl. S. 165 ff.). China hat das bis heute nicht verschmerzt. So wurde uns bei Dreharbeiten in Tur-

fan, wo sich gerade deutsche Entdecker beim Buddha-Klau hervor-
taten, sehr offen entgegengehalten: »Nun wollt ihr auch noch filmen, was deutsche Diebe angerichtet haben.«

Landwege seit der Mongolenzeit

Zu Beginn des 13. Jahrhunderts braute sich für das invasionsge-
plagte China an der Nordgrenze neues Unheil zusammen, diesmal
ein wahres Horrorszenario. Was den Hunnen und Kalifen verwehrt
blieb, was durch Jahrhunderte eine Mischung von Abschreckungs-
und Appeasement-Politik verhütete, die Unterwerfung des »himmlischen Reiches«, gelang einem Stammeshäuptling aus den Ländern
der Barbaren. Temudschin hieß er, und seine Sippe war bis dahin
eher klein und unbedeutend gewesen. Aber er unterwarf einen No-
madenstamm nach dem anderen und vereinte sie unter seinem Befehl, so daß der Name seines Stammes auf alle übertragen wurde:
Mongolen. Wo es bislang viele kleine Herrscher, Khane, gab, hatte
jetzt nur noch einer das Sagen, der Große Khan, Dschingis Khan.
Er ließ die beste und brutalste Kavallerie aller Zeiten auf die
Menschheit los, Hunderttausende berittene Krieger, die 100 Kilometer und mehr am Tag zurücklegten und ihre Pfeile in vollem
Galopp vom Rücken ihrer Pferde abschießen konnten – mit töd-
licher Sicherheit.

Europäische Zeitgenossen nannten sie »Soldaten des Antichri-
sten« und beschrieben sie wie Ausgeburten der Hölle: »Man konnte sie riechen, noch bevor man den Donner Hunderttausender Hufe
hörte. Aber dann war es schon zu spät. Innerhalb von Sekunden
verdunkelte sich der Himmel, ging der erste mörderische Pfeilhagel
nieder. Dann stürzten sie sich auf ihre Opfer, töteten, vergewaltig-
ten, brandschatzten, plünderten: Wie ein gewaltiger Lavastrom
löschten sie alles auf ihrem Weg aus.«

Diese bis dahin schrecklichste Kriegsmaschine der Geschichte
eroberte China: zuerst den Norden, dann den Süden. Die Mongolen ließen bei ihren Kriegszügen Leichenberge und verbrannte Erde
zurück. In den eroberten Gebieten herrschte Friedhofsruhe, die mit
Härte und Grausamkeit errichtete Pax Mongolica.

So furchtbar dieser Frieden auf mongolische Art für die unterdrückten Völker war, so günstig erwies er sich für den Handel. Die Karawanen konnten wieder sicher über die Seidenstraße ziehen, unter mongologischem Schutz, denn die Erben Dschingis Khans hatten sehr wohl Sinn für Geschäfte. Die Seidenstraße belebte sich erneut, denn der Westen, angeführt von den italienischen Stadtrepubliken, witterte lukrative Gewinne. Dabei war Europa nur mit viel Glück noch einmal davongekommen. Bei Liegnitz, im heutigen Polen, vernichteten die Mongolen 1241 das letzte Aufgebot des Abendlands, ein Heer deutscher und polnischer Ritter, aber der Mongolenführer Batu, Enkel Dschingis Khans, ließ den Vormarsch abbrechen. In der mongolischen Hauptstadt, weit entfernt in Karakorum, war Dschingis Khans Sohn und Erbe gestorben, vermutlich als Opfer seiner Trunksucht. Die Nachfolge mußte geregelt werden. Batu eilte zurück an die politische Heimatfront und entließ Europa aus seinem Würgegriff.

Kaum gerettet, suchte das Abendland eine friedliche Koexistenz mit dem Reich des Bösen. Zudem hatte die katholische Kirche ein vitales Interesse an einem Ausgleich mit dem Herrn der Mongolen. Rom suchte mögliche Verbündete gegen die wachsende »grüne Gefahr«, den expandierenden Islam, und erkannte, daß dem die letzte Stunde schlagen könnte, wenn aus Mongolen Christen würden. So kam es dem Papst ausgesprochen gelegen, daß immer wieder mutige Kaufleute auf der Suche nach guten Geschäften nach Osten reisten und dabei gleichzeitig als päpstliche Boten dienen konnten.

Zwei Männer hatten sich dabei besonders hervorgetan: Nicolo und Maffeo Polo hießen die beiden, denen es gelungen war, in die Höhle des Löwen vorzudringen. Die venezianischen Kaufleute knüpften gar Kontakte zum Mongolenherrscher Kublai Khan in seiner Hauptstadt, dem sagenhaften Xanadu des englischen Lyrikers Coleridge. Kublai Khan scheint die zwei Venezianer für vertrauenswürdig gehalten zu haben. Jedenfalls ließ er sich herab, auf die Annäherungsversuche des Papstes zu antworten. Er schickte Nicolo und Maffeo nach Italien zurück mit der Bitte an den Papst, ihm doch 100 intelligente Männer zu senden, die sich auf Religion und die sieben Künste verstünden. Auch eine Probe heiligen Öls aus Jerusalem sollten sie mitbringen. Als die Venezianer nach Hause kamen, war Papst Clemens IV. gerade gestorben, und die Neuwahl verzögerte sich. Die Polos waren schon wieder nach China abgereist, als das Kardinalskollegium sich endlich einigte. Der neue Papst, Gregor X., schickte den Polos Vollmachten hinterher und statt der vom Khan geforderten 100 Gelehrten – wenigstens zwei Mönche. Die unterbrochene Expedition wurde fortgesetzt, aber die beiden Geistlichen verloren schnell den Mut. Sie gaben auf. So verpaßte die Kirche eine große Chance, Kublai Khan den gewünschten Beweis zu liefern, daß die Lehre Christi die beste sei.

Die Polos waren wieder unter sich, diesmal aber zu dritt. Nicolo hatte seinen Sohn Marco mitgenommen, einen abenteuerlustigen jungen Mann von gewinnendem Wesen. So gewinnend, daß er bald zum Liebling des Großen Khans und zu dessen Sonderbevollmächtigtem aufstieg. Ob all dies erfunden ist oder auf historischen Tatsachen beruht, bleibt bis heute umstritten. Fest steht jedenfalls, daß wir diesem Marco Polo eine erste ausführliche Beschreibung der Seidenstraße verdanken. Er wurde zum großen Reiseschriftsteller des Mittelalters, indem er gleichsam die Mutter aller Reiseführer verfaßte.

Länger als anderthalb Jahrzehnte will sich Marco Polo im Reiche des Khans aufgehalten haben, bis der die Polos reich beschenkt wieder entließ. Kaum in Venedig angekommen, zog Marco für seine Heimatstadt in den Krieg gegen den ewigen Rivalen Genua. Das wilde Asien hatte Marco glänzend überstanden, bei seinem ersten Seegefecht aber wurde sein Versorgungsschiff aufgebracht und er gefangengenommen. Er landete hinter Gittern. In einem genuesischen Kerker begegnete er einem Mitgefangenen, der schon zehn Jahre auf das Kriegsende wartete. Diesem, Luigi Rusticello oder Rusticiano, erzählte Marco seine Geschichten. Da Rusticello früher Heldenepen rezitierte und daraus Romane fabrizierte, hatte er für publikumswirksame Themen einen ausgeprägten Sinn. Er ließ sich also von Marco diktieren, schrieb alles säuberlich auf, angeblich ohne Ausschmückung und freies Walten der Phantasie. Das Buch jedenfalls erschien nach Marcos Freilassung unter dem Titel »Il milione« (»Die Million«) und wurde auf Anhieb ein Bestseller, wie zeitgenössische Quellen berichten. Binnen weniger Monate war es in ganz Italien bekannt. Die Zeitgenossen müssen es wie einen phantastischen Abenteuerroman verschlungen haben.

Kublai Khan geriet zum asiatischen König Arthus und Marco Polo zum gefährlichen Helden. Er sah sich Anfeindungen ausgesetzt, vor allem im Vatikan, weil er die Chinesen als kulturell höherstehend bezeichnete und vor den Religionen Asiens Respekt bekundete. Da blieb nichts übrig, als ihn der Lüge zu zeihen, ja als Ketzer abzustempeln.

Zwischen Genie und Betrüger schwankt sein Bild in der Geschichte. Sein Buch – ursprünglicher Titel »Beschreibung der Welt« – wurde dennoch zum Klassiker, obwohl weit über 100 Manuskriptversionen existieren und der Text wieder und wieder bearbeitet wurde. Weil seine Kritiker »Il milione« das Werk der Million Lügen nannten, soll Marco Polo sich noch auf dem Totenbett verteidigt haben. Ein Zeitgenosse und erster Biograph schreibt: »Als Marco Polo im Sterben lag, bedrängten ihn sein Priester, seine Freunde und seine Verwandten, endlich den unzähligen Lügen abzuschwören, die er als seine wahren Abenteuer ausgegeben; denn nur dann werde seine Seele geläutert in den Himmel kommen. Der alte Mann bäumte sich auf, verfluchte sie alle miteinander und erklärte: ›Ich habe nicht die Hälfte von dem berichtet, was ich gesehen und getan habe.‹«

So oder so. Die Seidenstraße trat erst durch die Berichte Marco Polos ins europäische Bewußtsein, auch wenn er sie noch nicht so nannte. Als Marco Polos großer Gönner Kublai Khan 1294 starb, hatte er China vereinigt, eine neue mongolische Dynastie gegründet und die Hauptstadt ins heutige Beijing (Peking) verlegt. Er behauptete zwar, auch den riesigen Rest des Mongolenreichs von Zentralasien bis Rußland zu beherrschen, aber tatsächlich begann es bereits, erst in endlosen dynastischen Streitereien und dann in Machtkämpfen zu zerfallen.

Es sollte ein halbes Jahrhundert dauern, bis ein weiterer, der letzte mongolische Welteroberer sich anschickte, die »Erde zu bewegen«. Er stammte aus der Nähe von Samarkand, im heutigen Usbekistan, und nahm den Namen Timur Leng an, Timur der Lahme, weil er an den Folgen von Pfeilverwundungen litt. Tamerlan, wie er bei uns heißt, strapazierte die abendländische Vorstellungswelt als ein sehr widersprüchlicher Weltenherrscher, ein Schlächter, der gleichzeitig die schönen Künste, die Astronomie und Mathematik förderte und neue Seidenstraßen-Mythen schuf.

Der turkisierte Mongole berief sich auf den Islam, mordete Moslems jedoch ebenso wie Christen und Hindus. Als er Bagdad eroberte, hinterließ er in den Ruinen eine Pyramide von 90 000 Schädeln zur Abschreckung. Ein Jahr lang zog er an der Spitze seiner Truppen durch Nord-Indien. Das kostete das Land fünf Millionen Tote. Kein Wunder, daß bis heute asiatische Historiker die Massenmorde des 20. Jahrhunderts als nicht ganz so außergewöhnlich begreifen.

Zwischen seinen Feldzügen kehrte Tamerlan immer wieder nach Samarkand zurück, seit jeher ein Knotenpunkt der Seidenstraße, nun aber das strahlende Zentrum eines Weltreichs, die erste Stadt Asiens. Gewaltige Moscheen und Koranschulen entstanden und Satellitenstädte, die Tamerlan Kairo, Bagdad oder Damaskus nannte. Der Tyrann, so heißt es, liebte theologische Debatten, und als leidenschaftlicher Schachspieler wollte er, offenbar größenwahnsinnig geworden, das Spiel verbessern, indem er die Zahl der Figuren verdoppelte und unter anderem Giraffen und Kriegsmaschinen hinzufügte.

Gleichzeitig erlebte die alte Handelsstadt Samarkand eine neue Blüte. Der spanische Gesandte am Hofe Tamerlans, Ruy Gonzales de Clavijo, berichtet: »Die Stadt Samarkand ist auch sehr reich an Waren, die von überall her kommen, Rußland und Tartarien schikken Flachs und Häute, China schickt Seiden, die die besten der Welt sind, und Moschus, den man nirgendwo anders in der Welt findet, sowie Rubine und Diamanten, Perlen, Rhabarber und vieles andere mehr. Die Waren, die aus China kommen, sind die besten und kostbarsten, die in dieser Stadt einlangen, und man sagt, die Chinesen seien die geschicktesten Handwerker der Welt. Sie selbst behaupten, daß sie zwei Augen haben, während die Franken nur eines hätten und die Mauren blind seien, so daß sie allen anderen Ländern überlegen sind.«

Beerdigt wurde Tamerlan in einem von ihm selbst vorbereiteten Mausoleum in Samarkand, in einem Sarkophag aus schwarzer Jade (vgl. S. 265 f.). Wer je den Sarg öffne, dem drohe schweres Unheil, verkündete eine Prophezeiung. Stalin kümmerte das wenig. In der Nacht zum 22. Juni 1941 öffneten sowjetische Archäologen den Sarg – wenige Stunden später begann der deutsche Angriff auf die Sowjetunion.

Die Wissenschaftler rekonstruierten aus dem gefundenen Totenschädel ein Bronzeporträt Tamerlans. Dies dient heute als Muster für die zahllosen Statuen, welche die Führung des unabhängigen Usbekistan nach 1991 überall im Land aufstellen ließ. Ausgerechnet einer der grausamsten Massenmörder der Weltgeschichte, der Dschingis Khan noch in den Schatten stellte, wurde zum Urvater einer neuen Nation. Er thront heute überall dort, wo früher Lenin mit erhobener Hand in die Zukunft wies.

Diese zweite Blütezeit der Seidenstraße endete mit dem Aussterben der Linie Timurs Mitte des 15. Jahrhunderts. Ihren Gnadenstoß erhielt die Seidenstraße durch die Entdeckung der Seewege nach Indien. Mit einem zerlesenen und mit vielen Anmerkungen versehenen Exemplar von Marco Polos »Weltbeschreibung« segelte Kolumbus nach Westen, um den Fernen Osten zu erreichen. Dabei stieß er zunächst auf einen anderen Kontinent, den er bis zu seinem Tod für Asien hielt; hartnäckig behauptete er, Inseln vor der asiatischen, nicht der amerikanischen Küste entdeckt zu haben. Erst Magellan erfüllte den Traum des Kolumbus und fand den Seeweg nach China. Die »Seidenstraße zur See« ersetzte weitgehend den mühsamen Landweg. Statt nach Jahren erreichte Seide nun in wenigen Monaten ihre Bestimmungshäfen im Mittelmeer.

Die Seidenstraße zur See

Während die Westmächte Spanien, Portugal und vor allem Großbritannien die Weltmeere eroberten und sich Kolonialreiche zulegten, blieb China ganz auf sich selbst bezogen. Die Ming- und Mandschu-Kaiser betrieben eine Politik der »splendid isolation«. Sie hatten sich entschlossen, das Reich der Mitte von einem immer zudringlicher werdenden Westen abzuschotten. Und dies, obwohl China zu Beginn des 15. Jahrhunderts über eine Handels- und Kriegsmarine verfügte, die allen westlichen Seemächten weit überlegen war. In einer historisch kurzen Zeitspanne von nicht einmal 30 Jahren, von 1405 bis 1433, baute und entwickelte China unter dem Kommando eines Eunuchen-Admirals namens Zheng He die größte Flotte, die je über die Weltmeere segelte. Mit einer solchen Streitmacht hätte China leicht den Kampf um die Weltherrschaft beginnen können – 100 Jahre vor der europäischen Expansion. China aber rüstete ab.

Der Sohn des Himmels verbot den Überseehandel und den Bau hochseetüchtiger Schiffe. Ungehorsame Reeder und Seeleute wurden zum Tode verurteilt. Seine Berater sollen dem Herrscher auf dem Drachenthron zu diesen Maßnahmen geraten haben, weil China die Welt eher durch die Überlegenheit seiner Zivilisation als durch Handel oder gar Kriege dominieren sollte. So folgte für China auf eine Periode äußerster Entfaltung nach außen eine der äußersten Isolation. Die führende Weltmacht in Sachen Technik und Rüstung, vergleichbar nur den Vereinigten Staaten heute, verabschiedete sich zu einem Zeitpunkt aus der Geschichte, als der Welthandel und die industrielle Revolution den Westen in die Moderne trieben.

Die berühmten vier Erfindungen, die die Welt veränderten – Pulver, Papier, Buchdruck und Magnetkompaß –, waren den Chinesen längst bekannt, als der Westen sie »machte«. Nur – die westlichen Gesellschaften öffneten sich dem Wandel, den die Technik anbot, China nicht. Den Chinesen sind bahnbrechende Erkenntnisse zuzuschreiben, aber sie entwickelten sie nicht weiter, erhoben die Technik nie zur Wissenschaft, zur Technologie. Das erstaunte seit jeher westliche Philosophen und Historiker.

Hegel etwa wunderte sich in seinen »Vorlesungen zur Philosophie der Geschichte«, daß bei den Chinesen »das wahre wissenschaftliche Interesse nicht vorhanden ist«, weshalb sie ihre ganzen Erfindungen nie auf die möglichen Folgen hin untersuchten, sie nie anzuwenden verstanden, vor allem für die militärische Rüstung. So ließ für Hegel der Weltgeist die Chinesen links liegen. Flapsig meinte der deutsche Idealist: »Auch das Pulver wollen sie früher als die Europäer erfunden haben, aber die Jesuiten mußten ihnen die ersten Kanonen gießen.«

Da hatte Hegel zwar nicht ganz recht – China baute zur Zeit seiner großen Flotte auch Schießrohre –, aber in der Tat verzichtete man darauf, die feuerspeienden Schlangen in eine regelrechte Artillerie zu verwandeln. In Westeuropa dauerte es nur wenige Jahrzehnte, bis man das neue Schwarzpulver dazu benutzte, Kugeln aus Kanonen abzufeuern, um damit eine Revolution der Kriegführung einzuleiten. Der westliche Drang, technische Neuerungen umgehend auch in den Dienst von Aggression und Machterweiterung zu stellen, ging China völlig ab.

Warum das so war, darauf fanden westliche Militärhistoriker keine überzeugende Antwort. Der Brite John Keegan etwa stellte jüngst etwas hilflos fest, die Chinesen hätten Soldatisches eben stets verachtet, und ihre Theoretiker hätten eher über Strategien nachgedacht, Kriege zu vermeiden, als sie zu führen. Hinter dieser »Zurückhaltung«, so Keegan, stecke vermutlich das tief verwurzelte konfuzianische Erziehungsideal, das den Menschen verpflichte, seine Ziele ohne Gewalt zu erreichen. Mit anderen Worten: Jede Art von Militarismus war der chinesischen Zivilisation wesensfremd. So konnte man sich gegenüber den Völkern der Barbaren als moralisch überlegen empfinden. Geschichte aber ist keine moralische Veranstaltung. Und so folgte die Strafe auf dem Fuß.

Während China seine Flottenrüstung abbrach und seine Waffentechnik einfror, gingen die seefahrenden Nationen des Westens zum Angriff über. Als Vasco da Gama 1498 mit drei übel mitgenommenen Caravellen auf dem Weg nach Indien in Ostafrika landete, erzählten ihm die Einheimischen noch von jener sagenhaften chinesischen Armada mit roten Segeln aus Seide. Sie war längst verschwunden, und Jahrhunderte später hatte China der westlichen Expansion nichts mehr entgegenzusetzen.

Gegen Ende des 18. Jahrhunderts erfuhr der Welthandel einen neuen Aufschwung. Nicht mehr die Landverbindungen waren entscheidend, sondern die Wasserstraßen. Aus dem Blickwinkel Chinas hatten sich aber nur die Transportwege verändert, nicht jedoch die Waren und die wirtschaftlichen Begleitumstände. Wie zu Zeiten Roms herrschte im Westen große Nachfrage nach Gütern aus dem Fernen Osten, nach Seide, Tee und Porzellan. Umgekehrt aber brauchte China wenig aus dem Westen.

Das Rom des ausgehenden 18. Jahrhunderts hieß London, Zentrum des British Empire. Anders als für die Römer aber lag China in der Reichweite britischer Soldaten und Waffen. Die Royal Navy beherrschte die Weltmeere. Für London rückte das Reich der Mitte ins Fadenkreuz imperialistischer Interessen. Zunächst versuchte man mit friedlichen Mitteln, das störrische China von seiner »selbst auferlegten Genügsamkeit zu befreien«. Das Empire war mit der Eroberung Indiens nahe an China herangerückt.

1793 besuchte der britische Generalbevollmächtigte Lord Macartney Peking, um Zugeständnisse im Handel zu erwirken. Der

Kaiser ließ ihn kalt und nach britischer Ansicht arrogant abfahren. Er erklärte: »Unser himmlisches Reich besitzt alles im Überfluß, es braucht nichts. Deshalb besteht keine Notwendigkeit, irgendwelche Erzeugnisse von Barbaren einzuführen.«

Solche Töne waren für die großen britischen Handelshäuser sehr ungewohnt. Sie waren auf neue Märkte angewiesen, und wie heute war der chinesische der mit Abstand interessanteste. Schon damals hieß es, wenn jeder Chinese auch nur ein englisches Hemd kauft – was für Geschäfte! Nur – die Chinesen legten auf »Made in Britain« keinen Wert, während auf der anderen Seite die britischen Konsumenten des wohlhabenden Bürgertums nach Seide, Tee und anderen Luxusartikeln nur so lechzten. Wie zu Zeiten Roms war eine katastrophale Handelsbilanz die Folge. Britisches Silber wanderte in die Kassen Chinas, das in Naturalien bezahlte.

Während der römische Senat einst Schutzzölle verhängte, kamen die britischen Handelsherren auf eine andere Lösung. Sie schlossen mit ihrem schon damals bevorzugten westlichen Partner, den Amerikanern, ein Kartell, ein Drogenkartell. China hatte traditionell Bedarf an Opium, und die Sucht, das weiß jeder Drogenhändler, kann man fördern, indem man den Stoff zunächst billig und in großen Mengen unter die Leute bringt und dann, nach Ausbreitung der Sucht, den Hahn langsam zudreht und immer phantastischere Profite einstreicht. Genau das taten die aufgeklärten westlichen Demokratien in London und Washington. Großbritannien war der Hauptlieferant. Im Norden des indischen Subkontinents förderte man den Anbau von Schlafmohn, aus dem man im 19. Jahrhundert Opium gewann und im 20. Heroin. In Afghanistan und im Norden Pakistans liegen bis heute die Hauptanbaugebiete für das Rauschgift, kommerziell eine Erfindung der Briten, wie afghanische Händler gern betonen.

1834 beendete die britische Regierung das Monopol der East India Company im China-Handel. Unter den zahlreichen britischen und amerikanischen Kaufleuten im Opiumhandel verschärfte sich die Konkurrenz. Auf Recht und Gesetz nahm keiner mehr Rücksicht. Der amerikanische China-Kenner Frank Gibney: »Britische Seeleute organisierten trickreich einen Dreiecksverkehr. Sie verkauften den Chinesen indisches Opium. Das Opium kauften und verteilten chinesische Händler in Kanton. Wie bei den Drogensyndikaten unserer Zeit hatten sie und ihre ausländischen Partner Geld genug, um den illegalen Handel zu finanzieren. Alle, von bestechlichen Regierungsbeamten bis hin zu Piraten und Schmugglern, teilten sich die fast unerschöpflichen Gewinne. Ganze Schiffsladungen Drogen wurden auf Inseln in der chinesischen See auf kleine Schnellboote verfrachtet und nach Kanton gebracht, um dann in ganz China verkauft zu werden.«

Die Gewinne flossen, und auf beiden Seiten des Atlantiks waren die angesehensten Häuser beteiligt. Von Jardine Mattheson in London bis zum Großvater von Franklin D. Roosevelt in Boston. All diese Drogenhändler kannten natürlich die Folgen der Sucht und wußten, daß der Verkauf von Opium in China illegal war. Sie hatten nur eine Sorge: »Wenn der Handel je legalisiert wird, ist er nicht mehr profitabel«, hieß es in einem Memorandum des Kartells.

China erlebte eine Krise von nationalem Ausmaß. Die Regierung setzte einen Drogenbeauftragten ein, den angesehenen Mandarin Lin Zexu. Der begann einen Aufklärungsfeldzug, griff dann aber zu härteren Mitteln. Unter Gewaltandrohung mußten die vornehmlich britischen Lieferanten der Beschlagnahme von 20 000 Kisten Opium zustimmen, fast die Einfuhr für ein ganzes Jahr.

Die Händler beschwerten sich in London, und die britische Regierung hatte volles Verständnis. 16 Kriegsschiffe mit 4000 Mann Marineinfanterie segelten nach China. Das Reich der Mitte, das fast genau drei Jahrhunderte zuvor seine Kriegsmarine abgeschafft hatte, war den Kanonen der Royal Navy hilflos ausgeliefert. Die Krieger der Mandschu-Dynastie traten mit Pfeil und Bogen gegen die Gewehre und Geschütze der Briten an – für Keegan eine der erschütterndsten Episoden der Militärgeschichte. So dauerte es nur ein paar Monate, bis China der Gewalt nachgeben mußte, den Handel öffnete, in immer neuen »ungleichen Verträgen« zu einer Art Halbkolonie absank und dabei noch Hongkong verlor.

Als das Vereinigte Königreich 1997 Hongkong an China zurückgab, registrierten die chinesischen Medien mit Genugtuung, daß nun die Schmach des Opiumkriegs getilgt sei. Rechtzeitig zur Übergabe wurde ein Spielfilm fertig, der den Drogenbeauftragten Lin zum nationalen Helden stilisierte, jenen Lin, der auf Druck des ersten internationalen Drogenkartells in den Norden Chinas verbannt worden war, dorthin, wo einst die Seidenstraße verlief.

Die Geschichte, so heißt es, stelle ihre Rechnungen bisweilen verspätet aus, dann aber mit Zins und Zinseszinsen. Obendrein liebt sie die Ironie. Heute verläuft entlang der alten Seidenstraße die nach Meinung von UN-Experten wichtigste Drogenroute der Welt. In Afghanistan und dem Norden Pakistans liegen riesige Anbaugebiete für Schlafmohn, aus dem erst Opium und dann Heroin erzeugt wird. Die alte Seidenstraßenstadt Osch in Kirgisistan ist neuerdings eine Drehscheibe des Heroinschmuggels. Noch 1990 war Osch drogenfrei. Als die Sowjetunion zusammenbrach, wurden die Grenzen grün, das heißt offen. Aus Afghanistan rollt heute mehr als die Hälfte des in Westeuropa verbrauchten Heroins über diese grünen Grenzen, über Tadschikistan und Kirgisistan. Jede Abwehr ist längst zusammengebrochen.

In Kirgisistan zum Beispiel sollen eine Handvoll Drogenfahnder unter Aufsicht von Beamten der Vereinten Nationen die Flut abwehren. »Wir haben keine Chance mehr«, meint resigniert Bogdan Lisovich, oberster UNO-Aufklärer. Und mit einiger Bitterkeit fügt er hinzu, daß es einst Großbritannien war, das afghanischen Bauern beibrachte, wie man Opium produziert. Damals brauchte es der Westen unter anderem, um chinesische Seide zu bezahlen. »Heute kriegen wir das Zeug in Massen zurück und können uns moralisch nicht einmal aufregen«, so Bogdan Lisovich.

Er zeigt uns ein beschlagnahmtes offizielles Schreiben der afghanischen Regierung. Darin werden »im Namen Allahs, des Allmächtigen« alle amtlichen Stellen, insbesondere der Zoll, aufgefordert, jeden unbehelligt zu lassen, der dieses Papier bei sich habe. Das Schriftstück vermerkt ausdrücklich, so sei auch dann zu verfahren, wenn der Betreffende eine ungenannte »weiße Substanz« – gemeint ist Heroin – bei sich führe. Die Schmuggler dürfen auf solchen vervielfältigten Persilscheinen die Menge in Kilogramm selbst eintragen.

Nach Erkenntnissen der UNO hat das Afghanistan der Taliban 1999 die Anbaufläche für Opium verdreifacht. Die Seidenstraße als Drogen-Highway hat goldene Zeiten vor sich. Im Römischen Reich sollen erfolgreiche Kaufleute über den Seidenhandel hundertfache Gewinne eingestrichen haben. In etwa die gleiche Profitrate wird im Heroinschmuggel erzielt – nur risikoloser.

Religionsexport und Ideentransfer

Der bedeutendste »Fernhandelsweg der Geschichte« zog aber nicht nur Kaufleute an, sondern auch Händler in überirdischer Ware. Der Orient und Indien produzierten eine stolze Reihe von Propheten und Heilsbringern, auf die alle heutigen Weltreligionen zurückgehen. Auf den Seidenstraßen machten sich die Jünger von Buddha, Zarathustra, Mani, Christus und Mohammed auf, um ihre Botschaft fremden Völkern zu übermitteln. Sie wagten sich vornehmlich nach Osten, stand doch das Reich der Mitte in dem Ruf, in Glaubensdingen sehr tolerant zu sein. So begegneten sich in den Oasenstädten Urchristen, nestorianische Christen, persische Manichäer, Anhänger des Feuer- und Sonnenkults, Hindus, Buddhisten, Moslems, dazu Ahnenverehrer und Schamanen. Ein solches Gemisch von Völkern und Stämmen, Religionen und Kulten, von Glaube und Aberglaube, dürfte einmalig gewesen sein (vgl. dazu S. 82 ff. und 220 ff.).

Während China Luxus in den Westen exportierte, ihn geistesgeschichtlich aber kaum beeinflußte, drangen aus der anderen Richtung nacheinander Buddhismus, Christentum und Islam in das Reich der Mitte vor, allerdings mit höchst unterschiedlichem Erfolg. Buddhismus und Islam schlugen Wurzeln, das Christentum aber fand nach Anfangserfolgen nur geringe Resonanz. Der Buddhismus gelangte durch indische Kaufleute und Wandermönche ins Tarim-Becken und ins Innere des Reiches. Buddhistische Gemeinden entstanden, lange bevor die Kaiser sich für den Buddhismus interessierten und ihn sanktionierten.

Berühmt ist die Geschichte aus der Han-Zeit von einem Traum des Kaisers Mingdi. Ihm erscheint ein goldenes, von einem Lichtschein umgebenes männliches Wesen, in dem die Traumdeuter am Hof Buddha zu erkennen glauben. Dies setzt allerdings voraus, daß ihnen Buddha bereits ein Begriff war. Der Kaiser jedenfalls schickt Abgesandte nach Indien, die ihm mehr Informationen beschaffen sollen. Später, so berichten die Quellen, wird die Seidenstraße geradezu zum Pilgerweg von chinesischen Anhängern des Buddha, die in Indien die sanfte Lehre studieren wollen. Sie breitet sich rasch aus. Unter der Tang-Dynastie wird China weitgehend buddhistisch, bis dann der Konfuzianismus wieder stärker wird, allerdings buddhistisch geprägt. Wir werden darauf in dem Kapitel über die chinesische Seidenstraße zurückkommen.

Die Lehre des Konfuzius hat China seit dem 5. vorchristlichen Jahrhundert tief geprägt. Der Buddhismus paßte indes in diese Tradition, denn weder Konfuzianer noch Buddhisten glauben an einen persönlichen Gott, sondern daran, daß der Mensch selbst sein Schicksal in die Hand nehmen kann und soll.

Für Konfuzius machte es keinen Sinn, darüber nachzudenken, was nach dem Tode sein wird. »Laßt uns«, so sprach Chinas Staatsphilosoph, »lieber konzentriert darangehen, den richtigen Weg für das Hier und Heute zu finden.«

Dies entsprach dem praktischen Denken Chinas, das sich den Buddhismus aneignete und zurechtbog. Buddhas Lehre vom Leben als Leiden traf den Sinn der Chinesen nicht so recht, wohl aber seine Auffassung, daß sich gute Taten lohnen. Man pickte sich heraus, was paßte, und für alle Fälle erfand man noch unzählige Götter und Geister, die Buddhas Weltentsagung und Askese menschlicher gestalteten.

Islam und Christentum hingegen stießen in China, anders als der Buddhismus, auf Vorbehalte. Der Konfuzianismus und der in China tief verwurzelte Ahnenkult kamen mit Gott – oder wie die Muslime dazu sagen *al-lah* (= der Gott) – nicht zurecht. Dennoch konnte der Islam bei seinem Siegeszug durch Zentralasien letztlich auch den Nordwesten Chinas erobern. Das heutige Xinjiang ist eine Hochburg des Propheten geblieben.

Das Christentum, insbesondere die katholische Kirche, hat jahrhundertelang versucht, China zu missionieren. Die Mongolenherrscher zum Beispiel zeigten ja, wie bei den Reisen Marco Polos erwähnt, durchaus Interesse, aber der Katholizismus scheiterte letztlich an mangelnder Flexibilität. Konfuzius-Anbetung und Ahnenkult wollten die Päpste nicht akzeptieren; die Missionare bekamen vielmehr Weisung, solche Riten zu bekämpfen. Diese Riten aber waren Teil der staatstragenden Ideologie Chinas. So galt am Kaiserhof schließlich das Christentum als staatsfeindliche Verschwörung, und man zog die Konsequenzen. Als nach der erzwungenen Öffnung Chinas im Opiumkrieg die Missionare es noch einmal versuchten, hatten sie, gelinde gesagt, ein schweres Problem mit ihrer Glaubwürdigkeit. Eine Religion, die Menschenliebe predigt, auf der anderen Seite aber stillschweigend mit einem Drogen-kartell zusammenarbeitet, konnte in China schwerlich auf Begeisterung stoßen.

Die noch erfolgreichste Missionsarbeit betrieben die Jesuiten. Sie hatten begriffen, daß sie es in China nicht mit irgendwelchen wilden Heiden zu tun hatten, sondern mit der ältesten Zivilisation der Menschheit, intellektuell dem Westen zumindest ebenbürtig. Ein Jesuit, der Portugiese Matteo Ricci, entwickelte gar eine große Bewunderung für sein Gastland. 1582 kam er im portugiesischen Macao an, studierte Chinesisch und erhielt schließlich von den chinesischen Behörden die Erlaubnis, in Peking zu wohnen. Ricci gelang es, der Kirche Tausende Gläubige zu gewinnen, weil er durch sein Vorbild wirkte, und weniger dadurch, unablässig auf die Bibel zu pochen. Ihm fiel auf, daß eher China den Westen kulturell missionieren könne. »Obwohl sie eine starke Armee besitzen und leicht die Nachbarstaaten überfallen könnten, denken weder der Kaiser noch das Volk an Eroberungsfeldzüge. Dadurch unterscheiden sie sich sehr von Europa. Während die Nationen des Westens von der Idee der Vorherrschaft besessen sind, können sie nicht einmal wie die Chinesen bewahren, was ihre Vorfahren ihnen hinterlassen haben.« So schrieb Ricci in sein Tagebuch.

Solche Erkenntnisse aber wollte weder der Vatikan noch »der Westen« hören. Der Papst verbot alle Kompromisse, und China beendete seinerseits die Missionsarbeit von Riccis Nachfolgern. Ricci selbst liegt in Peking begraben. Auf dem Grabstein steht sein Name in chinesischen Schriftzeichen, eine hohe Ehre, die nur solchen Fremden zukommt, die sich bemühen, China zu verstehen. Durch den Ideentransfer der Seidenstraße hat China letztlich mehr profitiert als die Partner im Westen, denen es eher aufs Materielle ankam.

Die Seidenstraße ist ein erstes großes Beispiel der Globalisierung. Sie verband als Transitstrecke, Pilgerweg und Freihandelskorridor die mächtigsten Reiche und die wichtigsten Kulturen. Über die Seidenstraße kamen Orient und Okzident erstmals miteinander in Kontakt, kommunizierten miteinander, tauschten friedlich Waren und Ideen. Ohne die Seidenstraße wäre die Geschichte Zentralasiens und Chinas sicher anders verlaufen.

40

Genau diese Funktion der klassischen Seidenstraße wird heute wiederentdeckt als Aufgabe und Auftrag für die Zukunft. Nach dem Willen Chinas und aller beteiligten neuen unabhängigen Staaten soll eine neue Seidenstraße entstehen, die wie vor 2000 Jahren Völker und Kontinente verbindet. Das Projekt »Neue Seidenstraße« ist in den zentralasiatischen Republiken zu einer Art Staatsdoktrin geworden. Wir werden darauf zurückkommen.

Zunächst wollen wir die Seidenstraße von Ost nach West bereisen, mit der Sonne und der Geschichte. Wir folgen den Spuren der alten Karawanenwege durch die schlimmsten Wüsten der Welt und über die höchsten Gebirge bis ins Herz Zentralasiens. »Oasen der Götter«, »Highway im Himmel« und »Pforten zum Paradies« heißen die Titel der einzelnen Teile der Fernsehserie. Unsere Reise endet am Ufer des Amu Darya, dem Schicksalsfluß Asiens. Alexander der Große und der Mongole Timur haben ihn mit ihren Heeren überquert, um die Welt zu erobern, der eine von Westen, der andere von Osten. Wer den Oxus, so hieß der Amu Darya in der Antike, kontrollierte, der herrschte über Zentralasien und über die Seidenstraße, die dann über Teheran und Bagdad an die syrische Küste des Mittelmeeres führte.

Unser Abenteuer beginnt in Chinas alter Hauptstadt Chang'an, dem heutigen Xi'an.

Am Anfang war Chang'an

Die alte Hauptstadt des Reiches der Mitte

Wenn man auf dem kleinen Flughafen Xi'an, im Nordwesten Chinas, landet und mit dem Bus auf einer gepflegten Schnellstraße in die Stadt fährt, hat man Mühe nachzuvollziehen, was Herr Pang Peng, unser »Aufpasser« vor Ort, stolz verkündet: »Dieses Gebiet hat für den Fernen Osten dieselbe Bedeutung gehabt, wie das alte Rom für die Entwicklung des Abendlandes.«

Wie ein großer Boß sitzt er vorn neben dem Fahrer und redet ohne Punkt und Komma. Chinesisch, versteht sich! Und unsere Produktionsleiterin Cheng Wei, die wir aus Deutschland mitgebracht haben, muß das alles für uns übersetzen. Ma Lida, ein Kollege vom chinesischen Kultusministerium in Beijing (Peking), der uns während des ersten Teils der Dreharbeiten begleiten wird, hat sich in den hinteren Teil des Wagens verzogen, weil er ihr dabei nicht helfen kann. Er spricht kein Wort Englisch oder Deutsch.

Im dunstigen Licht eines malerischen Sonnenuntergangs sehen wir rechts und links der Straße immer wieder große Erdhügel, unter denen mehr als 30 Kaiser aus elf verschiedenen Dynastien mit ihren zahllosen Kaiserinnen, Konkubinen und Kindern ruhen sollen. Nach imposanten Ruinen, wie wir sie aus Rom kennen, suchen wir vergeblich. Unser Kameramann ist begeistert von dem Licht und von der diesigen Atmosphäre; beides erinnert ihn an chinesische Malerei.

Für Herrn Pang sind diese Grabhügel vor allem Zeugnisse der 5000jährigen Geschichte Chinas: Er betet unbeeindruckt von unseren ungläubigen Mienen die lange Reihe der Dynastien herunter, die wir zwar aus unseren Reiseführern kennen, aber nie im Leben auswendig lernen werden, weil wir nichts damit verbinden. Höflich verweisen wir darauf, daß wir über die heutige Seidenstraße berichten wollen, nicht so sehr über die Geschichte. Doch sogleich verkündet unser leicht rundlicher Aufpasser mit missionarischem Eifer und erhobenem Zeigefinger: »Antworten auf Ihre Fragen zur Gegenwart und Zukunft ›unseres China‹ werden Sie nur in der Vergangenheit finden! Eine Fahrt entlang der Seidenstraße wird immer eine Reise in die chinesische Geschichte sein.« Wir sind erstaunt darüber, mit welcher Selbstverständlichkeit ein so junger Mensch immer wieder von »unserem China« spricht.

Nach einer halbstündigen Fahrt nähern wir uns den Außenbezirken von Xi'an, die Herrn Pangs Bemerkungen keineswegs zu bestätigen scheinen. Diese Ansammlung von Wohnhäusern in Plattenbauweise wirkt auf uns wie der Vorort einer beliebigen chinesischen Großstadt. Wir wundern uns zu hören, daß Xi'an zweieinhalb Millionen Einwohner haben soll. Die Straßen sind überfüllt mit Last- und Personenwagen. Wir vermissen die unendlich vielen Fahrräder in einer Extraspur rechts neben der Fahrbahn, wie wir sie aus anderen chinesischen Städten kennen. Überall sehen wir riesige Betonklötze und Industrieanlagen; wir kommen an der Pharmafabrik »Yang Sen« vorbei und erfahren von unserem Begleiter, daß sich Xi'an durch die Anbindung an eine wichtige Eisenbahnlinie im Jahre 1930 zu einem Industriestandort entwickelt hat. Besonders seit der Ausrufung der Volksrepublik im Jahre 1949 ist sie zum Zentrum der Textilindustrie Nordwestchinas geworden. Mit glänzenden Augen erzählt uns Herr Pang, daß diese Stadt in ihrer Blütezeit, im 8. Jahrhundert, die größte Stadt der Welt gewesen sei. Damals hieß sie Chang'an, was soviel wie »ewiger Friede« bedeutet, und beherbergte in 112 Stadtvierteln schon mehr als zweieinhalb Millionen Menschen.

Wie ein riesiges Schachbrett soll sie angelegt gewesen sein: Neun 140 Meter breite und acht Kilometer lange, prächtige Hauptstraßen führten von Norden nach Süden; zwölf ebenso imposante Straßenzüge von zehn Kilometer Länge von Osten nach Westen. Die Hauptstraßen waren teils von Entwässerungsgräben, teils von Bäumen gesäumt. Diese übersichtliche Anlage erleichterte die Verwaltung und Kontrolle im Inneren. Eine etwa 36 Kilometer lange und fünf Meter hohe Mauer schützte die Stadt nach außen, von der heute nur ein kleiner Teil der alten Südmauer erhalten ist.

Sie besaß 13 monumentale Stadttore. Das Haupttor mit fünf Durchfahrten öffnete sich nach Süden. Von diesem »Tor der leuchtenden Tugend« aus gelangten die offiziellen Gäste auf der Nord-Süd-Achse, die den Namen »Straße des roten Sperlings« trug, direkt zur Kaiserstadt, dem Sitz der Regierung mit all ihren Ämtern. An die Kaiserstadt schloß sich nach Norden bis zur Stadtmauer die Palaststadt an. Außerhalb der rechteckigen Stadtanlage befand sich auf dem Drachenhügel der »Große leuchtende Palast«. Er war nach dem Vorbild der »Leuchtenden Halle« erbaut, einem heiligen Königshaus aus grauer Vorzeit, dessen Grundriß der verborgenen Geometrie des Universums entsprach.

Richtung Norden gab es vier Stadttore, zu den anderen Himmelsrichtungen jeweils drei. Die Wohnviertel befanden sich in der »äußeren Stadt«. Die gesamte Anlage sollte ein Abbild des Universums sein. Himmel und Erde wurden als Einheit aufgefaßt: wie Teile eines gewaltigen Wagens, dessen runder Schirm die rechteckige Ladefläche beschattet.

Chang'an diente später als Vorbild für die heutige Hauptstadt Beijing, die erst im 13. Jahrhundert von den Mongolen gebaut wurde. Aber auch die japanischen Kaiser zeigten sich von der Stadt so beeindruckt, daß sie mit ihrer Kaiserstadt Kyoto ein getreues Abbild von ihr schufen.

Nach alter chinesischer Vorstellung gehörten zu einer Stadt die beiden grundlegenden Elemente: Mauer und Markt. Im ummauerten Chang'an gab es zwei gewaltige Märkte, den Ostmarkt und den Westmarkt, als wichtigste Einrichtung für die Bürger. Dort tummelten sich in der Tang-Zeit (618–906 n. Chr.) Kaufleute »aus aller Welt«: Türken, Perser, Araber, Mongolen, Armenier, Inder, Koreaner, Malaien und Japaner. Gefeilscht wurde in allen Sprachen des Orients. Besonders angesehen und zahlreich waren zu dieser Zeit die Perser. Da einige persische Aristrokraten vor den Arabern nach China geflohen waren, ging man dort im einfachen Volksglauben davon aus, daß alle Perser reich, vielleicht sogar Edelleute seien. In der volkstümlichen Literatur der Tang-Zeit findet man immer wieder den Typ des persischen Krösus, der arme Studenten unterstützt, der ein Kenner von Edelsteinen und kostbaren Metallen ist und oft als Wundertäter wirkt.

Eine Fundgrube für die Darstellung der zahlreichen Ausländer im damaligen China sind die berühmten San-Cai-Keramiken aus der Tang-Zeit, mit den drei Glasurfarben Grün, Weiß und Braungelb, die ihnen später den Spitznamen »Spinat mit Ei« eingebracht haben. Im Museum der Provinz Shaanxi kann man heute noch nachvollziehen, wie viele unterschiedliche Ausländer sich damals in Chang'an aufgehalten haben: Man findet dort Darstellungen ganzer Orchester mit Spielern und Tänzern aus Kambodscha, Burma und vielen Staaten Zentralasiens in ihren fremdartigen Nationaltrachten. Kambodschanische Tanztruppen treten in Kostümen aus rosa Baumwolle und mit roten Lederschuhen auf, begleitet von einem Orchester mit Trommeln, Flöten, Panflöten, bronzenen Zymbeln und Muschelhörnern. Außerdem findet man die berühmten Tänzer aus Kucha, gekleidet in Karmesinrot mit weißen Hosen und roten Kopfbinden; Kambodschaner wie Kuchaner waren internationale Schausteller, die überall im Osten bewundert wurden.

Solche Unterhaltung gab es keineswegs nur am kaiserlichen Hof. Wie wir aus der Literatur erfahren, sang man in den Straßen der großen Städte populäre Lieder zu Melodien, die man einst nur weit jenseits der Wüste Gobi oder in den Bergen Tibets hören konnte.

In der Literatur haben sich auch Hinweise erhalten, daß reiche Leute damals viel Gefallen an exotischen Neuheiten fanden. Manche Snobs der Tang-Zeit liebten es zum Beispiel, mitten in der Hauptstadt in himmelblauen türkischen Zelten zu nächtigen; zahlreiche Männer und Frauen trugen Kostüme fremder Nomadenvölker. Außerdem erfährt man aus alten Erzählungen, daß Importe aus fernen Ländern das Leben der Oberschicht verschönten: Man hielt Papageien aus Indonesien, Schoßhunde aus Samarkand und Falken aus Korea. Modebewußte Damen schminkten sich die Stirn mit Goldpigmenten aus Kambodscha und die Wangen mit karmesinroten Cremes aus Vietnam. Zu ihren Mahlzeiten, die sie mit indischem Pfeffer würzten, ließen sie tibetische Kohlrabi, mandschurische Meeräschen, koreanische Piniennüsse servieren. Diese exotischen Köstlichkeiten wurden von den Händlern über die Seidenstraße nach Chang'an gebracht und zumeist mit chinesischer Seide bezahlt.

Noch heute wird die Geschichte der Yang Guifei erzählt, die als Inbegriff für weibliche Schönheit und Luxus galt. Sie sei so schön gewesen, heißt es, daß sie dem siebten Tang-Kaiser Xuanzong (712–755) vollkommen den Kopf verdrehte. Er verlieh ihr den Titel »Guifei« (kaiserliche Konkubine). Damit hatte sie den gleichen

Rang wie eine Kaiserin. Mit Yang Guifei gab sich der Kaiser Tag und Nacht dem »süßesten Müßiggang« hin. Besonders gern vergnügten sich die beiden in der warmen Huaqing-Quelle, nicht weit von Xi'an. Dort kann man noch heute die Nachbildung des Bades der kaiserlichen Konkubine bewundern und einen Hauch vom Luxus der damaligen Zeit ahnen.

Der Dichter Du Fu (712–770) hat uns als Zeitzeuge in seinem »Lied der schönen Frauen« eine anschauliche Beschreibung von Frauen wie Yang Guifei hinterlassen:

> Der dritte Tag des kühlen dritten Monats
> Lockt eine große Schar von Schönheiten an die Huaqing-Quelle.
> Sie sind so strahlend und arrogant wie vornehm und elegant,
> Ihre Haut ist zart, ihre Formen anmutig.
> Goldene Pfauen und silberne Einhörner auf Seidengewändern
> Schimmern in der späten Frühlingsnacht.
> Was tragen sie an ihren Köpfen?
> Jade-Ohrgehänge fassen ihre Schläfen ein.
> Und um ihre Taillen?
> Perlenschnüre unterstreichen ihre Körperformen.

Von einem anderen Dichter, Bai Juyi (772–846), wurde der berühmte Liebesschwur des Kaisers überliefert: Am siebten Tag des siebten Monats nach dem chinesischen Mondkalender war an einem wunderschönen Abend die Milchstraße klar zu sehen, und der Mond tauchte die Blumen an der Huaqing-Quelle in helles Licht. Da spazierten der Kaiser und Yang Guifei Hand in Hand zum Palast der Ewigen Jugend. Alles war still und friedlich. Sie betrachteten den vollen Mond, tauschten Zärtlichkeiten aus, und der Kaiser schwor seiner Konkubine:

> Wie zwei Liebesvögel wollen wir mit gleichem Flügelschlag durch die Himmel fliegen,
> Auf Erden wie zwei alte Bäume, unsere Zweige
> ineinander wiegen.

Vor lauter Liebe und Luxusleben mit Wein, Weib und Gesang vergaß der Kaiser aber das Regieren, und es kam zur berühmten »An-Lushan-Rebellion« des Jahres 755. Der Kaiser mußte mit dem Gefolge und seiner Konkubine fliehen. Unter dem Druck der Generäle wurde Yang Guifei auf dieser Flucht gezwungen, sich das

Leben zu nehmen, weil sie es war, die den Rebellen An Lushan an den kaiserlichen Hof geholt hatte.

Das tragische Ende dieser herzzerreißenden Liebesgeschichte beschreibt Bai Juyi in den letzten beiden Versen des oben zitierten Gedichtes, das den Titel »Gewissensbisse« trägt:

Selbst der hohe Himmel und die weite Erde haben ein Ende,
Aber ihre Gewissensbisse werden ewig sein.

In vielen anderen Gedichten und in der Peking-Oper »Die trunkene Konkubine« wird das Gedächtnis an diese große Schönheit Chinas lebendig gehalten, die offenbar so betörend war, daß man noch lange Zeit die Erde von ihrem Grab gestohlen und daraus Schönheitspuder gemacht hat.

Chang'an war aber nicht nur ein Zentrum des Luxus, es war auch eine kosmopolitische Stadt, in der man Tempel und Klöster aller damaligen Religionen fand. In der Blütezeit beherbergte es 64 buddhistische Mönchs- und 27 Nonnenklöster, zehn taoistische Klöster für Mönche, sechs für Nonnen, vier Tempel der Anhänger des Zarathustra, eine Kirche der nestorianischen Christen und einen Manichäer-Tempel. Außerdem gab es Hindu-Tempel und sogar eine Synagoge.

Für den Durchschnittschinesen der Tang-Zeit bedeutete eine Fahrt nach Chang'an eine religiöse Pilgerfahrt, deren Höhepunkt der Aufstieg zum großen leuchtenden Palast auf dem Drachenhügel darstellte: Es war wie eine Reise der Seele auf den Berg der Götter.

Im Jahre 906 ging diese große Glanzzeit der chinesischen Kultur zu Ende. Nach 25jährigem Bürgerkrieg wurde die Tang-Dynastie gestürzt und die Hauptstadt nach Luoyang verlegt. Die prunkvollen Palastanlagen und Herrenhäuser wurden ein Raub der Flammen; die unvorstellbaren Schätze gerieten in die Hände von Plünderern.

Unser Begleiter, Herr Pang, ist bei der Lobpreisung Chang'ans zur Tang-Zeit so ins Schwärmen geraten, daß wir ihn nur mit Mühe bremsen können. Wir haben größte Schwierigkeiten, seine Schilderungen mit der Stadtlandschaft vor unseren Augen in Verbindung zu bringen: ein modernes Betonchaos, das ganz und gar nicht an das alte Rom des Ostens erinnert. Mit der Bemerkung, daß es zu anstrengend sei, das alles zu übersetzen, versuchen wir, ihn von weiteren Ausführungen abzuhalten. Vergeblich! Als wir durch die »neue« Stadtmauer aus dem 14. Jahrhundert in die Altstadt fahren, erklärt er uns: In der Ming-Zeit (1368–1644) erhielt die Stadt den Namen Xi'an, »westlicher Friede«. Sie war nicht mehr Hauptstadt, sondern nur noch eine Prinzenresidenz, die in ihren Ausmaßen ein Sechstel des alten Chang'an ausmachte.

Immerhin beschleicht uns allmählich das Gefühl, daß wir uns auf historischem Boden befinden. Zwar ist von der Monumentalität Chang'ans mit seinen riesigen Palästen nichts mehr vorhanden. Doch erinnert die schachbrettartige Anlage der mingzeitlichen Altstadt, die noch heute vollständig von einer hohen Mauer umgeben ist, an die einstige Metropole.

Eine Überraschung bietet das »Great New World Hotel«, welches Herr Pang für uns gebucht hat, weil er, wie er sagt, dort einen besonders günstigen Preis aushandeln konnte. Vom gigantisch hohen Foyer des modernen Riesenhauses aus Glas und Beton blicken wir in einen Innenhof mit einem riesigen, mindestens 30 Meter hohen Steinrelief, das den Ersten Kaiser Chinas inmitten seiner Soldaten darstellt. Plötzlich steht sie vor uns, die große Vergangenheit des Reiches der Mitte, allerdings ganz modern und unerwartet plakativ.

Eine andere Überraschung erleben wir mit einer gewissen Genugtuung, als wir zufällig einen Blick in die Aktentasche unseres jungen Aufpassers werfen können: Sie ist prall gefüllt mit Büchern, aus denen er seine Weisheiten hat. Jetzt verstehen wir, warum er von seinen Kollegen »Xiao Pang« (kleiner Pang) genannt wird, was ihn gleich viel sympathischer macht.

Am Abend bummeln wir dann die breite Hauptstraße entlang, die vom Hotel in die Innenstadt führt, und tauchen sehr schnell in die faszinierende Mischung aus alter chinesischer Geschichte und den Errungenschaften der Moderne ein.

Xi'an ist eines der großen Touristenzentren des Landes. Die aus 7000 überlebensgroßen Figuren bestehende Terracotta-Armee des Ersten Kaisers zieht jährlich Millionen Besucher an. An kleinen Verkaufsständen zwischen unendlich vielen behelfsmäßigen »Restaurants« unter freiem Himmel werden auf einer Art Nachtmarkt den Touristen neben gegrillten, köstlich duftenden Fleischspießen kleine Nachbildungen der Krieger des Kaisers verkauft, neben

Ständen mit gezogenen Nudeln werden raffiniert auf alt getrimmte »Antiquitäten« angeboten, die im Schein greller Glühbirnen, wie sie über allen Ständen hängen, verblüffend echt wirken. Eine riesige Menschenmenge tummelt sich hier bis in die späte Nacht, ißt und trinkt, kauft und verkauft Textilien und alle möglichen und unmöglichen Gegenstände des täglichen Bedarfs zu unglaublich niedrigen Preisen. Wir haben endlich das Gefühl, am Ausgangspunkt der Seidenstraße angekommen zu sein.

Qin Shihuangdi, Herrscher aller Menschen

Am nächsten Morgen erscheint unser engagierter und freundlicher »Aufpasser« schon vor dem Frühstück mit einem Aktenordner unter dem Arm und zeigt stolz die Drehgenehmigungen, die er für uns eingeholt hat. Einzeln legt er die Blätter mit dem großen roten, kreisrunden Stempel auf den Tisch, als wären es die »Goldenen Tafeln«, die im alten China Vollmachten des Kaisers darstellten. Wir sind beeindruckt und fragen, ob es ihm auch gelungen sei, eine Drehgenehmigung für die Terracotta-Armee des Ersten Kaisers zu erhalten. Triumphierend zieht er auch diese aus dem Stapel, fügt jedoch kleinlaut hinzu: »Der Preis beträgt allerdings 1000 Yuan für jede gedrehte Minute.«

Wir können es kaum glauben, hatten wir doch bei Joris Ivens, dem Altmeister des Dokumentarfilms, gesehen, daß es so gut wie unmöglich ist, diese Genehmigung zu erhalten. In seinem Film »Eine Geschichte über den Wind« zeigt er die endlosen Verhandlungen mit den chinesischen Behörden, wobei es ihm nicht geholfen hat, daß er ein persönlicher Freund des ehemaligen Präsidenten Zhou Enlai war. Es blieb ihm schließlich nichts anderes übrig, als in den Andenkenläden Xi'ans Hunderte von kleinen, nachgemachten Tonfiguren aufzukaufen und die zu drehen. Wir sind gespannt, ob uns dieses Schicksal wirklich erspart bleiben wird.

Ein 55 Meter hoher, grüner Hügel bei Lintong, 35 Kilometer östlich von Xi'an, der mit Granatapfelbäumen bewachsen ist, soll das größte Grabmal der chinesischen Geschichte sein. Unser Kameramann ist ratlos: »Ganz gleich, von welcher Seite wir dieses ›Grab‹ drehen, es bleibt immer ein langweiliger grüner Hügel, ein leeres Bild.« Trotzdem wird es von Tausenden von Touristen jahr-aus, jahrein fotografiert. Findige Geschäftsleute haben sich etwas ausgedacht, um dieses nichtssagende Motiv attraktiver zu machen: Sie verleihen Kostüme aus der Zeit des Ersten Kaisers, in denen sich die Besucher vor dem Grab ablichten lassen können. Deren Farben beleben schließlich auch unseren Film.

Während wir den Grabhügel besteigen, verweist Herr Pang dar-auf, daß hier im Jahre 206 v. Chr., als der Erste Kaiser begraben wurde, das Zentrum einer riesigen oberirdischen Totenstadt gewe-sen sei und der Hügel 115 Meter hoch gewesen sein soll.

Der erste große Historiker der Chinesen, Sima Qian, hat genau beschrieben, wie 700 000 zwangsrekrutierte Bauern aus allen Lan-desteilen das Grab gebaut haben und was sich in seinem Inneren befindet: »Die Arbeiter gruben sich durch drei unterirdische Was-seradern, die sie abschnitten, indem sie Bronze hineingossen, um die Grabkammer zu errichten. Diese füllten sie mit Modellen von Palästen, Pavillons und Amtsgebäuden, ferner mit kostbaren Ge-fäßen und Steinen sowie wunderbaren Raritäten. Handwerker er-hielten den Auftrag, auf Eindringlinge zielende Armbrüste mit mechanischen Selbstauslösern zu installieren. Die verschiedenen Ströme des Landes, der Yangzi und der Gelbe Fluß, ja selbst der große Ozean wurden mit Quecksilber nachgeahmt, das eine me-chanische Vorrichtung in Bewegung hielt. Oben waren Konstella-tionen des Firmaments dargestellt und unten das geographische Relief der Erde. Leuchter wurden mit Walfischöl gespeist, um zu gewährleisten, daß sie, ohne zu verlöschen, für immer brannten... Schließlich pflanzte man Bäume und säte Gras auf dem Grabhügel, damit er wie ein Berg aussähe.«

Seit 1981 hat man durch wissenschaftliche Untersuchungen und archäologische Funde einige Angaben des Historikers Sima Qian verifizieren können. Das Institut für Geophysik der Chinesischen Akademie der Wissenschaften hat zum Beispiel eine Bestätigung der Berichte über die Nachbildung des Ozeans und der Flüsse des Reiches mit Hilfe von Quecksilber geliefert. Bodenproben aus dem Inneren des Grabhügels weisen auf einer Fläche von 12 000 Qua-dratmeter eine außergewöhnlich hohe Konzentration von Queck-silber auf. Bisher hat man jedoch noch nicht den Versuch gemacht, das Grab zu öffnen. Die chinesischen Archäologen befürchten, daß ihre Möglichkeiten der Konservierung noch nicht ausreichen, die Schätze sicher zu bergen.

Zwei Informationen finden unser besonderes Interesse: Der spätere Erste Kaiser hatte den Bau dieses Grabmals schon im Alter von 13 Jahren angeordnet. Und die Terracotta-Armee, die heute als Achtes Weltwunder gefeiert wird, soll nur eine Grabbeigabe gewesen sein. Vom Gipfel des Hügels können wir in zwei Kilometer Entfernung die Halle sehen, die sie heute überdacht.

Schon in den zwanziger Jahren war ein Bauer beim Brunnengraben auf die lebensgroße Figur eines Kriegers gestoßen. Doch als das Wasser vor ihm plötzlich versickerte, sah er in dem Fund ein böses Omen und grub ihn schnell wieder ein. Erst 1974 kamen bei der Suche nach Wasser wiederum Tonbrocken zum Vorschein, die sich als Teile von Menschen und Pferden entpuppten. Nur waren diesmal auch rasch Archäologen zur Stelle.

Diese größte Attraktion für den Tourismus in China zieht nicht nur Besucher, sondern auch viele Händler an. Sie ist umgeben von Tausenden von Ständen und kleinen Geschäften, die alles anbieten, was Reisende in China kaufen können. Man muß sich durch ein riesiges Terrain von Kitsch und »Kulturmüll« hindurchkämpfen, bis man zum Eigentlichen vorgedrungen ist. Das »Weltwunder« selbst ist von einem hohen Zaun umgeben, und die Eingänge sind streng bewacht. Wir werden an einen Hintereingang verwiesen und dürfen mit unseren Fahrzeugen auf das Gelände fahren. Es erinnert an die Schilderung des Baugeländes für das Grab zur Zeit des Ersten Kaisers, die uns in späteren Darstellungen überliefert wurde: »700 000 Bauern müssen in einem riesigen Arbeitslager Tag und Nacht ihr Letztes geben. Wer sich weigert, wird sofort umgebracht. Nichts von dem, was in diesem von hohen Mauern umgebenen Gelände geschieht, dringt nach außen. Wer hier arbeitet, kommt nie wieder lebendig heraus.«

Sein Letztes gibt hier heute niemand mehr, und umgebracht wird nur, wer versucht, Schätze von dort zu stehlen. Aber sonst sind durchaus Parallelen auszumachen: Wie damals wohnen auch heute die Mitarbeiter auf dem Gelände, das wie ein Hochsicherheitstrakt abgeschirmt ist. Der etwa 60 Jahre alte Leiter der Ausgrabungsarbeiten erzählt uns, 1974 hätte er geglaubt, seine Arbeit könne in zehn bis zwanzig Tagen beendet sein, inzwischen arbeitet er schon 25 Jahre daran, und es ist immer noch kein Ende abzusehen. Wahrscheinlich kommt auch er nicht mehr lebend heraus.

Um uns die Wartezeit während der Abwicklung der Formalitäten zu verkürzen, hat uns Xiao Pang in das Büro dieses Archäologen, Herrn Yuan Zhongyi, verfrachtet, der uns über eine Stunde lang geduldig Auskunft gibt. Erst danach werden wir in die Halle geführt.

Die Begegnung mit der Terracotta-Armee, mit diesen »Kriegern des Jenseits«, die in regloser Entschlossenheit gen Osten blicken und seit mehr als 2000 Jahren ihren Kaiser bewachen, macht auch heute noch einen gewaltigen Eindruck auf den Besucher. Schreitet man ihre Formationen ab und sieht sich die Figuren aus der Nähe an, was man als gewöhnlicher Tourist nicht darf, fühlt man sich unwillkürlich in die Zeit der Gründung des chinesischen Kaiserreiches versetzt. Es gibt wenige Orte auf der Welt, an denen die Geschichte eine so unmittelbare Faszination ausübt. Hier stehen nicht mehr oder weniger vollständige Ruinen einstmals berühmter Gebäude oder homöopathische Mengen geschichtlicher Relikte in Form von Wandbildern oder einzelnen Statuen vor einem, sondern 7000 überlebensgroße Menschen aus der Zeit von 200 vor unserer Zeitrechnung.

Es wird immer wieder behauptet, jeder von ihnen sei verschieden, sei ganz individuell gestaltet. Das stimmt so nicht und würde auch dem chinesischen Denken und Kunstverständnis widersprechen. Sie betrachten den Einzelnen immer als Teil einer Gruppe. Sieht man sich die Figuren aus der Nähe an, dann wird deutlich, daß die Körper der Figuren in Serienfertigung hergestellt wurden. Nur der Kopf ist individuell gestaltet, und es heißt, echte Krieger hätten dafür Modell gestanden. Doch trotz unterschiedlichster Haartrachten, Augenpartien, Kopfbedeckungen, Schnauzer und Bärte zeigen sie alle den Ausdruck dieser besonderen Entschlossenheit, für ihren Ersten Kaiser einzustehen, die uns von Anfang an beeindruckte.

Hier wird einem unmittelbar klar, welche Machtfülle dieser Qin Shihuangdi, der »Erste erhabene Kaiser von Qin«, gehabt hat und worauf er bei der Durchführung seiner ehrgeizigen Pläne gesetzt hat: auf das Militär.

Nach einer langen Reihe von legendären Heldengestalten und

mythischen Kaisern der chinesischen Frühgeschichte tritt uns mit Qin Shihuangdi zum erstenmal ein Mensch, genauer gesagt: der Prototyp eines Machtmenschen entgegen. Alles an ihm ist monumental: sein Grab, seine Leistungen und seine Untaten. Solange man die Terracotta-Armee nicht kannte, war man geneigt, die überlieferten Berichte für übertrieben zu halten, stammten sie doch von Geschichtsschreibern, die in der Mehrzahl Konfuzianer waren. Und denen hatte der Herrscher übel mitgespielt. Mit der Reichseinigung hatte Qin Shihuangdi alle diese Philosophen und Gelehrten, die bis dahin von Fürstenhof zu Fürstenhof gezogen waren und ihre Theorien verkündet hatten, brotlos gemacht; später ließ er sogar 460 von ihnen lebendig begraben und alle konfuzianischen Bücher verbrennen. Kein Wunder, daß die späteren Geschichtsschreiber kein gutes Haar am Gründer des chinesischen Kaiserreiches gelassen haben. Außerdem gehen alle späteren Berichte auf eine Quelle zurück, auf Sima Qian, den ersten chinesischen Historiographen, der 65 Jahre nach dem Tod des Ersten Kaisers zur Welt kam.

Wie gefährlich dieser Beruf damals sein konnte, wird am Schicksal dieses ersten, »heiligen Historikers«, wie die Chinesen ihn später nannten, deutlich: Da er Partei ergriffen hatte für einen General, der sich den Barbaren aus dem Nordwesten ergab, wurde Sima Qian vor die Wahl gestellt, zu sterben oder sich kastrieren zu lassen. Er wollte lieber die Demütigung eines Eunuchendaseins ertragen, als seine Geschichte unvollendet lassen. Wie er einem Freund schrieb: »Weil in meinem Herzen Dinge sind, die ich noch nicht vollständig äußern konnte.« Man kann also davon ausgehen, daß dieser »Chronist« nichts anderes festgehalten hat als die Regierungsmeinung der nachfolgenden Han-Dynastie (206 v. Chr. bis 220 n. Chr.).

Über die Person des Mannes, der sich später zum Ersten Kaiser ausrief, ist bei Sima Qian folgendes zu lesen: »Der König von Qin hat die Nase einer Wespe, Augen wie Schlitze, eine Hühnerbrust und die Stimme eines Schakals. Er kennt keine Gnade und besitzt das Herz eines Tigers oder Wolfes. Ist er in Schwierigkeiten, so erniedrigt er sich selbst; hat er Erfolg, verschlingt er skrupellos jeden.«

In seinen »Historischen Aufzeichnungen« beschreibt er, wie der damals noch junge König von Qin mit nie dagewesener brutaler

Waffengewalt die »Streitenden Reiche«, die sich jahrhundertelang bekriegt hatten, einte. Qin war im alten China, was Sparta für Griechenland oder Preußen für Deutschland war.

Am Ende des Vereinigungskrieges hatte die Qin-Armee an die 1 650 000 gegnerische Soldaten getötet. Sima Qian kommentiert: »Sie fegten die sechs Staaten hinweg wie der Herbstwind die welken Blätter.« An anderer Stelle findet man folgende Charakterisierung: »Die Leute von Qin haben die gleichen Sitten wie die Barbarenstämme Rong und Di, sie haben das Herz eines Tigers und eines Wolfes. Sie haben keine Ahnung vom guten Ton, von den verwandtschaftlichen Beziehungen und von anständigem Benehmen.«

Nachdem sich der inzwischen 38 Jahre alte König im Jahre 221 v. Chr. zum ersten erhabenen Kaiser von Qin: »Qin Shihuangdi«, gemacht hatte, stampfte er in nur 16 Jahren Regierungszeit ein Riesenreich aus dem Boden, das für mehr als 2000 Jahre zum Vorbild für alle späteren Dynastien wurde.

Wie ein Berserker arbeitete er Tag und Nacht, besessen von der Idee seines Weltreiches. In unvorstellbar kurzer Zeit ließ er ein Kanalsystem und ein Straßennetz ausbauen, das in seiner Ausdehnung größer war als das des Römischen Reiches. Streckenweise vorhandene Mauerteile und schon bestehende Verteidigungsanlagen ließ er im Nordwesten des Reiches ausbauen und ergänzen. Später wurde deshalb behauptet, er habe die 10 000 Li (5000 Kilometer) lange Mauer bauen lassen, was ihn in der ganzen Welt berühmt gemacht hat.

Außerdem schuf er in seiner kurzen Regierungszeit ein völlig neues Verwaltungssystem, erließ neue Gesetze, legte einheitliche Maße und Gewichte, eine feste Spurbreite für die Fahrzeuge, eine einheitliche Währung und eine gemeinsame Schrift für die unterschiedlichen Sprachgemeinschaften fest. Die Form der runden Münzen mit dem viereckigen Loch (Ban Liang), die er damals prägen ließ, hat man bis zum Ende des Kaiserreiches (1911) beibehalten. Die gemeinsame Schrift, die er dem Riesenreich verordnete, hat sich bis heute in ihrer Struktur nicht verändert. Und von »Qin«, dem Namen seines Reiches, leitet sich unser »China« her.

Im Museum für chinesische Geschichte in Beijing existiert noch eine von vielen Steintafeln, die er damals überall im Reich zur Verherrlichung seiner Großtaten aufstellen ließ. Darauf heißt es:

»Maße und Gewichte werden durch ihn festgelegt und gerecht vereinheitlicht, er regelt das Dasein aller Lebewesen. Er taucht auf diese Weise die Angelegenheiten der Menschen in helles Licht, und er führt Vater und Sohn in Eintracht zusammen. Die Weisheit, Nächstenliebe und Gerechtigkeit seiner Heiligkeit lassen das Idealbild der Tugend hell und klar erstrahlen ...«

Da der Kaiser als Sohn des Himmels davon ausging, daß er über alle Menschen herrsche, kann man zu Recht behaupten, daß hier das erste Mal die Idee der Globalisierung entwickelt wurde. Sie war eine der grundlegenden Voraussetzungen für das Entstehen der Seidenstraße.

Wir in Europa sind noch heute, an der Schwelle zum 3. Jahrtausend, weit von solchen Errungenschaften entfernt. Die Vorstellung, daß es zum Beispiel für die verschiedenen gesprochenen Sprachen überall eine Schrift gibt, ist für uns noch unvorstellbar. Im Reich der Mitte sind diese Vereinheitlichungen seit mehr als 2000 Jahren Realität. In Beijing und Kanton spricht man zwei Sprachen, die sich ungefähr so voneinander unterscheiden wie Deutsch und Englisch, doch schreibt man an beiden Orten dieselbe einheitliche Schrift, so daß man zum Beispiel ein und denselben Text in Beijing auf mandarin und in Kanton auf kantonesisch verlesen lassen kann.

Wo die Straße der Seide ihren Anfang nahm

An der Stelle, wo sich einst das westliche Stadttor des legendären Chang'an befand und von wo jahrhundertelang die Karawanen mit ihrer kostbaren Seidenfracht zur endlos langen Reise ins ferne Rom aufbrachen, steht heute eine riesige, grob gehauene Steinplastik. Das moderne, nüchtern gestaltete Monument zeigt eine Kamelkarawane. Die Figur des Karawanenführers symbolisiert den »ersten großen Reisenden« Zhang Qian, der, wie bereits im Einleitungskapitel erwähnt, im Auftrag des Han-Kaisers Wudi die erste Blütezeit dieses Handelsweges eingeleitet hatte.

Vor dem heutigen Westtor, durch das man fahren muß, wenn man auf die Seidenstraße gelangen will, drehen wir ein Interview mit Professor Hu, einem Historiker, der sich auf die Geschichte der

Seidenstraße spezialisiert hat. Anschaulich resümiert er, wie der Seidenhandel mit dem Römischen Reich funktionierte.

Die zweite Blüte erlebte die Seidenstraße zur Tang-Zeit (618 bis 906), aus der uns der Reisebericht des Pilgermönches Xuanzang vorliegt: seine berühmte »Reise nach Westen«. Und aus der dritten großen Phase schließlich stammt die erste europäische Beschreibung, der Reisebericht des Marco Polo.

Für die geschichtliche Entwicklung Chinas, erklärt uns Professor Hu, sei der Ideentransfer allerdings viel wichtiger gewesen als der Transport von Luxusgütern. Die großen Religionen, besonders der Buddhismus, gelangten auf diesem Weg nach China und veränderten das geistige Leben und die Kunst grundlegend. Es fand aber auch in der Gegenrichtung eine geistige Befruchtung statt. Professor Hu ist der Meinung, daß von den vier großen Erfindungen Chinas (Kompaß, Schießpulver, Papier und Buchdruck) drei über die Seidenstraße nach Europa gelangten; nur der Kompaß sei über den Seeweg gekommen. Was wohl Gutenberg dazu gesagt hätte?

Außerdem berichtet der Professor von Initiativen der chinesischen Regierung, die Seidenstraße neu zu beleben, indem sie Eisenbahnlinien und Straßen baue und die Grenzen zu den westlichen Nachbarstaaten öffne.

Eine der spannendsten Fragen in der wechselvollen Geschichte der Seidenstraße berührt der Professor nicht: Warum es nämlich nicht zu direkten Kontakten zwischen den abendländischen Regierungen und dem chinesischen Kaiserhof kam? Die Tatsache, daß die Produzenten und die Konsumenten der Seide jahrhundertelang nichts Genaues voneinander wußten, hat erstens die Seidenpreise in Europa in schwindelerregende Höhe getrieben und zweitens dazu geführt, daß sowohl über die Herstellung von Seide als auch darüber, wie sie nach Europa gelangte, die abenteuerlichsten Geschichten kursierten.

Dabei war und ist die Herstellung von Seide in China sehr billig. Ein Bauer, der mit seiner Familie das ganze Jahr über Maulbeerbäume pflegt und düngt und zweimal 30 Tage lang die gefräßigen Raupen rund um die Uhr mit frischen Blättern füttert, schafft es heute mit einiger Mühe, 30 Kilo Seidenkokons zu produzieren. Er erhält dafür 600 Yuan. Das sind umgerechnet 120 Mark, also vier Mark pro Kilo. Die Preise werden von der Regierung festgelegt und schwanken, seitdem marktwirtschaftliche Methoden eingeführt wurden. Das Haspeln, Weben und Färben wird in China meistens an ziemlich alten Maschinen von billigen Arbeitskräften verrichtet, so daß die Gesamtherstellungskosten von einem Kilo Seide nicht mehr als 20 Mark betragen.

Zur damaligen Zeit dürfte der Preis noch viel niedriger gewesen sein. In Berichten aus der Römerzeit wird immer wieder behauptet, Seide sei in Rom mit Gold aufgewogen worden. Um sich vorstellen zu können, wieviel Geld das etwa gewesen ist, muß man sich vergegenwärtigen, daß ein Kilo Gold heute ungefähr 4000 Mark kostet.

Vor diesem Hintergrund ist die Klage von Plinius dem Älteren aus den siebziger Jahren des 1. Jahrhunderts gut zu verstehen: »Nach den niedrigsten Berechnungen entziehen Indien, die Serer und Arabien unserem Imperium Jahr für Jahr hundert Millionen Sesterzen.«

Um die hohen Preise rechtfertigen zu können, haben clevere Geschäftsleute abenteuerliche Geschichten über die Strapazen und Gefahren auf der Seidenstraße erfunden. Solche Geschichten, die Abend für Abend an den Lagerfeuern und in den Karawansereien erzählt wurden, wanderten zwischen Chang'an und Europa hin und her und wurden jedesmal phantastischer.

Darüber hinaus sammelten die Händler und die Karawanenführer natürlich auch systematisch konkrete Informationen über Reisewege, Etappenziele, Gefahren und Probleme und vor allem über Preise. Seit der Antike werden Niederschriften solcher »Handbücher für Kaufleute« erwähnt, die vertraulich weitergereicht wurden. Ohne sie wären solche regelmäßigen Unternehmungen nicht kalkulierbar gewesen und hätten auch gar nicht stattgefunden.

In einer chinesischen Quelle des 6. Jahrhunderts, dem »Zhou Shu«, wird über Karawanen zur Zeit des Römischen Reiches berichtet, die mit 600 Kamelen loszogen, welche 10 000 Ballen Seide transportierten und von 240 Kaufleuten, Kamelführern und Soldaten begleitet wurden. Die Stoffballen waren zu dieser Zeit allerdings nicht so groß wie heute. Ein Seidenstück war damals etwa 3,50 Meter lang und 0,50 Meter breit.

In arabischen Quellen, die ebenfalls während der Römerzeit niedergeschrieben wurden, findet man ähnliche Zahlen. Dort ist von Karawanen die Rede, die mit Hunderten von Kamelen unterwegs waren und von 100 bis 300 Leuten begleitet wurden.

Aus der Tang-Zeit (618–906) liegen uns nur umfangreiche chinesische Berichte über die Reiseroute vor. Europäische Dokumente des frühen Mittelalters über Kontakte mit außergewöhnlichen Reichen sind generell sehr spärlich.

Als später die Mongolen einen Großteil der Länder an der Seidenstraße beherrschten, erlangte sie wieder Bedeutung. Voraussetzung dafür war, daß das Reisen sicherer und somit wieder kalkulierbar wurde. Um das Jahr 1340 verfaßte der Italiener Francesco Pegolotti eines der wenigen »Handbücher für Kaufleute«, das uns überliefert ist. In einem Abschnitt behandelt er auch den Handel mit China über die Seidenstraße. Darin findet sich eine riesige Sammlung von Zahlen und Entfernungsangaben zwischen den einzelnen Rastplätzen, von Abgaben, die für jede Art von Ware geleistet werden mußten, von örtlich gebräuchlichen Maßeinheiten und ihren italienischen Entsprechungen. 22 verschiedene Seidensorten und ihre unterschiedlichen Qualitätsmerkmale sind in dem Wust von Informationen erwähnt. Das dicke Buch, das den Kaufleuten von damals sicher wichtige Dienste geleistet hat, weil es konkrete Auskünfte gab, wirkt auf den heutigen Leser eher enttäuschend, besonders wenn er es mit den Reisebeschreibungen Marco Polos vergleicht, der nur 45 Jahre früher in China gewesen sein will. Nur in der Einführung erteilt Pegolotti einige allgemeine Ratschläge wie: »In allererster Linie muß man sich den Bart lang wachsen lassen und darf sich nicht rasieren.«

Die Kosten, die Pegolotti für eine Reise veranschlagt, sind erstaunlich niedrig: »Man kann damit rechnen, daß ein Kaufmann mit einem Dolmetscher und zwei Dienern und mit Waren im Werte von 25 000 Goldflorin auf dem Wege nach China etwa 60 bis 80 Sommi Silber und nicht mehr verbraucht, wenn er einigermaßen haushält; und für die ganze Reise zurück von China bis nach Asow am Schwarzen Meer, einschließlich der Lebenskosten und der Bezahlung der Bediensteten und aller anderen Kosten, wird er nicht mehr als fünf Sommi pro Kopf der Tragtiere oder noch etwas weniger brauchen. Und man kann den Sommo etwa mit fünf Goldflorin gleichsetzen.«

Einen ganz persönlichen Rat gibt der Italiener seinen Kollegen noch mit auf den Weg: »Wenn der Kaufmann eine Frau aus Asow mitnehmen will, so kann er das tun. Es wird dann viel bequemer, als wenn er keine mitnimmt.«

Über die vielbeschworenen Strapazen und Gefahren heißt es bei ihm: »Man muß damit rechnen, daß die Straße von Asow bis Sara weniger sicher ist als auf irgendeinem anderen Teil der Reise. Selbst auf diesem schlechtesten Abschnitt der Straße wird man jedoch in einer Gesellschaft von etwa 60 Personen so sicher auf ihr reisen, als wenn man im eigenen Hause wäre.«

Wie aus einer Anmerkung des Buches hervorgeht, hat Pegolotti viele Informationen aus einem älteren Werk übernommen – ein Hinweis darauf, daß es auch schon zu Marco Polos Zeiten solche Bücher in Italien gegeben haben muß. Daß gerade Marco Polos Reisebericht zum Welterfolg wurde, könnte mehrere Gründe haben: Zum einen erzählt er viele der beliebten Geschichten und Legenden über die Seidenstraße so, daß sie den Wunschvorstellungen und Ängsten seiner Zeit entsprachen; zum anderen lieferte er konkrete Angaben zu Örtlichkeiten, Waren und anderen Fakten, die Authentizität vermittelten, aber eben auch schon in Handbüchern von Kaufleuten enthalten waren; und drittens sorgte die Kirche mit ihrem Verdikt für Publicity.

Im Jahre 1995 hat die englische Sinologin Frances Wood in ihrem Buch »Did Marco Polo go to China?« (Kam Marco Polo bis nach China?) versucht, den Beweis zu erbringen, daß er nie in China gewesen sei. Sie hat jahrelang alle überlieferten Dokumente der Yuan-Zeit (1279–1368) durchgesehen und konnte keinen Hinweis auf Marco Polo finden, der ja behauptet hatte, 17 Jahre als Gouverneur und Gesandter im Dienste Kublai Khans gestanden zu haben. Das sei insofern merkwürdig, als es in den Archiven der Zeit von Angaben über die Aktivitäten von Ausländern wimmelte. Man finde dort sogar genaue Zahlen über ihre Honorare. Frances Wood kommt zu dem Schluß: »Mein Eindruck ist, daß er ausschließlich zwischen dem Außenhandelsposten der Familie, der Krim, Konstantinopel und Venedig hin- und herreiste und Handel trieb. Ich glaube nicht, daß er weiter als bis dorthin gelangte. Auf diesen Reisen hatte er einen leichten Zugang zu persischen Quellen, die über die Geschichte der Mongolen Aufschluß gaben, und zu den vielen Handbüchern von Kaufleuten mit zahlreichen Informationen.«

Vielleicht ist es aber auch gar nicht so wichtig, ob Marco Polo dort war oder nicht. Sein sehr wohlwollender Bericht über den großen Kublai Khan und dessen Riesenreich hat jedenfalls dazu beigetragen, im Westen das Interesse für den Fernen Osten zu wekken sowie Ängste und Mißverständnisse gegenüber China abzubauen. Außerdem hat er einen großen Beitrag zum »Mythos Seidenstraße« geleistet, so daß heute noch Tausende von Touristen auf Marco Polos Spuren reisen.

Autarkie als Teil der Staatsidee

Einen direkten »diplomatischen« Kontakt zwischen den beiden Endpunkten der Seidenstraße hat es vermutlich nie gegeben. Er war schon deshalb nicht möglich, weil er durch die Reiche, die zwischen Rom und China existierten, systematisch unterbunden wurde, denn diese mußten um ihre Verdienstmöglichkeiten bangen. Wenn es einen Dialog zwischen Rom und China gegeben hätte, wären die Seidenpreise wahrscheinlich schnell gesunken, und der Handel wäre eingeschlafen. Andererseits war es vom Selbstverständnis der beiden großen antiken Weltmächte, die sich beide als einzigartig verstanden haben, auch nicht möglich, sich gegenseitig wahrzunehmen. Die Römer lösten das Problem, indem sie nicht von einem Reich der Mitte oder von China sprachen, sondern von den legendären Serern am äußersten östlichen Ende der Welt, die die Seide von den Bäumen kämmen.

Die Chinesen hatten zwar einige Informationen über Rom und nannten es Da Qing, doch war es völlig undenkbar für sie, es als ein zweites Weltreich wahrzunehmen, denn in ihrem Weltbild war der Kaiser seit jeher der Sohn des Himmels. Seine Aufgabe war es, über alle Menschen auf der gesamten Welt zu regieren und zwischen den Mächten des Himmels und der Erde zu vermitteln. Durch die Ausstrahlung der Tugend des Kaisers wurden die Menschen in den Bann seiner segensreichen Kultur gezogen.

Doch für diesen Kaiser waren nicht alle Menschen gleich. Die Erde war unterteilt in das Reich der Mitte, das Zentrum der chinesischen Kultur, in dem die Chinesen lebten, und in die Länder der Barbarenstämme, die sich in konzentrischen Kreisen um das chinesische Großreich befanden.

Von Anfang an war also der Unterschied nicht so sehr ein ethnischer als vielmehr ein kultureller. Auch die Grenzen des Reiches wurden nicht hauptsächlich geographisch definiert, sondern durch die Kultur: Zum »Reich der Mitte« gehörte der chinesische Kulturkreis. Wobei dieser Kulturkreis seine Geschlossenheit dadurch erhielt, daß er immer versuchte, bis zum Ende des Mao-Reiches, autark zu sein.

Das wichtigste Ziel jeder Regierung ist es deshalb stets gewesen, das Land so zu führen, daß alle Mitglieder dieses Kulturkreises ohne einen Außenhandel und ohne Importe aus dem Ausland ernährt werden konnten. Die Tributzahlungen, die der chinesische Kaiser theoretisch von jedem Land der Welt erwartete, waren immer nur symbolische Gaben. China erhielt sie nur von einigen Ländern und war in seiner Geschichte nie darauf angewiesen. Um dies auch nach außen hin zu demonstrieren, waren die Gegengeschenke des Kaisers, meistens in Form von Seidenballen, viel größer als die Tributgaben.

In Wirklichkeit war dieser Austausch von Höflichkeiten natürlich eine Art Außenhandel, ein Tauschhandel auf höchster Ebene. Deshalb schickten manche Nachbarn im Westen, die diese Seide weiterverkauften, unaufgefordert und öfter, als es China lieb war, »Tributgesandtschaften« an den Hof. Dies konnte für China zu schwierigen Situationen führen, wenn die Tributbringer so mächtig waren, daß sie eine Gefahr für die chinesischen Randgebiete darstellten. Dann wurden den Chinesen »Geschenke« aufgedrängt, die reine Luxusgüter waren, und sie waren ihrerseits gezwungen, dafür ihre kostbare Seide zu opfern. So wurden zum Beispiel kostbare Steine, Hölzer, seltene Pflanzen und Tiere, auch Menschen von auffälliger Körpergestalt (Kleinwüchsige) oder auch ganze Orchester an den chinesischen Hof gebracht. Der ständige Bedarf an Seide für die Gegengaben war wirtschaftlich oft von großem Nachteil für China und führte immer wieder zu großen Notständen im Staatshaushalt. Zeitweise kam die Seidenproduktion Chinas den handeltreibenden Nachbarn mehr zugute als den Chinesen.

Eine Diskrepanz zwischen Anspruch und Wirklichkeit der chinesischen Kaiser und ihrer Kultur ergab sich vor allem aus der militärischen Stärke der Nomaden, die im Westen und Norden des Reiches lebten. Die Auseinandersetzung mit diesen aggressiven Reitervölkern, die China oft militärisch, aber nie kulturell überlegen waren, gehört zu den Konstanten der chinesischen Geschichte.

Xuanzangs »Reise nach Westen« und der Buddhismus in China

Eine der wichtigsten Sehenswüdigkeiten des heutigen Xi'an ist die »Große Wildgans-Pagode«. Und auch sie erinnert an eine historische Gestalt des alten Chang'an, die der Nachwelt wichtige Informationen über die Seidenstraße hinterlassen hat. Es handelt sich um den Pilgermönch Xuanzang, den »Marco Polo des Ostens«, wie er bei uns vielfach genannt wird. Er ist der berühmteste in einer Reihe von vielen Pilgern, die auf der Route der Seidenstraße nach Indien gezogen sind, um buddhistische Texte nach China zu holen. Und was er dabei beobachtet und erlebt hat, schrieb er minutiös auf. Seine »Reise nach Westen« wurde zum Kultbuch.

Die 64 Meter hohe Pagode ist schon von weitem zu sehen, nur läßt sie sich nicht so leicht im Bild festhalten. Nirgends ist eine wirklich schöne Einstellung möglich. Der Kameramann ist verzweifelt und fragt allen Ernstes, ob wir diese »Postkarte« wirklich brauchen. Schließlich sei sie in jedem Reiseführer abgebildet. Um ihn zu motivieren, erkläre ich Xuanzang zu unserem Schutzpatron, der uns auf der gesamten Reise entlang der Seidenstraße begleiten werde.

Die Wildgans-Pagode wird zur Geduldsprobe. Ergeben in das Unvermeidliche schleppen wir Kamera, Stativ und die wichtigsten Utensilien zum Tempelkomplex. Während unser Begleiter, Xiao Pang, mit seiner Drehgenehmigung verzweifelt nach einem Verantwortlichen sucht, lese ich den anderen vor, wie sie entstanden ist und woher sie ihren merkwürdigen Namen hat.

Als Xuanzang nach 16 Jahren abenteuerlichster Wanderschaft mit 657 buddhistischen Texten in Sanskrit nach Chang'an zurückkehrte, wurde er mit Begeisterung empfangen. Kaiser Taizong bestand darauf, daß der Mönch im »Kloster der Großen Wohltätigkeit« leben sollte, um die mitgebrachten Texte zu übersetzen;

später ließ er auf Wunsch Xuanzangs eine eigene Pagode für diese Texte errichten, wenn auch nicht ganz so groß, wie der Mönch sie sich gewünscht hatte. Zur Einweihung erzählte er den Gästen eine alte indische Legende von einem Kloster, dessen Mönche nach der alten Lehre des Hinayana, des »Kleinen Fahrzeugs«, lebten und manchmal Fleisch essen durften. Eines Tages flog ein Schwarm von Wildgänsen über dieses Kloster hinweg, und die Mönche blickten ihnen gierig hinterher. Da stürzte plötzlich eine der Wildgänse vom Himmel, den Mönchen direkt vor die Füße. Sie waren davon so betroffen, daß sie die Wildgans in einer Pagode beisetzten, fortan kein Fleisch mehr aßen und nach den Regeln des Mahayana-Buddhismus (»Großes Fahrzeug«) lebten. Auf Xuanzangs Vorschlag erhielt die neue Pagode in Chang'an ihren Namen nach dieser Sage.

Während alle Teammitglieder mit den Aufnahmen beschäftigt sind, beobachte ich die Besucher, besonders die jüngeren und die Chinesen mittleren Alters. Was mir schon früher in anderen Tempeln aufgefallen ist, geschieht auch hier: Sie scheinen das Kloster mit einem festen Ziel zu betreten, kaufen ein paar Räucherkerzen, zünden sie an, verneigen sich einige Male vor der großen Statue, murmeln dabei »Namo o-mi-to-fo« und stecken die Räucherkerzen in einen großen Behälter, um dann schnell wieder zu verschwinden. Es wirkt wie eine Routine, die man nebenbei verrichtet, und strahlt ganz und gar nicht die meditative Ruhe aus, die wir mit dem Buddhismus verbinden.

Ich frage deshalb eine Besucherin, warum sie das macht, und erhalte zur Antwort: »Das bringt Glück!« Neugierig erkundigt sich die Frau, woher wir kommen und was für einen Film wir drehen. Da es mir zu schwierig erscheint, ihr unser Seidenstraßen-Projekt auf chinesisch zu erklären, sage ich nur kurz: »Wir machen etwas über Buddha.« Sie fragt erstaunt zurück: »Über welchen Buddha? Es gibt doch so viele davon!« Nun wird es kompliziert. Wie soll ich als Westler einer Chinesin erklären, wer für mich Buddha ist? Ich greife deshalb hilflos nach einem anderen Namen und sage: »Naja, damit meine ich die historische Person Siddhartha Gautamas.« Ich weiß nicht, ob ich den Namen falsch ausgesprochen habe, sie kann jedenfalls nichts damit anfangen. Ich sage noch mehrmals auf chinesisch »Pusa«, bis mir zusätzlich »Sakyamuni«

(der Weise aus dem Geschlecht der Sakya) einfällt. Das Nicken meines Gegenüber wirkt nicht sehr überzeugend, beendet aber wenigstens die peinliche Situation.

Daß sich in China viele verschiedene Formen des Buddhismus herausgebildet haben, war mir klar, aber daß eine Gläubige nichts mit der historischen Person des Buddha anzufangen weiß, hat mich doch einigermaßen überrascht und verwirrt. Trotzdem ist es so erstaunlich auch wieder nicht, wenn man bedenkt, daß sich im Laufe der Jahrhunderte der Buddhismus nach mehreren schweren Rückschlägen und schlimmen Verfolgungen im Kampf gegen Konfuzianismus und Taoismus zwar durchsetzte, aber auch mit diesem verband, so daß man heute die verschiedenen Glaubensrichtungen kaum auseinanderhalten kann. Es kann durchaus geschehen, daß in ein und demselben Tempel Konfuzius und Buddha gemeinsam verehrt werden. Die verschiedenen Religionen haben sich so vermischt, daß man glaubt, bei den Buddhisten gelandet zu sein, wenn man einen Konfuzius-Tempel betritt und auf die gleichen riesigen Wächterfiguren am Eingang stößt.

Außerdem hat sich in China eine besondere Form des volkstümlichen Buddhismus durchgesetzt, die sich weit von der ursprünglichen Lehre entfernt hat. Bei diesem Amithaba-Buddhismus wurde der Weg zur Erleuchtung sehr vereinfacht. Der Buddha Amithaba ist der Herr des »westlichen Paradieses«, des »reinen Landes«, und nimmt diejenigen in sein Paradies auf, die gläubigen Herzens seiner gedenken und die Andachtsformel »Namo o-mi-to-fo« (Ehre dem Buddha Amidha) aussprechen. Nicht mehr durch die eigene Kraft, auf dem »edlen achtfachen Pfad«, durch lebenslange rechte Erkenntnis, rechte Gesinnung, rechte Rede, rechtes Handeln, rechtes Leben, rechtes Streben, rechte Achtsamkeit und rechtes Sichversenken kann die Erleuchtung erlangt werden, sondern sie wird durch den Erlösungswillen des Amithaba auf einfache Weise gewährt: Es genügt, vor allem in der Todesstunde, die Andachtsformel auszusprechen, um in einer Lotosblüte im westlichen Paradies wiedergeboren zu werden.

Ich bin sehr überrascht, von dem Mönch, der uns in der »Großen Wildgans Pagode« betreut, zu erfahren, daß der große Pilger Xuanzang, den ich gerade zu unserem »Schutzpatron« erklärt habe, das Amithaba Sutra ins Chinesische übersetzt hat. Es exi-

...de wird wie vor 2000 Jahren in Heimarbeit gewonnen.
...ch kostbare Atlasstoffe entstehen an solchen Geräten.

Xi'an (Chang'an), erste Hauptstadt des Reiches der Mitte: In der Großen
Wildgans-Pagode werden Texte aufbewahrt, die der Pilgermönch Xuanzang
aus Indien mitbrachte.

...zhou, die Stadt am Gelben Fluß, wo die älteste Brücke Chinas stand
...die Karawanen ihren Weg in die Gobi antraten.

...cht weit von dieser Stelle bauten deutsche Ingenieure im Jahre 1907 eine
...Meter lange Eisenbrücke – ein Geschenk des deutschen Kaisers Wilhelm II.

Pilger und Mönche im ehedem tibetischen Kloster Labrang, einem
der bedeutendsten Heiligtümer des Gelbmützenordens.

Grabtschörten auf dem Weg in das auf 3000 Meter gelegene Xiahe.
Indem der Wind die Fähnchen bewegt, trägt er Gebete zum Himmel.

stiert nur in dieser chinesischen Übersetzung, die später zur Grundlage für die Lehre der »Schule des reinen Landes« wird.

Wir fragen Xiao Pang nach Einzelheiten, doch der erklärt uns ganz offen, daß er sich für religiöse Fragen nicht besonders interessiere. Ich kann mir die Bemerkung nicht verkneifen, daß die Seidenstraße eben nicht nur eine Straße der Seide und der Geschichte sei, wie er betonte, sondern vor allem auch eine Straße der Religionen.

Nachdem alle Touristen das Kloster verlassen haben, dürfen wir mit unserer Kamera an einem Gebet der Mönche teilnehmen. In einem weichen, diffusen Abendlicht stellt sich endlich die meditative Ruhe ein, von der wir geträumt haben. Wir erleben einen der wundervollsten Augenblicke der gesamten Reise und beschließen, unserem »Schutzpatron« Xuanzang als Dank einige Räucherkerzen zu opfern, bevor wir uns auf den Weg machen.

Lanzhou, die Stadt am Gelben Fluß

Umweltprobleme am Rand der Wüste

Von Xi'an nach Lanzhou fliegen wir. Die Fahrt mit dem Wagen würde zuviel Zeit kosten, zumal auf dieser Strecke für unser Seidenstraßen-Projekt wenig zu holen wäre.

Beim Landeanflug bietet sich uns ein merkwürdiges Bild: Die Hauptstadt der Provinz Gansu wirkt aus großer Höhe wie eine Ansammlung uralter Bauklötze, die in drangvoller Enge zwischen Berge und Gelben Fluß verstreut wurden. Im sanften Abendlicht meint man unter sich die Ruinen einer im Sand halb versunkenen Stadt zu erkennen. Vor 2000 Jahren markierte Jincheng, die goldene Stadt, die äußerste westliche Grenze des Reiches. Jenseits des Flusses begann »die Barbarei«, und noch heute fängt dort die Wüste an. Im Südwesten dieser ockerfarbenen Geisterlandschaft reflektiert ein riesiger Stausee die untergehende Sonne.

Indem unsere Maschine dem Flughafen immer näher kommt, verflüchtigt sich die scheinbare Idylle. Unter einer Dunstglocke erscheint eine moderne Industriestadt, die von einer gelben Schmutzschicht bedeckt ist. Sie stammt aus den Schloten riesiger Fabriken in den Außenbezirken. Was wir aus der Entfernung als ein eindrucksvolles visuelles Spektakel empfunden haben, ist in Wirklichkeit ein unvorstellbares Umweltproblem.

Während wir geduldig auf unsere Koffer warten, reden wir mit unseren chinesischen Kollegen über dieses Nebenprodukt des Fortschritts. Unumwunden geben sie zu: Fast überall hat die Wasser- und Luftverschmutzung katastrophale Ausmaße erreicht.

Hinzu kommt als weiteres Problem die stetige Ausbreitung der Wüste, die auch in unmittelbarer Nähe der Hauptstadt sichtbar wird. Bisher versuchte man das Land mit einfachen, durchaus effektiven Techniken zu schützen. So wurden zum Beispiel an Eisenbahnlinien Strohbündel zu quadratischen Mustern in den Sand gesteckt, um Verwehungen vorzubeugen. Nunmehr soll jedoch das größte Ökoprojekt der Erde Abhilfe bringen: Auf einer Länge von fast 6000 Kilometern und einer Breite bis zu 400 Kilometern wollen die Chinesen 60 Millionen Hektar Land zu einer »Großen Grünen Mauer« gegen den Sand aufforsten. Ob dieses gewaltige Vorhaben von Erfolg gekrönt sein wird, bleibt abzuwarten. Zwar ist China zum Entwicklungshelfer Nummer eins in Wüstenbegrünungsmaßnahmen geworden, doch die Pläne zur Durchführung dieser kühnen Idee lassen selbst bei den Chinesen Zweifel aufkommen.

Unterdessen hat die Regierung eine landesweite Aufforstungskampagne gestartet, die vorsieht, daß jeder Chinese am Tag des Qingming-Festes, an dem man früher die Gräber seiner Ahnen besuchte, einen Baum pflanzen soll. An diesem Tag pilgern also Familien und Betriebe zu festgelegten Gebieten und pflanzen dort Bäume. Doch die Regelung sieht nicht vor, wie die kleinen Pflanzen später weiter gepflegt werden sollen. Deshalb konnte man im letzten Jahr in der »Volkszeitung« eine Karikatur finden, in der ein Mann seinen Freund fragt: »Wo soll ich denn in diesem Jahr meinen Baum pflanzen?« Der Freund antwortet: »Am besten an derselben Stelle wie im letzten Jahr!«

Der Grund für die meisten Umweltprobleme ist eine zu schnell durchgeführte Industrialisierung der Provinz, die in den fünfziger Jahren dieses Jahrhunderts aus strategischen Überlegungen durchgezogen wurde. Zur Stärkung der Gebiete im Westen, die wirtschaftlich darniederlagen, wurden 16 von 156 industriellen Großprojekten des 1. Fünfjahresplans in Gansu durchgeführt. Dabei wurden sogar einige Betriebe aus den Küstenregionen in die Inlandprovinz umgesiedelt. Lanzhou wurde damals ein wichtiges Zentrum der Schwerindustrie, besonders der Petrochemie. Außerdem wurden Lokomotiv- und Waggonfabriken, metallverarbeitende Betriebe, Chemie-, Leder- und wollverarbeitende Industrie dort angesiedelt. Seit 1960 kam noch die Nuklearindustrie hinzu. Der älteste Atomreaktor Chinas steht in Lanzhou. Im Dezember 1988 wurde unter Beteiligung von mehr als 100 – ausschließlich chinesischen – Betrieben und Institutionen ein Ionenbeschleuniger in Betrieb genommen, dessen Leistungsfähigkeit angeblich nur von je einem in Frankreich und Japan übertroffen wird.

Eine gute Voraussetzung für die Industrieansiedlung waren die reichen Bodenschätze Gansus: Die Provinz verfügt über zahlreiche Buntmetallvorkommen und besitzt eines der größten Ölfelder bei Yumen. Kohle wurde an mehr als 50 Orten gefunden, die wichtigsten Lager werden inzwischen abgebaut. Auch die Energieversorgung ist hervorragend. 1994 produzierten die Elektrizitätswerke der Provinz 24,8 Milliarden Kilowattstunden, davon 43 Prozent durch Wasserkraftwerke. Das 1960 fertiggestellte Wasserkraftwerk Liujiaxia am Gelben Fluß, vor den Toren Lanzhous, war mit einer installierten Kapazität von 1225 Megawatt bis zur Inbetriebnahme des Gezhouba-Kraftwerks am Yangzi das größte Wasserkraftwerk Chinas.

Die reichen Bodenschätze, die gute Energieversorgung und die vielfältigen Industrieansiedlungen haben der Provinz zwar große Umweltprobleme beschert, doch der erwünschte Reichtum ist bisher nicht eingekehrt. Im Gegenteil: Seit den achtziger Jahren ist der Anteil Gansus an der industriellen Produktion Chinas ständig gesunken. Im landesweiten Vergleich lag die Provinz nur auf dem 23. Platz. Vergleicht man das Bruttoinlandsprodukt pro Kopf der Bevölkerung, gehört Gansu zu den Provinzen mit der geringsten Produktivität. Das Pro-Kopf-Einkommen für die städtische Bevölkerung lag 1995 bei durchschnittlich 2893 Yuan, das der ländlichen Bevölkerung bei lediglich 884 Yuan (weniger als 200 Mark) und damit weit unter dem nationalen Durchschnitt. Nach offiziellen Schätzungen lagen 1994 die Einkommen von rund 4,9 Millionen Menschen, das heißt, von einem Viertel der ländlichen Bevölkerung Gansus, unter der Armutsgrenze.

Genauso widersprüchlich wie in der Wirtschaft sieht es im Bildungssektor aus. Obgleich Lanzhou eines der wichtigsten Wissenschaftszentren Nordwestchinas ist, leben dort mehr als doppelt so viele Halb- und Analphabeten wie im Landesdurchschnitt.

Die Gründe für die wirtschaftliche Misere sehen westliche Experten in der mangelnden Infrastruktur und in der Tatsache, daß sich die ökonomischen Reformen in dieser Provinz noch nicht so durchgesetzt haben wie im Osten Chinas. Bis heute sind in Gansu 70 Prozent aller Großunternehmen Staatsbetriebe.

Auf der Suche nach der neuen Seidenstraße

Einst lag Gansu direkt am bedeutendsten Ost-West-Handelsweg des alten China und profitierte davon. Von Lanzhou, der letzten bedeutenden Stadt in Gansu, zweigten wichtige Routen nach Tibet und in die Mogolei ab. Dieser Verkehrsknotenpunkt war wie geschaffen für einen Handelsplatz, der von allen Völkern an Chinas Westgrenze besucht wurde.

Vom Reichtum des alten Jincheng ist nichts geblieben. Als die Volksrepublik China gegründet wurde, war Lanzhou lediglich der Mittelpunkt einer sehr armen und rückständigen Region, und die umfangreichen Industrieansiedlungen haben den erhofften Reichtum bisher nicht gebracht.

Die Wirtschaftsplaner der Provinz träumen heute von einer Wiederbelebung der historischen Seidenstraße. Doch bislang kann die Inlandprovinz nur einen relativ unbedeutenden Außenhandelsumsatz vorweisen. 1995 betrug dieser 776 Millionen Dollar, das waren lediglich 0,27 Prozent des chinesischen Außenhandels. Gansu nahm damit unter den chinesischen Provinzen den 26. Rang ein. Abhilfe soll eine verbesserte Infrastruktur bringen.

Wie uns Professor Hu in Xi'an berichtet hat, hofft die chinesische Regierung die alte Seidenstraße beim Ausbau des Schienennetzes nützen zu können. Oder profan ausgedrückt: Züge sollen die Kamelkarawanen ersetzen. Von dieser Entscheidung hat Lanzhou besonders profitiert. 1949 bestand nur ein 50 Kilometer langes Teilstück einer geplanten Eisenbahnstrecke zur chinesischen Ostküste. Inzwischen verfügt die Provinz über ein Schienennetz von über 2300 Kilometer Länge. Es verbindet die Stadt mit Xi'an, Xining in der Provinz Qinghai, mit Urumqi in Xinjiang und mit Baotou in der Inneren Mongolei. In den Zeiten der Düsenjets kommt zwar niemand auf die Idee, doch wäre es durchaus möglich, in Deutschland einen Zug zu besteigen und auf der Seidenstraße durch China zu fahren. Seit Dezember 1992 führt an Lanzhou eine Eisenbahnverbindung vorbei, die von Lianyungang, einer Hafenstadt in der chinesischen Küstenprovinz Jiangsu, bis nach Rotterdam verläuft. Die Chinesen nennen sie »Zweite eurasische Landbrücke«. Sie reicht zwar deutlich weiter und hat außerhalb Chinas eine andere Streckenführung, aber im Reich der Mitte folgt sie bis

Urumqi der alten Seidenstraße. Im Dezember 1999 soll auch eine Strecke bis Kashgar für den Personenverkehr freigegeben werden.

In unserer schnellebigen Zeit haben Züge freilich nur noch regionale Bedeutung; sie bewältigen den Inland- und den kleinen Grenzverkehr zu den Nachbarländern. Wie wichtig diese Verbindungen dennoch sind, begreift man, wenn man in China auf der Strecke der Seidenstraße einen Zug besteigt. So viele Menschen und Tiere auf engstem Raum könnte man mit keinem anderen Verkehrsmittel transportieren.

Einer viel schnelleren und globalen Verbindung begegnen wir bei unserer ersten Fahrt durch die Innenstadt von Lanzhou mit ihren breiten Boulevards und großzügigen Grünanlagen. In einer kleinen Nebenstraße im Zentrum der Stadt stoßen wir überraschend auf eine »Internet Bar«, deren Name sogar auf englisch über der Tür prangt. Wir halten sofort an und bitten unseren Begleiter zu fragen, ob wir dort drehen dürfen.

Ich gehe mit ihm hinein und sehe mich um. An 14 Rechnern sitzen junge Leute in einem spartanisch eingerichteten Raum, dem man sofort anmerkt, daß die Computer hier alles dominieren. Es gibt zwar eine kleine Theke mit wenigen Getränken, aber die Bedienung sitzt auch an einem Computer. Die Fans und Freaks vor den Monitoren nehmen uns kaum zur Kenntnis, so vertieft sind sie in ihre Beschäftigung. An einigen Rechnern werden unüberhörbar irgendwelche Spiele gespielt; drei bis vier junge Frauen und Männer amüsieren sich gemeinsam an einem Gerät. Ihr Lärm und ihre Fröhlichkeit scheinen niemanden zu stören.

In einer ruhigen Ecke sprechen wir einen jungen Mann an, der mit atemberaubender Geschwindigkeit und der Eleganz eines Klaviervirtuosen auf seinem Keyboard spielt. Als er hört, daß wir einen Film über die Seidenstraße drehen, reagiert er mit dem Satz: »Das Internet ist die neue Seidenstraße.«

Während die Geräte aufgebaut werden, erzählt uns der junge Mann, er heiße Xiao Fu, sei 17 Jahre alt und bereite sich gerade aufs Abitur vor. Zu Hause habe er natürlich einen viel schnelleren Rechner, aber keinen Internet-Zugang, weil seine Eltern Angst hätten, daß er dann nur noch vor dem Computer sitze. In der »Internet Bar« muß er 20 Yuan für die halbe Stunde bezahlen, umgerechnet vier Mark. Da er sich sein verschließbares Glas mit Jasmin-Tee

70

mitgebracht hat, wie die meisten anderen auch, ist es hier sogar billiger für ihn, als in eine normale Bar zu gehen und dort teure Getränke zu konsumieren.

Wir fragen ihn, ob ihm das Internet wirklich einen uneingeschränkten, globalen Ideentransfer ermöglicht.

»Theoretisch schon«, antwortet er, »aber in der Praxis gibt es drei Einschränkungen: Erstens die Sprachbarrieren, zweitens sind über meinen Server nicht alle Bereiche des Internet zugänglich, und drittens sind die Gebühren zu hoch.«

Wir lassen uns von ihm erklären, wie das »Surfen im Netz« hier funktioniert, ob alles in Englisch geschrieben werden muß, oder ob man auch chinesische Schriftzeichen eingeben kann. Er demonstriert uns, wie einfach das ist. Natürlich nur, wenn man es beherrscht.

Für uns ist es unfaßbar, mit welcher Geschwindigkeit er auf einer gewöhnlichen englischen Tastatur Tausende von chinesischen Schriftzeichen auf den Monitor zaubert. Dafür gibt es verschiedene Eingabemethoden. Xiao Fu führt uns die Pinyin-Eingabe vor. Dabei wird die offizielle Lautschrift für ein Wort in lateinischen Buchstaben eingegeben, und es erscheinen in einem Kästchen jeweils sieben Schriftzeichen mit dieser Aussprache. Jedes dieser Schriftzeichen hat eine Nummer. Ist das gesuchte Zeichen dabei, tippt man die entsprechende Zahl ein, und es erscheint der chinesische Text. Bei einfachen Schriftzeichen geht das sehr schnell. Wenn Xiao Fu zum Beispiel seinen Familiennamen schreiben will, muß er nur »fu« und »4« eingeben, und schon hat man das richtige chinesische Schriftzeichen.

Erst mit der Möglichkeit, auf einfache Weise Chinesisch schreiben zu können, begann für die breite Masse das Computerzeitalter in China. Vorher arbeiteten nur Spezialisten mit Computern.

Im Jahre 1985 gründete Liu Chuanzhi von der Chinesischen Akademie der Wissenschaften mit zehn seiner Kollegen eine Firma, die sie später »Legend Computer« nannten. Sie begannen in zwei einfachen Zimmern in der Zhongguancun in Beijing eine »Chinese Card« zu entwickeln – eine Karte, die man in den Computer einsetzt, wie zum Beispiel eine Soundkarte. Heute ist die Firma »Legend Computer« eine der größten in China, und Beijings Zhongguancun-Straße ist zum Synonym für Computer geworden. Hier sitzen die größten Hardware- und Software-Produzenten; von hier aus starteten berühmte chinesische Computerunternehmen in die weite Welt, nicht nur die Firma Legend, sondern auch andere wie Founder, Great Wall und Stone. Der Umsatz der Software-Branche in der Stadt Beijing machte im Jahr 1997 zwei Drittel des gesamten Umsatzes im Lande aus.

Diese »Computer-Straße« ist heute das größte Zentrum Chinas für elektronische Produkte. Es ist ein Viertel, in dem man wirklich alles erhalten kann, was mit Computern und Software zu tun hat, ob neueste Programme oder älteste Einzelteile. In großen Markthallen findet man Hunderte von kleinen Ständen, die sowohl Ramsch als auch teuerste High-Tech verkaufen. Häufig wird sogar ein Nachtmarkt organisiert, auf dem sich Computer-Freaks aus ganz China tummeln.

Xiao Fu kennt diese Straße natürlich auch, aber er ist leider noch nie dort gewesen. Wir fragen ihn, ob er nur nach chinesischen Quellen im Netz suche oder auch an internationalen Diskussionsforen teilnehme. Er gesteht uns, daß er meistens Chinesisch schreibt und liest, denn die Informationen in chinesischer Sprache im Internet haben in den letzten zwei Jahren sehr schnell zugenommen. Inzwischen haben fast 100 chinesische Zeitungen und Zeitschriften ihre Computer- oder Internet-Ausgaben.

Nach anfänglichen Schwierigkeiten wegen zu hoher Gebühren scheint sich das Geschäft inzwischen für viele Verlage zu lohnen. Ende 1996 gab es nur etwa 100 000 Nutzer, Ende 1997 waren es 820 000, und bis Ende 1998 hatten bereits mehr als zwei Millionen Chinesen einen Anschluß. Das sind jährliche Zuwachsraten von 200 Prozent.

Seit dem 1. März 1999 hat das Ministerium für Informationsindustrie die Gebühren für Internet-Leitungen erheblich gesenkt. Deshalb wird nach Schätzungen von Experten die Zahl der Kunden im Jahr 2000 auf über fünf Millionen steigen. Da die Regierung beschlossen hat, alle Behörden zu vernetzen, wird sie in Zukunft große Summen für die Weiterentwicklung des Netzes ausgeben müssen. Die Geschäftsleute träumen deshalb davon, daß zu Beginn des 21. Jahrhunderts zehn Millionen Chinesen ans Netz gehen werden. China würde dann nach den USA den zweiten Platz in der Internet-Nutzung einnehmen.

Die kommerzielle Situation hat sich dadurch deutlich verbessert. Der Webserver Chinanet hat zum Beispiel die aktuellen Ergebnisse der Weltmeisterschaft in Frankreich so erfolgreich in Chinesisch angeboten, daß er durch die damit verbundene Werbung zwei Millionen Yuan verdiente. Die Firma SRS International Ltd., die Ende 1998 von einer amerikanischen Gesellschaft aufgekauft wurde, hat den Webserver Sina eingerichtet und verfügt gegenwärtig über ein Gesamtvermögen von fünf Millionen US-Dollar. Und im Januar 1999 gab der Webserver Sohoo bekannt, daß er im Jahr zuvor eine Million US-Dollar eingenommen habe.

Wenn man sich die Besucher in der kleinen Internet-Bar ansieht, kann man sich kaum vorstellen, was die Entwicklung für Veränderungen der chinesischen Kultur mit sich bringen wird. Dieser Ideentransfer wird wahrscheinlich mindestens genauso große Auswirkungen haben wie der auf der alten Seidenstraße.

Unser aufgeweckter Freund Xiao Fu ist jedenfalls bestens darauf vorbereitet. Nach seinem Abitur will er Informatik studieren und hofft, später bei einem der großen chinesischen Webserver wie »Sohoo«, »Netease« oder »Capital Online« arbeiten zu können, um etwas von den Millionengewinnen abzubekommen. Ob er in Lanzhou bleiben wird, um hier vielleicht eine Computerstraße wie die Zhongguancun in Beijing zu gründen, weiß er noch nicht.

Der Stausee an der Grenze zu den Barbaren

Für uns ist die moderne Industriestadt, in der keine Zeugnisse der alten Seidenstraße mehr zu finden sind, nur der Ausgangspunkt für zwei Tagesausflüge. Zuerst suchen wir nach Spuren unseres Schutzpatrons Xuanzang.

Wie wir aus seiner Biographie erfahren, hatte sich der Pilger angeblich heimlich aus der damaligen Hauptstadt Chang'an weggeschlichen, weil der Kaiser ihm keine Erlaubnis für seine Pilgerfahrt erteilen wollte. Auf den Märkten Lanzhous nutzte er die Chance, sich an die vielen verschiedenen Völkerschaften zu wenden und mit seiner Missionstätigkeit zu beginnen.

Er war damals etwa 26 Jahre alt, und es heißt, er sei ein beeindruckender Mensch gewesen: »Er besaß einen leicht gefärbten

Teint und strahlende Augen. Seine Erscheinung war ernst und wür-
devoll, und seine Züge strahlten Anmut und Glanz aus. Der Klang
seiner Stimme war rein und durchdringend, und seine Sprache
zeichnete sich sowohl durch Würde, als auch durch Eleganz und
Harmonie aus, so daß seine Zuhörer nicht müde wurden, ihr zu
lauschen.« Kein Wunder also, daß die Karawanenführer, denen er
das Buddha-Gesetz verkündete, begeistert waren und ihm aus
Dank für die Belehrung Gold- und Silbermünzen und weiße Pferde
für seine Pilgerfahrt schenkten. Weiße Pferde deshalb, weil der
Überlieferung nach der erste Buddhist auf einem Schimmel nach
China kam.

Wie es weiter in der Biographie Xuanzangs heißt, übergab er die
meisten Geschenke den buddhistischen Klöstern in der Umgebung
von Lanzhou, »um für den Unterhalt der Lampen und für die übrigen Bedürfnisse der Gemeinde zu sorgen«.

Jenseits von Lanzhou waren die Grenzen damals geschlossen,
und niemandem war es erlaubt, den Gelben Fluß ohne kaiserliche
Genehmigung zu überschreiten. Die Regierungsbeamten von Lanzhou hatten durch sein erfolgreiches Auftreten auf den Märkten
schon von Xuanzang erfahren und ließen ihn zu sich rufen. Als er
ihnen berichtete, daß er nach Indien pilgern wolle, befahlen sie
ihm, umgehend in die Hauptstadt zurückzukehren. Xuanzang zog
deshalb heimlich weiter, wobei er sich am Tage versteckte und nur
des Nachts wanderte.

Das Kloster Bingling Si Shiku (Tausend-Buddha-Höhlenklo-
ster), in dem er einen Teil seiner Geschenke ließ, kann man heute
noch besichtigen – wenn auch mit Schwierigkeiten. Ein gewaltiger
Stausee versperrt den Weg dorthin. Wir müssen also zuerst mit
dem Auto zur westlich von Lanzhou liegenden Kreisstadt Yongjing
fahren, die am Ufer des Stausees neu angelegt wurde, als die alte
Stadt dem riesigen Staudammprojekt weichen mußte. Mit einem
Boot erreichen wir schließlich die Felsgrotten, die erst im Jahr
1952 wiederentdeckt wurden. Dabei fand man auch die Stelle, an
der die Karawanen im Altertum den Gelben Fluß überquerten. An
der Felswand neben dem Kloster stieß man auf folgende Inschrift:
»Die erste Brücke der Welt.« Hier muß auch Xuanzang im Jahre
629 Lanzhou verlassen haben.

Von unserem Boot aus filmen wir die gigantische, 27 Meter hohe

Figur des Buddha Maitreya, des Buddhas der Zukunft. Für die Grotten, die in vier Reihen auf einer Länge von zwei Kilometern seit Ende des 4. Jahrhunderts angelegt wurden, haben wir keine Zeit mehr. In 183 Höhlen und Nischen, die in die steile Felswand gehauen wurden, kann man Hunderte von kunstvollen Skulpturen, Wandmalereien und Reliefs bewundern.

Wir aber müssen zurück nach Lanzhou. Die Fahrt über den Stausee dauert länger als eine Stunde. Ein eigenartiges Gefühl überkommt uns bei dem Gedanken, daß unter uns, auf dem Boden des Staubeckens, die alte Kreisstadt Yongjing liegt, die man den Fluten überließ, als eines der größten Wasserbauprojekte des neuen China endlich fertig wurde.

Es war eines dieser gigantischen Projekte, die im Ausland sowohl Staunen als auch Entsetzen hervorrufen – wie im Augenblick das »Drei-Schluchten-Projekt« am Yangzi. Und es hat eine spannende Geschichte: Der Stausee und das Wasserkraftwerk Liujiaxia wurden 1956 gemeinsam mit der Sowjetunion geplant, 1958 begannen die ersten Bauarbeiten. Als es 1960 zum Bruch zwischen China und der Sowjetunion kam, verschwanden die Russen mit sämtlichen Plänen, und 10 000 Chinesen konnten nicht weiterarbeiten. Niemand glaubte damals, daß man ohne die Pläne ein Kraftwerk im Gelben Fluß bauen könne, das mehr Energie produzieren sollte als ganz China vor der Befreiung. Es sollte das größte Kraftwerk des Landes werden und war von entscheidender Bedeutung für den gesamten Industrieaufbau in den Provinzen Gansu, Shaanxi, Qinghai und Ningxia. So blieb den Chinesen nichts anderes übrig, als neue Pläne auszuarbeiten. Das Staubecken wurde stellenweise sogar noch um 20 Meter vertieft. Der große Generator mit 300 000 Kilowatt wurde in Harbin hergestellt. Als das Kraftwerk 1974 nach zehn Jahren Bauzeit mit voller Kapazität zu arbeiten begann, war man nicht nur in Lanzhou, sondern in ganz China stolz auf diese Leistung.

Der Staudamm hat jedoch nicht nur die Aufgabe, Energie zu produzieren, sondern auch den Gelben Fluß zu regulieren. Er wurde gebaut, um die regelmäßig wiederkehrenden Hochwasser aufzuhalten und zu kontrollieren. Er bietet eine Garantie dafür, daß es nicht einmal im Katastrophenfall zu verheerenden Überschwemmungen in Lanzhou kommt, wie sie früher üblich waren.

Der Gelbe Fluß, die gelbe Gefahr

Der Gelbe Fluß, der seit Jahrtausenden in regelmäßigen Abständen immer wieder über die Ufer tritt und verheerende Überschwemmungskatastrophen hervorruft, hat den Anwohnern schon sehr früh einen besonderen Erfindungsreichtum abverlangt und sie gelehrt, daß sie als einzelne kleine Bauern keine Überlebenschance haben. Nur in Großeinsätzen mit Tausenden von Menschen und mit besonderen technischen Mitteln konnten sie die Wassermassen bändigen. Aus dieser Einsicht entstand schon lange vor unserer Zeitrechnung die »asiatische Produktionsweise«, eine der wichtigsten Grundlagen für den Bau der gigantischen Schutzmauern um ihr Reich und anderer zivilisatorischer Großleistungen der Chinesen.

»Das Wasser des Gelben Flusses kommt vom Himmel, es fließt bis ins Meer und kehrt nie wieder zurück ...«, heißt es in einem bekannten Gedicht des größten Dichters der Tang Dynastie, Li Bai.

Wenn man sich heute den Gelben Fluß an seinem Mittellauf in der Nähe von Zhengzhou, in der Provinz Henan, ansieht, kann man sich diese Kraft und Lebendigkeit, die Li Bai in seinem Gedicht beschreibt, nicht mehr vorstellen. Auch die Bemerkungen, die man immer wieder liest, er sei der »gefährlichste Fluß der Welt«, der »Schicksalsstrom des Reiches der Mitte«, scheinen maßlos übertrieben. Erinnert man sich aber, daß der Fluß, der hier heute mit Mühe auf eine Breite von 100 Metern kommt, früher mehr als 20 Kilometer breit gewesen sein soll, scheinen diese Bezeichnungen doch zuzutreffen.

Das Land an den heutigen Ufern in der Provinz Henan, das einst von den mächtigen gelben Wassermassen überflutet war, wird inzwischen von fast zwei Millionen Menschen bewohnt. Sie haben sich einfache kleine Hütten errichtet und bauen Getreide an. Wenn die immer wiederkehrenden Flutkatastrophen über die Provinz hereinbrechen, lassen sie alles stehen und liegen und laufen weg. Nach der Flut kehren sie zurück und fangen wieder von vorn an.

Der Gelbe Fluß entspringt in Qinghai. Er fließt durch die Provinzen Qinghai, Sichuan, Ningxia, Gansu, Innere Mongolei, Shanxi, Shaanxi, Henan und Shandong, bevor er ins Gelbe Meer gelangt. Er ist 5664 Kilometer lang, und sein Einzugsgebiet ist 752000 Quadratkilometer groß. Er versorgt in mehr als 50 Städten

140 Millionen Menschen mit Wasser und ist für die chinesische Ölindustrie von grundlegender Bedeutung. Auf dem größten Ölfeld Chinas, an der Grenze zur Inneren Mongolei, wird das Wasser des Gelben Flusses dazu eingesetzt, das Öl zu fördern: Mit dem Druck des hineingepumpten Wassers wird das Öl hochgepreßt. Im Jahre 1996 mußten die Chinesen dafür Meerwasser benutzen, weil Teile des Gelben Flusses ausgetrocknet waren. Dabei wurden die Maschinen schwer beschädigt.

Wie aus den Statistiken, die seit Jahrhunderten geführt werden, hervorgeht, ist im Jahre 1997 an 330 Tagen kein Wasser des Gelben Flusses ins Meer geflossen. Er war von Lijin in der Provinz Shangdong bis nach Liuyuan in Henan, also auf einer Strecke von insgesamt 704 Kilometern, total ausgetrocknet.

1997 sind an der wichtigsten Meßstation am Mittellauf des Stromes 13,5 Milliarden Kubikmeter Wasser vorbeigeflossen. Davon wurden im gleichen Zeitraum am gesamten Unterlauf 11,8 Milliarden Kubikmeter Wasser verbraucht, denn die meisten Einzugsgebiete des Gelben Flusses sind sehr trocken. Die jährliche Niederschlagsmenge beträgt hier nur 46,6 Zentimeter. Und das Wasserbedürfnis wird mit jedem Jahr größer. In den fünfziger Jahren wurden jährlich durchschnittlich 12,2 Milliarden Kubikmeter Wasser verbraucht. Seit 1990 ist der Verbrauch auf 36 Milliarden Kubikmeter angestiegen. Von 1970 bis heute hat er sich vervierfacht. Warum? Es gibt kein einheitliches Wasserverwaltungssystem, das den Verbrauch regulieren könnte.

Jede Provinz hat ihre eigene Verwaltung, die sich mit den anderen Provinzen so gut wie nicht abstimmt. Niemand kommt auf die Idee, Wasser zu sparen, denn das Wasser des Gelben Flusses ist sehr billig. Der Kubikmeter kostet nur 0,3 Fen RMB (= 0,06 Pfennig). Man sagt, tausend Kubikmeter sind nicht soviel wert wie eine Flasche Mineralwasser. Der allgemeine Irrglaube geht davon aus, daß die Wasser des Gelben Flusses immer fließen. Aber das ist leider nicht mehr wahr. Heute erreicht so gut wie kein Wasser des Schicksalsstroms mehr das Meer. Nach einer Statistik wurde der Fluß von 1972 bis 1997 im Bereich des Unterlaufs 21mal unterbrochen. Im Jahre 1998 betrugen die Schäden, die der chinesischen Wirtschaft dadurch entstanden, ungefähr vier Milliarden RMB (fast eine Milliarde Mark).

Der chinesische Experte Professor Song Chongshui meint, bis zum Jahr 2020 werde der Gelbe Fluß die Küste des Gelben Meeres überhaupt nicht mehr erreichen; er werde zum größten Binnenstrom Chinas.

Daraus ergibt sich aber nicht nur das Problem des Wassermangels, sondern auch das der Versandung seines Flußbettes. Die Wasser des Gelben Flusses schwemmen nämlich jährlich 1,6 Milliarden Tonnen Sand ins Meer. Wenn er auf halbem Weg austrocknet, bleibt der Sand im Flußbett liegen. Im Winter und im Frühling weht ihn der starke Wind über Felder und Städte. Dadurch wird sich im Einzugsgebiet des Gelben Flusses allmählich eine Wüste bilden. Ein Experte formulierte das einmal sehr dramatisch: »Der Gelbe Fluß spült Sand und Erde, das Blut unserer ganzen Nation, hinweg.«

Eine andere Folge des Wassermangels ist das Eindringen von Meerwasser in das Flußdelta, was man besonders im Bezirk Kenli in der Provinz Shandong beobachten kann. Dort hat das Meerwasser 13 000 Hektar fruchtbares Ackerland zerstört.

Durch diese Entwicklung wird auch das ökologische Gleichgewicht empfindlich gestört. Im Jahre 1998 sind mehr als zehn Fischsorten wegen des Austrocknens nicht vom Bohai-Meer zurückgekehrt, wodurch auch das Überleben von 180 Vogelarten gefährdet ist.

Dieses zeitweise Austrocknen bedeutet aber nicht, daß damit die Gefahr von Überschwemmungskatastrophen gebannt wäre. Im Unterlauf nimmt diese Gefahr sogar noch zu, denn das Flußbett des Gelben Flusses liegt inzwischen an vielen Orten höher als das umgebene Land, und das Wasser kann nur durch hohe Mauern in seinen Lauf gezwungen werden. In diesen Gebieten erhöht sich das Flußbett jedes Jahr um zehn Zentimeter. In Jinan, der Hauptstadt Shandongs, liegt es zum Beispiel fünf Meter höher als die Stadt, und in Kaifeng in der Provinz Henan wird der Fluß sogar 13 Meter über der Stadt vorbeigeführt. In diesen Regionen besteht deshalb schon bei überdurchschnittlichen Regenfällen im Bereich des Ober- und Mittellaufes Überschwemmungsgefahr, wodurch der Strom zum gefährlichsten Fluß der Welt wird. Im Verlauf von 2540 Jahren sind die Deiche des Gelben Flusses mehr als 1590mal gebrochen, und 26mal hat er sich dabei einen ganz neuen Weg gesucht. Bei der größten Überschwemmungskatastrophe der Geschichte wurden fast 250 000 Quadratkilometer überschwemmt, die riesige Wasserfläche reichte von Tianjin im Norden bis zum Yangzi und Haifluß im Süden.

Um rechtzeitig vor dieser Gefahr warnen zu können, wurde am Mittellauf des Stromes, 19 Kilometer nördlich von Zhengzhou in der Provinz Henan, in der Song-Dynastie (960–1279) eine Schleuse mit einer Meßstation eingerichtet, so daß man über die Menge des durchfließenden Wassers genau Buch führen konnte. In der südlichen Umgebung der Schleuse entstand ein kleines Dorf, in dem sich ein reicher Mann während der Mingzeit (1368–1644) einen prächtigen Park mit wunderschönen Blumen anlegen ließ. Als sich der Lauf des Flusses nach einigen Jahren Richtung Süden verlagerte, versank der Blumengarten im Wasser, und es bildete sich eine Durchfahrt. Sie erhielt den Namen Hua Yuan Kou (»Blumen-Garten-Furt«).

Der Ort ist wegen seiner Wassermeßstation berühmt geworden, und weil die Guomingdang-Truppen im Juni 1938, während des Krieges gegen Japan, die Deiche aufgerissen haben, um die Japaner durch die Wassermassen des Gelben Flusses zu vertreiben. Dabei wurden im Osten der Provinz Henan, im Norden Anhuis und im nördlichen Jiangsu fast 1000 Quadratkilometer Land verwüstet.

Erst 1947 wurde der Deich repariert und die riesige Schleuse mit der Wasserforschungsstation wieder aufgebaut. Seitdem hat sich ein Heer von Wissenschaftlern mit den Problemen des Gelben Flusses befaßt, ohne eine dauerhafte Lösung zu finden. Heutige Experten meinen, wenn in Hua Yuan Kou 22 000 Kubikmeter Wasser pro Sekunde durchfließen, werden die Deiche des Gelben Flusses brechen, und dann stehen sowohl Beijing als auch Tianjin unter Wasser. Außerdem werden die unvorstellbaren Wassermassen das fruchtbarste und reichste Gebiet Chinas, das »Goldene Dreieck« im Süden des Yangzi-Flusses (Shanghai, Nanjing, Suzhou, Hangzhou), unter ihrem Sand begraben. Das wäre das Ende des Reiches der Mitte.

In der Qing-Dynastie (1644–1911) gab es einen hohen Beamten, der nur für den Gelben Fluß verantwortlich war. Er hatte mehr Macht als ein Provinzgouverneur. Denn seit Jahrtausenden waren sich die Chinesen der Tatsache bewußt, daß ihr Gelber Fluß einerseits die gelbe Kultur hervorgebracht hat, andererseits aber auch eine ständig drohende Gefahr darstellt: War die jeweilige Zentralregierung zu schwach und nicht mehr in der Lage, die Wasser des Gelben Flusses in allen Provinzen zu bändigen, so war ihre Uhr abgelaufen. Es ist deshalb kein Aberglaube, wenn die Chinesen große Überschwemmungskatastrophen für Zeichen des Untergangs einer Dynastie gehalten haben.

Und heute? Hat sich das inzwischen grundlegend geändert? Heute hat in China jede Provinz ihre eigenen Beamten, die keine Macht mehr haben, und es gibt ein Heer von Experten, welche die Probleme erforschen und lösen wollen. Schon längst ist das legendäre Einzugsgebiet des Gelben Flusses, »die Wiege der chinesischen Zivilisation«, nicht mehr der Stolz der Nation. Das kulturelle Zentrum, in dem die großen Erfindungen gemacht werden, von dem wichtige neue Impulse ausgehen, hat sich zum Süden des Yangzi-Flusses verlagert. Der Gelbe Fluß ist nur noch ein Synonym für »Katastrophen«. Katastrophen, die niemand genau abschätzen kann. Deshalb bietet der Strom immer wieder Stoff für Untergangsphantasien.

Als 1989, nach dem Massaker auf dem »Platz des Himmlischen Friedens« in Beijing bei den chinesischen Intellektuellen Weltuntergangsstimmung herrschte, entstand ein spektakuläres Untergangsszenario, das seine Elemente auch aus den vielen Katastrophen der chinesischen Geschichte bezog. Einer der führenden Köpfe der damaligen Demokratiebewegung war untergetaucht und schrieb das Buch »Die gelbe Gefahr«. Es kam 1991 auf chinesisch in Kanada heraus; als Verfasser wurde »Bao Mi« genannt, was »anonym« heißt. Der Titel, die Aufmachung und der anonyme Verfasser machten es schnell zu einem großen Erfolg. Es konnte jedoch nur außerhalb Chinas und in Taiwan verkauft werden.

In sehr realistischer Weise wird darin beschrieben, wie die Dämme des Gelben Flusses brechen, die Provinzen Henan und Shandong unter Wasser stehen, wie die großen Bahnlinien durch das Reich der Mitte unterbrochen sind und wie im allgemeinen Chaos sich Hunderttausende von Mitgliedern der ehemaligen Demokratiebewegung auf dem »Platz des Himmlischen Friedens« versammeln und von der Regierung eine förmliche Entschuldigung und die Abdankung verlangen. Der Präsident wird ermordet, verschiedene politische Gruppen und Parteien, unter ihnen auch »Die Grünen«, bekämpfen sich gnadenlos. Eine Gruppe, die das Militär hinter sich hat, nutzt die Gunst der Stunde und wirft eine Atombombe auf Taiwan. Ein intellektueller Anführer sieht die einzige Überlebenschance für die chinesische Kultur in einem allgemeinen Exodus. Seine Anhänger sollen sich gleichmäßig über die ganze Welt verteilen. Als in einem letzten Akt der Verzweiflung die Militärs auch eine Atombombe über Rußland abwerfen, kommt es in einem globalen Atomkrieg zum Weltuntergang.

Kurz nach der Niederschlagung der Demokratiebewegung haben viele Chinesen diese Entwicklung durchaus für möglich gehalten. Inzwischen hat sich jedoch gezeigt, daß die Geschichte ganz anders verläuft, und das Buch ist nur noch ein sehr lebendiges Zeugnis der Angst der Chinesen vor dem Gelben Fluß.

Auch der große Vorsitzende Mao Zedong hatte »Respekt«, wenn nicht sogar Angst vor dem Gelben Fluß. Er hat sein Leben lang viele großartige Ideen über Flüsse und Berge entwickelt und aufgeschrieben. Von ihm stammt zum Beispiel auch ein Gedicht über das Staudammprojekt am Yangzi, bei dem drei Schluchten unter Wasser gesetzt werden. Mao hat dieses Projekt sehr gefördert. Über den Gelben Fluß hat er sich jedoch immer zurückhaltend, ja vorsichtig geäußert. Erst als er 70 Jahre alt war, hatte er den Wunsch, sich zu Fuß und vom Rücken eines Pferdes aus den Gelben Fluß von der Quelle bis zur Mündung anzusehen, weil er nach einer Möglichkeit suchte, dieses zentrale Problem der chinesischen Geschichte zu lösen. Gelungen ist es ihm nicht.

Wege zur Vollendung

Das Lächeln eines lebenden Buddha

Das Kloster Labrang Tashikil oder Labulang, wie unsere chinesischen Begleiter sagen, verlangt uns echte Opfer ab. Wir müssen um drei Uhr früh aufstehen, um die Fahrt hin und zurück an einem Tag zu schaffen. Allein für den Hinweg sind fünf Stunden eingeplant. So werden wir mit der Bemerkung »Morgen heißt es ›chi ku‹ (bitter essen)« in die kurze Nachtruhe geschickt.

Wir sind zwar auf den Besuch eines Lama-Klosters in fast 3000 Meter Höhe vorbereitet, haben jedoch nicht damit gerechnet, daß uns der Weg in eine Art »Klein-Tibet« führen würde. Die mit niedrigen Büschen bewachsenen Berge und die bunten Gebetsfahnen rechts und links der Straße bestärken uns in dem Gefühl, bereits in Tibet zu sein. Und tatsächlich gehörte die Stadt Xiahe, 260 Kilometer südwestlich von Lanzhou, einst zu Tibet. Erst nach der Besetzung durch China, im Jahre 1950, wurde sie der chinesischen Provinz Gansu zugeschlagen.

Unser Ziel, das Kloster Labrang Tashikil, befindet sich am westlichen Rand von Xiahe. Es wurde etwa 1709 erbaut und gehört zu den sechs bedeutenden Heiligtümern des tibetischen Gelbmützen-Ordens, dessen Oberhaupt der Dalai Lama ist. Wegen seiner zentralen Lage war das Kloster früher Pilgerstätte für Gläubige aus Tibet, Qinghai, Gansu und der Inneren Mongolei. Es kann bis zu 4000 Mönche beherbergen.

Mit Erleichterung stellen wir bei unserer Ankunft fest, daß das chinesische Innenministerium dem Kloster unsere Drehgenehmigung per Fax geschickt hat. Ein Mitarbeiter des Gungtang Rinpoche hält uns das Thermopapier schon von weitem entgegen, als er uns freundlich begrüßt. Er führt uns am Labrang vorbei, der »Lama-Residenz«, wo der Jamyang Zhäpa, das eigentliche Oberhaupt, normalerweise lebt. Der 5. Jamyang Zhäpa starb im Jahre

1947. Wir sind tief beeindruckt von dem kunstvoll gestalteten Bau und seinem mit zahllosen Dachreitern und Wasserspeiern reich verzierten Golddach.

Der Gungtang Rinpoche gilt als Reinkarnation des Bodhisattva Manjushri. Er wohnt gleich neben dem Labrang, in einer eigenen Residenz. Auf dem Weg zu seinem Empfangsraum sehen wir einige Bilder der früheren Reinkarnationen dieses Lebenden Buddha. Zwar sind wir keineswegs die einzigen, die an diesem Tag auf ihn warten, doch werden wir, an 30 bis 40 Einheimischen vorbei, sofort zu einer kurzen Begrüßung vorgelassen. Unser Begleiter vom Kultusministerium kennt den Gungtang Rinpoche nämlich persönlich, da dieser häufig in Beijing zu tun hat. Er ist Berater des Volkskongresses in Sachen religiöse Fragen.

Zur Begrüßung überreicht er dem etwa 70 Jahre alten, imposant wirkenden Lama eine weiße Khada, die auf einem großen Haufen anderer Glücks- oder Begrüßungsschleifen landet. Als wir von ihm ebenfalls eine Khada erhalten, wissen wir nicht so recht, wie wir einem Lebenden Buddha gegenübertreten sollen. Schließlich legen wir die Hände zusammen und verbeugen uns vor ihm, wie es unsere chinesischen Begleiter tun.

Dem Überreichen von Glücksschleifen, wie es in allen Klöstern Tibets üblich ist, kommt hier eine ganz besondere Bedeutung zu. Angeblich erhielt der erste Jamyang Zhäpa, der Gründer des Klosters Labrang Tashikil, im 17. Jahrhundert den Namen »lächelnder Manjushri«, weil die Statue des Manjushri im Jokhang-Tempel in Lhasa gelächelt haben soll, als er ihr eine dieser zeremoniellen Glücksschleifen darreichte.

Daß der Gungtang Rinpoche während der Kulturrevolution jahrelang in chinesischen Gefängnissen gesessen hat, erwähnt unser »Reiseleiter« nicht. Dabei genießt er bei vielen Gläubigen gerade wegen dieser Haft besondere Verehrung: Er war einer der wenigen Mönche, die sich standhaft geweigert haben, zu heiraten und damit ihr Gelübde zu brechen. Die zwangsweise »Eingliederung in die Gesellschaft«, die viele andere Mönche damals vollzogen haben, lehnte er strikt ab.

Nach der kurzen offiziellen Begrüßung werden wir von einem Mönch durch die gewaltige, fast 400 000 Quadratmeter große Anlage geführt, in der es allein 139 Tempel gibt. Nach dem Vorbild mongolischer Klöster besaß Labrang Tashikil anfänglich vier Fakultäten: eine philosophische, eine tantrische, eine medizinische sowie eine Lehreinrichtung, die sich den Kalacakra-Lehren widmete. Die Kalacakra-Fakultät dient neben der Lehre der besonderen Ritualzyklen dieser Gottheit dem Studium der mit dem Kalacakra-Tantra verbundenen Astronomie und Astrologie, wie dies aus Indien überliefert ist. 1879 wurde die Hevajra-Fakultät ins Leben gerufen, wo vornehmlich tantrische Ritualpraxis gelehrt wird. Doch kann man auch andere Wissenschaftszweige belegen: Grammatik, Schreibkunst, Poesie sowie die Pflege religiöser Zeremonienfestspiele.

Zu unserer Enttäuschung herrscht an diesem Tag überall große Stille. Wir treffen nicht mehr als 30 bis 40 Mönche an. Eigentlich hatten wir gehofft, das tägliche Leben von 1000 Klosterbewohnern drehen zu können. Wir erfahren aber, daß sich nur 300 von ihnen regelmäßig im Kloster aufhalten, die anderen sind im Dorf mit Hausbau, Ackerbau und Viehzucht beschäftigt, und ungefähr 400 von ihnen pilgern durch Tibet. An diesem Tag sammeln die regelmäßigen Bewohner Holz für den Winter. Die Mönche müssen nämlich für einen Teil ihres Lebensunterhalts arbeiten, ein anderer Teil wird von ihren Angehörigen aufgebracht. Außerdem erhält das Kloster Unterstützung von der Bevölkerung für seelsorgerische Dienste bei Geburten und Todesfällen. Hin und wieder bekommen die Mönche auch »Taschengeld«, die Höhe hängt von der Spendenbereitschaft der Gläubigen ab. Im Kloster Labrang Tashikil dürften die Spenden nicht zu niedrig sein, denn während unseres Besuchs treffen wir auf Hunderte von Pilgern und chinesischen Touristen, die fleißig spenden.

Eine Begebenheit hat uns zutiefst beeindruckt. Als der Gungtang Rinpoche das Kloster in einem großen Wagen verläßt, kann er nur im Schrittempo fahren, weil Hunderte von Gläubigen das Fahrzeug umringen. Sie versuchen, es mit dem Kopf zu berühren, und möchten gesegnet werden. Einer alten, in zerfetzte Lumpen gehüllten Frau gelingt es, bis zum geöffneten Wagenfenster vorzudringen. Sie holt plötzlich aus ihrer Tasche einen dicken Stapel mit Hundert-Yuan-Noten hervor und kann sie nur mit Mühe in die fahrende Luxuslimousine hineinreichen. Ein Begleiter nimmt das Geld blitzschnell entgegen, ohne daß der Wagen anhält. Der Gungtang

Rinpoche berührt im Vorbeifahren mit seiner Khada nur kurz den Kopf der alten Frau und segnet sie. Wie wir erfahren, ist auch der Wagen ein Geschenk, die Spende eines reichen ausländischen Pilgers.

Während des Rundgangs hat sich ein junger Mönch zu uns gesellt. Sein Kinn ist bartlos und wirkt kindlich, obgleich er ungefähr 20 Jahre alt ist. Er macht einen sehr freundlichen und intelligenten Eindruck. Wie alle anderen trägt er eine fußlange Robe, von der gleichen roten Farbe wie das Klostergebäude; sein schwarzes Haar ist kurz geschoren, seine nackten Füße stecken in Sandalen aus Leder. Seine ruhige Art und die Selbstverständlichkeit, mit der er auf uns zukommt, erwecken bei uns schnell das Gefühl, daß er zu unserer Gruppe paßt. Wir sind deshalb froh zu erfahren, daß er unser Gesprächspartner für ein Interview sein wird.

Er heißt Ga Zhang, ist der Sohn eines Bauern aus der Umgebung von Xiahe und hat noch eine jüngere Schwester. Er ist ins Kloster gegangen, weil er hier eine bessere Ausbildung erhält als in seinem Dorf. Er erinnert sich noch sehr gut an sein erstes großes Erfolgserlebnis, wie glücklich er war, als er zwei Sutren von jeweils 200 Seiten Umfang auswendig konnte. Allein das Durchlesen einer dieser Sutren dauert einen ganzen Tag. Noch heute macht es ihm viel Spaß, wenn er mit anderen jungen Mönchen und seinem Lehrer zusammensitzt und sie die alten buddhistischen Texte rezitieren. Regelmäßige Prüfungen haben darüber entschieden, daß er den intellektuellen Weg des Klosterlebens gehen wird und nicht den praktischen. Wer diese Prüfungen nicht besteht, wird zur Landarbeit oder zur Verrichtung der alltäglichen Handarbeit im Kloster eingeteilt. Wenn ihm das Leben im Kloster nicht mehr gefällt, hat er jedoch die Freiheit, es zu verlassen und etwas anderes zu machen.

Wir fragen Ga Zhang, ob er sich nicht für die Welt draußen interessiere. »Doch, ja«, antwortet er, »ich würde gern etwas mehr über sie erfahren, denn im Kloster dürfen wir nicht fernsehen. Zeitungen sind auch nur selten zu bekommen. Außerdem haben wir viel zu tun. Deshalb weiß ich nicht sehr viel über die Welt da draußen. Ich habe aber auch wenig Zeit, mich darum zu kümmern, denn mein Ziel ist es, ein Geshe zu werden. Um das zu erreichen, muß ich sehr fleißig sein.«

Der Titel eines Geshe Dorampa entspricht in etwa einem philosophischen Doktorat. Ganze 15 Jahre beträgt die durchschnittliche Studienzeit, doch die öffentlich abgehaltene Abschlußprüfung bestehen nur sehr wenige.

Nach unserem Gespräch begleiten wir eine kleine Gruppe von Mönchen zu einem ihrer Gebete, die sie mehrmals am Tag abhalten. Zahllose Pilger und Besucher schließen sich an. Besonders fallen uns die vielen Chinesen auf, die neuerdings diese besondere Form des Buddhismus für sich entdecken.

Der tibetische Buddhismus

Nirgendwo sonst auf der Welt herrscht eine so tiefe Religiosität wie in Tibet. Die gesamte Geschichte, die Staatsführung, die Kunst und Kultur sind vom Buddhismus bestimmt. Er durchdringt den Alltag, die Arbeit der Menschen. Ihr Land ist in einem einzigartigen Sinn das Land der »höchsten Angelegenheit«, der Religion. Vor der Besetzung durch China lebte ein Drittel der gesamten Bevölkerung Tibets in 6500 Klöstern.

Auf Angehörige der westlichen Zivilisation üben diese Einrichtungen offenbar eine besondere Faszination aus, weil dort eine spirituelle Kultur lebendig geblieben ist, die bei uns seit dem Mittelalter langsam abhanden kam. Trotz der verheerenden Zerstörungen während der Kulturrevolution hat die geistige Tradition überdauert.

Vor 1300 Jahren gelangte der Buddhismus aus Indien in das von der alten Bön-Religion geprägte Tibet. Er entwickelte hier eine besondere Ausprägung, die stark von den Geheimlehren des Tantrismus beeinflußt wurde. Die philosophischen Grundlagen dieser tantrischen Richtung, die nach Ansicht westlicher Philologen im 2. Jahrhundert unserer Zeitrechnung in Bengalen entstand, sind dieselben geblieben, wie Buddha sie gelehrt hatte. Nur die äußere Form hat sich verändert, und es wurde ein anderer Weg zur Erleuchtung entwickelt.

Der tantrische Buddhismus baut auf den grundlegenden Elementen der allgemeinen Lehre auf: dem Streben nach Befreiung aus dem Kreislauf der Leiden, dem Streben nach Buddhaschaft zum Wohle

86

aller Wesen und der Erkenntnis der eigentlichen Natur der Dinge. Die Anhänger des tantrischen Buddhismus glauben darüber hinaus, daß von der Vernunft allein nur ein schwacher spiritueller Antrieb ausgeht. Die tantrische Praxis ist deshalb so wirksam, weil sie alle Aspekte des menschlichen Wesens integriert: den Geist, die Sprache und den Körper. Deshalb haben sie das vollkommenste, das »diamantene Fahrzeug« entwickelt, das den Gläubigen über den Ozean des Leidens tragen soll. Der tantrische Buddhismus gilt als Höhepunkt buddhistischer Traditionen, als »schneller, direkter Pfad der symbolischen Phantasie, der mantrischen Klänge und der subtilen physischen Energie zum Ziele einer vollkommenen psycho-physischen Verwandlung«.

Zu jedem tantrischen Ritual gehören deshalb die Versenkung durch Meditation, das Rezitieren von Mantras und der Vollzug von Mudras. Versenkung wird durch Meditation erreicht, bei der Mandalas eine Hilfe sein können. Der Meditierende versenkt sich in ein Mandala – Grundriß einer spirituellen Welt, in dessen Zentrum ein Urbuddha weilt – und vollzieht dabei einen Heilsweg von außen nach innen. Mantras, kurze, heilige Silben, die ihm von seinem Lehrer verliehen wurden, öffnen den Zugang zu verborgenen Ebenen der Psyche und führen dazu, daß der Heilsuchende sich wesenhaft eins fühlt mit dem Buddha und dessen Erlöstheitszustand übernimmt. Dieser Moment wird in vielen tibetischen Wandmalereien als Liebespaar in geschlechtlicher Vereinigung dargestellt. Ein weiteres Mittel, diesen Zustand zu erreichen, sind Mudras: Gesten, bei denen psychischer Zustand und Ausdruck deckungsgleich werden.

Tod und Vergänglichkeit sind von Anfang an die zentralen Themen der Buddhisten gewesen. In Tibet setzten sie sich besonders mit der Frage auseinander, was nach dem Tod geschieht.

Im Tibetanischen Totenbuch (Bardo Thötröl) wird die »große Befreiung durch Hören im Zwischenzustand« als der Weg beschrieben, den die »Seele« zwischen Tod und Wiedergeburt nimmt. 49 Tage lang, während des Bardo-Zustands, verweilt sie im Körper und muß durch unterschiedliche Rituale zur Wiedergeburt oder ins Nirwana geleitet werden. Danach wird der Körper oft in einem Akt der Freigebigkeit bei einer Himmelsbestattung in kleine Stücke geschnitten und an Geier verfüttert, damit er auch von den letzten Banden der erloschenen Existenz befreit wird.

Eine Besonderheit des Buddhismus ist die Vorstellung von einer Reinkarnation im Sinne einer Kontinuität von Bewußtseinsstrukturen. In Tibet hat sich daraus ein System von Reinkarnationslinien von hochstehenden Lamas entwickelt.

Die älteste Reinkarnationslinie ist die der Karmapas: Sie läßt sich bis ins 12. Jahrhundert zurückverfolgen, länger als die der Dalai Lamas. Der jetzige Dalai Lama wurde übrigens nicht weit vom Nachbarkloster Kumbum geboren.

Auf der Suche nach Erleuchtung

Wer hat im Westen je davon gehört, daß es an der Grenze zwischen der chinesischen Provinz Sichuan und Tibet die größte buddhistische Schule der Welt geben soll?

Auf der Rückfahrt vom Kloster Labrang Tashikil nach Langzhou berichtet uns ein junger Chinese, den wir im Wagen mitnehmen, von einem neuen Kloster, in dem sich mehr als 3000 Schüler, viele von ihnen prominente Chinesen, intensiv mit dem tibetischen Buddhismus beschäftigen. Kürzlich habe er, sagt der junge Mann, einen Brief von einem spurlos verschwunden geglaubten Freund erhalten, einem ehemaligen Universitätsdozenten. Er habe aus einer buddhistischen Schule in Sertar, in der Provinz Sichuan, geschrieben, wo es ihm so gut gefalle, daß er noch einige Jahre dort bleiben wolle.

Durch die begeisterten Schilderungen wurde die Neugierde unseres Mitfahrers geweckt, und so machte er sich auf den Weg, um den Freund zu besuchen. Zunächst fuhr er von Shanghai zwei Tage und zwei Nächte mit der Bahn Richtung Westen, dann drei Tage mit dem Bus. Eine Woche dauerte die 4000 Kilometer lange Reise bis zur tibetischen Grenze. Den letzten Teil bis zur Klosterschule im Hochgebirge mußte er zu Fuß zurücklegen. Es sei für ihn manchmal wie Buddhas Aufbruch in die Hauslosigkeit gewesen, behauptet er, wie eine Pilgerfahrt, auf der er die belanglosen Sorgen und Nöte des Alltags hinter sich gelassen habe.

Als er dort ankommt, ist er sehr überrascht, denn nichts deutet auf das größte buddhistische Lehrzentrum der Welt hin. Im Zentrum befinden sich mehrere große Lehr- und Verwaltungsgebäude und an den Berghängen verstreut einige aus Holz gebaute Wohn-

und Schlafhütten. Sein Freund ist so sehr mit religiösen Übungen und Lehrveranstaltungen beschäftigt, daß er nur wenig Zeit hat, sich um ihn zu kümmern. Also bleibt ihm nichts weiter übrig, als sich ihm anzuschließen.

Zum entscheidenden Erlebnis wird für ihn ein Vortrag des Gründers der Klosterschule, Jing Meipen Cuo. Er ist eine Reinkarnation eines Lamas des Nyingma-Ordens. 1980 hat er in Sertar seine ersten Belehrungen über die buddhistische Geheimlehre, den Tantrismus, erteilt, an denen 30 Mönche teilnahmen. Die Wirkung auf seine Zuhörer war so enorm, daß er sich sehr schnell einen Namen als großer Lehrer machte.

1987 gestattete ihm der Pantschen Lama die offizielle Eröffnung einer Schule, die faktisch schon seit Jahren bestand. Bald fanden sich in dem kleinen Ort, den man nur auf sehr detaillierten Karten findet, tausend Schüler ein. In den neunziger Jahren stieg die Zahl rapide an. Erstaunlich findet unser junger chinesischer Mitfahrer, daß die meisten Schüler nicht aus der Umgebung des Klosters stammen, sondern aus ganz China, sogar aus Übersee, und daß es unter den 3000 zumeist jungen Leuten Vertreter der unterschiedlichsten Berufe gibt: Universitätsdozenten, Beamte, bekannte Schauspieler, Manager, Handwerker. Er hat sogar Polizisten dort angetroffen. Für diesen Lehrer und diese Gemeinschaft haben viele ihre Karriere, manche ihr Stipendium für ein Auslandsstudium und andere ihre Familie und den Freundeskreis aufgegeben.

Ist das der Aufbruch, der sich in jeder Generation wiederholt? Einst in Indien, später auf der alten Seidenstraße, und heute in China?

Falun Gong und die Zentralmacht

Ein Reizthema, das während unserer langen Fahrt immer wieder hochkommt, heißt »Falun Gong«. Niemand weiß diese neue religiöse Bewegung richtig einzuschätzen. Landesweit Furore macht sie besonders, seit sie verboten worden ist.

Dabei fing alles ganz harmlos an, erzählt unser chinesischer Begleiter. Auch seine Eltern, die beide an einer Universität arbeiteten, hätten morgens vor dem Dienst in einer kleinen Gruppe an Qigong-Übungen teilgenommen. Ende der achtziger Jahre hatte Chinas Erziehungsministerium die Universitäten offiziell angewiesen, Qigong-Ausbildungskurse einzurichten, weil der Präsident der chinesischen Gesellschaft für Forschung und Technik verkündet hatte: »Das chinesische Qigong gehört zur modernen Wissenschaft und Technik, zur Hochtechnologie, zur absoluten Spitzentechnologie.« In der damaligen Aufbruchstimmung sollte eben jeder Weg zum Erfolg genützt werden. Warum nicht auch Qigong?

Qi bedeutet Lebensenergie und *gong* Arbeit. Die daraus abgeleiteten Methoden und Erfahrungen haben zwar nichts mit exakten wissenschaftlichen Erkenntnissen zu tun, dafür aber um so mehr mit alter chinesischer Weisheit. Qigong ist ein Körper- und Geistestraining, das von ganzheitlichem Denken ausgeht und mit Selbstheilungstechniken und Meditation arbeitet. Es ist ein ständig weiterentwickeltes Verfahren, das gesundheitsfördernde Körperhaltungen, Bewegungen, Selbstmassage, Atemtechniken und Meditation umfaßt. Ziel ist es, im Körper Energie zu sammeln und zu speichern wie in einem Reservoir. Der Praktizierende soll befähigt werden, den Fluß und die Verteilung dieser Energie in seinem Körper zu kontrollieren, um seine Gesundheit zu stärken und zu einer ausgewogeneren Beziehung zwischen Geist und Körper zu gelangen. Er lernt, durch diese Körperbewegungen, durch bewußtes Atmen und durch seine Vorstellungskraft das Qi zum Fließen zu bringen, den Qi-Fluß selbst zu regulieren, ihn in angegriffene Bereiche zu transportieren, damit der Körper sich schneller und leichter selbst helfen kann. Qigong dient der allgemeinen Stärkung der Abwehrkräfte und wird nicht für eine begrenzte Zeit verordnet, sondern muß regelmäßig und langfristig praktiziert werden. Chinesische Ärzte empfehlen es entweder als Ergänzung zu anderen notwendigen Therapien oder als eine Trainingsmöglichkeit, um die Gesundheit zu erhalten.

Nun gibt es nicht nur einen Stil oder eine Qigong-Schule, sondern unendlich viele. Sie fußen aber alle auf den grundlegenden Prinzipien von Ausgeglichenheit, Entspannung, gesunder Atmung und richtiger Körperhaltung. Die bekanntesten Qigong-Stile sind nach Tieren benannt, deren Bewegungen sie nachahmen: So spricht man zum Beispiel von einem Kranich-, Schlangen- oder Drachen-Qigong. Anfang der achtziger Jahre kam der »Fliegende Kranich«

hinzu, zu dem sich bald 60 Millionen Anhänger bekannten. Kurz, es entwickelte sich ein wahres Qigong-Fieber, das die gesamte Gesellschaft ergriff, bis in die Spitzen der Partei und des Militärs. Einige dieser Bewegungen gingen dazu über, die Körperübungen mit Heilsvorstellungen und buddhistischen Gedanken zu verknüpfen, und entwickelten sich zur größten gesellschaftlichen Kraft neben der Kommunistischen Partei. Besonders »Xiang Gong« war damals so erfolgreich, daß die Partei eine großangelegte Kampagne gegen die Bewegung startete. In allen Tageszeitungen war plötzlich von den betrügerischen Machenschaften der Xiang-Gong-Bewegung die Rede, Veranstaltungen mit mehr als 1000 Teilnehmern wurden verboten, und Parks wurden in aller Frühe nach Qigong-Lehrern durchsucht. Da sich China aber gerade in einer Phase heftigen wirtschaftlichen Aufschwungs befand, geriet die Xiang-Gong-Bewegung schnell in Vergessenheit. Den Chinesen lag mehr am Geldverdienen.

Die Eltern unseres Begleiters hatten an ihrer Universität einige dieser Qigong-Moden miterlebt. Als 1992 alles vom großen Meister Li Hongzhi und seinem »Falun Gong« zu reden begann, schlossen sie sich dieser neuen Gruppe an. Eine Kollegin, die an einer kurzen Einführung teilgenommen hatte, bot sich als »Ausbilderin« an. Sie brachte den Leuten fünf verschiedene Übungen bei, die nicht sehr schwierig waren, und erklärte, daß sie nun Teil eines umfassenden »Kultivierungsprogramms auf hoher Ebene« seien. Dazu zähle auch die Verbesserung von *Xinxing*, der Herzensqualität. Man müsse seine moralischen Maßstäbe erhöhen, um sie »den einzigartigen Eigenschaften des Kosmos« anzugleichen, die da seien: *Zhen* (Wahrhaftigkeit), *Shan* (Barmherzigkeit) und *Ren* (Menschlichkeit). *Ren* ist ein zentraler Begriff des Konfuzianismus, der im berühmten Werk des großen Lehrers ständig vorkommt. Es ist die Summe aller moralischen Tugenden. Der Begriff umfaßt: Rücksichtnahme, Liebe, kindliche Pietät, Weisheit und Mut. Ferner deckt er moralische Werte ab wie: Anstand, Respekt, Vertrauen, Fleiß, Sorgfalt und Großzügigkeit.

Falun Gong zu praktizieren, propagierten die Anhänger der Bewegung, bedeute konkret: Verzicht »auf alle üblen Gedanken und Taten wie Habgier, eigene Vorteile, Erotik, Begierde, Töten, Kämpfen, Stehlen, Rauben, Tücke und Neid.«

Die praktische Nutzanwendung sei beim großen Meister nachzulesen, der sich als auserwählter Lehrer in der Nachfolge Buddhas sehe. Doch läßt das Schrifttum des Falun-Gong-Gründers einen in rationalen Kategorien denkenden Menschen dann doch reichlich ratlos zurück. Nachfolgend einige einschlägige Beispiele:

»Wenn der Wunsch eines Menschen auftaucht, sich zu kultivieren, bemerkt es der große Erleuchtete« und kann ihm bedingungslos helfen. Er wird ihm dann das »Falun« (Gebotsrad) zur Verfügung stellen. »Das Falun ist ein intelligentes Lebewesen. Nachdem das Falun gebildet ist, dreht es sich täglich automatisch im Leib des Praktizierenden. Es sammelt ununterbrochen Energie aus dem Kosmos und verarbeitet sie so weit, daß sich diese Energie im Körper des Praktizierenden in Gong umwandelt.«

»Wenn er das Falun bekommt, heißt das, daß er die Hälfte des Kultivierungsweges schon hinter sich gebracht hat. Er braucht nur noch sein Xinxing zu erhöhen.« Wenn dieses Xinxing einen bestimmten Level erreicht hat, gelangt der Kultivierende schon zu Lebzeiten zur Erleuchtung.

Für Universitätsdozenten scheint diese »Philosophie« jedenfalls nicht entwickelt worden zu sein. Dennoch bekannten sich an besagter Universität 200 Professoren zu Falun Gong. Unser Begleiter kann sich das nur damit erklären, daß sie die Bücher des Li Hongzhi nie eingesehen haben. Wahrscheinlich kannten sie die Theorie bloß in der Darstellung ihrer Übungsleiterin, die sie den Bedürfnissen ihrer Gruppe angepaßt hatte. Vielleicht konnten sie sich auch mit einigen Grundgedanken identifizieren, wie der »Kultivierung« von Wahrhaftigkeit, Barmherzigkeit und Menschlichkeit. In einer Phase des Wirtschaftsbooms mit frühkapitalistischen Verhältnissen wurden die Universitätsbediensteten finanziell an den Rand der Gesellschaft gedrängt und konnten vielleicht sogar manche Endzeitgedanken des großen Meisters teilen: »Egoismus, Gier, Dummheit, Unwissenheit und die gutherzige Natur der Menschen sind ineinander verzahnt. Ohne es selbst zu merken, verursachen sie damit, was sie dann selbst zu ertragen haben. (...) So kommt es zu gesellschaftlichen Problemen, zu versteckten Krisen. Die Menschheit ist nicht imstande, die Gründe dafür in der eigenen Natur zu suchen; die Menschen sehen nicht, daß, nachdem die Moral verdorben ist, das schreckhafte Menschenherz die eigentliche giftige Wurzel der gesellschaftlichen Probleme ist, sondern suchen – dumm genug – Auswege in den Erscheinungsformen der Gesellschaft.«

Als dankbare Klientel für solche Ideologien erwies sich das riesige Heer der Arbeitslosen, die plötzlich aus den unrentabel arbeitenden Staatsbetrieben entlassen waren. Und Li Hongzhi hatte offenbar das Zeug zum charismatischen Führer. Er umgab sich mit einer Aura, die die Nachfolge Buddhas glaubhafter machen sollte. Sein Geburtsdatum ließ er (mit Genehmigung der Behörden) auf den 13. Mai, den Geburtstag Buddhas, abändern. Schon mit vier Jahren, so verbreitet er, habe ihn ein Meister der zehnten Generation des buddhistischen Dharmas unterrichtet. Mit acht Jahren habe ihm dieser die drei Schriftzeichen »Zhen, Shan, Ren« (Wahrhaftigkeit, Barmherzigkeit, Menschlichkeit) so in die Augenwinkel eingeprägt, daß andere sie nicht sehen können, er sie jedoch ständig im Blick habe. Ein außergewöhnliches Mitgefühl für alle Menschen, die leiden müssen, habe ihn zu außergewöhnlichen Taten befähigt.

Durch eine jahrelange Ausbildung bei verschiedenen Meistern und durch eine hartnäckige Kultivierung vermag er schließlich, die Wahrheit des Kosmos zu schauen und Dinge zu entdecken, von denen man auf der Erde noch nichts weiß, die aber dort schon längst existieren. Li Hongzhi erfaßt Ursprung, Entwicklung und Zukunft der Menschheit. Er erkennt, daß die geistige Entwicklung nicht mit der Verbesserung ihrer wirtschaftlichen Situation Schritt hält. Er wird sich seiner Verantwortung gegenüber seinen Lehrern bewußt und sieht es als seine Pflicht an, »Kultivationspotenz« dafür einzusetzen, »ein Paradies der schönen Seelen« zu schaffen. Da »normale Menschen« nicht in der Lage sind, den »Kultivationsweg« zu bewältigen, den er hinter sich gebracht hat, entwickelt er einen neuen Weg, der für sie geeignet ist, das Falun Gong.

Bei seiner Stilisierung zum großen Meister nimmt er nicht nur Buddha, sondern auch Jesus zu Hilfe. Seine Kritiker tut er beispielsweise mit der Bemerkung ab: »Die religiösen Schurken, was haben sie für eine Qualifikation, um Falun Gong zu kritisieren? Damals verursachte das Erscheinen des Jesus Zorn beim Judentum, vor 2500 Jahren hat das Erscheinen des Buddha Shakjamuni den Brahmanismus bewegt.«

93

Als er 1992 öffentlich zu praktizieren beginnt, ist er sofort sehr erfolgreich, und Falun Gong wird in die Chinesische Qigong-Vereinigung aufgenommen. Im selben Jahr erscheint Li Hongzhis erstes Buch: »Das Falun-Buddha-Gesetz«.

Die Zahl der Anhänger wächst so schnell, daß es schon 1995 manche Provinzbehörden mit der Angst zu tun bekommen. In Hangzhou, der Hauptstadt der Provinz Zhejiang, werden erste Maßnahmen gegen die Bewegung ergriffen, nachdem man festgestellt hat, daß große Teile der Armee und der Partei von Falun-Gong-Anhängern durchsetzt sind. 1996 definieren die Behörden Falun Gong als »eine böse und gefährliche Sekte«. Es wird aus der Chinesischen Qigong-Vereinigung wieder ausgeschlossen. 1998 wandert Li Hongzhi in die USA aus.

Die Regierung läßt damals von ihrer Geheimpolizei eine Zählung der Mitglieder durchführen und erhält schockierende Ergebnisse: Allein in Beijing soll es ungefähr 500 000 Mitglieder geben. Die Behörden rechnen dieses Ergebnis hoch und kommen auf 100 Millionen Mitglieder weltweit. Dabei handelt es sich wahrscheinlich um eine grandiose Fehleinschätzung, doch der Chef der Bewegung, Li Hongzhi, hört diese Zahlen nur zu gern und spricht seitdem immer wieder von seinen 100 Millionen Anhängern. Zwar korrigiert die Regierung ihre Hochrechnung nach unten und läßt nur noch zwei Millionen gelten. Experten gehen jedoch von 16, andere von 40 Millionen Anhängern aus. Genaue Angaben kann niemand machen, weil Falun Gong eine sehr lockere Organisationsstruktur hat und die Teilnehmerzahlen bei den Übungsgruppen extrem schwanken. Aber eine Zahl, die später in der »Volkszeitung« veröffentlicht wird, hat der Partei sicherlich zu denken gegeben: In der Provinz Zhejiang sind 99,4 Prozent der Mitglieder der KP Chinas Anhänger von Falun Gong.

Seit März 1999 geht die Regierung deshalb massiv gegen die Bewegung vor. 24 Tonnen illegales Publikationsmaterial werden konfisziert. Anfang April 1999 erscheint in einer Universitätszeitschrift Tianjings ein Artikel des Physikers He Zuoxiu mit dem Titel »Ich möchte nicht, daß junge Menschen Qigong ausüben«. Darin schreibt er, daß er nichts dagegen habe, wenn alte Leute Qigong praktizieren, doch junge Menschen, deren Körper noch wächst und deren Geist leicht zu beeinflussen sei, sollten lieber Sport trei-

ben und sich nicht mit sogenannten übernatürlichen Kräften aus-
einandersetzen. Er berichtet von einigen Fällen, in denen Forscher
verschiedene Arten von Geisteskrankheiten durch Qigong bekommen hätten. Ein Student seines Instituts habe plötzlich zu essen, zu
trinken, zu schlafen und zu sprechen aufgehört. Man habe ihn in
eine psychiatrische Klinik einliefern müssen, doch wollte er sich
nicht behandeln lassen, weil er der Meinung gewesen sei, Meister
Li Hongzhi würde sich schon um ihn kümmern. Acht Anhänger
des Meisters sollen gestorben sein, indem sie von Hochhäusern
gesprungen seien. Angeblich hätten sie ihre übernatürlichen Kräfte
ausprobieren wollen, wie das »Reiten auf den Wolken« oder das
»Besteigen des Nebels«. He Zuoxiu kommt in seinem Artikel zu
dem Schluß: »Meiner Meinung nach können die Verfechter des
falschen Qigong und der sogenannten übernatürlichen Fähigkeiten
bei den jungen Menschen im Lande mehr Schaden anrichten als
diejenigen, die in der chinesischen Geschichte die Menschen durch
philosophische Theorien töteten.«

Als daraufhin 50 Mitglieder der Bewegung am 19. April 1999 in
Tianjing einen Sitzstreik vor der Redaktion der Universitätszeitschrift veranstalten, werden sie verhaftet. Am 22. April taucht Li
Hongzhi auf einem Rückflug von Sydney in die USA unerwartet in
Beijing und in Hongkong auf. Drei Tage später versammeln sich
10 000 Anhänger in Beijing und demonstrieren schweigend vor
dem Hauptquartier der Kommunistischen Partei. Auf Transparenten fordern sie die Anerkennung der Bewegung.

Die Regierung zeigt sich völlig überrascht und zutiefst beunruhigt. Daß es der Bewegung gelungen ist, unbemerkt vom allgegen-
wärtigen Geheimdienst und der Polizei so viele Mitglieder im
Regierungsviertel zu versammeln, läßt immerhin auf einen hohen
Organisationsgrad und eine große Gefährlichkeit des Falun Gong
schließen. Nur so ist zu erklären, daß Beijing zu einem gewaltigen
Schlag ausholte, der im Westen für sehr übertrieben gehalten wird.

In einer großangelegten Propagandaaktion wird Falun Gong zunächst als gefährliche Sekte hingestellt, deren Lehre schon zu zahlreichen Todesopfern geführt habe. Das zentrale chinesische Fernsehen (CCTV) zeigt eine Dokumentation über Falun Gong, betitelt
»Bekämpfung des Feudalismus und Aberglaubens«. Parteimitglieder werden aufgefordert, wieder »falsch und richtig« zu unter-

scheiden; direkt oder in getarnter Form werden überall im Lande Qigong-Übungen der Falun-Gong-Anhänger gestört. Diese lassen sich aber nicht einschüchtern, sondern reisen weiterhin massenweise nach Beijing. Die Presse spricht von einer »Überschwemmung Beijings«. 70 000 Falun-Gong-Anhänger, die gegen die Maßnahmen protestieren wollen, werden von den Sicherheitskräften mit Bussen in ein großes Stadion gebracht, registriert und am Abend wieder nach Hause geschickt.

Am 19. Juli 1999 verbietet das Zentralkomitee der KP Chinas in einem Rundschreiben Parteimitgliedern das Praktizieren des Falun Gong. Zur Begründung heißt es da: Falun Gong »hat falsche und ketzerische Ideen propagiert, die den Geist der Menschen ernsthaft beeinträchtigt haben. Durch Irreführung hat die Organisation von Falun Gong einige Anhänger außerhalb von Partei und Regierung und Nachrichtenorganisationen zu illegalen Zusammenkünften angestiftet, die öffentliche Ordnung gravierend gestört und die Stabilität von Reform und Ordnung gefährdet.«

Daraus werden zwei Schlüsse gezogen:

1. Wir haben die politische Natur der Organisation Falun Gong und den ernsthaften Schaden, den sie angerichtet hat, erkannt und verbieten den Parteimitgliedern der KP Chinas nachdrücklich, Falun Gong zu praktizieren.
2. Wir werden innerhalb der Partei ein intensives Studium und eine Erziehungskampagne durchführen.

Dieses Verbot führt zu einer weiteren Eskalation. In 30 Städten Chinas demonstrieren die Anhänger vor Regierungsgebäuden und wollen den Behörden über ihre Situation berichten: Sie wollen vor allem klarstellen, daß es sich bei Falun Gong nicht um eine politische Organisation handelt. Zu Zehntausenden werden sie mit Bussen in Stadien gebracht und tagelang ohne Essen und Trinken und ohne sanitäre Einrichtungen dort festgehalten.

Am 22. Juli 1999 wird die Bewegung landesweit verboten, weil sie nicht registriert sei und illegale Aktivitäten durchgeführt habe. »Verboten wird das Aushängen von Fotos, Fahnen, Bildern und anderen Zeichen, die mit Falun Gong zu tun haben. Auch die Praxis des Falun Gong in Gruppen sowie jegliche Verbreitung von Ideen oder Unterstützung der Bewegung (Demonstrationen, Paraden, Sitzungen etc.) sind fortan untersagt.«

Hunderttausende protestieren. Es folgen Massenverhaftungen und das Verbrennen von Millionen Büchern und Videokassetten. Wieder Proteste. Im Internet vergleichen die Falun-Gong-Anhänger die Situation mit der Zeit der Kulturrevolution. Doch »egal, wie es läuft, das Herz der Falun-Dafa-Schüler ist felsenfest beim Dafa. Egal wie die Regierung uns beschimpft, verleumdet, bedroht und unterdrückt, unser Herz bleibt ewig unverändert. Ohne Klage und Haß betrachten wir die Bitternis als Glück. Wir sehen das Sterben leichter als ein Schwanenflaum. Nur das Dafa ist schwerer als der heilige Berg Taishan.«

Li Hongzhi antwortet auf das Verbot ebenfalls mit einer Erklärung im Internet: »Falun Gong ist nur eine unter den Volksmassen verbreitete Bewegung zum Praktizieren. Es hat weder eine Organisation noch politische Ziele, und es hat sich niemals an irgendwelchen Aktionen gegen die Regierung beteiligt. ... Es gibt wirklich sehr viele Lernende, aber ich denke immer, wenn jeder Chinese ein moralisch edler Mensch wird, ist dies sicher das, was die Regierung und ihre Führungskräfte gern sehen würden. ... Ich denke, wenn die Regierung wirklich über den Aufschwung und Niedergang der Nation besorgt ist, soll sie die Sache mit Falun Gong nicht so schwernehmen. Wenn wir wirklich etwas Falsches getan haben, sprechen Sie bitte mit mir, und wir können es richtigstellen.«

Am 29. Juli 1999 erläßt das Ministerium für Öffentliche Sicherheit einen Haftbefehl gegen den Gründer der Bewegung. Li Hongzhi, heißt es dort, organisiere und benutze die Falun-Dafa-Forschungsgesellschaft, um Aberglauben zu verbreiten und das Volk irrezuführen. Zahlreiche Anhänger seien gestorben: Nach einer offiziellen Statistik sollen bis zum 28. Juli 1999 infolge der Praxis von Falun Gong 743 Personen zu Tode gekommen sein. Kurze Zeit später ersucht China die USA um Auslieferung von Li Hongzhi. Vergeblich.

Im ganzen Land werden die Leiter der Betreuungsstellen verhaftet, 35 000 »Kriminelle« und 21 000 weitere »Verdächtige« wandern in den Knast. Die einfachen Anhänger der Bewegung dürfen sich nicht mehr zu ihren morgendlichen Übungen treffen.

Einige Parteimitglieder sprechen vom »schwersten politischen Unfall« seit dem Juni 1989. Die Folgen für die Falun-Gong-Anhänger sind jedenfalls die gleichen wie die für die Anhänger der damaligen Demokratie-Bewegung: Sie müssen nun regelmäßig an Umerziehungsmaßnahmen teilnehmen und lange Berichte über ihre ehemaligen Aktivitäten als Praktizierende schreiben.

Unser Betreuer berichtet, daß seine Eltern die Welt nicht mehr verstehen; sie wollten nichts als ihre morgendlichen Qigong-Übungen machen und müssen nun jeden Nachmittag mit 200 Gleichgesinnten »die Schulbank drücken« und sich über die Gefährlichkeit der Falun-Gong-Bewegung aufklären lassen.

Letzteres trifft sogar auf Bill Clinton zu: Der chinesische Präsident Jiang Zemin überreichte ihm beim letzten Staatsbesuch ein Buch über Li Hongzhi. Dieser habe nämlich reiche Sponsoren in Amerika gefunden.

Durch den Gansu-Korridor

Jahrhundertstau auf der Seidenstraße

Nach unserem kurzen Ausflug ins tiefreligiöse Tibet verlassen wir Lanzhou und fahren unter einem wolkenverhangenen Himmel eine kurze Wegstrecke durch dichtbesiedeltes Ackerland. Heute verteilen moderne Bewässerungsanlagen das Wasser des Gelben Flusses auf die Felder. Noch vor wenigen Jahrzehnten waren hier die alten hölzernen Schaufelräder in Betrieb, von denen wir eines der letzten erhaltenen Exemplare in der Nähe von Lanzhou bestaunen konnten.

Schnell werden Felder und Bewässerungskanäle seltener, wir gelangen in die Wüste Gobi. Wo früher die Handelskarawanen mit der Überquerung des Gelben Flusses ihren mühsamen und gefährlichen Weg durch die Wüste begannen, kommen auch wir kaum schneller voran. Eine endlose Kette von Fahrzeugen, meist Lkws älterer Bauart, quält sich über die Straße, bremst unversehens, weil ein entgegenkommender Fahrer eine winzige Lücke zu einem riskanten Überholmanöver ausnutzt. Wir gewöhnen uns an die gelegentlich am Straßenrand auftauchenden Wracks »gestrandeter« Lastkraftwagen und sehnen uns nach geordneten Verkehrsverhältnissen wie in Deutschland.

Es ist inzwischen 12 Uhr. 300 Kilometer liegen vor uns. Das sieht auf der Karte nicht nach viel aus, aber wir machen uns keine Illusionen mehr. Es kann früher Abend werden, bis wir unser Hotel in Wuwei erreichen. Aus Faulheit haben wir leider darauf verzichtet, Verpflegung für die Reise einzukaufen oder wenigstens vorher zu Mittag zu essen, wozu unsere chinesischen Begleiter dringend geraten hatten.

Halb China scheint gerade unterwegs nach Wuwei zu sein. Die mäßige Geschwindigkeit ließe uns eigentlich ausgiebig Zeit, die eintönige Landschaft links und rechts der Straße zu betrachten, aber daran haben wir uns inzwischen genauso gewöhnt wie an den unkonventionellen Fahrstil, mit dem sich unser Fahrer an der täglichen »Straßenschlacht« beteiligt. Mit viel Geschick kämpft er um jede Lücke, ringt Radfahrern, Eselkarren und Lastwagen die entscheidenden Zentimetervorteile ab, um wieder ein Gefährt eher überholen zu können, und wenn er ein bißchen Raum hat, vollführt er wahre Ballettänze um tiefe Schlaglöcher. Für uns ist das sehr anstrengend, die Plätze in der Mitte und im hinteren Teil des Wagens sind besonders beliebt, weil man dort nicht mit ansehen muß, was vorn geschieht.

Wir können uns nicht vorstellen, wie es hier in einigen Jahren aussehen wird, wenn China zum Ende des nächsten Jahrzehnts endgültig die Schwelle zum Automobilzeitalter überschritten haben will. Mehr Fahrzeuge als jetzt passen wirklich nicht mehr auf die Straßen. Im Augenblick sind es jedoch noch hauptsächlich Lastkraftwagen. Was aber, wenn erst einmal hunderte Millionen von Chinesen einen eigenen Pkw fahren? Noch gibt es keine zwei Privatautos auf je 1000 Einwohner, aber seit der Besitz eines eigenen Wagens nicht mehr verpönt ist, sondern als Ausdruck des neuen Wohlstandes und der angestrebten hohen Lebensqualität gilt, befindet sich das Land auf dem direkten Weg in die Autogesellschaft. Zwar geht es dort genauso langsam voran wie auf Chinas Straßen: 1985 zählte man in der Hauptstadt Beijing ganze 60 Privatautos, 1998 wurden im riesigen China insgesamt etwa 400 000 Pkws abgesetzt, weniger als in der kleinen Bundesrepublik Deutschland. Aber in zehn Jahren hofft man dort drei Millionen Fahrzeuge pro Jahr verkaufen zu können.

Die internationalen Autokonzerne wetteifern, trotz anfänglicher Millionenverluste, weiter um den chinesischen Markt. General Motors, Citroën und Peugeot mußten Lehrgeld bezahlen: General Motors investierte zum Beispiel 16,3 Millionen US-Dollar in ein Joint-venture und verkaufte schließlich nicht mehr als zwölf Pick-up-Trucks. Volkswagen hatte mehr Glück. Bereits 1984 verlagerte der Wolfsburger Konzern den Bau seines bei uns wenig erfolgreichen »Santana« nach Shanghai, investierte etwa 500 Millionen US-Dollar und konnte bis zum Februar 1997 eine Million Exemplare verkaufen. Inzwischen ist aus diesem Projekt Chinas modernstes Automobilwerk geworden, in dem für den chinesischen Markt der Santana 2000 entwickelt wurde. Volkswagen hat es damit zu einem Marktanteil von nahezu 60 Prozent gebracht. Inzwischen gibt es auch Pläne für den Bau eines chinesischen Familienautos, das China in eigener Regie fertigen will und das als Grundstock für eine von den ausländischen Konzernen unabhängige chinesische Automobilproduktion dienen könnte.

Voraussetzung für die weitere Entwicklung dieser Industrie ist natürlich der Straßenbau. Besonders im Süden und in den wirtschaftlichen Ballungszentren wächst die Zahl der gut ausgebauten Straßen ziemlich schnell. Riesige neue Brücken überspannen die großen Flüsse. Demnächst werden zumindest alle großen Zentren durch ein Netz von Autobahnen miteinander verbunden sein. Aber auch auf diesen neuen Verkehrswegen erreicht man nicht mehr als 80 Stundenkilometer – und muß dafür noch Gebühren bezahlen. Etwa 90 Prozent der Straßen Chinas sind befestigt und asphaltiert, die meisten verlaufen aber nur zweispurig.

Hier im fernen Westen des Landes sind sie allerdings in einem erbärmlichen Zustand. Immer wieder werden wir durch Baustellen aufgehalten, an denen die unzähligen Schlaglöcher ausgebessert werden. Bei einem solchen Stau – meistens bedeutet das einen Stop von 20 Minuten – erwartet uns eine ganz besondere Überraschung. Die schmale Straße schlängelt sich an einem Fluß entlang: Rechts hohe Berge, links neben der Fahrbahn geht es steil zum Fluß hinunter; ein Felsvorsprung versperrt uns die Sicht nach vorn. Wir sind ausgestiegen und vertreten uns die Beine. Plötzlich hören wir eine laute Detonation und setzen uns schnell wieder in den Wagen. Als es dann endlich weitergeht, entdecken wir im Vorbeifahren oberhalb eines frisch abgesprengten Felsens den Rest einer Grotte mit buddhistischen Wandmalereien. Wir greifen zu unseren Kameras, doch ein Anhalten ist unmöglich; hinter uns wartet eine endlose Schlange von ungeduldigen Lastwagenfahrern. Aussteigen können wir auch deshalb nicht, weil der Fahrweg, der an den herabgestürzten Steinen vorbeiführt, so schmal ist, daß nur ein Wagen Platz hat. Wir fragen uns, ob dort jahrtausendealtes Kulturgut rücksichtslos vernichtet wurde oder ob lediglich belanglose Malereien aus jüngerer Zeit mit Billigung der zuständigen Archäologen dem Fortschritt zum Opfer gefallen sind. Der Blechstrom, in den wir eingepfercht sind, schiebt uns langsam weiter.

Bei den beschwerlichen Fahrten durch die Provinz Gansu ist uns eines sehr deutlich geworden: Die Erschließung des Riesenreiches für den Verkehr ist für die gesamte Wirtschaft Chinas von größter Bedeutung. Erst ein gut ausgebautes Verkehrsnetz schafft die Grundlage für weiteres Wachstum. Darum ist – neben der Intensivierung des Eisenbahn- und Luftverkehrs – der Bau von Straßen und Brücken einer der besonders schnell wachsenden Wirtschaftszweige mit hohen Gewinnerwartungen.

Bis heute ist der Traum Sun Yatsens noch nicht ganz Wirklichkeit geworden: Er wollte bereits in den zwanziger Jahren durch den Bau eines Straßennetzes von 1,6 Millionen Kilometern alle Landkreise an das Verkehrsnetz anschließen. Zur Zeit sind es nur wenig mehr als eine Million Kilometer, aber das hohe Tempo, in dem neue Straßen gebaut und vorhandene ausgebessert werden, ist beeindruckend. Die hier angewandten Methoden zur Ausbesserung eines Straßenabschnitts sind im Vergleich zu denen in Deutschland unkonventionell. Der Verkehr wird meist querfeldein um die Baustelle herumgeleitet, oder sie wird, wenn kein Arbeiter zum Winken entbehrt werden kann, mit einigen Steinen abgeriegelt, und man ist gezwungen, sich selbst einen Weg durch die Landschaft zu suchen. Da aber rund um die Uhr gearbeitet wird, ist die kurze Baustelle meist schneller wieder aufgehoben, als bei uns die Absperrung aufgebaut wäre. Wenn es einem gelingt, Fragen nach Sicherheitsvorkehrungen, Arbeitsschutzmaßnahmen und tariflichen Arbeitszeitregelungen zu verdrängen, kann man die Effizienz der chinesischen Bauarbeiten nur bewundern.

Unsere frisch aufkeimende Bewunderung schlägt jedoch bald wieder in blanke Verzweiflung um. Diesmal ist der Verkehr nämlich total zum Erliegen gekommen. Nichts geht mehr. Über der Szene vor uns liegt eine seltsame Ruhe; die meisten Motoren schweigen, die Fahrzeuginsassen warten geduldig in ihren Fahrzeugen, denn es regnet in Strömen. Alle scheinen sich auf eine längere Wartezeit einzurichten. Da beide Fahrspuren mit Autos verstopft sind, besteht wenig Hoffnung auf eine rasche Auflösung des Staus. Nach längerer Diskussion steigt einer unserer Begleiter aus, um die Lage zu erkunden. Er kommt schnell wieder zurück, und seine Auskünfte bestätigen unsere schlimmsten Ahnungen. Der Verkehr ruht hier schon den ganzen Tag, und ein Ende ist nicht abzusehen. Der Stau ist so lang, daß niemand etwas über die Ursache weiß oder sagen könnte, wann es weitergeht. Unsere Aussichten sind wirklich nicht ermutigend. Kein »Stauberater« wird uns heiße Getränke und Dekken anbieten, keine Raststätte, in der wir uns Reiseproviant besorgen könnten. Vorwürfe werden laut, daß wir uns in Lanzhou nicht mit Lebensmitteln eingedeckt haben. Nicht nur das erfrischende Bier in der Hotelbar rückt in weite Ferne. Auch unser Drehplan mit abgesprochenen Terminen, unsere Hotelbuchungen werden hinfällig. Schwierigkeiten mit unserer weiteren Reise sind damit programmiert, denn in China ist es für ausländische Reisende immer noch unmöglich, einfach in irgendeine Herberge zu gehen, in der die Chinesen oft in Mehrbettzimmern übernachten. Man muß in den Hotels wohnen, die für Ausländer zugelassen sind, weil sie einen Mindestkomfort bieten.

Erinnerungen an die Lektüre der uralten Reiseberichte werden wach. Zwar ist unsere Karawane aus Blech, aber sie bewegt sich keinen Schritt vorwärts. Hunger und Durst melden sich unnachgiebig, und die Stimmung sinkt allmählich auf den Nullpunkt. Das »Abenteuer Seidenstraße« ist Wirklichkeit geworden, allerdings ganz anders, als wir es erwartet hatten.

Nach Stunden taucht hinter uns endlich ein Polizeiwagen auf. Ein großes Hin- und Herrangieren beginnt, um ihm Platz zu machen. Unsere chinesischen Betreuer nehmen ihren ganzen Mut zusammen, schnappen ihre Mappe mit den Genehmigungen des Kultusministers und der Provinzregierung und versuchen, die Polizisten davon zu überzeugen, daß sie uns durch den Stau lotsen, weil wir unaufschiebbare Drehtermine in Wuwei haben. Die Überzeugungsarbeit ist von Erfolg gekrönt, wir dürfen dem mit eingeschaltetem Blaulicht vorausfahrenden Polizeiwagen folgen. Und dann lernen wir eine weitere Variante chinesischer Flexibilität kennen. Staus werden auf unorthodoxe Art angegangen, wie wir hier erleben: Die Fahrer drängeln sich links am stehenden Verkehr vorbei und verstopfen auch die Gegenfahrbahn. Das Problem mit dem Gegenverkehr lösen sie, wenn es auftritt, ebenso unorthodox – nach Lage der Dinge.

Unter Polizeischutz schlängeln wir uns im Schneckentempo voran. Oft werden Lastwagenfahrer erst nach lautem Geschrei auf beiden Seiten davon überzeugt, etwas zurückzusetzen, damit wir uns durch die entstehenden Lücken auf der rechten oder linken

Straßenseite durchmogeln können. Wir schöpfen Hoffnung, daß wir es an diesem Tag doch noch bis Wuwei schaffen. Aber schließlich, an der engsten Stelle der Straße, ist das Verkehrsknäuel dann doch dicker als die Nerven der Polizisten. Jetzt geht endgültig nichts mehr. Die Ordnungshüter konzentrieren sich auf einen Lastwagenfahrer, der sie sehr laut beschimpft, und geben unserem Begleiter zu verstehen, daß sie uns nicht mehr weiterhelfen können. Seit mehr als zehn Stunden sind sie im Dienst und wollen nun Feierabend machen. Inzwischen ist es dunkel geworden, und es sieht nicht danach aus, daß der Regen nachlassen könnte. Da rafft sich Herr Li, unser örtlicher Begleiter für die Provinz Gansu, plötzlich auf; er scheint über sich selbst hinauszuwachsen, wirft sich einen Regenumhang über, zaubert von irgendwoher eine Taschenlampe und springt entschlossen auf die Straße. Nach dem Motto: Was die Polizei kann, das kann er schon lange, bugsiert er uns durch die endlose Lastwagenkolonne. Unter seiner Führung kämpfen wir uns im Schrittempo voran, von rechts nach links und zurück, von Lücke zu Lücke, Stunde um Stunde, bis zu einem umgestürzten Lkw, der beide Spuren blockiert und den Stau verursacht hat. In einer halsbrecherischen Aktion, in der es um Millimeter geht, kommt unser Fahrer vorbei, und wir schaffen, was wir kaum noch zu hoffen gewagt haben. Nachts gegen drei Uhr erreichen wir unser Hotel in Wuwei. Es ist so gut wie leer. Wir sind die einzigen Gäste, die »durchgekommen« sind, erfahren wir an der Rezeption.

Wir haben eine wichtige Lektion gelernt: Nie wieder werden wir eine Fahrt auf der Seidenstraße antreten, ohne uns vorher reichlich mit Reiseproviant zu versorgen.

Am nächsten Tag treffen wir beim Gang durch Wuwei alte »Staubekanntschaften« wieder. Sie sind gerade erst eingetroffen, und wir hören von ihnen, daß dieser Stau für viele Lastwagenfahrer insgesamt zweieinhalb Tage gedauert hat. Wir sehen schon die Schlagzeilen in der Tageszeitung vor uns: »Jahrhundertstau auf der Seidenstraße«. Doch einer der Fahrer meint, daß diese Blechlawine nichts Besonderes gewesen sei. Herr Li, unser Held der letzten Nacht, der uns mit einer Taschenlampe durch Stau und Regen heimgeleuchtet hat, resümiert in Abwandlung eines chinesischen Sprichwortes: »Man kommt leichter in den Himmel als nach Wuwei.«

Himmlische Rosse

Die Provinz Gansu im Nordwesten Chinas erstreckt sich wie ein schmaler, manchmal kaum über 100 Kilometer breiter Korridor 1655 Kilometer in südost-nordwestlicher Richtung. Einst war dies die wichtigste Verbindung zwischen dem alten Kaiserreich und den feindlichen Nomaden im Westen. Sie ist aus den »vier Präfekturen westlich des Gelben Flusses« hervorgegangen. Das Gebiet wurde 127 v. Chr. unter der Herrschaft des Han-Kaisers Wudi (141–87) nach dem erfolgreichen Feldzug eines 100 000 Mann starken Heeres gegen die Xiongnu erobert. Noch heute erinnern überall im Gansu-Korridor Denkmäler an diese Eroberung unter General Huo Qubing, die in zahlreichen Versionen überliefert und zu populären Legenden ausgestaltet ist. Kaiser Wudi hat 108 v. Chr. über 100 000 Wehrbauern aus den Ostprovinzen in dem neu eroberten Gebiet ansiedeln lassen.

Die Siedler gründeten hier das spätere Wuwei, die erste chinesische Stadt westlich des Gelben Flusses. Sie entwickelte sich zu einer bedeutenden Handelsstation an der alten Seidenstraße. Im Grab eines Generals aus dieser Zeit fand man eine Bronzeskulptur, ein Abbild jener »Himmelspferde«, durch welche die Stadt Wuwei berühmt wurde.

Der erste große chinesische Reisende auf der Seidenstraße, Zhang Qian, war zur Han-Zeit bis nach Ferghana im heutigen Usbekistan gelangt. Dort hatte er die berühmten »himmlischen Rösser« entdeckt, von denen wahre Wunder berichtet wurden. Es hieß, sie könnten 500 Kilometer am Tag zurücklegen und liefen notfalls so schnell, daß sie Blut schwitzten. Der Kaiser glaubte gar, daß diese Pferde aus dem Westen ein Mittel zur Gewinnung der Unsterblichkeit seien.

Auf jeden Fall aber hatten sie härtere Hufe als die chinesischen Pferde. Daher waren sie als Kampfrosse besonders gut geeignet, denn die Möglichkeit des Beschlagens mit Hufeisen war zur damaligen Zeit noch nicht bekannt.

Der chinesische Kaiser entsandte also Botschafter zu den Yuezhi nach Ferghana, die ihm einige dieser außergewöhnlichen Pferde mitbringen sollten. Der Bedarf Chinas an Pferden war immens, hatte es doch in den verlustreichen Kämpfen gegen die Xiongnu zwischen 121 und 119 v. Chr. über 100 000 Tiere verloren. Und für die geplanten künftigen Eroberungszüge war der Aufbau einer neuen Pferdezucht unverzichtbar. Doch die Botschafter kehrten unverrichteter Dinge wieder zurück: Der Herrscher Ferghanas hatte keinerlei Bereitschaft gezeigt, den Chinesen Pferde zu überlassen.

Kaiser Wudi schickte daraufhin ein Heer von 60 000 Mann nach Ferghana und ließ die gut befestigte Hauptstadt 40 Tage lang belagern. Zuvor hatte man den Bewohnern die lebensnotwendige Wasserzufuhr abgeschnitten und stürmte schließlich die äußeren Befestigungsmauern. Nun erst gab der Herrscher in Kokand auf, unterwarf sich den Chinesen und überließ ihnen seine besten Pferde.

Dieser Feldzug gegen die westlichen Länder hatte ungeheure Opfer gefordert. Nur 10 000 Soldaten kehrten zurück. Doch der Kaiser hatte sein wichtigstes Ziel erreicht: Er war endlich im Besitz der »Wunderpferde«. Sie waren die Grundlage für die Zucht hervorragender Reittiere und damit eine wichtige Voraussetzung für die weitere Expansionspolitik der Han-Dynastie.

Diese Pferde scheinen groß und schlank gewesen zu sein, wahrscheinlich hatten sie Ähnlichkeit mit den heutigen »Arabern«. Sie fraßen jedoch nicht das übliche Futter, sondern mußten, wenn sie schnell wachsen sollten, mit Luzerne gefüttert werden. Zum Glück für die Chinesen hatte General Zhang Qian die Samen dieser und vieler anderer Pflanzen von seiner ersten Reise nach Westen mitgebracht. Trotzdem war die Pferdezucht sehr langwierig, und der Krieg erforderte viele Tiere. Als ein paar Jahre später der Han-General Li Guang 30 000 Pferde für eine Expedition nach Zentralasien haben wollte, konnte seinem Befehl nicht entsprochen werden. Auch der Ankauf von Pferden kam nicht in Frage, er war viel zu kostspielig. Für eine Stute mußte man damals die unvorstellbare Summe von 20 Pfund Gold ausgeben. Davon hätte man so viel Land kaufen können, wie zwei Familien zum Leben brauchten. Man mußte also andere Wege zur Beschaffung der kostbaren Tiere finden, solange die chinesische Pferdezucht nicht für genügend Nachschub sorgen konnte: Irgendwann zwischen 110 und 105 vor unserer Zeitrechnung entschied sich der chinesische Hof daher, eine Han-Prinzessin gegen eine Gabe von 1000 Pferden einzutauschen, die dafür als Braut eines betagten Nomadenfürsten ihren Wohnsitz vom chinesischen Palast in die Nomadenjurte verlegen mußte. Und im Jahre 102 v. Chr. eroberte General Li Guang auf seiner verlustreichen Militärexpedition gegen Ferghana 2000 der »himmlischen Pferde«.

Der zwischen der Wüste Gobi und dem Qilian-Gebirge liegende fruchtbare Gansu-Korridor eignet sich nicht nur besonders für die Pferdezucht, sondern es wurden an dieser wichtigen Ost-West-Passage des alten China immer auch viele Reittiere gebraucht. Die Stadt Wuwei ist deshalb seit den Zeiten der alten Seidenstraße Zentrum für die Zucht von Rassepferden.

Noch heute bezieht die chinesische Armee Nachkommen jener Himmlischen Rösser von der größten Zucht- und Dressurstätte Chinas, der Shandan Farm, westlich von Wuwei. Etwa 200 000 Tiere grasen hier auf den saftigen Weiden. Reinrassig sind sie allerdings kaum mehr, da inzwischen sowohl die zähen kleinen Mongolenpferde als auch die großen Rosse der Kasachen eingekreuzt wurden.

Die Modernisierung kommt auf leisen Sohlen

Was würde der fromme Pilger Xuanzang wohl sagen, wenn er heute nach Wuwei käme? Zumindest erinnert sehr wenig an das »silberne Liangzhou«, wie man es früher nannte.

Nach der kurzen Fahrt durch die Stadt sind wir überzeugt, daß das Wichtigste an Wuwei unter der Erde liegen müsse. Für diese These spricht, daß das archäologische Glanzstück, welches man hier 1969 ausgegraben hat, zum Wahrzeichen Wuweis geworden ist. Eine vergrößerte Kopie des berühmten bronzenen Himmelspferdes steht auf einem steinernen Monument im Zentrum der Stadt, und selbst unser Hotel trägt den Namen »Himmelspferd«. Das Original sucht man hier leider vergeblich, es steht im Gansu Provinz-Museum und wird häufig in Beijing ausgestellt.

Im Jahre 629 hat sich Xuanzang auf seiner Reise nach Westen einen Monat lang hier aufgehalten, um sich von den Strapazen seiner bisherigen Reise auszuruhen. Er hat auf den Märkten gepredigt und wahrscheinlich nach Spuren seines berühmten Vorläufers Kumarajiva (344–413) gesucht. Dieser Sohn eines Inders und einer Fürstentochter aus Kucha hatte sich schon früh durch seine fundierten buddhistischen Kenntnisse einen Namen gemacht und kam im Jahr 384 nach Liangzhou, dem heutigen Wuwei. Er blieb 17 Jahre und lernte hier Chinesisch. Im Jahre 402 ging er als Übersetzer nach Chang'an, wo er dem Buddhismus mit seinen Übersetzungen die besondere chinesische Form gab. Kumarajiva sagte voraus, seine Zunge werde nach Verbrennung seiner Leiche vollkommen unbeschädigt zurückbleiben, wenn die von ihm angefertigten Übersetzungen fehlerfrei seien. War er sich vielleicht der »Besonderheit« seiner Übersetzungen bewußt, und wollte er damit seinen späteren Kritikern zuvorkommen? Der frommen Überlieferung nach soll Kumarajivas Zunge jedenfalls in der Luoshen-Pagode in Wuwei beigesetzt worden sein.

Im Reisebericht Xuanzangs ist leider kein Hinweis darauf zu finden, ob er in der Pagode nach dieser Zunge geforscht hat. Wir erfahren in seiner Geschichte nur von seinem klammheimlichen Aufbruch. Wie schon zuvor in Lanzhou hatten die Behörden von ihm gehört und rieten ihm, sich möglichst auf direktem Weg zurück in die damalige Hauptstadt Chang'an zu begeben.

Was soll man von einem solchen Reisebericht halten? Wie war es zur damaligen Zeit möglich, daß sich Nachrichten über einen jungen Mönch so schnell auf der Seidenstraße verbreiteten? Je öfter wir über ihn reden, desto merkwürdiger kommt er uns vor. Wir versuchen, unseren Begleiter vom Kultusministerium mit einer gewagten These zu provozieren: »Entweder versucht sich Xuanzang in seinem Reisebericht maßlos hochzustilisieren, oder er will von der Tatsache ablenken, daß er im Auftrag der Regierung gereist ist.« Grob gesagt als Kundschafter. Der Vertreter der heutigen Regierung antwortet nur mit einem süßsauren Lächeln und hüllt sich in Schweigen.

Auf einem Bummel durch die Stadt wird unser erster Eindruck bestätigt: Außer der Pagode ist kaum etwas von der großen Vergangenheit Wuweis geblieben. Dafür hält aber die Modernisierung langsam Einzug in die kreisfreie Stadt mit ihren rund 100 000 Einwohnern. Selbst hier sind schon Zeichen des Wirtschaftsbooms zu spüren, obgleich die Provinz der allgemeinen Entwicklung deutlich hinterherhinkt; die modische, farbenfrohe Kleidung der Menschen und die Vielfalt der Angebote in den Geschäften sind die auffälligsten Merkmale eines Aufschwungs, der durch Deng Xiaopings

Wirtschaftsreformen eingeleitet wurde. Das wichtigste Element dieser Entwicklung zu einer »sozialistischen« Marktwirtschaft ist aber die Anzahl privater Unternehmer, die auch in Wuwei allmählich wächst.

Zufällig kommen wir an einem neuen Schuhgeschäft vorbei, das mit großen Transparenten behängt ist, die zur Eröffnung am nächsten Tag einladen. Obgleich noch sehr viel für die Vorbereitung dieses großen Ereignisses zu tun ist, findet der gerade 30jährige Besitzer, Herr Sun, Zeit, sich mit uns zu unterhalten. Er hat wie praktisch alle unsere Gesprächspartner aus dem Volk keinerlei Hemmungen, sich unvorbereitet Fragen vor einer westlichen Kamera zu stellen.

Er habe schon lange davon geträumt, ein Geschäft zu eröffnen, erzählt er uns. Und er hoffe, in Wuwei eine gute Chance zu haben, weil er in seinem modern eingerichteten Laden auch ausgefallene und teurere Schuhe anbiete. Gemeinsam mit acht hübschen Verkäuferinnen wolle er für einen besseren Service sorgen, als ihn sich die staatlichen Kaufhäuser leisten können. Dann erzählt er uns, daß er bisher als Verkäufer in Geschäften gearbeitet habe, die nicht ihm gehörten, und unverblümt gesteht er ein, daß er nun endlich sein eigener Herr und sehr reich werden wolle. Auf die Frage, woher er das Geld für das aufwendige neue Geschäft habe, antwortet er mit einer Bemerkung, die wir schon so oft in China gehört haben: »Wir Chinesen können sparen.«

Geld ist schon lange die große Leidenschaft vieler Chinesen. Auch als sie noch in staatlichen Organisationen für Minimalgehälter arbeiteten, hatten viele Geld, und niemand wußte woher. Seitdem die Privatwirtschaft erlaubt ist und sogar gefördert wird, hat sich der allgemeine Wunsch, möglichst schnell reich zu werden, noch deutlich gesteigert. Den ganzen Tag schuften die Menschen hier hart dafür, und wenn sie abends im Freundeskreis zusammensitzen, fädeln sie nebenbei noch »kleine Geschäfte« ein oder spielen um Geld. Die Aufbruchstimmung, die seit mehr als zehn Jahren in China herrscht, findet ihren treffendsten Ausdruck in dem Satz eines chinesischen Freundes, der früher als Assistent an einer deutschen Universität geforscht hat und nun zum Geschäftsmann in China geworden ist: »Wenn *wir* es nicht schaffen, reich zu werden, wer denn sonst.«

Mit welchen Bargeldsummen im privaten Geschäftsbereich gearbeitet wird, zeigt eine Geschichte, die mir dieser Freund erzählt hat. Als er eines Tages einen größeren Dollarbetrag umtauschen wollte, ging er mit einem guten Bekannten in eine Privatwohnung, an der wie gewöhnlich nicht einmal ein Name stand. Dort trafen sie einen jungen Mann in Jeans und Oberhemd, der sie in sein »Arbeitszimmer« führte. Noch heute glänzen die Augen meines Freundes, wenn er diesen Raum beschreibt: An allen vier Wänden waren mannshoch gebündelte Geldscheine in mehreren Reihen hintereinander gestapelt. Er sei so verblüfft gewesen, daß er sich keine Vorstellung zu machen vermochte, welche Millionensummen in dem Zimmer lagerten.

Da sie sich auf einen Umtauschkurs einigen konnten, der für beide vorteilhaft war, ging das Geschäft unglaublich unkompliziert vonstatten: Mein Freund übergab seine Bündel mit Dollarnoten, die der junge Mann, ohne nachzuzählen, auf einen der Riesenstapel legte und ihm dafür bündelweise chinesische Yuan in eine Plastiktüte packte. Man verabschiedete sich, ohne nachzuzählen. In seinem Büro stellte mein Freund fest, daß die Summe, die er erhalten hatte, großzügig aufgerundet war.

In dieses Bild paßt ein Bericht, den man vor drei Jahren in der englischen Ausgabe der Volkszeitung »China Daily« lesen konnte. Darin wurde über die Probleme des Wirtschaftsbooms berichtet und darüber, daß der Unterschied zwischen Arm und Reich bedrohliche Ausmaße angenommen habe. Es hieß dort, daß sich die Hälfte aller Ersparnisse in China nur in den Händen von eintausend Superreichen befände.

Dieser Aufschwung ist selbst während der Asienkrise kaum ins Stocken geraten. Lange Zeit wurde spekuliert, wie sie sich auf China auswirken würde; Kenner meinten, der Yuan müßte früher oder später abgewertet werden. Eingeweihte wollten sogar schon den Termin für die Abwertung kennen. Alle Termine sind verstrichen, doch ist bisher nichts passiert. Im Gegenteil! Während unserer Drehreise erhalten wir deutlich weniger Yuan für unsere D-Mark als früher.

Warum konnte es Chinas Wirtschaft schaffen, trotz der wegbrechenden Märkte in Südostasien und der Rezession in Japan auf Wachstumskurs zu bleiben? Manche Experten meinen, weil sein

Wirtschaftswachstum einen solchen Schwung erreicht hat, daß allein der Binnenmarkt ihm für Jahrzehnte eine ständig steigende Nachfrage garantiert.

Jedes Gespräch oder Interview, das wir über Wirtschaftsprobleme geführt haben, begann oder endete mit der Feststellung, daß die Grundlage für diese Entwicklung die Modernisierungskampagnen Deng Xiaopings gewesen sind. Es klingt wie stereotyp nachgeplapperte staatliche Propaganda, stimmt aber wahrscheinlich. Dengs Ziel war es, durch die Modernisierung der Industrie, der Landwirtschaft, der Wissenschaft und Technik China in die Gemeinschaft der Industrienationen zu führen. Es wurde zwar nicht wie geplant bis zum Jahr 2000 erreicht, doch es hat Wunder gewirkt: Die landwirtschaftliche Produktion konnte enorm gesteigert werden, nachdem den chinesischen Bauern der von ihnen bewirtschaftete Grund und Boden übereignet wurde. In den fruchtbaren Gebieten konnte man daraufhin beobachten, wie sich die Bauern überall neue Häuser gebaut haben.

Die zweite Säule von Deng Xiaopings Reformkonzept, der Aufbau einer modernen und leistungsfähigen Industrie, basiert auf der Entwicklung von eigener Forschung und Technologie, um die riesigen Kosten für den Transfer ausländischen Know-hows nach China einzudämmen. Mehr als 100 000 chinesische Studenten studieren seitdem an ausländischen Universitäten. Gleichzeitig mit dem Wiederaufbau der im Zuge der Kulturrevolution fast vollständig blockierten Universitäten wurden die Aufwendungen für Forschung und der Ausbau internationaler Kontakte auf wissenschaftlicher Ebene verstärkt.

Das war natürlich nicht allein mit eigenen Mitteln zu schaffen. Den Reformern um Deng Xiaoping gelang die erfolgreiche Öffnung des Landes für ausländisches Kapital. China wurde attraktiv für Investoren, denn das Land garantiert hohe Profite. Vertreter internationaler Konzerne wetteifern seitdem um lukrative Aufträge, und die Weltbank steuerte rund 100 Milliarden Dollar an günstigen Krediten bei. Innerhalb von nicht einmal 20 Jahren gelang China der Sprung in die Moderne.

Zum 50. Jahrestag des Bestehens der Volksrepublik, zu dem in China die großen Leistungen der Kommunistischen Partei gefeiert werden, melden sich allerdings im Ausland sehr kritische Stimmen zum »Wirtschaftswunder« in China. In den Zeitschriften »News-week«, »Foreign Affairs« und »The Economist« wird ein eher düsteres Bild gezeichnet: China sei in Wirklichkeit ein Land, in dem ein Fünftel des ärmsten Teils der Menschheit lebe; es sei also weder ein großer Markt noch eine wichtige politische Macht.

Als Wirtschaftsmacht rangiert es auf dem siebten Platz vor Brasilien und gleich hinter Italien. Im Jahre 1997 betrug sein Anteil am Welthandel ganze drei Prozent. Experten kommen deshalb zu dem Schluß: China spielt eine sehr viel kleinere Rolle, als man gemeinhin annimmt. Es habe deshalb keinen Grund, seinen Geburtstag mit schönfärberischen Propagandaaktionen zu feiern.

Rom in der Wüste Gobi

Unser nächstes Ziel Zhangye war einstmals ein wichtiges Handelszentrum. Han-Kaiser Wudi hatte hier im 2. Jahrhundert einen Truppenstützpunkt errichtet, und so wurde die Stadt für die Handelskarawanen zu einem bedeutenden Rast- und Handelsplatz. »Silbernes Wuwei und goldenes Zhangye« nennt ein altes chinesisches Lied die beiden benachbarten Städte, was auf früheren Wohlstand hindeutet.

Eine wesentliche Grundlage für die Entwicklung der Stadt wie des gesamten Gansu-Korridors war das Wasser. Wie ein »himmlisches Geschenk« fließt es aus den nahen Bergen, dem Qilian-Massiv und befruchtet das Gebiet westlich des Gelben Flusses. Wenn es Frühling wird und hoch oben in den Bergen die Schneeschmelze einsetzt, schwellen die Gebirgsbäche an und stürzen zu Tal. Wegen seiner Fruchtbarkeit und einer Süßwasserquelle hieß der Ort im 6. Jahrhundert »Gan zhou«, »Süße Oase«. Im Namen der Provinz, in »Gan su«, ist dieses »süß« noch enthalten.

Aber Zhangye war auch immer wieder Ort kriegerischer Auseinandersetzungen. Aufgrund ihrer strategisch wichtigen Lage im schmalen, fruchtbaren Gansu-Korridor und in ihrer Eigenschaft als Grenzposten und Abschnittskommandantur der großen Mauer hat die Stadt im Laufe der Jahrhunderte viele Schlachten überdauert, viele Herrscher kommen und gehen sehen. Von den zahlreichen Kulturen und Religionen, die sich hier begegneten, künden nur noch wenige Zeugnisse; einstmals jedoch soll die Stadt zur Hälfte aus Pagoden und Tempeln bestanden haben.

Wir sehen uns nur kurz eine davon an, die 50 Meter hohe »hölzerne Pagode«, die ohne Verwendung von Schrauben und Nägeln errichtet wurde. Der runde Bau steht auf einem viereckigen Sockel. Das entspricht dem uralten chinesischen Weltbild: Der runde Himmel wölbt sich über der rechteckigen Erde. Diese Struktur ist auch deutlich an vielen »Stupas« zu erkennen, den Schreinen für buddhistische Reliquien, von denen in Zhangye noch einige erhalten sind.

Bei unseren Dreharbeiten konzentrieren wir uns auf den Da Fo Si, den »großen Buddha-Tempel«. Dort befindet sich eine der größten liegenden Buddha-Statuen Chinas. Sie stellt Buddhas Tod und Eingehen ins Nirwana dar. Die Chinesen nennen ihn den »schlafenden Buddha«. Er hat eine Länge von 34,5 Meter. Allein seine Ohren messen mehr als 2 Meter, und ein Erwachsener fände Platz auf einem seiner Finger. Erstaunlich ist, daß er bei dieser Größe noch wohlproportioniert wirkt. Andere monumentale Buddha-Figuren in China, wie zum Beispiel der Le Shan-Buddha, wirken dagegen klobig.

Die Halle in Zhangye wurde vor mehr als 800 Jahren erbaut. Im Inneren stoßen wir auch auf ein Gemälde unseres »Schutzpatrons« Xuanzang. Es soll eine der ältesten Darstellungen seiner »Reise in den Westen« sein. Hier in Zhangye macht unser Pilgermönch die Bekanntschaft eines Zentralasiaten namens Banda, dem er die Gelübde eines Laienanhängers abnimmt. Dieser bietet sich als Reiseführer an und entpuppt sich später als Bandit. Als Xuanzang auf dem Weg zum Jadetor eines Nachts plötzlich aufwacht, sieht er, wie dieser Banda mit gezücktem Schwert auf ihn zuschleicht. Nur Gebete zu Guanyin, dem Bodhisattva des Mitleids, können ihn retten. Banda bleibt drei Meter vor ihm stehen und zieht sich schließlich zurück. Am nächsten Morgen ist er verschwunden. Eine Anekdote, die zeigt, wie gefährlich die Reisen auf der Seidenstraße gewesen sind.

Ähnliche Erfahrungen macht man auch noch heute mit Reiseführern, die den Touristen aber auf geschicktere Art das Geld aus der Tasche ziehen, indem sie ihre »Schäfchen« in teure Nippes-Läden führen und dafür vom Geschäftsinhaber Geld erhalten. Wir scheinen aber mehr Glück als Xuanzang zu haben, unser örtlicher

Begleiter ist sehr engagiert und versucht, uns zu einem ganz besonderen Ausflug zu überreden, auf dem er beweisen will, daß die Römer bis in die Nähe von Zhangye gekommen sind. Wir sehen uns sein Ziel auf der Karte an und winken dankend ab. Uns steckt noch der »Jahrhundertstau« in den Knochen. Beim Abschied drückt er uns einen dünnen Ordner mit fotokopierten Zeitungsausschnitten in die Hand, die uns auf unserer Weiterfahrt beschäftigen. »Rom in der Wüste Gobi« lautet die Überschrift des wichtigsten Artikels.

Hätten wir hier Antworten auf die Frage finden können, die uns immer wieder beschäftigt? Wieso ist es eigentlich niemals zu einem direkten Kontakt der beiden großen Weltreiche Rom und China gekommen, die zur gleichen Zeit nebeneinander existierten? Warum haben sich Produzenten und Hauptabnehmer der Seide nie getroffen? Kaum vorstellbar, daß sie nichts voneinander gewußt haben. Hinweise auf indische Gesandte beim römischen Kaiser liegen zwar vor, aber Gesandtschaften aus China sind nicht mit Sicherheit zu belegen. In den Annalen der Han-Dynastie wird auch über syrische Kaufleute berichtet, die sich als Gesandte des römischen Kaisers Marcus Aurelius Antonius ausgaben. Doch direkte Gesandtschaften scheint es nicht gegeben zu haben, auch nicht auf dem Seeweg, der die Römer immerhin bis nach Ceylon geführt hatte.

Gibt es wirklich Beweise dafür, daß den Chinesen die Existenz des Römischen Reiches bekannt war? Wenn ja, warum haben sie dann keinen Kontakt zu ihm aufgenommen?

Chinesische Archäologen haben im Nordwesten Chinas zwischen Wuwei und Zhangye etwa 100 Bauern entdeckt, die ein europäisches Aussehen haben. Sie sind großwüchsig, haben lange Nasen, tiefliegende Augen und lockiges Haar. Man vermutet, daß es sich dabei um Nachkommen von römischen Kriegern handelt, die vor etwa 2000 Jahren an einem Feldzug nach Zentralasien teilgenommen haben.

Einen weiteren Hinweis sehen die Archäologen in einem mehr als zehn Meter langen Mauerrest, den sie bei Zhe Lai Zai gefunden haben. Im Unterschied zu der in der Nähe liegenden Großen Mauer befinden sich in dieser Wand Löcher, die darauf hinweisen, daß die Mauer zweigeschossig gewesen sein kann: Vermutlich wurden durch die Löcher Holzpfähle gesteckt, die als Fußboden des oberen Stockwerkes dienten. In der Nähe des Mauerrestes wurde außerdem ein drei Meter langes Rundholz ausgegraben, in das mehrere etwa 30 Zentimeter lange Holzstöcke hineingesteckt waren. Handelt es sich hier tatsächlich um die rätselhafte Ortschaft Lijien, wie die Archäologen behaupten?

Der Name Lijien, Rom, taucht in einem chinesischen Städteverzeichnis aus dem Jahre 5 n. Chr. auf. Sind die Erbauer dieser Stadt jene römischen Soldaten des Crassus gewesen, die in der Schlacht von Carrhae 53 v. Chr. als erste Römer die Seidenbanner der Parther zu Gesicht bekommen haben? Wie wir bei Plutarch erfahren, sollen viele von ihnen in Gefangenschaft geraten sein. Später dienten sie zur Verstärkung der Truppen an der Ostgrenze des Partherreiches, das damals von den Xiongnu bedroht wurde. Ein Text bei Horaz könnte als Bestätigung dafür gelten. Dieser hatte behauptet, daß einige von den Parthern gefangengenommene Römer Barbarenfrauen heiraten mußten. Wie aber waren sie nach China gelangt? Hier könnten die Aufzeichnungen eines Chronisten aus der Han-Zeit Aufschluß geben. Er beschreibt ein Bild, das den Sieg der chinesischen Truppen über diese Xiongnu zeigt, und beruft sich darüber hinaus auf den Bericht des siegreichen chinesischen Generals, der Gefangene Gegner verhört hatte, die eindeutig keine Hunnen waren und die ihm erzählten, sie seien von parthischen Grenzposten geflohen und hätten sich den Xiongnu angeschlossen.

Noch ungewöhnlicher aber war die Kampfweise dieser »Barbaren«. Mehr als hundert Fußsoldaten hätten sich zur Verteidigung »wie Fischschuppen« aufgestellt, die Schilde dicht und nahezu undurchdringlich miteinander verbunden – eine Schlachtenordnung, wie sie nur die Römer kannten und praktizierten. Ihre Stadt selbst sei von einer doppelten Holzpalisade geschützt worden. Auch das eine eindeutig römische Art der Befestigung.

Beeindruckt von den kriegerischen Fähigkeiten der Legionäre, verschonte sie der Kaiser und gestattete ihnen, sich in der Nähe der Seidenstraße in der Provinz Gansu niederzulassen, um dort eine befestigte Stadt zu bauen und eine Lücke in der großen Mauer gegen die Xiongnu zu bewachen.

Diese Stadt könnte Lijien, in der Nähe des heutigen Dorfes Zhelaizhai, sein. Letzte Sicherheit sollen Grabungen bringen.

Am chinesischen Kaiserhof, so berichtet der Geschichtsschreiber, war man begeistert von diesem Erfolg. Zu einem größeren Interesse an diesen seltsamen »Barbaren« und ihrer Herkunft hat das Ereignis jedoch nicht geführt. Und daran hat sich auch in den kommenden Jahrhunderten nichts geändert. Einer der wichtigsten Kunden für die chinesische Seide wurde weiterhin nicht zur Kenntnis genommen. Aber warum auch? Gemäß dem chinesischen Weltbild war China das Reich der Mitte, der geographische und kulturelle Mittelpunkt der Welt, um den herum sich Gebiete fremder Barbarenvölker gruppierten, die ausschließlich als tributpflichtige Abhängige vorstellbar waren. Eine gleichrangige oder gar mächtigere Großmacht hatte in diesem Weltbild keinen Platz und wurde dementsprechend gar nicht erst Gegenstand irgendeines wie auch immer gearteten Interesses. Die »Weltmächte« des Abendlandes haben dieses ideologische Problem auf ähnliche Weise gelöst: Sie haben sich davor gedrückt, eine zweite Weltmacht im Osten zur Kenntnis zu nehmen, indem sie die Chinesen seit Herodot zu Fabelwesen stilisiert haben, die jenseits von unüberwindbaren Bergen lebten.

China wird darin immer als Land der goldhütenden Greife dargestellt und der tierfüßigen oder einäugigen Menschen, die sechs Monate lang schlafen. Bis zu Zeiten Marco Polos geistern solche Fabelwesen durch die Reiseberichte, und auch heute haben die Menschen an den beiden Enden der ehemaligen Seidenstraße Schwierigkeiten, sich gegenseitig realistisch wahrzunehmen. Der Westen liebt sein geheimnisvolles, exotisches China, für das man entweder schwärmt oder das man als »gelbe Gefahr« bezeichnet; die Chinesen haben ihre »fremden Teufel«, vor denen sie sich fürchten oder über die sie sich lustig machen.

Im Reich der Mitte zeigt man bis heute vor dem Himmelstempel in Beijing stolz den Mittelpunkt der Welt. Und im Abendland tut man sich immer noch schwer, China, seine Kultur und seine Geschichte umfassend zur Kenntnis zu nehmen. Nur ein Bruchteil seiner großen philosophischen, literarischen und historiographischen Werke wurde bisher in europäische Sprachen übersetzt.

116

Die Große Mauer als Mythos und Schicksal

Wir folgen dem uralten Karawanenweg und gelangen zur »größten Sperre der Welt«, wie die Ming-Generäle die Festung und die Stadt nannten, die sie im 14. Jahrhundert »ans Ende der Zivilisation« bauten. Jenseits begann die Wüste, und zumindest daran hat sich bis heute nicht viel geändert. In dieser Gegend ist die Große Mauer heute ein wenig beeindruckender, niedriger Wall aus Lehm und Steinen, verwittert und abgetragen in Jahrhunderten. Auch zusammen mit den Überresten der Wachtürme, die in festen Abständen angelegt wurden, will sich der Eindruck eines unbezwingbaren Grenzwalles nicht einstellen.

Wesentlich imposanter ist da schon die Festung Jiayuguan, die 1372 als letzter Posten, als Endpunkt der Mauer, errichtet wurde. An dieser strategisch bedeutsamen Stelle zwischen dem Qilian- und dem Beishan-Gebirge liegt der Jiayu-Paß, ein schon seit frühesten Zeiten vielbenutzter Verbindungsweg zwischen dem chinesischen Reich und den umliegenden Ländern. Auch der schon mehrfach erwähnte Zhang Qian war über diesen Paß nach Westen gezogen, um Verbindung mit den Yuezhi aufzunehmen. Händler und Pilger legten hier eine letzte Rast ein, bevor sie sich auf den Weg zu einer gefahrvollen Wüstendurchquerung machten. An diesem damals schon geschichtsträchtigen Punkt ließ der Ming-Kaiser Zhu Yuanzhang (1368–1398) eine Festung errichten, um den Überfällen der Mongolen zu begegnen. Sie sollte ein Bollwerk gegen Raubzüge und Invasionen werden. Im Lauf ihrer weiteren Entwicklung wurde die Festung mehrmals umgebaut und erweitert. In den siebziger Jahren unseres Jahrhunderts, als die Große Mauer zum Mythos geworden war, hat man sie aufwendig restauriert, so daß sie sich heute unseren Blicken als imposantes Zeugnis chinesischer Militärmacht präsentiert.

Die Festung besteht aus einer Doppelmauer mit Wachtürmen an den Ecken, die man im Osten und Westen durch große Doppeltore betreten kann. Die Umfassungsmauer der inneren Stadt ist über zehn Meter hoch und 733 Meter lang; die gesamte Anlage umfaßt 33 500 Quadratmeter.

In der Festung wird ein Stein aufbewahrt, der als Beweis für die unglaubliche Leistung der Architekten und Handwerker dienen soll. Der Bau der Festung sei so exakt geplant gewesen, lautet der Kommentar, daß nach der Fertigstellung nur dieser eine Stein übrigblieb.

Allerdings muß dazu angemerkt werden, daß eine so genaue Planung hier gar nicht notwendig war, weil schon die Reste einer alten Mauer aus der Han-Zeit existierten. Und auch die Han-Kaiser setzten damit bloß eine Tradition fort, die von früheren Dynastien begonnen worden war. Selbst Chinas erster Kaiser Qin Shihuangdi, der später durch seinen Mauerbau Berühmtheit erlangte, hatte nur die zahlreichen im Nordwesten des damaligen Reiches bereits bestehenden Mauern aus der Zeit der »Streitenden Reiche« ergänzen und zu einem größeren Komplex vereinen lassen. Dieses kostspielige Projekt, das unzählige Menschenleben gefordert hatte, bezeichnete man später als eines seiner ungeheuren Verbrechen am chinesischen Volk.

Zu der schweren Arbeit in den gefährlichen Grenzregionen zog man damals vor allem Sträflinge und zwangsrekrutierte Bauern heran. Der berühmte Historiker Sima Qian nennt die Zahl von 300 000 Mann, die unter dem Schutz der Truppe des Generals Meng Tian die Mauer bauen mußten. Wahrscheinlich waren es viel mehr. Quellen des 6. und 7. nachchristlichen Jahrhunderts sprechen beispielsweise von ein bis zwei Millionen Zwangsarbeitern, von denen die meisten in der Einöde starben. Während dessen lagen viele Äcker brach, und die Dörfer ganzer Landstriche waren verwaist. Hungersnöte breiteten sich aus. Am Ende der Regierungszeit des Ersten Kaisers soll sich die Mauer von Jiayuguan bis zum Gelben Meer erstreckt haben.

Zahlreiche Sagen ranken sich um das Schicksal der zum Mauerbau verschickten Bauern und deren Familien. Noch heute erzählt man in China die Geschichte der Meng Jiangnü. Sie war die Witwe eines Gelehrten, der zum Mauerbau zwangsverpflichtet worden und dabei umgekommen war.

Auf der Suche nach seinen Gebeinen zog Meng Jiangnü die Bewunderung des Ersten Kaisers auf sich. Die Frau willigte scheinbar ein, als kaiserliche Konkubine an den Hof zu kommen. Sobald jedoch die Überreste ihres Mannes ein ehrenvolles Begräbnis erhalten hatten, stürzte sie sich ins Meer, um mit ihm im Tod vereint zu sein.

In einem Tempel am Gelben Meer wird sie noch heute verehrt. Dort heißt es: »Meng Jiangnü ist nicht tot. Tausende von Generationen werden ihrer gedenken. Doch wo ist Qin Shihuangdi? Von seiner Großen Mauer ist nur der Haß geblieben.«

Zu Zeiten ihrer größten Ausdehnung nach Westen war das Jadetor der Endpunkt der Großen Mauer. Wir machen einen Tagesausflug, um diesen oft besungenen letzten Außenposten in der endlosen Wüste zu besuchen.

Jahr für Jahr, sei's am Goldenen Fluß
oder am Paß des Jadetores,
Morgen für Morgen greifen wir unsere Peitschen
und gürten unsere Schwerter.
Im weißen Schnee dreier Frühlinge
haben wir unsere Kameraden in grünen Gräbern
der Verbannung begraben,
wo über zehntausend Li der gelbe Fluß
sich durch die schwarzen Berge windet ...,

heißt es in einem Gedicht aus dem 9. Jahrhundert. Den Namen Yumenguan (Jadetor-Paß) erhielt diese westlichste Garnison, die um 200 v. Chr. errichtet wurde, weil Jade-Händler aus Khotan das Tor auf ihrem Weg in die Zentralebenen passieren mußten.

Auf einer erst kürzlich gebauten Privatstraße, für deren Benutzung wir teuer bezahlen müssen, fahren wir zu diesem erstaunlich gut erhaltenen Bollwerk. In der Nähe des Jadetor-Passes stoßen wir auf einen großen, viereckigen Festungsbau. Er diente den vor 2000 Jahren dort stationierten Armeen als Lagerstätte für Lebensmittel, Getreide, Pferde- und Kamelfutter. Und fünf Kilometer weiter westlich sind noch Teile der Großen Mauer erhalten, die aus der gleichen Zeit stammen. Hier erhält man einen Einblick in die Konstruktionsweise, bei der Schichten von Schilf und Erde abwechselten. Schilfreste, die vor mehr als 2000 Jahren weggeworfen wurden, liegen heute noch immer im Wüstensand.

Spätere Dynastien legten weniger Wert auf den Bau großer Mauern. Die Erfahrung hatte gezeigt, daß mit solchen Anlagen eindringende Nomaden kaum erfolgreich abgehalten werden konnten. Erst die Ming-Kaiser setzten den Mauerbau fort und erneuerten bestehende Reste, da sie gegen die immer wieder angreifenden Mongolen kein anderes wirksames Mittel fanden. Zunächst hatten sie es mit einer Doppelstrategie versucht. Einerseits offensive militärische Aktionen und andererseits die Anwendung des alten chinesischen Tributsystems, bei dem für die Tributzahlungen der Mongolen kostbare Gegengeschenke gemacht wurden. Nachdem ihnen damit jedoch kein dauerhafter Erfolg beschieden war, entstanden am Kaiserhof zwei gleichstarke Beamten-Fraktionen. Die eine trat für die Fortführung des Handels mit den Mongolen ein, die andere lehnte jeglichen Kontakt mit den »Barbaren« ab. Da eine Einigung nicht erzielt werden konnte, entschied man sich schließlich für eine dritte Lösung: die Renovierung und den Ausbau der Mauer. Dadurch erst entstand jene »Große Mauer«, welche die China-Touristen heute bewundern.

Aber eigentlich gibt es *die eine* Große Mauer gar nicht. Im Grunde setzt sie sich zusammen aus vielen verschiedenen Mauern, die in den unterschiedlichen Perioden errichtet worden sind und China mit mehr als 50 000 Kilometer Länge durchziehen. Reste davon sind in 16 Provinzen der Volksrepublik und nicht nur in Grenzregionen zu sehen. *Die* »Große Mauer«, die China von der Wüste Gobi bis zum Gelben Meer gegen die Außenwelt beschützt, ist nichts als ein historischer Mythos, der sich im Verlauf der Geschichte aus unterschiedlichen Gründen entwickelt hat.

Die Wallbauten im chinesischen Raum sind nie wissenschaftlich untersucht worden. Es ist bis heute nicht klar, wie lang die verschiedenen Teile der »Großen Mauer« gewesen sind und wo genau die »Mauerlinie« verlaufen könnte.

Seit den Zeiten der Meng Jiangnü, die ihren Mann beim Bau der Mauer verlor, bis heute sehen viele Chinesen in dieser Mauer etwas eher Negatives. Insbesondere die Entscheidung der Ming–Dynastie, die Mauer zu erneuern und zu erweitern, habe, so wird argumentiert, einen Prozeß in Gang gesetzt, an dessen Folgen China noch heute schwer zu tragen hat. Der Bau der Mauer sei eine defensive, ängstliche Lösung gewesen, ein Schritt in die Isolation von der Außenwelt, eine Entscheidung gegen eine Politik des Handels und Austauschs mit den Nachbarn. Den Mauerkritikern gilt die Politik der Offenheit unter den Han- und den Tang-Kaisern als Grundlage der blühenden chinesischen Zivilisation; die Politik der Abkapselung dagegen, zu der die Ming-Dynastie sich entschlossen hatte, habe sich als verhängnisvoll erwiesen.

Besonders drastisch wurden die Folgen des Mauerbaus in einer Dokumentarfilmserie aufgezeigt, die das chinesische Fernsehen 1988 unter dem Titel »He Shang«, frei übersetzt »Die für den Gelben Fluß Verstorbenen«, zeigte. Als der Film im Fernsehen lief, waren die Straßen wie leergefegt, und Hunderte Millionen Zuschauer erlebten eine schonungslose Abrechnung mit ihrer 5000jährigen Kultur. Unerbittlich wurde ihnen an sechs Abenden vor Augen geführt, warum ihr China, das früher eine so herausragende Stellung unter den Weltkulturen innehatte, heute zu den rückständigsten und ärmsten Ländern der Welt gehört. Mit ohnmächtiger Verzweiflung und Tränen in den Augen mußten sie sich ansehen, welche unsinnigen Opfer für ihre völlig veraltete Kultur im Verlauf der langen Geschichte gebracht worden sind. Das wichtigste Symbol für diese vergeblichen Anstrengungen war für die Autoren des Films die »Große Mauer«, der »größte Friedhof der Weltgeschichte«. Sie – so die Quintessenz des Films – hat die äußeren Feinde nicht fernhalten können und statt dessen nur zur Abkapselung geführt. Damit sei sie zum Verhängnis für China geworden, das als rein bäuerliche Kultur an seiner gelben Erde klebte, anstatt sich der »blauen Kultur« des Meeres zu öffnen.

Mit dieser Position hatten die Autoren Hand an ein nationales wie internationales Symbol gelegt. Die Große Mauer war für die Chinesen in der Volksrepublik nämlich zum Identifikationsobjekt und zum Symbol der nationalen Einheit geworden.

Im Laufe der Jahrhunderte wurden verschiedene Teile der Mauer immer wieder erneuert und erweitert, oft jedoch fast völlig vernachlässigt. Je weltoffener die jeweiligen Dynastien waren, je mehr sie außenpolitisch auf Handel und Diplomatie setzten und ihre Bereitschaft zu friedlichem Zusammenleben und Austausch mit den Nachbarvölkern im Vordergrund stand, um so weniger Interesse zeigten sie an einer Erweiterung der Mauer.

Aus heutiger Sicht war China mit dieser Politik erfolgreicher. Wie die Geschichte zeigt, haben die Mauerteile ihre Funktion als Bollwerke gegen die Angriffe fremder Völker nie wirklich erfüllen können. Aber der Mythos von der Großen Mauer als wirksamer Verteidigungswall gegen einfallende Nomadenstämme war ein nützlicher Bestandteil der schlichten Gegenüberstellung von chinesischer Zivilisation einerseits und von plündernden Barbarenhorden, gegen die man sich ständig zur Wehr setzten mußte, andererseits.

Gerade die Geschichte der Provinz Gansu zeigt, daß die Mauer keinesfalls als Manifestierung einer Grenze zwischen den seßhaften Einwohnern des »Reiches der Mitte« und den nichtseßhaften Nomaden außerhalb gelten konnte, da im Laufe der Geschichte beide Gruppen sowohl diesseits als auch jenseits der jeweiligen Mauern lebten.

Zur Entstehung dieses Mythos in Europa hat maßgeblich der Jesuit Verbiest beigetragen. Er hatte China als Missionar bereist und im 17. Jahrhundert seinen erstaunten Zeitgenossen *die* »Große Mauer« beschrieben. Nicht einmal die sieben Weltwunder zusammengenommen hielten einem Vergleich mit diesem Bauwerk stand, behauptete er. Bis in unsere Zeit tragen ähnliche Übertreibungen zu seiner Verbreitung bei.

Die kommunistische Regierung Chinas hat diesen Mythos aus dem Westen übernommen, weil sie ihn in zweifacher Weise nutzen konnte. Durch Renovierung der Ming-Mauer (und auch der Festung in Jiayuguan) entstanden wichtige Ausflugsziele für einheimische und ausländische Touristen. Gleichzeitig wurde dieser Mythos als wichtiger Bestandteil einer Geschichtsdeutung für die Politik genutzt, die in der Großen Mauer das Symbol für ein jahrtausendealtes, großes China sah, das sich aus eigener Kraft entwickeln und gegen das kapitalistische Ausland abgrenzen sollte. Diese Politik führte später zum »Großen Sprung nach vorn« und zur Kulturrevolution; mit dem Ergebnis, daß fast 40 Millionen Menschen hinter der Großen Mauer verhungerten und eine ganze Generation keine vernünftige Schulbildung erhielt.

Asien erhält ein Gesicht

Inmitten von Wüsten überrascht die Stadt Dunhuang den Reisenden mit blühenden Gärten und fruchtbaren Feldern. Ein verzweigtes Netz von Bewässerungskanälen schafft die Voraussetzung für eine entwickelte Landwirtschaft, in der nach wie vor die meisten Bewohner der Region tätig sind. Produziert wird vor allem Baumwolle und Obst.

Eine zweite bedeutende Einnahmequelle stellt heute der Tourismus dar, wenngleich Dunhuang selbst nichts aufzubieten hat als den Charme einer typischen chinesischen Durchschnittsstadt. Was sie für Besucher aus aller Welt so anziehend macht, liegt außerhalb.

Auch wir sind in einem modernen Hotel etwa fünf Kilometer von der Stadt entfernt untergebracht: direkt neben dem »klingenden Berg«. Aus den Hotelfenstern blicken wir direkt auf diese riesige, malerische Sanddüne, die schon als Silhouette fasziniert. Ihren Bekanntheitsgrad verdankt sie freilich etwas anderem: Rutscht man an ihren Hängen hinunter, entsteht ein seltsames, pfeifendes Geräusch. Es rührt vom Aneinanderreiben der von der Sonne erhitzten Sandkörner her. Aber was soll der lapidare Tatbestand gegen das Geheimnisvolle, das diesen Ort umgibt?

Die Legende hat eine ganz andere Erklärung dafür: Vor vielen Jahrhunderten habe hier eine Schlacht stattgefunden, wird berichtet. Plötzlich hätte sich ein verheerender Sandsturm erhoben und die beiden Armeen unter den Sandmassen begraben. Das seltsame Geräusch, das man dort höre, sei das Kriegsgeschrei der toten Soldaten.

Wenige Kilometer davon entfernt liegt ein weiteres »Naturwunder« verborgen: Mitten in der Wüste trifft man plötzlich auf eine halbmondförmige Wasserstelle, den 200 Meter langen »Mondsichelsee«, der von einem unterirdischen Reservoir gespeist wird. Obwohl er seit 1000 Jahren von meterhohen Wanderdünen, diesem »Meer des fließenden Sandes«, umgeben ist, wurde er noch nie von ihnen verschüttet. Das liegt wohl an den besonderen landschaftlichen Gegebenheiten, die dafür sorgen, daß der Wind den Sand vom See fernhält. Wasserstellen wie diese waren für die Reisenden überlebenswichtig und oft ihre letzte Rettung.

Dunhuang war mehr als 2000 Jahre lang eine der wichtigsten Stationen an der Seidenstraße. Als Oase war sie die letzte Raststätte vor der gefährlichen Takla Makan, »der Wüste ohne Wiederkehr«. Hier teilte sich der alte Handelsweg in eine nördliche und eine südliche Route, die erst mehr als 1000 Kilometer weiter westlich, in Kashgar, wieder aufeinandertrafen. Dunhuang war aber nicht nur die letzte große Wasserstelle, sondern zugleich ein strategischer Verkehrsknotenpunkt. Der Han-Kaiser Wudi hatte deshalb hier

111 v. Chr. die erste befestigte Präfektur errichten lassen. Soldaten, die inmitten dieser Einöde ihren Dienst tun mußten, hielten von befestigten Türmen aus Wacht, um eventuell heranrückende Feinde – damals die gerade erst besiegten Xiongnu – gebührend empfangen zu können.

Für Reisende aus Ost und West war Dunhuang eine beliebte Zwischenstation, wo schon vor 2000 Jahren ein reges Treiben herrschte. Kaufleute machten nach langen, beschwerlichen Wochen dort Rast, trieben Handel und vergnügten sich mit einer bunten Mischung aus chinesischer und arabischer Unterhaltung. Auch Musik aus »Ost und West« spielte dabei eine wichtige Rolle, wie aufgefundene Instrumente, bildliche Darstellungen und schriftliche Schilderungen beweisen. Immer mehr Siedler ließen sich auf Dauer dort nieder und machten die Stadt zu einer der reichsten der damaligen Welt. Viele handeltreibende Völker errichteten Stützpunkte. Dunhuang wurde zu einem Treffpunkt der Kulturen Indiens, Chinas, Zentralasiens und des Westens. Schon sehr früh folgten den Händlern buddhistische Mönche und Pilger mit dem Ziel, ihre Religion weiter nach Osten zu tragen.

Buddhisten galt Dunhuang als heilige Stätte. Im 4. Jahrhundert wurde es Mittelpunkt ihrer missionarischen Tätigkeit. Ein Mönch namens Lezun begann damit, in einer 1600 Meter langen Sandsteinwand eine Grotte anzulegen. Weitere kamen hinzu, und so entstanden die Mogao-Grotten oder Tausend-Buddha-Höhlen, wie sie auch genannt werden, eines der faszinierendsten Vermächtnisse buddhistischer Kunst.

Waren es zunächst nur kleine Grotten mit Wand- und Deckenmalereien, in deren Zentrum, umringt von zahlreichen kleineren Buddhas, eine große Buddhafigur aus Ton stand, so entwickelte sich daraus allmählich ein gigantisches Panoptikum, in dem die kulturellen, politischen und militärischen Zeitumstände verschiedener geschichtlicher Perioden ihren Ausdruck fanden.

Vor den prachtvollen Buddha-Skulpturen baten die Händler und Pilger, ehe sie ihre beschwerliche Weiterreise antraten, um gutes Gelingen. Kaufleute und reiche Mäzene spendeten als Opfergabe vor oder nach der gefährlichen Reise Geld und Kunstgegenstände. Dadurch entstanden wieder neue Höhlen, die mit Wandmalereien dekoriert wurden.

Monatelang haben wir mit langen Briefen und ausführlichen Begründungen immer wieder versucht, eine Drehgenehmigung für diese wichtigste chinesische Schatztruhe zu erhalten – haben gehofft, daß die sehr persönlich formulierten Anfragen unserer chinesischen Mitarbeiterin Cheng Wei uns weiterhelfen würden. Vergeblich! Nur gegen Zahlung von etwa 100000 Dollar (ja – einhunderttausend), geben uns die örtlichen Behörden diskret zu verstehen, sei man bereit, uns ungehindert drehen zu lassen. Wir lehnen ab. Die Vermarktung der Seidenstraßen-Kunstschätze hat wie die Korruption groteske Ausmaße erreicht. So dürfen wir die Grotten nur als normale Besucher betreten.

Hier wird uns allerdings sehr schnell klar, daß uns eine Drehgenehmigung auch nichts genutzt hätte. Die schönsten Bilder sind inzwischen hinter Glas, was wegen der Spiegelung Aufnahmen sowieso unmöglich gemacht hätte. Dieser Schutz ist notwendig geworden, weil allein die Atemluft der vielen Besucher schnell zerstören würde, was nur wegen der großen Trockenheit mehr als ein Jahrtausend überstanden hat.

Obgleich wir nur einige ausgesuchte Räume besuchen dürfen, sind wir von der Fülle der Bilder und dargestellten Geschichten wie erschlagen: Von den einstmals etwa 1000 Grotten sind 492 mit über 2000 bemalten Figuren und 45000 Quadratmeter Wandmalereien erhalten und geben uns heute einen Einblick sowohl in die Kulturgeschichte der Seidenstraße als auch in die Geschichte der buddhistischen Malerei. Dazu wurden opulente Bildbände mit genauen Erläuterungen in allen Sprachen veröffentlicht, und auf diese Weise ist vieles sogar besser nachzuvollziehen, als wenn man in einer großen Touristengruppe im Eiltempo daran vorbeigeschleust wird. Aber selbst wenn man die Zeit hätte, die unendlich vielen Buddha- und Bodhisattva-Abbildungen genau zu betrachten, würde es Jahre dauern, um sich eine wirkliche Übersicht zu verschaffen.

Seit 1949 bemühen sich die Chinesen systematisch um eine vollständige Erfassung und den Erhalt dieses einmaligen Kulturdenkmals. Sie richteten dafür ein eigenes Forschungsinstitut ein. Unter der Leitung von Duan Wenjie wurden die Arbeiten in den vierziger Jahren begonnen; abgeschlossen sind sie bis heute nicht. Einen wichtigen Beitrag leistete schon zu Anfang der Maler Zhang Daqian, der die Grotten neu durchnumeriert und viele Reproduktionen der Wandmalereien angefertigt hat.

Wir versuchen mit Hilfe eines Mitarbeiters des Forschungsinstituts herauszufinden, wie sich die Buddha-Ikonographie im Verlauf der Geschichte verändert hat. Sie läßt sich bis zum Ende des 3. Jahrhunderts zurückverfolgen. Sofern man damals überhaupt Bilder des Erleuchteten anfertigte, bestanden sie aber aus symbolischen Darstellungen. Man ging davon aus, daß sich Buddha durch sein Eingehen ins Nirwana aus der Welt der historischen Erscheinungen gelöst habe. Ziel des historischen Buddha war es, diese Befreiung aus der Verstrickung in den ewigen Kreislauf leidvoller Wiedergeburten zunächst für sich und dann für andere zu erlangen. Der Weg dahin führt über eine Befreiung von den Fesseln, mit denen man an die Wirklichkeit gebunden ist, und damit auch über eine Loslösung von allem, was diese Wirklichkeit wiedergibt: Denkmuster, Anschauungen, Begriffe und Bilder. Gelingt dieser Weg, ist es möglich, im Absoluten, im Nirwana, zu vergehen, was zwar nur nach dem Tode erreichbar ist, jedoch schon zu Lebzeiten erfahren werden kann. Dieses religiöse Ideal beherrscht den frühen Buddhismus, wie er entlang der Seidenstraße an vielen Orten erfolgreich war. »Kleines Fahrzeug« wurde diese Variante des Buddhismus von jenen genannt, die die Lehre später zum »großen Fahrzeug« (Mahayana-Buddhismus) modifizierten, wonach die »Leerheit« als allumfassendes Prinzip sowohl das leidvolle Diesseits als auch das Nirwana umfaßt.

An der Kunst der Seidenstraße läßt sich dieser Wandel gut nachvollziehen. In frühen Buddha-Darstellungen erscheint der Erleuchtete nur symbolisch, zum Beispiel als Lotosblüte, dem Symbol der Reinheit. Den Bodhibaum verwendete man als Sinnbild seiner Erleuchtung und die Fußabdrücke als Zeichen für sein Wirken auf der Erde. Das Rad weist auf den Beginn der Verkündigung der buddhistischen Lehre hin.

Gegen den Willen des historischen Buddha, der keine bildlichen Darstellungen zugelassen hatte, wird unter dem Einfluß des Mahayana-Buddhismus aus dem erleuchteten Menschen ein Gott, den man zunächst als ewig jungen Prinzen wie einen griechischen Gott abbildet. Durch die Feldzüge Alexander des Großen fand griechischer Geschmack, besonders in der Plastik, den Weg über Zentralasien bis nach Indien und beeinflußte auch die frühen Buddha-Darstellungen. Später entstehen zahllose Legenden, die seine früheren Existenzen, sein Leben und Wirken zunehmend künstlerisch ausschmücken. Dabei nimmt er nach und nach die unterschiedlichen Gesichtszüge der jeweiligen Länder an. Asien erhält ein Gesicht: Der Buddha wird zur wichtigsten Ikone dieses Kulturkreises.

In Texten des Mahayana wird das Herstellen von Buddha-Bildnissen als verdienstvolle Tat gepriesen. Zusammen mit frommen Stiftungen, der Bekehrung von Lebewesen und dem Beschützen der Lehre zählt es zu den vier Mitteln zur Erlangung der Buddhaschaft. Allerdings hatten die Künstler keinerlei individuellen Spielraum, alle Einzelheiten waren verbindlich festgelegt. Während später, besonders im tantrischen Buddhismus, dem Bild auch die Funktion zugesprochen wurde, Behältnis für die Essenz der Gottheit zu sein, ist es hier zunächst eine Art optisches Hilfsmittel für die meditative Einkehr. Unter dem Einfluß indischer buddhistischer Kunst entsteht auch in China eine Tendenz zur Monumentalisierung der Plastik. Die riesigen Felsenreliefs des stehenden oder liegenden Buddha sind Ausdruck des Bestrebens, ihn zu einem überirdischenen Wesen zu machen.

In den buddhistischen Höhlenklöstern im Westen Chinas fällt auf, daß die Menschen dort eine viel engere Beziehung zu dieser Religion entwickelt haben als die in den östlichen Teilen des Reiches. Fast wird der Westen zum Synonym für Buddhismus, wenn die Chinesen ins »Westliche Paradies« gelangen wollen und wenn unser Pilger Xuanzang seine berühmte »Reise nach dem Westen« antritt.

Wahrscheinlich spiegelt sich darin der Grundkonflikt zwischen der Kultur der Nomaden und der Ackerbauern wider. Schon an der Form der Klöster und Tempel wird dieser Gegensatz deutlich. Im Westen überwiegen die Grotten nach indischen Vorbildern, in denen die umherziehenden Nomaden ihre Opfergaben hinterlassen; im Osten gleichen sie oft taoistischen und konfuzianischen Sakralbauten, die Ähnlichkeit mit ummauerten Herrscherpalästen haben.

Dieses Spannungsverhältnis prägt auch die wechselvolle Geschichte des Buddhismus im Reich der Mitte. Seit der Sui-Dynastie (589–618) entwickelte sich der Buddhismus zu einer Art Staatskirche, die während der Tang-Zeit (618–906) zu höchstem Ansehen gelangte. Neue buddhistische Schulen entstehen, die sich bald von indischem Einfluß lösen und zu rein chinesischen Bewegungen werden, so daß – unter der Führung zahlreicher wohlhabender Klöster – der Buddhismus allmählich fester Bestandteil der chinesischen Kultur wird.

Am Ende der Tang-Zeit versucht Kaiser Wu Zong (841–846) den Zerfall der Dynastie zu verhindern, indem er die Macht der Klöster beschneidet. In einem 845 erlassenen Säkularisierungs-Edikt des Kaisers heißt es, der Buddhismus sei ein Hort der Arbeitsscheu, der wirtschaftlichen Unfruchtbarkeit, der Verschwendung auf Kosten des arbeitenden Volkes, der Sittenlosigkeit und der Staatsgefährdung. Sein Befehl, »Herumlungerer und Nichtstuer auszutreiben«, wird umgehend und radikal in die Tat umgesetzt. 4600 Klöster und 40 000 Tempel gehen in Flammen auf. Wie in einem Dokument dieser Zeit nachzulesen ist, werden »26 500 Mönche und Nonnen (...) in Steuerlisten eingetragen, 15 000 werden zu Sklaven gemacht«.

Der Nachfolger Wu Zongs nimmt dieses Edikt zwar zurück und richtet seine Angriffe statt dessen gegen den Taoismus. Doch kann der Buddhismus seinen früheren Einfluß nicht wiedererlangen. Nur zur Zeit der Mongolenherrschaft (1279–1368) ist ihm wie auch der Seidenstraße noch einmal eine kurze Blüte beschert.

Wanderdünen umgeben, aber nie verschüttet, gilt der »Mondsichelsee«
seinem unterirdischen Wasserreservoir als Naturwunder.

Festung Jiayuguan, letzte Garnison am westlichen Ende der Großen Mauer
Bollwerk gegen die Barbaren.

Ein weitverzweigtes Netz von Bewässerungskanälen verwandelt Dunhuang in einen blühenden Garten.

Disneyland im Meer des fließenden Sandes – oder was viele Touristen als »Abenteuer Seidenstraße« mißverstehen.

vei Kilometer vom Jade-Paß entfernt: He Changcheng, ein befestigtes Lager
Lebensmittel und Tierfutter.

ch immer bewegen sich Kamel-Karawanen in der Takla Makan, der »Wüste ohne
ederkehr«, auf den Spuren der Seidenstraße.

Hoch ragen im Osten der Oase Turfan die »Flammenberge« auf:
In gleißender Hitze scheinen sie wie Feuer zu lodern.

Im wilden Turkestan

Abenteuer Eisenbahn

Bisher sind wir mit dem Flugzeug und mit unserem Produktionsbus unterwegs gewesen. Die Strecke nach Hami wollen wir zur Abwechslung mit dem Zug zurücklegen. Schließlich ist die Eisenbahn ein wichtiger Bestandteil des chinesischen Lebens.

Die erste große Hürde vor Fahrtantritt entfällt für uns: das Ergattern einer Fahrkarte, da sich bei Gruppenreisen das Reisebüro darum kümmert. Auch Parteifunktionäre, Beamte und Geschäftsreisende können sich ihre Karten problemlos besorgen lassen, weil für sie immer ein bestimmtes Kontingent reserviert ist. Nur der Einzelreisende muß sich in eine der langen Schlangen vor den winzigen Fahrkartenschaltern stellen, um vielleicht mit Beharrlichkeit, Ausdauer und unter gelegentlichem Einsatz seiner Ellenbogen einen Platz zu bekommen. Amüsant kann es werden, wenn ein Ausländer an einem gewöhnlichen Fahrkartenschalter sein Glück versucht. Wer der chinesischen Sprache nicht kundig ist, wird große Mühe haben, die richtige Fahrkarte für den richtigen Zug ausgehändigt zu bekommen – wenn überhaupt. Und als Dreingabe darf er noch den doppelten Preis für den Platz bezahlen. Da ist es dann doch einfacher, rechtzeitig im Hotel eine Fahrt zu buchen.

Zugfahrten für Kurzentschlossene sind unter solchen Voraussetzungen so gut wie unmöglich. Bis heute gibt es für die chinesischen Menschenmassen immer noch nicht genügend Züge. Das Streckennetz der Bahn mit etwa 70000 Kilometern ist, gemessen an der Größe des Landes, nach wie vor viel zu gering. Es entspricht in etwa dem Deutschlands, obwohl China rund 30mal so groß ist. Zwar wurden seit dem Beginn der Reformpolitik Deng Xiaopings enorme Anstrengungen unternommen, um das veraltete Eisenbahnnetz zu modernisieren und zu erweitern. 1994 konnte eine zweite Trasse von Beijing nach Hongkong eröffnet werden, und

1996 erhielt Beijing den größten Bahnhof der Welt. Die Züge sind auch komfortabler und schneller geworden – zumindest auf den Hauptstrecken. Aber all das ist erst ein Anfang.

Bis zum Untergang der Mandschu-Dynastie im Jahre 1911 fuhren in China nur wenige Eisenbahnen, und zwar überwiegend in der Regie ausländischer Firmen. Da China die nötigen Geldmittel nicht allein aufbringen konnte, vergab die Regierung Konzessionen an Russen, Japaner, Deutsche, Franzosen, Engländer und Amerikaner. In der Regel verbanden die ausländischen Mächte damit keineswegs die Absicht, dem Reich der Mitte auf dem Weg zum wissenschaftlich-technischen Fortschritt behilflich zu sein; vielmehr ging es um sehr handfeste wirtschaftliche Eigeninteressen. Kein Wunder, daß die Mandschu-Herrscher und ihre Beamten zunächst ebenso mißtrauisch wie ablehnend auf diese neue Art der Fortbewegung reagierten. Sie sahen darin eine Bedrohung der chinesischen Souveränität.

Doch das geschwächte China hatte wenig Chancen gegen die westliche Profitgier. Die fremden Mächte verteilten zwischen 1895 und 1903 den »Konzessionskuchen« und erstritten sich nebenbei auch noch das Recht, in »ihren Gebieten« Waffen tragen und die Polizeigewalt ausüben zu können. So blieb es bis zur Revolution. 1911 übernahm die Regierung Sun Yatsen – zusammen mit den etwa 4800 Kilometern Gleisen, die China selbst gebaut hatte – zunächst einmal ein großes Eisenbahn-Chaos, da jede Nation ihr eigenes System eingeführt hatte. Die unterschiedlichen Techniken und Maße, vor allem die verschiedenen Spurweiten, waren nicht miteinander kompatibel. Reisen über längere Strecken dauerten damals häufig sehr lange; wegen der vielen Pannen und Gleisschäden konnte es passieren, daß man für 70 Kilometer zwei Tage benötigte. Es war aber auch nichts Ungewöhnliches, daß der Zug plötzlich anhielt, weil das Heizmaterial für die Lok ausgegangen war. In einem solchen Fall sammelte dann das Zugpersonal bei den Reisenden Geld, um damit im nächsten Dorf Holz für die Feuerung zu kaufen.

Sun Yatsen hatte weitreichende Pläne zur Vereinheitlichung und Erweiterung des Eisenbahnnetzes, die unter seiner Regierung allerdings nicht verwirklicht werden konnten. Im Gegenteil! Die Situation verschlechterte sich rapide. Durch die Wirren und unsicheren

Verhältnisse, durch Zerstörungen, die japanische Besatzung, den Ersten Weltkrieg und den Bürgerkrieg war von den über 20 000 Eisenbahnkilometern, die 1935 existierten, nach dem Sieg Mao Zedongs kaum mehr die Hälfte befahrbar.

Heute hat der Ausbau des Eisenbahnnetzes höchste Priorität; bis auf Tibet verfügen alle Provinzen über Eisenbahnverbindungen, und das Netz wächst pro Jahr um etwa 1000 Kilometer. Außerdem hat man neue Schnellzüge eingesetzt. Das bei vielen Touristen so beliebte Schneckentempo gehört – zumindest auf den Strecken zwischen den modernen Großstädten – endgültig der Vergangenheit an.

Unser Problem ist, daß es in Dunhuang keinen Bahnanschluß gibt. Wir müssen morgens sehr früh aufstehen und 100 Kilometer mit unserem Produktionsbus bis zur nächsten Station, nach Liuyuan, fahren. Nachdem wir den Bus mit unserem Fahrer, einem Begleiter und dem Kameraassistenten nach Hami vorausgeschickt haben, schleppen wir unsere Koffer und Geräte in einen lieblos eingerichteten Wartesaal. Er ist so überfüllt mit Reisenden und unglaublichen Gepäckansammlungen, daß wir kaum Platz für unsere Utensilien finden. Notdürftig zugeschnürte Kisten und halb aufgerissene Kartons sind zu gewagten Konstruktionen übereinandergestapelt. Auf ihnen zappeln an den Füßen zusammengebundene lebende Hühner. Kinder spielen mit Enten, die lautstark in ihren Käfigen schnattern. Zwischen eingerollten Teppichen und Koffern liegen bunt verstreut Verpackungen und Reste von verzehrten Mahlzeiten.

Reinigungskräfte sind damit beschäftigt, Berge von Styroporverpackungen und sonstigem Unrat zu beseitigen. Mit einer rücksichtslosen Zielstrebigkeit, die vor nichts und niemandem haltmacht, kämpfen sie sich durch die Reihen. In ihren blauen Jacken und dem weißen Mundschutz erinnern sie an alte Zeiten. Wir haben jedoch den Eindruck, daß sie im Laufe der Jahre rücksichtsloser geworden sind. Nach dem Motto »Rette sich, wer kann!« bringen wir uns vor den unerbittlichen Besen und einer großen Staubwolke in Sicherheit. Bald haben wir auch gelernt, geschickt auszuweichen, wenn wieder einmal jemand neben uns unerwartet auf den Boden spuckt.

Als der Zug angekündigt wird, drängen alle gleichzeitig auf den

Bahnsteig. Da der Durchlaß sehr schmal ist und jeder mehrere Gepäckstücke schleppt, bricht Chaos aus. Unser Glück ist, daß wir einen Kopf größer sind als die meisten Reisenden und im wahrsten Sinne des Wortes den Überblick behalten. Andernfalls hätten wir uns schnell in der Menschenmenge verloren.

Nach der anstrengenden Eroberung des Bahnsteigs heißt es wieder warten. Wir fragen uns, warum wir nicht länger im Wartesaal geblieben sind. Als der Zug dann endlich einfährt, kommt es erneut zu einem abenteuerlichen Gedränge, doch bleibt uns jetzt nicht soviel Zeit zu Betrachtungen. Mit Mühe und Not können wir während des kurzen Aufenthalts unser Gepäck in den Waggon der »weichen«, der ersten Klasse schleppen.

In dem großen Abteil mit den gepolsterten Sitzen geht es etwas ruhiger zu, die Mitreisenden sind wahrscheinlich Geschäftsleute und Parteifunktionäre. Unserem Begleiter vom Kultusministerium gelingt es, für uns Plätze im Speisewagen zu organisieren. Schon bald sitzen wir an Tischen, auf denen sogar Vasen mit Blumen stehen – Plastikblumen natürlich.

Vor der Reise hatten wir dem Team von unseren früheren Bahnfahrten entlang der Seidenstraße erzählt. In der Erinnerung waren das die aufregendsten Erlebnisse der gesamten Tour. Damals waren die Schaffner noch von Polizeibeamten mit Knüppeln begleitet. Auf ihrem Weg durch die Wagen der »harten« Klasse wurden diese Knüppel auch regelmäßig eingesetzt, wenn es unter den Fahrgästen zu Streitigkeiten kam. Auf einer Fahrt in brütender Hitze haben wir einmal erlebt, daß es kein Wasser mehr gab und die Stimmung von Minute zu Minute gereizter wurde. Plötzlich gingen zwei junge Männer mit gezückten Messern aufeinander los und konnten von dem diensthabenden Polizisten erst getrennt werden, als einer von ihnen schon schwer blutete – ein Bild, das wir nie vergessen werden. Blut tropfte auf festgetretene Speisereste und Hühnerdreck am Fußboden. Eine hübsche junge Frau opferte ein Tuch, damit sich der Verletzte den Arm abbinden konnte. An der nächsten Haltestelle mußten die beiden Streithähne aussteigen, dafür sprang aber ein junger Mann im Hechtsprung durch das Fenster herein, weil er befürchtete, sonst keinen Platz mehr zu finden. Bewundernswert, wie er im Zug von den Reisenden aufgefangen wurde. Man half sich auch gegenseitig, wenn es darum ging, arme Leute ohne Fahrkarte vor dem Schaffner zu verstecken. Wenn sie trotzdem erwischt wurden, trat wieder der Knüppel in Aktion, und bei der nächsten Station wurde der Sünder aus dem Zug befördert.

Von derlei abenteuerlichen Situationen kann heute nicht mehr die Rede sein, worüber unser Team gleichzeitig enttäuscht und erleichtert zu sein scheint. Als wir mit laufender Kamera in den ersten Waggon der »harten« Klasse vordringen, werden wir zwar angestaunt, aber sonst passiert nichts. Es gibt deutlich mehr Reisende als Sitzplätze, und die Gepäcknetze sind überfüllt; kleine Kinder haben es sich unter der Bank so gemütlich gemacht, wie das unter diesen Verhältnissen überhaupt möglich ist. Stoisch kämpft das Reinigungspersonal einen hoffnungslosen Kampf gegen die Abfälle, die achtlos weggeworfen werden. Verkäufer von Pistazien, Bier und Trockenfrüchten sorgen dafür, daß gleich wieder neuer Müll produziert wird.

Jetzt, da wegen der Feierlichkeiten zum 50. Jahrestag des Bestehens der Volksrepublik China eine Woche lang gefeiert wird, ist die Bahn natürlich besonders überfüllt. Man fährt nach Hause zu den Familien. Die Arbeitsstellen liegen oft weit entfernt, viele Familien sehen sich nur an Wochenenden und Feiertagen. Da bleibt nur die Fahrt mit der Eisenbahn, denn Autos sind noch selten und Flüge für die meisten zu teuer.

Gegenüber früher hat sich die Situation in den Zügen deutlich verbessert. Sicher, Komfort ist ein relativer Begriff, und man ist länger unterwegs als bei uns, weil ein hohes Tempo einfach noch nicht möglich ist. Tatsächlich verkehren auf vielen Strecken Chinas noch altersschwache Dampflokomotiven, die an steilen Berghängen oder kurz vor Bahnhöfen so langsam werden, daß Reisende auf den Zug aufspringen können. Liebhaber von Dampflokomotiven finden hier die schönsten Motive für ihre Kameras. Die Oldies werden aufwendig gepflegt, weil die reichen Kohlevorkommen Chinas und eine sehr wirtschaftliche Feuerungstechnik ihren Einsatz durchaus sinnvoll machen. Nach und nach werden allerdings immer mehr Diesel- und Elektroloks eingesetzt. Gerade in den nordwestlichen Wüstengebieten ist die bei Dampfloks erforderliche Wasserversorgung ein Problem. Auch unser Zug wird von einer Diesellok gezogen.

So bleibt das »Abenteuer Bahnfahrt« eine von den vielen Ge-

schichten, wie sie seit Beginn der Seidenstraße auf den endlosen
Reisen immer wieder erzählt werden. Unser Zug nähert sich langsam der Oase Hami. Wir sind in Xinjiang, Chinas größter und
gleichzeitig menschenleerster Provinz, und freuen uns auf die süßen
Hami-Melonen, die schon in der Tang-Zeit eine beliebte Delikatesse am Kaiserhof waren.

Wie kommen die Weintrauben nach Turfan?

Nach der langen Fahrt durch die trostlos graue, staubige und schat-
tenlose Wüste tauchen wir in die üppige Vegetation einer großen
Oase ein, aus welcher Bacchus stammen könnte. Straßen und Bewässerungskanäle in Turfan und Umgebung sind von Pappeln,
Maulbeerbäumen und einer Fülle von Weinstöcken gesäumt.

Auf unserem ersten Spaziergang durch die Stadt haben wir den
Eindruck, in einem Paradies gelandet zu sein. Überall spenden
Weinspaliere einen angenehmen Schatten in der brütenden Hitze.
Wir träumen schon von einem orientalischen Essen mit einem wun-
derbaren Wein und fragen unseren chinesischen Begleiter: »Wie
kommen denn die Weintrauben nach Turfan?«

Eigentlich hätten wir uns die Antwort fast denken können.
Zhang Qian, der Entdecker der Seidenstraße, der im Jahre 138
v. Chr. im Auftrag des Han-Kaisers Wudi nach Westen gereist war,
hatte auf seinem Weg alle wichtigen Nachbarn der Chinesen kennengelernt. Als typischer Vertreter der alten bäuerlichen Kultur
war er ein besonderer Naturfreund und hat in allen Landstrichen,
die er besuchte, nach Tieren und Pflanzen Ausschau gehalten, die
man in China noch nicht kannte. Welche Wunderdinge er seinem
Kaiser über die Pferde aus Ferghana berichten konnte, haben wir
ja schon erzählt. Er hat aber auch die unterschiedlichsten Pflanzen
kennengelernt und es nicht versäumt, Samen nach China mitzunehmen. Die berühmtesten Beispiele sind die Luzernen, die man als
Futter für die »Himmelspferde« brauchte, und die Weintrauben,
die bei den reichen Leuten seiner Zeit sehr schnell eine besondere
Beliebtheit erlangten. Später wurde sein Ruhm als Entdecker und
Züchter unbekannter Pflanzen so groß, daß man jede Neuheit auf
dem Gebiet automatisch ihm zuschrieb. Es ist zum Teil sein Ver-

dienst, daß China, was den Reichtum pflanzlicher Kulturformen betrifft, an erster Stelle in der Welt steht. Außerdem gibt es hier kaum eine Pflanze, die nicht vom Menschen umgeformt und kultiviert worden wäre. Berühmtestes Beispiel dafür sind die Bonsai-Gewächse.

Der Anbau von Weintrauben in Turfan läßt sich bis in die Tang-Zeit zurückverfolgen. Auf Grabgemälden, die man in den Astana-Gräbern in der Nähe von Turfan gefunden hat, sind Weintrauben abgebildet.

Unsere Enttäuschung bei der ersten Mahlzeit in Turfan ist riesig. Obwohl an jeder Straßenecke Weintrauben wachsen, wird hier kein Wein gekeltert. Schon früher war uns aufgefallen, daß die Produktion von Wein im ganzen Land nicht besonders entwickelt ist. Die Chinesen haben sich von jeher auf den Konsum von Reiswein und Reisschnaps spezialisiert. Seit Anfang des Jahrhunderts wird auch mit großem Erfolg Bier gebraut. Die bekannteste Brauerei wurde von Deutschen in Qindao in der Provinz Shandong gebaut. Das »Tsingtao Bier« kann man überall in China erhalten.

Wein wird hauptsächlich in Zusammenarbeit mit den Franzosen produziert. Es gibt zwei bekannte Sorten, einen Rotwein mit dem Namen »Dynastie« und einen Weißwein »Große Mauer, Riesling trocken«, die man in allen größeren Restaurants erhält. Sie sind jedoch nicht so beliebt wie das Bier. Erst in jüngster Zeit entdecken die Festland-Chinesen das Weintrinken, doch auf ihre ganz besondere Art. Weil der importierte Wein sehr teuer ist, benutzen sie ihn zum Mixen von Longdrinks. So kann man es erleben, daß der erlesenste französische Rotwein mit Cola gemischt wird und ein teurer Elsässer Weißwein mit Fanta.

Die kernlosen, sehr süßen Turpan-Trauben werden als Xinjiang-Rosinen in ganz China und ins Ausland verkauft. Wein wird aus diesen Trauben kaum gewonnen, weil sie zu süß sind.

Wir haben einen einfachen Weinbauern in der Stadt kennengelernt, den wir auf seinen Weinfeldern besuchen. Er lebt am nördlichen Rand von Turfan in einer malerischen Gegend. Von seinem kleinen Dorf aus, in der Nähe von Putaogou, sieht man im Hintergrund die berühmten »Flammenberge«. Diesen Namen tragen sie, weil ihre zerklüfteten Hänge in der von gleißender Hitze flimmernden Luft wie Flammen wirken, wenn sie von der Nachmittagssonne beschienen werden. Außerdem soll sich ihr Gestein im Hochsommer bis zu 70 Grad aufheizen. Die Flammenberge sind in ganz China durch den legendenhaften Roman von Wu Cheng-en »Die Reise in den Westen« bekannt geworden. In diesem Werk aus dem 16. Jahrhundert, das die Pilgerfahrt Xuanzangs sehr frei bearbeitet, besiegt der Affenkönig Sun Wukong die Flammen dadurch, daß er der »Eisfächerprinzessin« durch eine List ihren Fächer abnimmt und damit die Flammen löscht.

Wie so oft haben Legenden einen wahren Kern. Turfan gilt nämlich als der heißeste Ort Chinas und trägt zu Recht den Namen »Feuerofen«. Das liegt einerseits daran, daß die umgebenden Berge jeden Windhauch abhalten; andererseits ist die Turfan-Senke nach dem Toten Meer die tiefste der Erde. Der fast ausgetrocknete Salzsee Aydingkol liegt 154 Meter unter dem Meeresspiegel.

Wenn man bedenkt, daß dieses Gebiet auch die trockenste Region Chinas ist mit nur 17 Millimeter Jahresniederschlag, hält man es kaum für möglich, daß hier überhaupt etwas wachsen kann. Es kommt hier zwar manchmal zu einem Phänomen, das man »Teufelsregen« nennt: Schwarze Wolken ziehen am Himmel auf, und es scheint wirklich zu regnen, doch kein einziger Tropfen erreicht den Erdboden. Nur wenn man seine Hand zum Himmel streckt, kann man die Feuchtigkeit spüren. Durch die enorme Trockenheit der Luft und die starke Erhitzung des Bodens verdampft der Regen schon, bevor er auf die Erde fallen kann. Diese Erscheinung wird auch als »Regenschirm« bezeichnet.

Herr Abulake, ein freundlicher Uigure, ist ungefähr 50 Jahre alt. Er erwartet uns mit seiner Frau und seinem Sohn vor einem einfachen aber hübschen Wohnhaus, das er sich vor einigen Jahren selbst gebaut hat. Er zählt zu den kleinen, eher armen Bauern. Obwohl die Kommunikation dadurch erschwert ist, daß unsere Gespräche vom Uigurischen ins Chinesische und vom Chinesischen ins Deutsche übersetzt werden müssen, klappt die Verständigung über freundliche Blicke und Gesten sehr gut. Es heißt, daß sich ein gebildeter Türke mit den Uiguren unterhalten kann, denn sie stammen von einem turksprachigen Nomadenvolk ab, das im 3. Jahrhundert v. Chr. vom südlichen Baikalsee in den Nordwesten Chinas wanderte.

Nachdem wir zur Begrüßung Tee getrunken haben, zeigt uns

Herr Abulake sein kleines Anwesen von drei Mu (etwa 2000 Quadratmeter), das man bei uns eher als Garten bezeichnen würde. Dieses Land wurde ihm während der Modernisierungskampagne Deng Xiaopings zur Eigenbewirtschaftung zugesprochen. Er kann es nur bewirtschaften, weil es an das Karez-Bewässerungsnetz angeschlossen ist.

Im Turfangebiet gibt es mehr als 3000 Kilometer lange unterirdische Kanäle, die jährlich nahezu zwei Milliarden Kubikmeter Wasser verteilen. Auch die 70 Kilometer langen Zuleitungen, die das Schmelzwasser von den Gletschern des nördlich gelegenen Tian Shan herbeiführen, sind unterirdisch, um die Verdunstung des kostbaren Wassers zu vermeiden.

Herr Abulake erklärt uns, daß er hauptsächlich Wein anbaut und nur auf einem kleinen Teil seines Feldes Gemüse für den eigenen Bedarf anpflanzt. Er zeigt uns sein abgeerntetes Weinfeld und seine »kleinen Bauten«, in denen der Wein getrocknet wird. Derlei Trockenhäuser sind überall in der Gegend zu finden. Die Bauern bauen sie sich selbst aus getrockneten Lehmziegeln, die so aufgestapelt werden, daß zwischen zwei Ziegeln jeweils ein kleiner Freiraum bleibt. Diese Schichtweise ergibt ein hübsches Muster und läßt die sehr trockene Luft durch das kleine Bauwerk ein- und ausströmen. Im Inneren werden die Trauben zum Trocknen an ein Lattengestell gehängt.

Zu einem gemeinsamen Essen erscheinen dann auch eine Tochter und ein zweiter Sohn. Die Tochter geht noch zur Schule, die Söhne helfen dem Vater bei der Landwirtschaft. Herr Abulake erzählt uns bei einer überreichen, typisch uigurischen Mahlzeit mit selbstgemachten Nudeln, daß es in den letzten Jahren immer schwieriger wird, vom Weinanbau zu leben, weil die Preise auf dem »freien Markt« gefallen sind und die Nachfrage in Turfan sehr gering ist. In diesem Jahr hat er für 7000 Yuan (rund 1800 Mark) Rosinen produziert, konnte jedoch nur die Hälfte davon verkaufen. Was die Zukunft angeht, sieht er für die kleinen Bauern nur eine Chance, wenn es ihnen gelingt, die Vermarktung selbst zu organisieren.

Dieses Problem hat sein Kollege Ismalis Kuerban schon glänzend gelöst. Er wohnt 80 Kilometer östlich von Turfan, in dem kleinen Ort Shanshan, ist 58 Jahre alt, verheiratet und hat sechs Kinder großgezogen, die bis auf eine Tochter das Haus der Eltern bereits verlassen haben. Herr Kuerban ist im Kreis Turfan als erfolgreicher Bauer und Fuhrunternehmer bekannt und wurde uns als Gesprächspartner von den örtlichen Behörden vorgestellt. Er empfängt uns in seiner großen, luxuriös eingerichteten Villa, wirkt sehr nett und offenherzig, ist jedoch im Gespräch so clever, unseren direkten Fragen nach der Größe seines stattlichen Anwesens und nach seinen Einkünften aus der Landwirtschaft auszuweichen. Wir erfahren von ihm aber, warum er so erfolgreich ist. Er hat von Anfang an seine Rosinen selbst vermarktet, unterhält gute Kontakte zu den richtigen Händlern und hat sich eigene Transportkapazitäten geschaffen. Inzwischen besitzt er drei große Lastwagen, die er nebenbei zum Beispiel für Transporte im Straßenbau einsetzt. Er verdient so viel Geld, daß er eine beachtliche Summe für den Bau einer neuen Schule spenden konnte. Im Gespräch weist er darauf hin, daß auch er der Devise Deng Xiaopings gefolgt ist: »Reich werden ist ehrenvoll.« Er sagt uns: »Ich möchte noch viel Geld verdienen, ich bin ein Kapitalist mit sozialer Gesinnung.«

Mit diesem Kernsatz beendet er das Gespräch und bittet uns zu Tisch im Innenhof seiner luxuriös eingerichteten Villa mit etwa 30 Zimmern. Er ist sichtlich bemüht, eine gute Beziehung zu unserem Begleiter vom chinesischen Kultusministerium aufzubauen. Für ihn wird bei dem vorzüglichen Mahl mit uigurischen Spezialitäten ein besonderes Fischgericht serviert. Beim Vergleich der beiden Weinbauern wird uns sofort klar, warum Herr Kuerban viel erfolgreicher ist als sein typisch uigurischer Kollege Abulake. Das chinesische Fischgericht ist eine deutliche Geste.

Bei einem guten chinesischen Festessen darf Fisch nicht fehlen, er ist oft sogar ein Höhepunkt. In armen Gegenden Chinas, in denen es keinen Fisch gibt oder in denen er zu teuer ist, wird deshalb ein aus Holz geschnitzter Ersatz symbolisch serviert. In dieser Verlegenheit ist die Familie Kuerban nicht, sie bietet uns den größten und besten Fisch an, den ich je in China gegessen habe. Auf die Frage, von wo die Fische denn eingeflogen werden, erzählt uns der Hausherr die unglaubliche Geschichte von 30 Kilo schweren »Wüstenfischen« aus der Takla Makan.

Niemand wird es für möglich halten, daß es in diesem »Sandmeer des Todes«, in dem man kaum Pflanzen und überhaupt keine

Tiere findet und über die nicht einmal die Vögel hinwegfliegen, Fische geben könnte. Doch nach neuesten Untersuchungen hat man am Rande der Takla Makan 38 verschiedene Fischarten gezählt. Sie leben in den Flüssen, die in den Gebirgen am Rande der Wüste entspringen und deren Wasser irgendwo im unendlichen Sand versickert. In einer Tiefe von drei bis fünf Metern gibt es viele Wasserstellen, in denen Fische vorkommen. Eine besondere Spezialität der Provinz Xinjiang ist eine Fischart, die Ähnlichkeit mit dem Kabeljau hat, doch sehr viel feiner wirkt, obgleich einzelne Exemplare riesengroß werden können. Herr Kuerban behauptet, dieser gehöre zu den wertvollsten Fischen der Welt. Unser Tier wiegt sicher mehr als fünf Kilo und ist hervorragend fritiert. Auf den krossen Fisch streut die Hausfrau eine besondere, sehr orientalisch wirkende Gewürzmischung und macht den »Wüstenfisch« zu einem großen kulinarischen Erlebnis.

Xuanzang – ein heiliger Spion?

Als der Mönch Xuanzang im Jahre 630 nach einem anstrengenden Sechs-Tage-Marsch von mehr als 350 Kilometern mit der untergehenden Sonne in Gaochang – dem späteren uigurischen Khocho (vgl. dazu S. 195) – ankommt, eilt ihm der König Qu Wentai, von einigen Fackelträgern begleitet, entgegen und begrüßt ihn über die Maßen freundlich. Sie begeben sich unverzüglich zum Palast. In einem eleganten Pavillon warten schon die Königin und der gesamte Hofstaat. Der König geleitet den Gast aus Chang'an persönlich zu seinem Ehrenplatz und alle Anwesenden erheben sich, um ihm ihre Reverenz zu erweisen.

Es wird ein reichhaltiges Mahl aufgetragen mit allen Köstlichkeiten, welche die Oase zu bieten hat. Nach diesem Ehrenmahl zieht sich der Hofstaat zurück, doch der Pilger darf noch lange nicht zu Bett gehen. Er muß die ganze Nacht hindurch mit dem König diskutieren. Worüber sie gesprochen haben, ist in den Xuanzang-Biographien nicht überliefert. Es werden jedoch bestimmt nicht Fragen der buddhistischen Lehre gewesen sein, die keinen Aufschub duldeten.

Wenn man die historischen Hintergründe kennt, kann man sich

139

vorstellen, was der Gegenstand ihrer Verhandlungen gewesen sein mag. Der buddhistische König Qu Wentai war chinesischer Abstammung und pflegte enge Beziehungen zum chinesischen Kaiserreich. Er war mehrmals am Hof in Chang'an gewesen und hatte dem Kaiser regelmäßig seine Tributgaben geschickt. Wie aus den Annalen der Tang-Zeit hervorgeht, galt er als ein »herrischer und hoffärtiger Fürst«, der die Bedeutung der Turfan-Oase erfolgreich ausnutzte, um sich zum mächtigsten Herrscher der gesamten Gobi zu machen. Wie wichtig dieser König für den chinesischen Kaiser war, mag man daran ermessen, daß er mit ihm auch persönliche Geschenke austauschte. Qu Wentai hatte dem Kaiser einen schwarzen Fuchspelz geschenkt; der Kaiser seinerseits verehrte der Königin von Gaocheng ein Geschmeide aus goldenen Blumen. Man munkelte allerdings, daß der König geheime Kontakte mit den Turknomaden aufgenommen hatte.

Die ersten nächtlichen Gespräche haben wahrscheinlich nicht zum Erfolg geführt, denn Xuanzang muß noch zehn Tage lang bleiben. Er predigt und besichtigt die Stadt, die ihm ein beeindruckendes Bild von Macht und Bedeutung des Königreiches Turfan vermittelt. Fast elf Meter hohe Stadtmauern umgrenzen in einer Gesamtlänge von fünf Kilometern eine Anlage, die ihn in ihrer Dreiteilung in eine äußere, eine innere und eine Palast-Stadt an die chinesische Hauptstadt Chang'an erinnern. Wie in seiner Heimatstadt bilden Quadrate und rechte Winkel das Grundmuster für das Straßensystem. 30 000 Einwohner leben hier, und es gibt über 30 buddhistische Klöster. Die Stadt ist berühmt für ihre Töpfereien und für die guten Weintrauben.

In den Ruinen des heutigen Gaochang, etwa 40 Kilometer östlich von Turfan, sind noch Reste zahlreicher Tempel, Stupas und dreier Stadttore zu erkennen. Bei unseren Dreharbeiten gelingt es uns auch, die große Buddha-Halle zu identifizieren; nicht ausgeschlossen, daß sich vor diesem viereckigen Gebäude aus getrockneten Lehmziegeln die Zuhörerschaft Xuanzangs damals versammelt hatte.

Xuanzangs Biograph Huili beschreibt den weiteren Verlauf des Besuchs sehr vage, nur an einer Stelle geht er ins Detail. Von ihm erfahren wir nur, daß der Pilger darauf besteht, nach Indien weiterziehen zu dürfen. Der König soll daraufhin mürrisch geworden sein und den Pilger angeschrien haben: »Ich kann auch ganz anders mit Euch umgehen!« Er droht sogar, ihn einsperren zu lassen. Xuanzang antwortet: »Nichts als meine Knochen wird der König dabehalten können.« Er beschließt, in den Hungerstreik zu treten. Drei Tage lang verweigert er jede Nahrungsaufnahme. Am vierten Tag darf er endlich weiterziehen, nachdem er versprochen hat, auf seiner Rückreise länger zu bleiben.

Aus der zeitlichen Distanz läßt sich nur erahnen, welche Bedeutung dieser Besuch Xuanzangs in Gaochang wirklich gehabt hat. Doch soviel scheint sicher, daß es dabei auch um eine politische Mission ging. Die Wankelmütigkeit der Oasen-Herrscher in der Wüste Gobi war ein ärgerliches Hindernis für Chinas Handel mit den westlichen Königreichen. Diese Oasen waren in den vorausgegangenen Schwächeperioden der Sui-Dynastie (589–618) in den Machtbereich der Turkvölker geraten oder zumindest der chinesischen Kontrolle entglitten. Die aufstrebende Tang-Dynastie unter ihrem machtlüsternen und kampfesfreudigen jungen Kaiser Li Shimin (626–649) hatte keineswegs die Absicht, es dabei zu belassen. Er war gewillt, den chinesischen Einfluß in den westlichen Ländern so bald wie möglich wiederherzustellen.

Tatsächlich gelang es der chinesischen Armee wenige Monate nach dem Besuch Xuanzangs, die Oase Hami zurückzuerobern. Das Königreich Turfan war ein härterer Brocken, doch als Xuanzang von seiner Reise aus Indien zurückkam, mußte er seinen versprochenen Aufenthalt nicht einlegen, denn auch Gaochang war inzwischen von den Chinesen zurückerobert worden. Es heißt, der hochmütige König, der sich schließlich doch auf die Seite der türkischen Nomaden geschlagen hatte, sei bei der Nachricht vom Einmarsch der chinesischen Truppen vor Schreck gestorben.

Nicht anders erging es dem kleinen Königreich Jiaohe, das Xuanzang auf seiner Weiterreise besuchte. Seine nächste Station, das Königreich von Karashar, wurde von Li Shimin drei Jahre später erobert. Danach begab sich Xuanzang nach Kucha, dessen König unmittelbar nach dem Besuch des Pilgers einen Tribut an den chinesischen Kaiser schickte. Als der König von Kucha es im Jahre 648 wagte, seine Sympathien für die türkische Oberhoheit nicht länger zu verbergen, wurde auch sein Reich von den Chinesen erobert.

Läßt sich bei diesen auffälligen Übereinstimmungen zwischen den Stationen der Reise des Xuanzang und den Stationen des Eroberungsfeldzuges des Tang-Kaisers noch von Zufällen sprechen? Verbirgt sich hinter dem Gewand des buddhistischen Pilgers noch ein anderes Gesicht als das des frommen Mönchs? War er wirklich nur unterwegs, um Originaltexte des Buddhismus aus Indien zu holen? Oder hatte er noch einen anderen Auftrag?

Bereits der Beginn seiner Reise läßt diese Vermutung aufkommen. Der Darstellung seines Biographen zufolge ist er heimlich aus Chinas damaliger Hauptstadt Chang'an aufgebrochen, da ihm der Kaiser die Reise verboten hatte. Später läßt er ihn sogar steckbrieflich verfolgen. In diesem Zusammenhang muß erwähnt werden, daß Chang'an, dieser Mittelpunkt der aufstrebenden Tang-Dynastie, schon damals die größte Stadt der Welt war. Zweieinhalb Millionen Einwohner bevölkerten diese blühende Wirtschafts-, Handels- und Kulturmetropole, die sich auf etwa 77 Quadratkilometer erstreckte; Rom hatte zur Blütezeit des Römischen Reiches nur etwa 13 Quadratkilometer. Kaum vorstellbar, daß ein Kaiser in dieser Metropole auf einen unbedeutenden Mönch aufmerksam wird, der nach Indien pilgern will. Der ebenso energiegeladene wie rücksichtslose Tang-Kaiser Li Shimin war gerade dabei, die Dynastie zur Blüte zu führen, nachdem er seinen Bruder umgebracht und damit seinen Konkurrenten ausgeschaltet hatte. Mit Sicherheit wird er anderes zu tun gehabt haben, als Mönchen persönlich eine Reisegenehmigung zu erteilen. Es sei denn, dieser junge Mann handelte in kaiserlichem Auftrag. Welches Interesse sollte der Kaiser aber an den Originalen buddhistischer Texte und deren Übersetzung in die chinesische Sprache haben? Könnten sie vielleicht der Vorwand für eine ganz andere Aufgabe gewesen sein?

In der frühen Tang-Zeit hatte der Buddhismus in China keine einheitliche Gestalt, es wurden verschiedene Sekten gegründet, und viele buddhistische Gelehrte interessierten sich für die Originaltexte. Xuanzang ist keineswegs der einzige, der sich auf die Pilgerschaft zu den Quellen begab. So wie der Han-Dynastie, in der Frühzeit des Kaiserreiches, daran gelegen gewesen war, den Konfuzianismus zu einer allgemeingültigen Staatsideologie auszubauen, so wird dem weitblickenden Tang-Kaiser Li Shimin und seinen Beamten daran gelegen haben, auch in bezug auf die buddhistische

Religion nichts dem Zufall zu überlassen. Deshalb wurden die Übersetzungen buddhistischer Texte vom Kaiserhof überwacht. Er kontrollierte die Mönchsgemeinde ebenso, wie er Inhalt und Zusammensetzung des buddhistischen Kanons bestimmte und Verstöße dagegen mit Strafen ahndete. Auf diese Weise gelang es dem Kaiserhof, dafür zu sorgen, daß Widersprüche und Gegensätze zwischen dem Buddhismus und den alten chinesischen Weltsichten geglättet beziehungsweise ganz vermieden wurden – mit dem Ziel, aus dem Buddhismus eine chinesische Religion zu machen. Ein Mann wie Xuanzang konnte also für den ehrgeizigen Kaiser gleich zwei Aufgaben auf einmal erfüllen: Er konnte die Entwicklung des Buddhismus im Sinne der Regierung beeinflussen, und er war ein prädestinierter Botschafter und Beobachter für den Kaiser auf einer Mission entlang der Seidenstraße, denn fast alle kleinen Reiche an diesem wichtigen Handelsweg wurden vom Buddhismus dominiert.

Nach seiner Rückkehr wurde Xuanzang deshalb einer der wertvollsten Berater des Hofes. Ihm wurde sogar ein Ministeramt angetragen. Ein »Juwel des Kaiserreiches« nannte ihn der Kaiser. Zehn Jahre lang arbeitete er in unmittbarer Nähe des Kaiserhofs an der Übersetzung der Texte, die er mitgebracht hatte, und wurde zum wichtigsten Gesprächspartner für den Herrscher.

Doch in dieser Zeit hatte er, auf Befehl des Kaisers, noch eine zweite Aufgabe zu erledigen. Er mußte einen genauen Bericht über seine Erlebnisse und Erfahrungen in den westlichen Ländern abfassen. Dabei erweist sich Xuanzang als äußerst genauer Beobachter. Die Detailgenauigkeit seiner Beschreibungen lassen den Schluß zu, daß er sehr viel Zeit mit dem Sammeln weltlicher Daten und Fakten verbracht hat. Er liefert Informationen über landwirtschaftliche Produkte und Bodenschätze des jeweiligen Reiches, genaue Angaben über die Größe sowohl des Landes wie auch der Hauptstadt, über das Klima, den Charakter der Bewohner, ihre Sitten und Gebräuche und nicht zuletzt über die Persönlichkeit des Herrschers.

Wie konnte er während seiner 16jährigen Reise diese ungeheure Fülle an Material »so nebenbei« aufschreiben und diesen ständig wachsenden Papierberg über die 16 000 Kilometer seines Reiseweges mit sich herumschleppen? Es sei denn, er hatte den Auftrag dazu und konnte den Transport seiner Materialien in die chinesische Hauptstadt organisieren. Wie aus den Berichten hervorgeht, übernahmen chinesische Kaufleute diese Aufgabe.

Es stellt sich aber noch eine andere Frage. Wenn Xuanzang wirklich nichts als ein begabter junger Mönch gewesen wäre, was hätte dann die Herrscher der zentralasiatischen Reiche veranlassen können, ihm mit großem Gefolge entgegenzureiten und ihn reichlich zu beschenken? Seinen Ruf als bedeutender Gelehrter und weiser Mönch hat er sich erst durch seine Reise erworben. Wer also hat ihn angekündigt? Und warum?

Als er im Jahre 645 zurückkehrte, war die Tang-Dynastie unter Li Shimin stark und mächtig geworden: Durch die Eroberung jener zentralasiatischen Königreiche, durch die Xuanzang mit seiner Karawane gezogen war, hatte sie sich die Kontrolle über den Handel an der Seidenstraße gesichert. Und auf Befehl des Kaisers schrieb nun der Mönch Hui Li die Biographie Xuanzangs und begründete damit die Legende vom großen Reisenden, Heiligen und Gelehrten, der sich eines Nachts heimlich und gegen den Willen des Kaisers davonschleicht, um die buddhistischen Originaltexte aus Indien zu holen, so wie es heute noch in vielen frommen Büchern dargestellt wird.

»Lop-Nor-Tiger«

Turfans farbenfroher und stilvoll beleuchteter Nachtmarkt erweist sich als Fundgrube für Motive. Wir haben viel mehr Material im Kasten, als wir je gebrauchen können. Unser Kameramann hat ganze Arbeit geleistet. Und jetzt sind wir rechtschaffen müde und wollen nur noch ins Bett, weil für uns die Nacht um 5 Uhr früh schon wieder vorbei ist. Claus Richter und ich sind ins Gespräch vertieft, schlendern hinter den anderen her, lassen sie ziehen. Es ist noch so viel Leben in der Stadt ...

Aus einem Haus dringt orientalische Musik; manchmal überlagert lautes, übermütiges Gelächter ein undefinierbares Stimmengewirr. Wir werden neugierig, bleiben stehen und grüßen zurück, als uns junge Leute von einem offenen Fenster zuwinken. Man bedeutet uns, näherzutreten. Als wir zögern, kommen zwei junge

Männer heraus und bitten uns in gebrochenem Englisch, an der Hochzeit ihrer jüngsten Schwester teilzunehmen. Da sie uns spontan unterhaken und durch ihre gute Laune anstecken, bedarf es keiner großen Überredungskünste mehr. Lachend gehen wir mit und befinden uns unversehens auf einer Uigurenhochzeit.

In dem festlich geschmückten Raum spielt an der Stirnseite eine Musikantengruppe sehr orientalisch klingende Weisen, wie man sie ähnlich in den türkischen Vierteln Kreuzbergs hören kann. In der Mitte tanzen junge Frauen und Männer, während die Mehrzahl der Gäste an Tischen rechts und links davon Platz genommen hat. Dort werden lustige Geschichten, wahrscheinlich sogar Witze erzählt, die schallendes Gelächter hervorrufen. Am anderen Ende des Raums, den Musikanten gegenüber, präsidieren zwei Männer an einem Tisch mit einer Schnapsflasche und sechs kleinen Gläsern. Als sie uns sehen, rufen und winken sie uns zu sich. Wir werden gefragt, woher wir kommen. Als sie hören, daß wir Deutsche sind, nicken sie mehrfach und reden auf uns ein.

»Germans, very good!« übersetzt einer der jungen Männer. Wir müssen mit den beiden älteren Herren anstoßen und erfahren dabei, daß sie der Vater und der Onkel des Bräutigams sind. Das glückliche Paar selbst haben wir bisher noch nicht zu Gesicht bekommen. Hat es sich in Anbetracht der späten Stunde vielleicht schon zurückgezogen?

Auch mit zahlreichen Freunden und Verwandten des Bräutigams müssen wir anstoßen, obwohl das hochprozentige Destillat wie Feuer brennt und uns bedenklich zu Kopf steigt. Glücklicherweise werden wir von ein paar jungen Leuten auf die Tanzfläche entführt. Damit sind wir dem Alkohol erst einmal entkommen. Dafür heißt es, in einem großen Kreis und auch paarweise nach uigurischer Musik zu tanzen. Ohne die acht bis zehn Gläser Schnaps, die wir schon intus haben, hätten wir das wohl nie geschafft.

Nach dem Intermezzo, das uns ziemlich außer Atem bringt, rufen uns Vater und Onkel wieder an ihren Tisch: Wir haben zur nächsten Runde, zum verschärften Trinken anzutreten. Jetzt müssen wir mit besonders guten Freunden jeweils drei Gläser auf »Ex« leeren. Wir versuchen, höflich zu sein, und stoßen mit einem laut vernehmlichen »Gan bei« (trockenes Glas) an – womit wir peinliches Schweigen ernten. Jemand versucht uns beizubringen, wie

»Prost« auf uigurisch heißt. Wir heben schnell noch einmal das Glas, wiederholen die Worte, ohne die genaue Bedeutung zu kennen, und tun, was nicht zu vermeiden ist. Der junge Mann, der vorher schon mit uns englisch gesprochen hat, ermahnt uns mit ernstem Gesicht: »Please, don't speak chinese. We hate chinese people!«

Inzwischen hat sich der Onkel hingesetzt, legt vorsichtig seinen Kopf auf die Tischplatte und erbricht sich so dezent unter den Tisch, daß es niemand zu bemerken scheint. Mit dem Ärmel seines Jacketts wischt er sich den Mund ab, steht auf und trinkt weiter. Wir müssen mit ihm trinken und wissen bis heute nicht, wie wir in unser Hotel zurückgekommen sind.

Am nächsten Tag versuchen wir während des Frühstücks zu ergründen, wie lange wir Hochzeit gefeiert und ob wir die Braut überhaupt zu Gesicht bekommen haben. Nur eines hat sich uns unauslöschlich eingeprägt: die Erkenntnis, daß die Lebensfreude der Uiguren eine andere ist als die der Han-Chinesen. Wir haben den großen kulturellen Unterschied sozusagen am eigenen Leib zu spüren bekommen.

Selbst auf die Gefahr hin, es mit unseren chinesischen Begleitern zu verderben, mache ich den ideologischen Härtetest und erzähle den Witz über einen Amerikaner, einen Japaner und einen Uiguren in einer Bar in Urumqi. Der Amerikaner steckt sich eine Zigarette an und wirft danach die ganze Schachtel weg. Als er von einem völlig perplexen Uiguren gefragt wird, warum er das tue, antwortet er, wir haben in Amerika zu viele davon. Der Japaner befördert seinen tragbaren CD-Player mit CD aus dem Fenster, nachdem er die Musik zu Ende gehört hat, und wird ebenfalls gefragt, warum er das tue. Er antwortet, wir haben in Japan zu viele davon. Darauf schnappt sich der Uigure den nächstbesten Chinesen und wirft ihn mit den Worten aus dem Fenster: »Wir haben zu viele davon.« Unser Team lacht, die Chinesen nicht.

Schon bei den Vorbereitungen unserer Reise haben wir bemerkt, daß es für das chinesische Kultusministerium sehr schwierig war, unsere Dreharbeiten in Xinjiang zu organisieren. Und unterwegs stellen wir immer wieder fest, wie verkrampft, ja fast ängstlich unsere chinesischen Aufpasser mit den Uiguren umgehen. Sie sagen uns immer wieder, wenn wir Leute vor den Moscheen drehen wollen: »Bloß keine religiösen Gefühle verletzen!« Jedesmal wenn wir in einer Moschee filmen wollen, winden sie sich und versuchen uns davon abzubringen, weil sie mit Schwierigkeiten rechnen. Wir machen die Erfahrung, daß die Uiguren uns sehr freundlich begegnen, aber lange Gesichter kriegen, wenn sie unseren chinesischen Anhang sehen.

Die Geschichte der Spannungen zwischen China und dem Gebiet des heutigen Xinjiang ist so alt wie die Seidenstraße. Wenn auch die Chinesen immer wieder behaupten, daß seit der Jungsteinzeit engste Beziehungen zwischen dieser Region und dem chinesischen Kernland bestanden hätten, verlief die kulturelle Entwicklung doch sehr verschieden. Nur in den Blütezeiten der alten Handelsstraße, zur Han- und Tang-Zeit, war das Territorium mehr oder weniger fest in chinesischer Hand. Mit dem Niedergang der Tang-Dynastie übernahm der uigurische Staatenbund um 745 die Gebiete der heutigen Mongolei und des heutigen Xinjiang.

Die Bezeichnung »Uiguren« leitet sich von diesem Steppenreich der alttürkischen Uiguren her, das in den Jahren 745 bis 840 weite Teile Zentralasiens beherrschte. In den folgenden Jahrhunderten stand die Region unter wechselnder Herrschaft verschiedener turk-mongolischer Nomadenvölker. Erst Mitte des 18. Jahrhunderts gelang es der Qing-Dynastie, dort erneut eine Militärkolonie zu errichten. Im Jahre 1870 proklamierte der muslimische Führer Jakub Beg im Anschluß an eine Rebellion gegen die Mandschu-Herrschaft jedoch wieder ein unabhängiges Turkestan, das bis 1877 Bestand hatte. Danach wurde das Gebiet zum Zankapfel zwischen China und Rußland, und in den Jahren 1933 bis 1944 kam es zu zwei kurzlebigen Versuchen, eine von China unabhängige Republik Ost-Turkestan einzurichten. Kurz nach Gründung der Volksrepublik, Ende Oktober 1949, machte die Volksbefreiungsarmee derlei Wunschträumen ein Ende, und es entstand die Provinz Xinjiang, was übersetzt »neue Grenze« heißt. Wie die Uiguren dieses »freudige Ereignis der Befreiung« durch die Chinesen begehen, können wir am 1. Oktober 1999 miterleben, als in Kashgar das 50jährige Bestehen der Volksrepublik »gefeiert« wird.

Um 14 Uhr erscheint ein großes Polizeiaufgebot und räumt den belebten »Volksplatz«, der in Kashgar die gleiche Funktion hat, wie der Platz des Himmlischen Friedens in Beijing. Wir sind sehr überrascht, wie sich das Bild plötzlich ändert. Normalerweise ist das Stadtbild von den Uiguren geprägt, die 90 Prozent der Stadtbevölkerung ausmachen, doch jetzt sieht man fast nur noch Chinesen. Der Platz bleibt hermetisch abgeriegelt; Zutritt erhalten, außer einigen uigurischen Trachtengruppen und Kindern mit roten Fahnen, nur geladene Gäste mit Teilnehmerausweis. Zur großen Feier der Befreiung Xinjiangs erscheinen etwa 4000 Menschen auf dem Platz des Volkes mit seiner großen Mao-Statue in der Mitte, 90 Prozent davon sind Chinesen.

Wie in den großen Tagen der Partei wird ab 18 Uhr zu Füßen des »großen Steuermanns« eine riesige Propaganda-Veranstaltung mit Volksmusik, Vorbeimarsch Fahnen schwenkender Folkloregruppen, Volkstänzen und revolutionären Reden abgehalten. Als unser Team einige der wenigen Uiguren aufnimmt, die in den letzten Reihen aus Langeweile Karten spielen, schreitet zum einzigen Mal während unserer gesamten Dreharbeiten die Polizei ein und droht unserem Kameramann mit Festnahme, wenn er nicht sofort aufhöre. Wir verlassen die offizielle Veranstaltung und sehen uns in der Stadt um. Was bewegt die Bevölkerung an einem solchen Tag?

In mehreren Restaurants suchen wir vergeblich nach Leuten, die sich die Übertragung der offiziellen Großveranstaltung vom Platz des Himmlischen Friedens in Beijing ansehen. So beschließen wir, die Gäste in einem Restaurant mit der Fernsehübertragung zu konfrontieren. Ein Mann erklärt uns, er sei nur deshalb ins Restaurant gegangen, weil an diesem Abend auf allen Kanälen die 50-Jahr-Feier gezeigt werde. Die meisten Besucher nehmen den Fernseher einfach nicht zur Kenntnis. Erst als in einem kurzen historischen Rückblick die großen Leistungen der Volksrepublik gelobt werden, regt sich Protest. Bilder von der Zündung der ersten chinesischen Atombombe im Gebiet des Lop Nor werden mit Unmut quittiert. Ein riesiger Atompilz in der Wüste und im Gegenschnitt Uiguren, die das große Ereignis begeistert feiern, das ist einem energischen jungen Mann zuviel. Er bittet uns, den Fernseher endlich abzuschalten.

Während ein 35 Minuten dauerndes Riesenfeuerwerk den Himmel über Kashgar in ein Meer von Farben verwandelt und unser Team zu einem neuen Einsatz ruft, komme ich mit dem Mann ins

Gespräch. Er erzählt mir von den »Lop-Nor-Tigern«, die sich ursprünglich zusammengetan hatten, um gegen die chinesischen Atomversuche in Xinjiang zu protestieren. Inzwischen kämpfen sie gemeinsam mit mehreren Bürgerrechtsbewegungen für die Unabhängigkeit Ost-Turkestans. Die »Lop-Nor-Tiger« sind neben der Radikalnationalen Partei die entschiedensten Gegner der Chinesen. Sie agieren aus dem Untergrund und werden für mehrere Bombenanschläge verantwortlich gemacht. In den vergangenen Jahren sind immer wieder Proteste und gewalttätige Auseinandersetzungen zwischen Uiguren und Han-Chinesen aus Xinjiang bekannt geworden. So forderten im Februar 1997 schwere Unruhen in der Stadt Yining nach amtlichen Angaben zehn Todesopfer und 200 Verletzte, nach der Zählung exiluigurischer Gruppen mindestens 300 Tote. Während Regierungsstellen von der Auflösung einer Demonstration »moslemischer Extremisten« sprachen, gaben Exilorganisationen an, die Hinrichtung von 30 Uiguren habe die Unruhen ausgelöst. Ost-Turkestanische Exilgruppen schätzen, daß 1996 bei Razzien rund 4700 Freiheitskämpfer verhaftet wurden, die von der Regierung als »Terroristen, Separatisten und Kriminelle« bezeichnet werden.

Auf unserer Fahrt von Khotan nach Kashgar stoßen wir allenthalben auf Fotos von steckbrieflich gesuchten Terroristen. Vier von ihnen sind gerade ausgebrochen: Nach ihnen wird besonders an den Ausfallstraßen der Städte gefahndet. Immer wieder passieren wir Straßensperren, an denen die Fahrzeuge kontrolliert werden.

Der Grund für die ständigen Unruhen liegt darin, daß es zwar seit dem 1. Oktober 1955 auf dem Papier ein »autonomes Gebiet Xinjiang der Uiguren« gibt, aber keine politische Eigenständigkeit, kein wirkliches Recht auf Selbstbestimmung.

In der Realität nimmt der Einfluß der Uiguren immer mehr ab. Hatte nach offiziellen Angaben der Anteil der Han-Chinesen an der Gesamtbevölkerung im Jahre 1949 noch 6,6 Prozent betragen, so war er bis 1994 auf 37,7 Prozent angewachsen. Der tatsächliche Anteil der Han-Bevölkerung dürfte noch höher liegen, denn bei den offiziellen Angaben sind Armeeangehörige, Mitarbeiter von Staatsfarmen und Wanderarbeiter aus Ostchina nicht mitgerechnet.

Das deutliche Bemühen der Chinesen, die Region in ihrem Sinne zu regieren, wird jedem Besucher der Provinzhauptstadt Urumqi deutlich: 80 Prozent der 1,4 Millionen Einwohner sind Han-Chinesen. Sie kontrollieren ängstlich alle moslemischen Einrichtungen und versuchen fundamentalistische islamische Einflüsse fernzuhalten. Nur mit einem mächtigen Polizeiapparat und starker militärischer Präsenz schaffen sie es, eine angespannte Ruhe mühsam aufrechtzuerhalten.

Wie schwierig das für die Chinesen ist, haben wir bei unserem Seidenstraßen-Projekt immer wieder zu spüren bekommen. Sie möchten möglichst keine ausländischen Fernsehteams in Xinjiang haben. Wahrscheinlich befürchten sie, daß die Probleme dort das gleiche Aufsehen in der Weltöffentlichkeit erregen könnten wie Tibet. Deshalb wurde ein erster Antrag des ZDF für eine Drehgenehmigung abgelehnt. Auf dem Umweg über das Kultusministerium haben wir nach langen Diskussionen nur deshalb die generelle Drehgenehmigung erhalten, weil dort eine Abteilung bereit war, die Verantwortung für uns zu übernehmen.

Bei einem Interview mit einem hohen Regierungsbeamten, der immer wieder betont, wie eng und gut die Uiguren und Chinesen zusammenarbeiten, wird am Ende aber doch klar, daß Xinjiang ein *unverzichtbarer* Bestandteil Chinas ist, weil es von zentraler strategischer und wirtschaftlicher Bedeutung ist. Konkret sind damit die Sicherheit der chinesischen Westgrenze und die wichtigen Bodenschätze gemeint.

Die wirtschaftliche Entwicklung Chinas hängt maßgeblich davon ab, ob genügend Energie zur Verfügung steht. Außerdem ist die Erdölversorgung von entscheidender Bedeutung, da die Nachfrage aufgrund der erhöhten Äthylenproduktion und des zunehmenden Benzinbedarfs für Kraftfahrzeuge ständig steigt. Auf den älteren Ölfeldern wird immer weniger gefördert, und die neuen Ressourcen sind noch nicht erschlossen. Die ganze Hoffnung der Wirtschaftsplaner ruht deshalb auf gewaltigen Erdölvorkommen, die man in den letzten Jahren in Xinjiang entdeckt haben will. Einige Experten schätzen die Reserven unter dem Tarim-Becken auf 70 Milliarden Tonnen, das wäre doppelt soviel wie die Reserven in Saudi-Arabien. Eine Pipeline aus Xinjiang ins Herzland Chinas wird jedoch zehn bis zwölf Milliarden Dollar kosten. Auf unserer Fahrt durch die Takla Makan haben wir schon Teile dieser wichtigen Ölleitung bewundern können. Ob und wie lange das Öl jedoch fließen wird, hängt allein vom Umgang Chinas mit seiner wichtigsten und radikalsten Minderheit ab.

Takla Makan – Das Geschäft mit der Angst

Man stelle sich folgendes Szenario vor: Drei Geophysiker kommen durch einen schrecklichen Sandsturm in der Takla Makan vom Weg ab und bleiben im Sand stecken. Zunächst werden sie von Wölfen bedroht, vor denen sie, weil sie bewaffnet sind, aber keine Angst haben. Einen Tag später sehen sie jedoch, daß von den Wölfen nur noch die Skelette übrig sind. Und mit Entsetzen beobachten sie, wie »sich ein seltsam golden glänzender Fluß gespenstisch langsam auf ihren Wagen zubewegt«. Den drei Männern ist sofort klar: »Das ist das Ende. Das können nur die ›Gold fressenden Ameisen‹ sein, die schlimmsten Insekten der Wüste, von denen sie schon verschiedentlich gehört haben.« Buchstäblich in letzter Sekunde kritzeln sie eine kurze Notiz über den Vorfall auf einen Zettel und legen ihn in einen kleinen Safe zu den Forschungsunterlagen. Dann schlagen die gefräßigen Tiere zu. Eine Gegenwehr ist den Männern nicht möglich, weil ihnen das Ameisengift ausgeht. Später findet man nichts als den Safe mit den Forschungsunterlagen und dem bekritzelten Zettel und daneben die Reste einer Hand, die sich an eine leere Dose mit Ameisengift klammert …

So stand es in einer ernst zu nehmenden chinesischen Wochenzeitschrift, die uns ein befreundetes Ehepaar, beide promovierte Naturwissenschaftler, vorbeibrachte, ehe wir zur Seidenstraße aufbrachen. »Hütet euch vor den Gold fressenden Ameisen! Paßt auf in der Takla Makan!«

Da wir auch anderweitig schon von diesen Ameisen gehört hatten, haben wir chinesische Fachbücher zu Rate gezogen. Auch in Reiseberichten haben wir nachgeschlagen. Über Gold fressende Ameisen haben wir dort nichts gefunden, dafür aber eine Fülle von anderen Schilderungen der Schrecken der Wüsten Takla Makan und Gobi. Offenbar blüht das Geschäft mit der Angst seit mehr als 2000 Jahren. Früher trieb es die Seidenpreise in die Höhe, später machte es Reisebeschreibungen zu Bestsellern, heute steigert es die Zeitungsauflagen und Zuschauerquoten der Fernsehsender.

Als der buddhistische Mönch Faxian im Jahre 399 nach Indien zieht, wo er die Originaltexte des Buddhismus studieren will, muß er die Takla Makan durchqueren und beschreibt sie wie folgt: »In ihr gibt es viele *Dämonen* und *heiße Winde.* Diejenigen, die ihnen begegnen, sterben bis auf den letzten Mann. Es gibt weder Vögel noch sonstige Tiere. Wenn man sich verirrt hat, findet man, so weit das Auge reicht, keine anderen Hinweise als die verrotteten *Knochen der Toten,* welche als Wegweiser dienen können.«

Die Beobachtungen, die Xuanzang 230 Jahre später macht, lauten nicht viel anders: »Die Spuren der Reisenden sind sofort verweht, und so wandern sie ohne jeden Richtungshinweis. Sie betrachten daher die *Knochen der Tiere* als Wegmarken. Weder Wasser noch Gras, noch Kräuter lassen sich finden, und oft wehen *heiße Winde.* Wenn sich diese Winde erheben, leiden die Sinne von Menschen und Tieren darunter; sie werden unachtsam und geraten in den Zustand völliger Hilflosigkeit. Mitunter sind traurige, klagende Laute und mitleiderregende Schreie zu hören, so daß die Menschen durch das, was sie in der Wüste sehen und hören, verwirrt werden und nicht mehr wissen, wohin sie gehen … Das alles ist das Werk von *Dämonen* und bösen Geistern.«

Auch der Bericht von Marco Polo, der im 13. Jahrhundert zum Bestseller wird, erwähnt die *bösen Geister,* die den Reisenden mit allerlei Blendwerk ins Verderben locken.

Die Takla Makan hat ihren Namen ja nicht rein zufällig erhalten: »Gehst du hinein, so kommst du nicht wieder heraus.«

Die Gold fressenden Ameisen aber haben einen langen Weg durch Zeit und Raum zurücklegen müssen und sind, wie die meisten Erzähler der Horrorgeschichten, bestimmt wieder aus der Wüste herausgekommen. Im 5. Jahrhundert vor Chr. berichtete Herodot, daß Goldgräber diese Ameisen in Tibet gesehen haben wollen. Wahrscheinlich wurden einige von ihnen mit dem tibetischen Gold in die reichen Oasenstädte der Takla Makan gebracht.

Welch schreckliche Folgen das uralte Angst-Geschäft mit der »schlimmsten und gefährlichsten Wüste der Welt« aber tatsächlich haben kann, wurde im Jahre 1996 deutlich, als der Chinese Yu Chunshun die Takla Makan allein zu Fuß durchqueren wollte.

Yu Chunshun stammte aus Shanghai. Seit 1988 war er unterwegs und wollte allein und zu Fuß durch das gesamte Reich der Mitte wandern. Innerhalb von acht Jahren hatte er 42 000 Kilometer in China und Tibet zurückgelegt und war dadurch berühmt geworden. Meist mußte er seine Wanderungen selbst finanzieren, gelegentlich fand er aber auch Förderer, die ihn mit Geld und Lebensmitteln unterstützten oder ihm Übernachtungen in Hotels spendierten. Manche begleiteten ihn sogar ein oder zwei Tage lang.

Als er 1996 eine Durchquerung der Lop-Nor-Senke plante, erregte das in ganz China großes Aufsehen. Besonders in Shanghai war man sehr stolz auf ihn, galten doch die Shanghaier als keine »echten« Männer. Endlich bewies jemand das Gegenteil. Die Stadt feierte ihren Helden im voraus, sekundiert von allen Medien. Das Fernsehen war sofort bereit, ihn bei seiner spektakulären Wüstendurchquerung mit der Kamera zu begleiten. Ein wohlhabender Restaurantbesitzer aus Taiwan machte ihn zum »Ehren-Angestellten« seines Restaurants und finanzierte seine Ausrüstung.

Verwandte und Freunde rieten von dem gefährlichen Abenteuer ab. Sein Vater hatte das Orakel befragt und dort erfahren, daß ihm große Schwierigkeiten drohten. Doch Yu Chunshun wollte nicht darauf hören. Auch die Fachleute warnten: Der Juni sei nicht für eine Durchquerung geeignet, weil sich der Boden tagsüber bis zu 75 Grad aufheizen könne. Schon ein Jahr zuvor hatte eine andere Expedition nach fünf Tagen aufgeben müssen. Als gefeierter Held, von einer landesweiten Publicity angefeuert, beschloß Yu, trotzdem weiterzumachen. Er schrieb in sein Tagebuch: »Meine Freunde haben so viel für mich getan, ich kann sie nicht enttäuschen.«

Das Fernsehteam gab sich große Mühe, die Wüstendurchquerung gut vorzubereiten. Es fuhr die gesamte Strecke mit dem Wagen ab und deponierte alle sieben Kilometer Wasser und Lebensmittel.

Am 11. Juni 1996 war es endlich soweit, die ganze Nation fieberte dem großen Ereignis entgegen. Yu verabschiedete sich vor laufender Kamera vom Fernsehteam und von seinen Freunden. Nach drei Tagen wollte man sich auf der anderen Seite der Senke in Qian Jin Qiao, 97 Kilometer vom Ausgangspunkt entfernt, wieder treffen.

Da es an diesem Tag sehr heiß war, machten sich die Leute vom

Fernsehen Sorgen um Yu. Sie fuhren nicht auf den gekennzeichneten Wegen um das schwer zugängliche Gebiet herum, sondern folgten seiner Spur. Um 16.05 Uhr entdeckten sie ihn endlich in der Nähe des Lop Nor. Im Film werden wir Zeuge, wie sie ihn zu einer Pause überreden wollen. Er lehnt ab, weil er seinen geplanten Übernachtungsplatz erreichen will.

Ein letztes Mal verabschiedet sich das Team von dem Volkshelden Yu Chunshun. Die Kamera entfernt sich und läßt ihn allein in der endlosen Wüste zurück.

Am 13. Juni erscheint er nicht zur geplanten Zeit am vereinbarten Treffpunkt. Man macht sich Sorgen und dokumentiert im Film die Suche. Am nächsten Tag werden Fachleute zu Hilfe gerufen, die erfolglos die gesamte Gegend absuchen. Am 17. Juni wird schließlich ein Hubschrauber eingesetzt. Der Pilot erklärt dem Fernsehpublikum, daß dies für ihn nicht die erste derartige Suche sei. Im Jahre 1981 sei hier der Wissenschaftler Peng Jiamu spurlos verschwunden; und damals seien alle Bemühungen vergeblich geblieben.

Am 18. Juni findet die Besatzung des Hubschraubers Yu Chunshun tot in seinem Zelt. Als Todesursache nennen die Ärzte zu große Temperaturschwankungen, die selbst Steine zum Bersten bringen.

Der Schluß des Films zeigt Yus letzten Zeltplatz, eine hölzerne Grabtafel und die Papierblumen seiner Freunde. Im Kommentar erfährt man die genauen geographischen Koordinaten: 40°33'54", 90°19'5".

Der Beitrag wurde kurz nach dem Tod von Yu Chunshun mit großem Erfolg in ganz China gezeigt und hat dem Sender sehr viel Geld gebracht – durch Werbeeinnahmen.

Obgleich unsere Wüstendurchquerung bestens vorbereitet ist und die Strecke entlang des Khotan-Flusses nicht als gefährlich gilt, beschleicht uns doch ein Anflug von Unsicherheit. Sind auch wir Opfer dieses großen Spiels mit der Angst? Oder geht es uns etwa um den besonderen Kick, wie ihn sich gelangweilte Kids heutzutage holen, wenn sie an Gummiseilen befestigt von Fernsehtürmen springen. Worauf haben wir uns da eingelassen?

Am Abend vor dem großen Ereignis sitzen wir in unserem Hotel und malen uns aus, wie ein Kamerateam des ZDF sich verdurstend von Skelett zu Skelett schleppt. Die schweren Kameras sind längst weggeworfen. Kein Handy findet ein Netz ... Würde man uns mit Hubschraubern suchen? Würde man uns überhaupt finden – begraben von den Sandmassen, welche die plötzlich hereinbrechenden Sandstürme über uns auftürmen würden. Über den völlig überraschend auftretenden »Kara-Buran«, den »Schwarzen Wirbelsturm«, hat schon der deutsche Forscher Albert von Le Coq 1926 geschrieben: »Ganz plötzlich verfinstert sich der Himmel ... und im nächsten Augenblick bricht der Sturm mit grauenhafter Heftigkeit auf die Karawane los ... Alles ist wie dämonisch durchtobt ... Wer von solchem Sturm überfallen wird, muß sich trotz der Hitze ganz in Filze hüllen, um durch die mit rasender Gewalt herumgeschleuderten Steine nicht verletzt zu werden, die mit solch wahnsinniger Wucht durch die Luft sausen. Mann und Pferd müssen sich niederlegen und den Sturm, der oft stundenlang wütet, über sich herbrausen lassen.«

Als unser Troß mit einem Lastwagen, zwei Jeeps und 15 Kamelen am nächsten Tag aufbricht, sind die Ängste schnell verflogen, da es sehr viel zu organisieren und zu koordinieren gibt. Leider können wir nicht den ganzen Weg von Aksu nach Khotan mit einer Kamelkarawane zurücklegen. Da wir die »Seidenstraße heute« zeigen wollen, heißt es unterwegs umsteigen, um die neuesten Errungenschaften Chinas im äußersten Westen kennenzulernen, den Takla Makan Highway.

Zwar werden unwillkürlich alte Erwartungen und Träume wach, die sich seit der Lektüre von Sven Hedins Büchern gehalten haben. Aber es stellt sich natürlich nicht dieses Gefühl des völligen Alleinseins in der absoluten Stille des endlosen Sandmeeres ein oder die Grenzerfahrung, die ein Alleingänger erlebt; dieses Ausgeliefertsein, das zum Alltag früherer Handelskarawanen gehört haben mag.

In einer Karawane sind immer mehrere Kamele durch lange Leinenstreifen aneinandergebunden. Sie werden vom Karawanenführer gelenkt, der auf schwierigen Wegstrecken zu Fuß nebenhergeht. Das Reiten wird dadurch zu etwas völlig Passivem: Es gilt, sich den Bewegungen des Tieres anzupassen. Die Bezeichnung »Wüstenschiff« gibt die regelmäßigen Auf- und Abwärtsbewegungen sehr treffend wieder. Die riesigen Dünen des Sandmeeres lassen das Gefühl von endloser Weite aufkommen, solange man sich auf ihrer Spitze befindet. Dann taucht man wieder in die Fluten des Sandes ein.

Da wir nicht zu unserem Vergnügen unterwegs sind, sondern einen Film machen müssen, ist das Reitvergnügen zumeist auch nur von kurzer Dauer. Immer wieder heißt es Anhalten und neue Motive finden. Für mein Gefühl erreichen wir die befestigte Straße viel zu früh. Wir haben ein Stück Wüste gesehen. Erfahren haben wir sie nicht. Dennoch empfinden wir den Wechsel ins Auto als »Rücksturz in die Moderne«.

Der Takla Makan Highway heißt offiziell Highway 312 und ist eine gut ausgebaute, zum Teil asphaltierte Straße, die auf einer Länge von 522 Kilometern quer durch die Wüste verläuft und das Kunlun- mit dem Tianshan-Gebirge verbindet. Die meiste Zeit folgt sie dem ausgetrockneten Flußbett des Khotan-Flusses. Drei Jahre wurde an ihr gebaut, und dabei ist tatsächlich ein Wunder entstanden. Diese längste Wüstenstraße der Welt verkürzt den Weg von Khotan nach Urumqi um etwa 500 Kilometer. Das Problem der Wanderdünen hat man zu lösen versucht, indem man eine besondere Schilfart in quadratischen Mustern links und rechts der Straße angepflanzt hat.

Obwohl die Straße gut befestigt ist und wir auch nicht durch Sandverwehungen behindert werden, kommen wir nur langsam voran. Unsere beiden Jeeps müssen hinter unserem Lastwagen herfahren, der mit einem großen Militärzelt, einer Feldküche, mit Lebensmitteln und Getränken und allen Gerätschaften beladen ist, die zum Überleben in der Wüste notwendig sind. Mit dieser Ausrüstung könnten wir im Notfall eine ganze Woche in der Wüste überleben.

Wir haben nicht einmal die Hälfte der geplanten Strecke zurückgelegt, als sich plötzlich eine schwarze Wand mit wahnsinniger Geschwindigkeit auf uns zubewegt. Überall, wohin wir blicken, nur aufgewirbelter Sand. Was wir nicht für möglich gehalten hätten, ist eingetreten: Wir sind tatsächlich in einen Kara-Buran geraten. Das Fahren in der Kolonne wird zur Hölle, denn die Sichtweite beträgt kaum einen Meter. Wenn wir größeren Abstand halten, riskieren wir, den Laster, unsere Überlebensgarantie, zu verlieren; wenn wir ihm zu dicht folgen, besteht die Gefahr eines Auffahrunfalls. Es geht also nur im Schrittempo voran. Nachdem der Lastwagen von der Straße abgekommen ist, geht nichts mehr. Jetzt heißt es Nerven und Ruhe bewahren und die weiteren Ereignisse abwarten. Nach zwei Stunden wird uns klar, daß wir unser Ziel am anderen Ende der Wüste heute nicht mehr erreichen werden. Wir fahren weiter und suchen nach einem Windschutz, hinter dem wir unser Zelt aufbauen können. Nach einer Viertelstunde sehen wir ein sehr einfaches Gebäude, das von hohen Dünen umgeben ist, und halten an.

Hinter einer dieser Dünen parken wir unsere drei Fahrzeuge so, daß ein geschützter Raum entsteht. Mit vereinten Kräften gelingt es uns, dort nach etwa drei Stunden unser Zelt aufzubauen. Normalerweise ist das während eines Kara-Burans nicht möglich. Der Fahrer des Lastwagens erklärt uns, daß wir uns glücklich schätzen dürften, die Reise im Oktober zu machen und nicht im Frühjahr oder Sommer, wenn die Stürme in voller Stärke loslegen. Wir sind gerade dabei, es uns im Zelt gemütlich zu machen, als zwei junge Uiguren erscheinen und überhaupt nicht glücklich darüber sind, daß wir dort zelten wollen.

Das unbewohnt wirkende Haus ist nämlich das Gästehaus der staatlichen Ölgesellschaft. Da wir nicht wissen, wer sich sonst noch dort befindet, versuchen wir die Angelegenheit gütlich zu regeln. Wir erreichen, daß das Zelt stehen bleiben darf, aber nur zwei Leute dürfen darin übernachten; die anderen müssen oder dürfen »ins Hotel« gehen. Beim improvisierten Nachtmahl, als alle froh sind, daß wir sogar einen Kara-Buran er- und überlebt haben, erklärt Claus Richter: »Der hätte ruhig noch etwas stärker sein können!« Ein Fernsehmann denkt natürlich auch an seine Einschaltquoten ...

Khotan und das Geheimnis der Jade

In alten Texten wird Jade als »kristallisiertes Mondlicht« und als »Schönheit in Stein« verherrlicht, ihre handschmeichlerische Oberfläche mit der Haut einer schönen Frau verglichen. Es heißt, Jade würde vom Himmel fallen und sei kostbarer als Gold, denn der Preis für Gold liege fest, der Wert eines edlen Jadesteins hingegen sei unschätzbar. Deshalb waren die Siegel der chinesischen Kaiser nicht aus Gold, sondern aus Jade.

Mit dem Kernsatz »Der Edle vergleicht seine Tugend mit Jade«
gründete Konfuzius eine ganze Ethik auf diesen für die Chinesen
kostbarsten Edelstein. Bei dem großen Philosophen steht Jade für
Güte, weil sie sich mild und weich anfühle; und für Wissen, da ihre
Maserung fein, dicht und widerstandsfähig sei.

Außerdem werden noch Rechtschaffenheit, Anstand, Loyalität
und das Vertrauen durch Jade verkörpert. Sogar die Musik sowie
Himmel und Erde werden damit in Verbindung gebracht.

Die Erklärung des Schriftzeichens »Yu« für Jade im »Shuowen
Jiezi« aus dem 2. nachchristlichen Jahrhundert zeigt deutliche Einflüsse dieser »Jade-Ethik« des Konfuzius. Es heißt dort: »Jade ist
Schönheit in Stein mit fünf Tugenden: Ihr warmer Glanz steht für
Menschlichkeit, ihre makellose Reinheit für sittliche Lauterkeit, ihr
angenehmer Klang für Weisheit, ihre Härte für Gerechtigkeit und
ihre Beständigkeit für Ausdauer und Tapferkeit.«

Welchen Stellenwert Jade in der chinesischen Kultur hat, läßt
sich daran erkennen, daß etwa 500 unterschiedliche Schriftzeichen
direkt oder indirekt mit Jade zu tun haben. Außerdem gibt es unzählige zusammengesetzte Begriffe wie zum Beispiel das »Jade-
Herz« als Metapher für ein reines Herz oder das »Jade-Antlitz« zur
Beschreibung eines schönen Frauengesichts. Ein Ausspruch des
Kaisers war ein »Jade-Wort aus dem Goldmund«. Wenn dieser
durch Diplomatie einen Krieg verhinderte, dann setzte er »Jade
und Seide statt Schwert und Spieß« ein. Die Redewendung »mit
kostbaren Jaden am Herzen und in der Hand« charakterisiert die
edle Gesinnung eines Menschen. »Jade und Stein zu Asche verbrennen« ist eine Umschreibung für das wahllose Zerstören von Gutem
und Schlechtem, und »Lieber eine zerbrochene Jade als ein unver-
sehrter Ziegel« hat die übertragene Bedeutung von »Lieber ehrlich
sterben als in Schande weiterleben«.

Dichter vor allem entdeckten den erotischen Aspekt der weich
und milchig wirkenden Jade. In vielen Sittenromanen wie dem
»Djin Ping Meh« werden Anzüglichkeiten mit Begriffen umschrie-
ben, in denen Jade vorkommt. So ist bei der Beschreibung kör-
perlicher Liebe von »Jadetüren«, »Jadebeinen« und »Jadesaft« die
Rede.

Berühmt sind auch die Jadeschnitzereien, die zumeist Tiere und
Pflanzen darstellen. Männliche und weibliche Figuren, Pferde mit

und ohne Reiter sowie Widder und Hase sind immer wiederkehrende Motive. Bei Sammlern sind auch erotische Figuren sehr beliebt. In einem kleinen Antiquitätengeschäft in Beijing werden mir elf wunderschöne Miniaturen aus Jade angeboten, die unterschiedliche sexuelle Aktivitäten zeigen. Der Händler erzählt mir, daß solche Figuren in der Ming-Zeit für junge Frauen zur Hochzeit angefertigt wurden. Da die Eltern oft zu prüde waren, die Mädchen aufzuklären, schenkten sie ihnen am Hochzeitstag ein Nachthemd mit vielen kleinen Taschen, in denen sich solche Figuren befanden. In der Nacht der Nächte konnte die Braut dann gemeinsam mit ihrem frisch angetrauten Ehemann eine Tasche nach der anderen öffnen und in jeder ein neues erotisches Abenteuer entdecken. Die wunderschönen Objekte hatte ein Sammler verkauft, weil es ihm jahrelang nicht gelungen war, die Sammlung zu vervollständigen; die zwölfte Miniatur fehlte.

Die Taoisten sahen in dem kostbaren Stein mehr die magischen Elemente und erhofften sich die Unsterblichkeit, wenn sie pulverisierte Jade zu sich genommen hatten. Seit dem frühen 11. Jahrhundert gilt der Jadekaiser in der taoistischen Volksreligion gar als der Oberste aller Himmlischen. »Gold-Jungen und Jade-Mädchen« waren seine Diener oder Boten. Bei uns würde man sie als Engel bezeichnen.

Während der ersten großen Blüte der Seidenstraße in der Han-Zeit erreichte die Jade-Kultur ihren Höhepunkt. Damals war Jade auch für den Totenkult besonders wichtig. Verstorbenen wurden zur Bewahrung ihrer Lebenskräfte Jade-Amulette in Zikadenform auf die Zunge gelegt. Hochstehende Personen wurden sogar in Totengewändern aus Jade begraben. Diese Jadegewänder bestanden aus mehr als 2 500 rechteckigen Jadeplättchen, die durch Goldfäden zusammengehalten wurden. Sie sollten dem Träger Unsterblichkeit verleihen.

Seit frühester Zeit kam die chinesische Jade vom Kunlun-Gebirge, das man lange für das Zentrum der Erde und den Sitz des Gelben Kaisers hielt. Bis zum 17. Jahrhundert kannte man ausschließlich diese Khotan-Jade, die zwar in China als »Yu«, als Jade bezeichnet wird, genaugenommen aber Nephrit ist. Erst später importierte man auch das echte »Jadeit« aus Burma. Nephrit ist etwas weicher als Jadeit. Es eignet sich deshalb besser für Steinschnitzereien.

Unser Aufenthalt in Khotan gilt besonders diesen geheimnisvollen Edelsteinen, die man in Deutschland zwar kennt, die bei uns aber längst nicht die Bedeutung haben wie in China. Der Besuch bei dem Antiquitätenhändler in Beijing hat uns so neugierig gemacht, daß wir gleich nach unserer Ankunft die modernisierte kleine Stadt mit ihren Betonklötzen verlassen und uns auf Schatzsuche in Richtung Kunlun-Gebirge begeben. Unser Weg führt uns am Yurungkash-Fluß entlang. Er verbindet sich später mit dem Karakash zum Khotan-Fluß.

Wir haben die Stadt gerade hinter uns gelassen, als wir auf das Bild der Seidenstraße stoßen, das uns seit unserer Jugendzeit nachhängt: Vor dem Hintergrund des über 7000 Meter hohen Kunlun-Gebirges kommt uns eine Kamelkarawane mit mehr als 30 Tieren am Ufer des Flusses entgegen. Sie wird von typisch uigurischen Händlern mit grauen Bärten und pelzbesetzten Mützen begleitet, gefolgt von verschleierten Frauen mit Kindern. Wir halten an und entdecken auch schon die ersten »Schatzsucher«.

Unser Übersetzer stellt sie uns als Mehmeti und Jiahelibu vor. Im ersten Namen können wir noch etwas Uigurisches erkennen, der zweite ist durch die Übertragung ins Chinesische unkenntlich gemacht worden. Die beiden sind begeisterte Jadesammler. Obgleich die »Saison« eigentlich schon vorbei ist, suchen sie immer noch weiter. An diesem Tag haben sie nur kleine Kiesel entdeckt, erzählen aber sehr stolz von ihren früheren Erfolgen. Wenn man ihren Erzählungen glauben darf, werden jährlich etwa 200 bis 300 Kilogramm weiße Jade aus diesem Fluß geholt; im Karakash, der ebenfalls aus dem Kunlun-Gebirge kommt, wird hauptsächlich grüne Jade mit schwarzen Einlagerungen gefunden. Die berühmteste weiße Jade, die in den letzten Jahren in Khotan zum Vorschein kam, wog 5300 Kilogramm und wurde zu einer Plastik verarbeitet, die heute in Beijing steht; sie stellt den legendären Kaiser Yü dar, der die Fluten des Gelben Flusses gebändigt haben soll.

Wenn die Schmelzwasserfluten des Yurungkash-Flusses im September zurückgehen und das Wasser klar wird, steigen viele Bewohner Khotans in den Fluß, um die Jadestücke zu sammeln. Meist bilden sechs bis sieben Männer eine Reihe und schreiten langsam Hand in Hand den Fluß ab. Mit den Füßen tasten sie auf dem Grund des Flusses nach Jadekieseln. An ihrer glatten Oberfläche können sie diese von normalen Steinen unterscheiden. Dabei werden allerdings nur selten wirklich große Stücke entdeckt. Andere »Schatzsucher« wühlen wie Goldgräber in trockenen Flußbetten nach Jade.

Von dieser Art der Suche halten unsere beiden Uiguren nichts. Sie waten seit Jahren gemeinsam durch den Fluß und erklären uns, daß man jetzt im Oktober keine großen Stücke mehr finden kann. Ihre ziemlich bescheidene Ausbeute bestätigt das. Sie sind sehr glücklich, als wir ihnen die besten Stücke abkaufen, um sie mit nach Deutschland zu nehmen. Inzwischen gibt es nämlich auch bei uns viele Menschen, die in kostbaren Mineralien »kosmische Energien« vermuten und sie als Heilkräfte einsetzen. Solche Naturheiler betonen den positiven Einfluß der Jade auf Nierenbeschwerden und Blasenleiden; Jade müsse dazu direkt auf der Haut getragen werden. Generell soll sie einen beruhigenden und harmonisierenden Einfluß auf den Menschen ausüben, soll die Nerven entspannen und einen heilsamen Schlaf schenken. Beim Bezahlen geraten wir allerdings ins Staunen darüber, wie billig Chinas wertvollster Stein inzwischen geworden ist. Ein schönes, mittelgroßes Stück kostet uns 50 Yuan, das sind etwa elf Mark. Wahrscheinlich bekommen die Uiguren in der Jadestraße in Khotan nicht einmal die Hälfte dafür.

Bei unserem Aufenthalt dort fragen wir uns, wo die Reichtümer geblieben sein mögen, die man früher mit der Jade verdient hat? Heute wirkt Khotan wie eine modernisierte Durchschnittsstadt, besonders in den Außenbezirken. Nur im alten Viertel um die Moschee sind noch enge, kleine Gassen vorhanden, in denen wie zu Zeiten der alten Seidenstraße Händler und Handwerker, hauptsächlich Uiguren, auf offener Straße ihrer Beschäftigung nachgehen.

Den wöchentlichen Jademarkt in Khotan, den wir filmen wollten, gibt es leider nicht mehr. So suchen wir auf der »Jadestraße« nach ausgefallenen Jade-Schnitzereien. Die Händler sind sehr geschäftstüchtig und wollen uns erlesene Stücke zeigen, doch was wir in den Auslagen sehen, ist eher für Touristen gedacht. Die schönen Stücke Roh-Jade werden von den Sammlern meist direkt an chinesische Händler verkauft und in Beijing, Shanghai und Tianjin weiterverarbeitet. In einem kleinen Laden versucht uns ein sehr rühriger Uigure noch einmal von der Kostbarkeit des Materials zu überzeugen. Er erklärt uns, daß Jade mit dem Diamant, Rubin, Smaragd und Saphir zu den fünf kostbarsten Edelsteinen gehört. Die Khotan-Jade wird nach Farben eingestuft. Es gibt weiße Jade, gelbe Jade, Jaspis, schwarze, rote, violette und grüne Jade. Am wertvollsten ist die weiße Jade. Ihr milchig weißer, eleganter Glanz wird oft als magisch beschrieben, sie ist halb durchsichtig, und kostbare Stücke sollen keine Einschlüsse haben. Weiße Jade ist so hart, daß man kann sie mit einem normalen Messer nicht ritzen kann. Auf der Mohs-Skala, welche die Härte der Edelsteine anzeigt, hat der Diamant als härtester Stein den Wert 10, die Jade dagegen etwa 6 bis 7,5. Sie ist daher praktisch unverwüstlich.

Die Jade machte das alte Khotan zu einem der größten und mächtigsten Königreiche im Tarim-Becken. Die Bewohner waren die geheimnisumwitterten Saken, deren Herkunft sich im Dunkel der Frühgeschichte verliert. Wahrscheinlich waren sie mit den Skythen verwandt und haben ursprünglich am nördlichen Aral-See gelebt. Durch die Jade, die sie bis nach Mesopotamien verkauften, waren sie so reich und mächtig geworden, daß selbst die Kaiser Chinas den Königen von Khotan chinesische Prinzessinnen zur Frau geben mußten. Welche verhängnisvollen Folgen das für China hatte, haben wir ja schon beschrieben: Eine dieser Prinzessinnen soll das Geheimnis der Seidenherstellung verraten haben.

Was immer an dieser Legende wahr ist, man kann jedenfalls davon ausgehen, daß Khotan eine zentrale Rolle gespielt hat bei einem der entscheidendsten Ereignisse der chinesischen Wirtschaftsgeschichte. Der Verrat führte dazu, daß die Stadt noch reicher wurde, denn seither wird hier Seide produziert.

Noch heute gibt es in Khotan eine große Seidenfabrik, die Rohseide herstellt. Bei der Suche nach interessanten Motiven stoßen wir aber auf einen der viel interessanteren Familienbetriebe, in denen noch wie vor tausend Jahren gearbeitet wird. Abu Dourishiti und seine acht Mitarbeiter beherrschen die gesamte Seidenproduktion von der Aufzucht der Raupen bis zur fertigen Seide.

In einem von flachen Lehmbauten umgebenen Innenhof können wir sehen, wie an einem offenen Feuer die Kokons in kochendem Wasser aufgelöst werden, bevor man das Garn abhaspeln kann. In mehreren kleinen Räumen, die von diesem Innenhof abgehen, wird nach einem geheimen »Familienrezept« Seidenatlas hergestellt, der durch die Atlasbindung besonders dicht und glatt ist und sich weicher als andere Seidenstoffe anfühlt.

Die Firma hat sich auf die Herstellung von zwei Meter langen und 75 Zentimeter breiten Tüchern spezialisiert, aus denen die uigurischen Frauen ihre traditionellen Kleidungsstücke schneidern. Für 200 Yuan kaufen wir eines dieser Tücher, da wir auf der nächsten Station unserer Reise unbedingt eine Hochzeit drehen wollen. Herr Dourishiti erzählt uns, daß er diese mit farbenfrohen Mustern bedruckten Tücher aber auch nach Japan und Amerika exportiert.

Der Schutzpatron unserer Reise, Xuanzang, berichtet noch über ein anderes wichtiges Kunsthandwerk, das in Khotan eine alte Tradition hat, das Teppichknüpfen. Er schreibt:»Im Land wurden Teppiche, feine Felle und Seide von künstlerischer Textur erzeugt; auch wurden weiße und schwarze Jade abgebaut.« Wie in alter Zeit Teppiche hergestellt wurden, kann man auf verschiedenen Wandmalereien in Dunhuang bewundern. Die Khotan-Teppiche, für die man auch Seide benutzte, waren berühmt für ihre klaren Farben und die geometrischen Muster, die durch Blumen- und Blütenrankenmotive aufgelockert wurden. Noch heute werden sie überall in der Stadt in Heimarbeit gefertigt.

Xuanzang hat sich auf dem Rückweg von Indien nach China auch in Khotan aufgehalten. Es soll die letzte wichtige Station seiner Reise gewesen sein. Zu seiner Zeit war im Königreich der Buddhismus sehr verbreitet, 100 Klöster und mehr als 5000 Mönche soll es gegeben haben. Heute trifft man nur noch auf Moscheen.

Xuanzang blieb sieben Monate und schickte dem chinesischen Kaiser ein Memorandum, in dem er darum bat, nach Chang'an zurückkehren zu dürfen. Seinen Heimweg trat er durch die Wüste Takla Makan an. Sein Bericht endet mit der Ankunft im damals sehr mächtigen Königreich Loulan, das später aus rätselhaften Gründen unterging. In einem Epilog macht Xuanzang ein überraschendes Eingeständnis:»Wo immer ich hinkam, fertigte ich Aufzeichnungen an, und während ich erwähnte, was ich gesehen und gehört habe, erfaßte ich das Streben nach der chinesischen Zivilisation. Es ist eine Tatsache, daß von hier bis dort, wo die Sonne untergeht, alle die Wohltätigkeit seiner Majestät erfahren haben, und wo sein Einfluß hinreicht, bewundern alle seine vollkommene Tugend. Nachdem die ganze Welt unter seiner Herrschaft vereinigt worden ist, war ich nicht mehr als *ein einzelner Mensch auf einer politischen Mission*, der auf einer Kurierstrecke unzählige Li zurückgelegt hat.«

Auf einer politischen Mission befinden sich zu Anfang unseres Jahrhunderts auch einige der »fremden Teufel«, die im Auftrag ausländischer Großmächte in Ost-Turkestan nach archäologischen Schätzen suchen ...

»Fremde Teufel« plündern das Land

Schätze aus dem Wüstensand

Der Besucher am Tor von Chini-bagh, der noblen Residenz des britischen Konsuls in Kashgar, läßt sich nicht abwimmeln. Ganz nach Turki-Art gekleidet, trägt er einen knöchellangen Mantel, der um die Hüfte von einem bunten Stoffgürtel zusammengehalten wird. An den schweren Lederstiefeln, die fast bis zu den Knien reichen, haftet noch der Wüstenstaub. Der bärtige Mann mit dem wettergegerbten Gesicht stellt sich als Islam Ahun vor und weist dabei bedeutungsvoll auf einen ebenso verstaubten Packen, den er unter den Arm geklemmt hat. Nur widerwillig ist der Diener bereit, den Besuch anzumelden.

George Macartney, Abkömmling eines schottischen Vaters und einer chinesischen Mutter, sitzt grüblerisch an seinem Schreibtisch. Es ist einer jener Tage, an dem er sich einen einfacheren Posten wünscht, als hier an dieser entlegenen Horchstation auszuharren. Kashgar ist einer der Orte Zentralasiens, wo die Interessen dreier Großmächte – Rußland, China und Großbritannien – aufeinandertreffen und wo das »Große Spiel« um die Vorherrschaft zum Ende des ausgehenden 19. Jahrhunderts schamloser gespielt wird als irgendwo sonst. Macartney gehört zu jener Elite von Kolonialbeamten, die – ähnlich wie in Tibet – als Speerspitze britischer Diplomatie eingesetzt sind. Er ist gebildet, frei von rassischen Vorurteilen und vertraut mit den Sitten und Gebräuchen des Landes.

Aber Macartney hat einen mächtigen Gegenspieler: Nikolaj Petrowskij, russischer Vertreter des Zaren in Kashgar. Mit allen Winkelzügen der Machtpolitik vertraut und ohne Skrupel, ist er der einflußreichste Mann in Chinesisch-Turkestan. Macartney verabscheut die rigiden Methoden, mit denen es den Russen gelungen ist, sich sowohl bei den chinesischen Beamten als auch bei den Einheimischen Respekt zu verschaffen – wenn auch nur, weil sie

ihn fürchten. Außerdem ärgert es ihn, daß sich Petrowskij erfolgreich als Antiquitätensammler betätigt und fleißig die Museen in
St. Petersburg und Paris beliefert. Auf diese Weise sind einige
Handschriften nach Europa gelangt, die unter Fachgelehrten helle
Aufregung auslösten. Das führte sogar dazu, daß George Macartney von London die unmißverständliche Aufforderung erhielt,
auch auf diesem Gebiet die Interessen Großbritanniens zu wahren
und dafür zu sorgen, daß das Empire nicht ins Hintertreffen gerate.
Im Klartext: Macartney solle die Beschaffung von Altertümern ak-
tiv unterstützen. Seitdem sind seine einheimischen Informanten,
die er benutzt, um die Aktivitäten seines Erzrivalen Petrowskij aus-
zuspionieren, angehalten, auch nach Antiquitäten zu forschen.
Deshalb ist Macartney hocherfreut, als sein Diener ihm meldet,
daß der Besucher vor der Tür behaupte, im Besitz von alten Handschriften zu sein, die er im öden Wüstensand der Takla Makan
gefunden habe.

Islam Akhun ist nicht so schweigsam wie die Wüste, deren Gefahren er mit blumigen Worten schildert. Detailreich erzählt er
Macartney von seinen Beutezügen in die als Todeswüste verrufene
Takla Makan. Einmal sei er inmitten der Wüste auf einen riesigen,
verfallenen Friedhof gestoßen; in einem alten Sarg habe er neben
Menschenknochen auch Handschriften entdeckt. Ein andermal, so
gibt er Macartney zu Protokoll, sei er mit seinen Männern an ein
halb vom Sand begrabenes Haus geraten: »Da die Tür nicht zu
sehen war, wurde ein Loch in eine freiliegende Wand gebrochen.
Dann kroch Takhdash, einer der Begleiter Islam Akhuns, hinein
und gelangte in einen kleinen, etwa drei Meter im Geviert messen-
den Raum. Dieser Raum war zum großen Teil mit Sand gefüllt, so
daß es unmöglich war, sich aufrecht hinzustellen, ohne mit dem
Kopf die Decke zu berühren. Takhdash fand die Bücher, als er im
Sand zu graben anfing. Es lagen dort auch noch viele andere Bücher, aber sie waren schon so verwittert, daß sie zu Staub zerfielen,
wenn man sie berührte.«

Auf Macartneys Frage, warum er den Raum nicht selbst betreten
habe, antwortet Islam Akhun, »er habe sich zu sehr gefürchtet.«
Als Beweis für seine Schilderungen öffnet er das grob zusam-
mengeschnürte Bündel und breitet den Inhalt auf Macartneys
Schreibtisch aus.

Den listigen Augen des Schatzsuchers entgeht nicht, welchen Eindruck die verstaubten Blätter auf sein Gegenüber machen. Macartney kann seine Aufregung kaum verbergen, denn er erkennt sofort, daß die Manuskripte, die er nun in Händen hält, jenen gleichen, die ihm einst der Hadschi Ghulam Quadir, ein islamischer Richter aus dem Oasenort Kucha, schenkte und die der Orientalist Rudolf Hörnle als die bis dahin ältesten erhaltenen schriftlichen Zeugnisse identifizierte. Pflichtgetreu erwirbt Macartney die Handschriften und leitet sie an Hörnle nach Indien weiter, zusammen mit den Angaben Islam Akhuns über die Fundstätten. Den Schatzsucher entläßt er mit dem Auftrag, ihn weiter mit Antiquitäten zu versorgen und Stillschweigen darüber zu bewahren – insbesondere gegenüber dem russischen Generalkonsul Petrowskij.

Augustus Frederic Rudolf Hörnle, wie er mit vollem Namen heißt, wurde als Sohn eines anglikanischen Missionars deutscher Abstammung 1821 in Indien geboren, hatte in London Sanskrit studiert und sich dann in Kalkutta, der damaligen Hauptstadt von Britisch-Indien, wissenschaftlichen Forschungen gewidmet. Schon in verblüffend kurzer Zeit gelang es ihm, eine in Nordindien gefundene alte Handschrift zu entschlüsseln, was ihm in Fachkreisen den Ruf eines begabten Philologen eintrug. Es war Hörnle, der auf britischer Seite zur treibenden Kraft im Wettstreit um alte Handschriften wurde. Seine Bestrebungen führten schließlich dazu, daß die britisch-indische Regierung ihre Vertreter in Srinagar, Gilgit, Leh und Kashgar anwies, nach Antiquitäten zu fahnden. Mit Erfolg, denn schon bald konnte George Macartney, sehr zur Freude Hörnles, Vollzug melden. »Eine Sammlung verschiedener Altertümer, bestehend aus 13 Büchern, Keramiken, Münzen und etlichen anderen Gegenständen, traf Anfang November 1897 ein«, vermerkt Hörnle. Und nicht ohne Stolz fügt er hinzu: »Erworben oft für eine lächerlich geringe Summe Geldes.« Als Hauptlieferant bezeichnet Hörnle einen gewissen Islam Akhun aus Khotan. Diesen Namen sollte er nicht mehr vergessen.

Hörnles ehrgeizige Ambitionen haben eine Vorgeschichte. Fast ein Jahrzehnt vor der Begegnung Macartneys mit Islam Akhun stießen einheimische Schatzsucher auf einen halbverfallenen, kuppelähnlichen Turm in der Nähe von Kucha, einer einstmals bedeutenden Oase an der Nordroute der Seidenstraße. In der Hoffnung auf Gold oder andere wertvolle Dinge drangen die Männer in das Gebäude – vermutlich einen buddhistischen Stupa – ein. Statt der erhofften Schätze aber fanden sie im Inneren nur einen Haufen alter Papiere, die sie mehr oder weniger als wertlos erachteten. Trotzdem nahmen sie diese mit und übergaben sie dem örtlichen muslimischen Richter Ghulam Quadir. Der konnte die alten Handschriften zwar nicht entziffern, aber aus heiliger Scheu, denn es war nicht auszuschließen, daß sie islamischen Ursprungs waren, beschloß er, einige davon zu erwerben.

Um diese Zeit kam Leutnant Bower, ein Offizier des indischen Nachrichtendienstes, auf der Suche nach dem gedungenen Mörder des schottischen Forschgungsreisenden Andrew Dalgleish durch die Oase Kucha. Dort erfuhr er von den Handschriften, die im Besitz Ghulam Quadirs waren. Eine davon – sie bestand aus 51 Birkenrindenblättern – kaufte er dem Quazi (muslimischer Richter) ab und schickte sie an die Asiatic Society of Bengal in Kalkutta. Schließlich landete sie bei Hörnle, der die rätselhafte Schrift zu entziffern vermochte. Auf verschlungenen Wegen gelangten auch die übrigen Handschriften, die der Quazi aus Kucha den Schatzsuchern abgekauft hatte, in Hörnles Hände. Der Fund war außerordentlich bedeutsam, denn wie sich herausstellte, war die später so benannte Bower-Handschrift ein von indischen buddhistischen Mönchen in der bis dahin unbekannten Brahmi-Schrift abgefaßter Sanskrit-Text aus dem 5. Jahrhundert, mithin eines der ältesten schriftlichen Dokumente überhaupt.

Durch solcherlei Erfolge motiviert, macht sich Hörnle daran, die geheimnisvollen Manuskripte aus den Händen Islam Akhuns einer wissenschaftlichen Prüfung zu unterziehen. Aber hier versagt sein Forschergeist. Sosehr er sich auch abmüht, die Entzifferung will ihm nicht gelingen. Zweifel an der Echtheit der Dokumente, die allenthalben aufkommen, vermögen jedoch die Euphorie der Entdeckerleidenschaft nicht zu bremsen. In der Hoffnung, durch weitere Handschriften hinter das Geheimnis der seltsamen Texte zu kommen, spornt er Macartney zu vermehrten Käufen an.

Die erhöhte Nachfrage bringt Islam Akhun allerdings in beträchtliche Lieferschwierigkeiten. Was Macartney nämlich nicht weiß: Der geschäftstüchtige Schatzsucher aus Khotan beliefert auch den Russen Petrowskij. Und was weder Petrowskij noch

Macartney oder sein Auftraggeber Hörnle ahnen, der gerissene »Wüstenfuchs« stellt die Altertümer selbst her, in Heimarbeit gewissermaßen. Islam Akhun hat nie daran gedacht, sich den Gefahren der Takla Makan auszusetzen und wie andere, die er nur mitleidig belächelt, dort mühsam im Sand zu graben, mit mäßigen Aussichten auf Erfolg. Statt dessen kopieren er und seine Helfershelfer einfach die alten Schriftzeichen und malen sie auf Papier, das sie im Bazar kaufen. Zuvor müssen sie das Papier lediglich mit einem gelbbraunen Farbstoff präparieren, der aus einem Baum gewonnen wird. Um den Handschriften eine antike Patina zu verleihen, räuchern sie die Blätter eine Zeitlang über dem Feuer. Zuletzt werden die Fälschungen noch gründlich mit dem feinen Sand der Takla Makan überzogen, damit sie aussehen, als seien sie in den von Flugsand zugewehten Ruinen gefunden worden.

Anfänglich bemühten sie sich noch, die Brahmi-Kursivschrift echter Manuskripte zu imitieren, aber diese zeitraubende Technik erwies sich bald als unnötig. Sie erkannten schnell, daß keiner ihrer Hauptabnehmer – weder Macartney noch Petrowskij – die Zeichen auf den alten Schriften lesen konnte. So ließen sie ihrer Phantasie freien Lauf und begannen, eigene »unbekannte Schriftzeichen« zu erfinden, mit deren Entzifferung sich Hörnle und seine Kollegen vergeblich abmühten. Allein die in die britische Sammlung eingegangenen Fälschungen aus der Werkstatt Islam Akhuns zeigten mehr als ein Dutzend verschiedener Schriftarten.

Während Islam Akhun Macartney bediente, belieferte sein Partner Ibrahim Mullah seinen Konkurrenten Petrowskij. Diese Arbeitsteilung erwies sich als sinnvoll, denn Ibrahim verfügte über oberflächliche russische Sprachkenntnisse, die sich auch an den aus seiner Hand stammenden Fälschungen erkennen ließen. Einige Fachgelehrte hatten zwar die Verwandtschaft zum Kyrillischen bemerkt, aber sie vermuteten irrigerweise einen altgriechischen Ursprung. An der Echtheit freilich zweifelten sie nicht.

Indessen hatte ein beträchtlicher Teil der Handschriften den Weg in die wichtigsten europäischen Museen gefunden, was die Nachfrage weiter steigerte. Um den Bedarf zu decken, kamen Islam Akhun und seine Männer auf die Idee, sich der einzigen Verfielfältigungs-Technik zu bedienen, die zur Verfügung stand – das war der Blockdruck. Sie erzielten damit einen solchen Erfolg, daß

Hörnle 45 dieser Exemplare ausführliche wissenschaftliche Beschreibungen widmete.

Die peinliche Episode hätte normalerweise nicht viel mehr bewirkt, als den Ruf eines bis dahin renommierten Gelehrten zu beflecken und allenfalls in gewissen Kreisen für Spott und Hohn zu sorgen, aber in diesem Fall steckte mehr dahinter. Der kaum des Lesens und Schreibens kundige Islam Akhun und seine Kumpane narrten nicht nur Hörnle und die Elite der abendländischen Orientalisten; vielmehr trugen sie dazu bei, das Interesse der Forscher auf diese Region zu lenken, was schließlich zu dem führte, was man später als »Internationales Wettrennen« um die Schätze der Seidenstraße bezeichnete.

Bis dahin waren die Archäologen und Altertumsforscher überwiegend mit Griechenland, Ägypten und anderen Ländern der klassischen Antike beschäftigt. Dort gab es genügend Pfründen, um zu wissenschaftlichem Ruhm zu gelangen. Zentralasien war aus ihrem Blickwinkel noch zu weit entfernt, auch geographisch noch weitgehend unerforscht. Außerdem barg die Anreise über unwegsame Gebirgspfade, auf denen Banditen lauerten, erhebliche Gefahren für Leib und Leben, wie das Schicksal etlicher Forschungsreisender zeigte. Auch klangen die Berichte von untergegangenen, im Sand begrabenen Städten zu vage, als daß man darin einen wahren Kern vermutet hätte, geschweige denn ahnte, daß dort eine ganze versunkene Kultur ihrer Entdeckung harrte. Das änderte sich erst, als ein Mann die Bühne Zentralasiens betrat, dessen Stern wie ein Komet über dem Wüstenhimmel aufging. Die Rede ist vom schwedischen Forscherpionier Sven Hedin.

Der Pfadfinder

Dabei sah es zunächst so aus, als würde Hedins erste Bekanntschaft mit der berüchtigten Takla-Makan-Wüste gleichzeitig seine letzte sein. Knapp vor seinem 30. Geburtstag zieht der Schwede von der kleinen Oase Merket mit einer Karawane los. Sein Plan ist ebenso kühn wie gefährlich. Er beabsichtigt, den westlichen Teil der Takla Makan zu durchqueren, bis zum Flußbett des Khotan Darya, und dann nach Süden über das Kunlun-Gebirge in damals unbekannte

Regionen Tibets vorzustoßen. Grobe Fehler bei der Bemessung der lebenswichtigen Wasserreserven und verhängnisvolle Entscheidungen führen zum Untergang der Karawane. Nur Hedin und zwei seiner Begleiter überleben das Wüstendrama.

Die Lust auf weitere Wüstenabenteuer ist dem Schweden deshalb aber keineswegs vergangen. Kaum ist er wieder in Kashgar, besorgt er Ersatz für seine verlorengegangene Ausrüstung und stellt eine neue Karawane zusammen. Allerdings bewegt er sich zunächst in sicherem Abstand am Westrand der Wüste entlang. In Khotan jedoch obsiegen wieder Neugier und Entdeckerdrang. Dort kommen ihm merkwürdige Geschichten zu Ohren – über versunkene alte Städte, in denen es spuke. »Tausendundeine Stadt«, so berichten ihm Einheimische, »lägen im Inneren der öden Wüste verborgen, darin seien Gold und andere Schätze aufgestapelt, doch komme einer mit seiner Karawane dorthin und belade seine Kamele damit, dann würde er von den Geistern der Wüste festgehalten, und nur durch Fortwerfen des Goldes könne man sich wieder retten.«

Hedin erfährt auch von einer geheimnisvollen Stadt, deren Name – Takla Makan – auf die ganze Wüste übergegangen sei. Den Berichten einheimischer Schatzsucher zufolge sollen die Ruinen nicht mehr als zehn Tagesreisen nordöstlich von Khotan inmitten des Sandes liegen.

Durch die fatalen Erfahrungen geläutert, geht Hedin diesmal allerdings umsichtiger zu Werke. Mit viel weniger Ausrüstung, dafür aber um so mehr Wasservorräten in Form von Eisblöcken – es ist mitten im Winter – werden die Kamele bepackt. Um kein Risiko einzugehen, achtet Hedin streng darauf, daß keines der Tiere zu schwer beladen wird. Islam Bai, einer der Überlebenden des Wüstendramas, fungiert als Karawanenführer.

Zunächst folgen sie dem Flußbett des Khotan Darya in Richtung Norden. Nach vier Marschtagen überqueren sie den Fluß auf einer geschlossenen Eisdecke und wenden sich westwärts, nachdem sie in einer Hirtensiedlung zwei kundige Führer angeheuert haben. Bald geraten sie in unfruchtbare Sandgürtel. »Die Wüstenstrecke hier war aber weniger gefährlich«, stellt Hedin mit Befriedigung fest, »da der Sand niedriger und überall Tamarisken, Pappeln und Grundwasser zu finden waren.« Trotzdem läßt er die Karawane, um die Tiere nicht zu überanstrengen, nur fünf bis sechs Stunden

pro Tag marschieren und befiehlt seinen Begleitern, an jedem La-
gerplatz einen Brunnen zu graben.

Nach Überwindung eines höheren Dünengürtels stehen sie vor
den Resten der alten Stadt. Die Ruinen von Dandan Oilik, wie der
Ort in Wirklichkeit hieß, bestehen im wesentlichen aus senkrecht
aus dem Sand ragenden Holzpfählen und Mauern aus lehmver-
schmiertem Mattengeflecht. An noch intakten Mauerresten, die
seine Männer freilegen, finden sich Wandmalereien. »Da waren
leichtbekleidete, kniende Frauen dargestellt, mit gefalteten Händen, in Knoten gebundenem Haar, zusammengewachsenen Augenbrauen und einer Marke über der Nasenwurzel, wie sie bei den
Hindus noch heute Brauch ist. Ferner Männer mit schwarzem Vollbart, deren arischer Typus sogleich auffiel, und in einer Kleidung,
die der heutigen persischen völlig gleich ist.«

Obwohl Hedin weder Archäologie noch Kunstgeschichte studiert hat, erkennt er erstaunlich treffsicher die Hauptmerkmale
jener Kunst, die Aurel Stein später als »ser-indisch« bezeichnet.
Darüber hinaus findet er Spuren von Gärten und Bewässerungs-
kanälen, die einst Pappelreihen säumten, Reste von Pflaumen- und
Obstplantagen und ganze abgestorbene Wälder von Toghraks, wilden Pappeln, die die Siedlung umgaben. Er folgert daraus, daß der
Ort einmal am Ufer des Keriya Darya gelegen haben muß, dessen
Lauf sich änderte und damit das Schicksal der Stadt besiegelte. Sein
Pompeji der Wüste, wie er es plakativ in seinem populären Buch
»Durch Asiens Wüsten« nennt, fiel keiner plötzlichen Naturkatastrophe zum Opfer, auch nicht einem verheerenden Sandsturm,
den die Götter als Strafe für unheiligen Lebenswandel schickten,
sondern einem schleichenden Prozeß der Vertrocknung durch Wasserentzug. Die an »Sodom und Gomorrha« erinnernden Geschichten, die die Einheimischen am Wüstenrand erzählten, trafen die
Wahrheit nur halb: Hier spielte sich jener periodisch immer wiederkehrende Vorgang ab, der im Wesen der fragilen Beziehung zwischen Wasser und Wüste liegt, daß nämlich Flüsse wegen ihres
flachen Bettes und der Dynamik des Sandes »wandern« und davon
abhängige, exponierte menschliche Siedlungen aufgegeben werden
müssen, die dann rasch der Wüste anheimfallen.

Hedin weiß nur zu gut, daß er weder über die notwendigen
Kenntnisse noch über die Mittel verfügt, um sachgemäße Ausgra-

bungen durchzuführen, aber er ahnt wohl, daß er einen bedeutsamen Fund gemacht hat. »Die wissenschaftliche Erforschung habe ich gern den Fachleuten überlassen«, schreibt er Jahre später in seiner Autobiographie. »In wenigen Jahren würden auch sie den losen Sand mit ihren Spaten forträumen. Mir genügte es, diese bedeutende Entdeckung gemacht und im Herzen der Wüste der Archäologie ein neues Tätigkeitsfeld erschlossen zu haben.«

Im Zuge dieser Expedition bedeutet Dandan Oilik nicht viel mehr als eine Station. Jetzt will Hedin endlich das in Angriff nehmen, was sein erklärtes Ziel ist, nämlich die Durchquerung der Takla Makan. Allerdings wagt er sich nicht mehr mitten durch das Sandmeer, sondern wählt den Weg entlang des Keriya Darya, eines Flusses, von dem er nur vom Hörensagen weiß, daß er irgendwo in der Wüste versiegt. Zuweilen kommen sie an einsamen Gehöften von Hirten vorbei. Hedin bedauert, keinen ortskundigen Führer zur Verfügung zu haben, aber wo immer sie auftauchen, haben die Menschen zuvor Reißaus genommen und sind aus Angst in den Wald geflüchtet. In der einladenden Gegend mit dem Namen Tonkus Baste (»das aufgehängte Wildschwein«) läßt er seine Männer ausschwärmen, um nach Hirten zu suchen. Schließlich treffen sie auf zwei Familien, die, wie Hedin vermerkt, »wie Wilde bei einem offenen Feuer lagerten«. Die Männer tragen höchst originelle Schuhe: die ausgehöhlten Fußschwielen eines wilden Kamels samt den Hufen. Von ihnen erfährt Hedin von einer weiteren toten Stadt – Kara-dong –, deren Ruinen nur zwei Tagesmärsche entfernt aus dem Sand ragen sollen.

Die Verlockung weiterer archäologischer Entdeckungen läßt sich Hedin nicht entgehen. Aber Kara-dong ist eine Enttäuschung. Er findet nichts, was den Marsch dorthin gelohnt hätte. Dann läßt er die Karawane den Weg nach Norden fortsetzen. Bald haben sie das Ende des Keriya Darya erreicht. Dort treffen sie einen einsamen Waldbewohner, der erzählt, daß der Sand im Norden ungeheuer hoch ansteige, den zu überwinden, wenn überhaupt, Monate dauern würde, und dann käme man ans Ende der Welt. Mit diesen verheißungsvollen Aussichten macht sich Hedin mit seiner Karawane auf den Weg.

Der alte Waldläufer hatte nicht unrecht. Ein paar Tage gibt es zwar noch spärliche Vegetation und sogar wilde Kamele, aber dann beginnt der Sand höher und höher zu wachsen. »Das Gelände wurde abscheulich«, notiert Hedin in sein Tagebuch. »Überall war der Sand völlig unfruchtbar, und die im vorigen Jahr durchlebten Schreckenstage stiegen wieder drohend vor unserer Erinnerung auf.«

Doch diesmal sollte es nicht so weit kommen. Die geschwächten Kamele bekommen den Inhalt ihrer Packsättel zum Fressen. Als die Wasserreserven zur Neige gehen, graben sie an einer aussichtsreichen Stelle den Boden auf und stoßen dabei auf feuchten Lehm mit Salzkristallisationen. Aber das Wasser, das sie daraus gewinnen, »schmeckte so scheußlich«, erinnert sich Hedin, »daß nicht einmal die durstigen Kamele davon trinken mochten«. Endlich taucht die dunkle Waldlinie des Tarim-Flusses auf. Die Gefahr ist gebannt.

Ursprünglich hatte Hedin geplant, nach der erfolgreichen Wüstendurchquerung den Tarim aufwärts zu ziehen, um nach Khotan zurückzukehren. Statt dessen beschließt er nun, dem Tarim abwärts zu folgen bis zu seinem Terminal, dem See Lop Nor. Die Frage nach der Lage des Lop Nor stand damals im Mittelpunkt eines heftigen Disputs, an dem sich auch sein einstiger Professor, der Geograph Ferdinand von Richthofen, beteiligte – jener Richthofen, der den Begriff Seidenstraße überhaupt erst eingeführt hat. Stein des Anstoßes war die Behauptung des russischen Forschungsreisenden Nikolaj Przewalskij, der Lop Nor wäre ein Süßwassersee und läge viel weiter südlich, als man bisher an Hand alter Karten angenommen hatte. Diesen Widerspruch will Hedin aufklären.

Aber die hochtrabenden Pläne des Schweden verfangen sich zunächst in den Niederungen der lokalen Bürokratie. Tarim Bek, der »Eiserne Häuptling«, mächtigster Mann der Schafhirtensiedlung Schah-jar, versucht, Hedin, weil er keine gültigen Papiere vorweisen kann, an der Weiterreise zu hindern. Zum Schluß verbietet er seinen Untergebenen, dem Fremden den Weg zu zeigen. »Die Zauberkraft des chinesischen Silbers«, vermerkt Hedin triumphierend, »erwies sich aber als stärker.«

Nicht alle Schwierigkeiten, die sich ihm in den Weg stellen, lassen sich so einfach lösen. Weitaus mühsamer gestaltet sich das Vorankommen entlang des Tarim. Breite, undurchdringliche Tamariskendschungel säumen das Flußbett, Sümpfe mit mannshohem Schilf zwingen zu Umwegen in die Wüste hinein. Je weiter sie nach Osten vordringen, desto undurchschauberer wird das Flußsystem. Dank ihres ortskundigen Führers aus Schah-jar gelingt es schließlich, sowohl den »alten« als auch den »neuen« Lop-Nor-See zu finden und das Geheimnis um seine geographische Lage zu lüften. Die Erklärung liefert der Tarim. Dieser Fluß besitzt ein so geringes Gefälle, daß er riesige Mäander bildet. Diese werden im Laufe der Zeit durch Ablagerungen zugeschüttet und zwingen den Fluß zur Richtungsänderung. Folgerichtig schließt Hedin daraus, daß »der Lop Nor ein wandernder See sein muß, ein See, der periodisch von Norden nach Süden und von Süden nach Norden wandert, ganz wie das Messinggewicht eines Pendels. Das Pendel ist hier der Tarim.«

Dem Tarim gilt auch seine nächste Expedition, die am 5. September 1899 im Dorf Lailik startet. Bei diesem ungewöhnlichen Vorhaben will Hedin die Takla Makan abwechslungsweise nicht auf Kamelrücken, sondern auf einem Boot durchqueren. Seine Absicht ist es, zuerst den Yarkand Darya und später seine Fortsetzung, den Tarim, zu vermessen und zu kartographieren. Außerdem plant der zähe Schwede, dem Lop Nor einen weiteren Besuch abzustatten. Mit von der Partie ist wieder sein treuer Diener Islam Bai, der stolz seine Goldmedaille trägt, die ihm der schwedische König indessen verliehen hat.

Von seinen Finanziers Oskar II. von Schweden und dem Millionär Emmanuel Nobel großzügig mit finanziellen Mitteln bedacht, kann es sich der inzwischen weltberühmte Hedin leisten, sich von Einheimischen ein Hausboot bauen zu lassen, auf dem er und seine Männer auf ihrer Fahrt durch die »trostloseste Landschaft«, wie Hedin die Takla Makan nennt, leben wollen. Zum Troß gehört auch noch ein kleineres Boot zum Erkunden von schmalen und seichten Gewässern sowie für den Transport ihrer lebenden Speisekammer aus Hühnern und Vorräten an Gemüse, Getreide, Reis und chinesischem Tee.

Diese Art der Flußreise durch die Wüste findet Hedin durchaus idyllisch. Mal geht es in der Strömung mit flottem Tempo flußabwärts, mal gleitet das Boot langsam und lautlos dahin. Oft müssen sie Segel setzen, um überhaupt voranzukommen. Die Gefahr des Verdurstens ist diesmal gering, aber die der Langeweile dafür um so größer. In solchen Fällen stellt Hedin sein Grammophon auf Deck, und Melodien aus der Oper *Carmen* oder die schwedische

Nationalhymne sorgen für Unterhaltung. Dann kommt es vor, daß am Ufer Hirten erscheinen, um das klingende Gefährt mit staunenden Blicken zu verfolgen.

Nach drei Monaten, nur noch 250 Kilometer vom Ziel entfernt, setzt der hereinbrechende Winter der beschaulichen Bootsfahrt ein Ende. Binnen weniger Tage friert der Fluß zu. Es wird so kalt, daß selbst die Tinte in Hedins Füllfederhalter erstarrt und er seine Aufzeichnungen mit Bleistift fortsetzen muß. Hedin beschließt, die Zeit bis zum Frühjahr, wenn der Fluß wieder aufgetaut ist, für Exkursionen zu Lande zu nutzen.

Zuerst unternehmen sie einen 20tägigen Wüstenmarsch in Richtung Südosten und gelangen bis zur Oase Cherchen, die schon Marco Polo beschrieb, an der Südroute der Seidenstraße gelegen. Als nächstes wenden sie sich der Lop-Wüste zu, dem östlichsten Teil der Takla Makan. Nach weiteren 21 Marschtagen machen sie eine merkwürdige Entdeckung: Sie stoßen auf mehrere sehr alte Häuser, deren Überreste auf einsam aufragenden Hügeln stehen. Offensichtlich haben die Kräfte der Erosion – Wind und Wasser – im Laufe der Zeit das Terrain ringsum abgetragen. Eine oberflächliche Untersuchung erbringt nicht viel mehr als ein paar alte chinesische Münzen, Metallbeile und einige holzgeschnitzte Figuren. Hedin läßt die Funde auf zwei Kamele laden und in das Basislager der Expedition am Ufer des Tarim vorausschicken. Er selbst will mit dem Haupttroß der Karawane so schnell wie möglich nachkommen. Denn der Schwede möchte seine Vermessungen des Tarim endlich abschließen, damit er sich einem anderen großen Ziel zuwenden kann: Tibet. Außerdem gehen die Wasservorräte allmählich zur Neige, und es wird von Tag zu Tag wieder wärmer, wodurch der Flüssigkeitsbedarf steigt.

Sie sind erst wenige Stunden marschiert, da läßt Hedin die Karawane an einer vielversprechenden Stelle anhalten, um nach Wasser zu graben. Doch nun stellt sich heraus, daß ihr einziger Spaten fehlt. Einer der Männer hat ihn unachtsam bei den alten Häuserresten zurückgelassen. Sofort schickt ihn Hedin mit seinem Pferd zurück, um ihn zu holen. Als der Mann mit dem Spaten wiederkommt, erzählt er, er habe sich auf dem Rückweg in einem Sandsturm verirrt, dabei sei er auf bisher unbekannte Ruinen gestoßen, deren auffälligstes Merkmal außerordentlich schön geschnitzte Fis ZDF-Team auf dem Weg von Aksu nach Khotan.

aus Richter und Cheng Wei mit chinesischen Führern und der uigurischen
ersetzerin.

Einst galt Kashgar als größter und schönster Handelsplatz.
Bis heute berühmt: sein Viehmarkt.

n Großteil des Alltags spielt sich auf der Straße ab.
egenpol und Ort der Einkehr: die Moschee.

Von Kashgar zweigt eine Route nach Norden ab, die über den Torugart-Paß ins Land der Kirgisen führt.

Auf dem Weg nach Süden gelangt man zum Karakorum und Pamir. Von fast unwirklicher Schönheit der 7546 Meter hohe Mustagh Ata.

guren wären. Hedin läßt ihn auf der Stelle umkehren. Als Begleitung gibt er ihm einige Männer mit, um die Figuren zu holen. Als
er die Schnitzereien sieht, wird Hedin »schwindlig« vor Erregung.
»Ich wollte umkehren«, vertraut er seinem Tagebuch an. »Aber das
wäre Wahnsinn gewesen! Unser Wasservorrat reichte nur noch für
zwei Tage.« Es bleibt ihm nichts anderes übrig, als sich auf nächsten Winter zu vertrösten. Nach seinem »Ausflug« nach Tibet wolle er zurückkommen, sagt er sich, um in aller Ruhe den Fundort
gründlich zu untersuchen.

In Wirklichkeit aber ist er weit früher zurück. Denn Tibet weist
ihn ab, und er muß seinen großen Traum von der verbotenen Stadt
vorerst aufgeben. Die Lop-Wüste wird ihn dafür reichlich entschä-
digen.

Auf schnellstem Wege begibt sich Hedin dorthin, wo er Monate
zuvor aufgehört hat: zu den durch das Mißgeschick mit dem ver-
lorenen Spaten zufällig entdeckten Ruinen. Zuerst fertigt er einen
genauen Plan der Fundstätte an. Dann läßt er seine Leute systematisch jedes Haus ausgraben. Als Anreiz für die Knochenarbeit stellt
er jedem eine zusätzliche Belohnung in Aussicht, der »irgend etwas
von Menschenhand Geschriebenes« findet. Schon bald kommt ein
Stück Holz mit einer indischen Inschrift zum Vorschein, gefolgt
von einer Reihe alter Papierblätter, auf denen chinesische Schriftzeichen zu erkennen sind. Diese Handschriften erweisen sich als
eminent wichtig, denn sie identifizieren den Ort als Loulan und
liefern eine genaue Beschreibung des Lebens vor 2000 Jahren. Damals standen noch Häuser am Ufer des Lop Nor, umgeben von
blühenden Gärten und Wäldern, in denen Tiger umherstreiften; in
Einbäumen fuhren Fischer hinaus auf den See, um zu angeln und
Netze auszulegen. Damals war Loulan eine chinesische Garnison,
der westlichste Vorposten des Reichs, dazu ausersehen, die Nomadenvölker ringsum in Schach zu halten und den Handel auf der
Seidenstraße zu sichern. Die 36 hier gefundenen Handschriften
künden von einer Stadt mit hochentwickeltem Gemeinwesen – mit
Schulen, Krankenstation, Post und Verwaltung. Sie verraten aber
auch, wie ähnlich uns diese Menschen waren. Die Zeugnisse umfassen alles, was im damaligen Leben eine Rolle spielte: von Hym-
nen an die Götter bis hin zu profanen Verzeichnissen über bestrafte
Steuersünder oder Kindergekritzel.

Noch 260 n. Chr. berichten die Quellen von der Gründung einer 1000 Mann starken Militärkolonie, aber nur 70 Jahre später reißen die Nachrichten aus Loulan abrupt ab. In diesen Jahrzehnten ereignete sich eine Naturkatastrophe ungeahnten Ausmaßes. Der Tarim-Fluß, dessen Wasser nicht nur den Lop Nor speiste, sondern auch Loulan mit Süßwasser versorgte, änderte plötzlich seine Richtung. Er floß nicht mehr nach Osten, sondern bog nach Süden ab. Damit wurde Loulan vom lebensnotwendigen Wasser abgeschnitten und mußte aufgegeben werden. Auch der Lop Nor begann als Folge des Wasserentzugs auszutrocknen. Dafür entstand am neuen Terminal des Tarim-Flusses ein neuer See.

Zusammen mit anderen Fundstücken, darunter 120 mit Schriftzeichen versehene Holztafeln sowie das Fragment eines Teppichs, läßt Hedin die Schriften verpacken und auf Kamelrücken laden. Dann wendet er sich endgültig nach Süden, um einen neuerlichen Versuch zu unternehmen, Lhasa zu erreichen, diesmal als buddhistischer Pilger verkleidet.

Daß der Schwede die Handschriften mitnahm, ist ihm mehr als alles andere von den Chinesen verübelt worden. Nicht einmal die brutalen Methoden, mit der etliche seiner Nachfolger buddhistische Höhlen ihrer Schätze und Malereien beraubten, hat die Chinesen mehr in Rage gebracht als der Diebstahl jener schriftlichen Zeugnisse ihrer Geschichte. Noch heute gilt Sven Hedin neben Aurel Stein als schlimmster jener »fremden Teufel«, die unter dem Deckmantel wissenschaftlicher Forschung unersetzliche Kulturschätze aus China fortschafften. Ohnmächtig mußten sie zusehen, wie er für seine Leistungen geadelt und geehrt wurde.

Hedin, der mit dem Anspruch angetreten war, die letzten weißen Flecken auf den Landkarten von Zentralasien und Tibet zu tilgen, hat zwar eines seiner größten Ziele – Lhasa – nie erreicht, aber das tat seinem Ruhm keinen Abbruch. Die Universitäten Oxford und Cambridge verliehen ihm die Ehrendoktorwürde, zweimal wurde er mit der begehrten Goldmedaille der Royal Geographical Society ausgezeichnet. Hinter dem Aussehen eines Stubengelehrten verbarg sich eine außergewöhnliche Persönlichkeit, in der Sir Francis Younghusband, der dem 25jährigen Hedin in Kashgar begegnete, »alle charakteristischen Eigenschaften des echten Forschers« erkannte – »körperlich robust, genial, gelassen, kühl und beharrlich«. Zudem war er künstlerisch begabt und konnte sich in sieben Sprachen verständigen. Seine Bücher wurden in 30 Sprachen übersetzt. Im Rahmen seiner Expeditionen zeigte er sich als Führerpersönlichkeit, die sich und seine Leute oft rücksichtslos vorantrieb – manche sogar in den Tod. Auf der anderen Seite scheute er sich, Tiere zu töten, auch wenn Dutzende auf seinen strapaziösen Märschen verendeten. Seinen Begleithunden widmete er sogar ein eigenes Buch. Hedin konnte der Versuchung nicht widerstehen, sich im Glanze der Mächtigen seiner Zeit zu sonnen, die ihn als Berühmtheit feierten und ihrerseits für ihre Zwecke benutzten.

Aber so kometenhaft sein Stern einstmals aufgegangen war, so rasch versank er wieder. Sven Hedin starb einsam und verbittert, als Paria von seiner schwedischen Heimat ausgestoßen und verachtet. Er hatte den Fehler gemacht, sich zweimal in Machtpolitik einzumischen: Sowohl im Ersten als auch im Zweiten Weltkrieg stellte er sich demonstrativ an die Seite Deutschlands. »Sie haben die Menschheit verleugnet, Sven Hedin, und so verleugnet Sie heute das schwedische Volk«, schleudert ihm der Autor eines 1917 erschienenen Buches entgegen. Und zum Schluß setzt er noch eines drauf, indem er formuliert: »Was bedeuten uns schon Ihre Entdeckungen? Was interessiert es uns, ob Sie Tibet und China erforscht haben?«

Doch Hedins Leistungen als geographischer Forschungsreisender sind über solche Verunglimpfungen erhaben. Wie abstoßend man auch seine Verherrlichung Nazi-Deutschlands empfinden mag, seine Verdienste als glänzender Kartograph bleiben bestehen. Moderne Satellitenaufnahmen haben die von ihm gezeichneten Karten nur bestätigt.

Einer, dem Hedins Forschungsergebnisse viel bedeuteten und den sie – nicht ganz uneigennützig – auch brennend interessierten, war der britisch-ungarische Orientalist Aurel Stein.

Zur richtigen Zeit am richtigen Ort

Der in Budapest als Sohn jüdischer Eltern geborene Stein war hoch gebildet. Nach dem Studium orientalischer Sprachen in Wien und Leipzig promovierte er im Alter von 21 Jahren zum Doktor der Philosophie in Tübingen. Anschließend verbrachte er drei Jahre in

Oxford, um klassische Archäologie zu studieren und seine Sprach-kenntnisse zu erweitern. Beim ungarischen Militärdienst, den er zwischendurch ableistete, erhielt er eine Ausbildung zum Landver-messer, was ihm später sehr nützlich sein sollte.

Stein war von seiner Schulzeit an fasziniert von den Feldzügen und Reisen Alexanders des Großen, der die griechische Kultur bis nach Indien getragen hatte – sogar noch viel weiter, als Stein erah-nen konnte. Es ist sicher kein Zufall, daß es den Ungarn schließlich nach Indien verschlug. Dort konnte er seinen Jugendträumen nach-jagen, dort war er jener Welt am nächsten, für die er sich so be-geisterte.

In Lahore, wo Stein, nachdem er in den britischen Kolonial-dienst eingetreten war, sich als Lehrer über Wasser hält, lernt er den Vater von Rudyard Kipling kennen, der ein Museum betreut, das eine Kollektion erlesener Kunstwerke aus der Gandhara-Epoche beherbergt. Von Vater Kipling lernt Stein viel über diesen seltsamen Kunststil, der aus einer Verschmelzung von Hellas mit Indien her-vorgegangen und durch die Lehre Buddhas entlang der Routen der Seidenstraße bis nach China getragen worden ist. Als »Wonder House« hat das Museum in Rudyard Kiplings Roman »Kim« Un-sterblichkeit erlangt.

Stein hat – ähnlich wie Hedin – das Glück, zum richtigen Zeit-punkt auf die richtigen Leute zu treffen. In seinem Fall ist es Lord Curzon, britischer Vizekönig und mächtigster Mann in Indien. Im Rahmen seines Besuchs in Lahore wird Stein gebeten, ihn durch das Museum zu führen. Dabei findet Stein auch Gelegenheit, mit dem Vizekönig über seine ehrgeizigen Pläne zu sprechen, die Ge-biete jenseits des Karakorum zu erforschen. Steins Ideen fallen auf fruchtbaren Boden. Unmittelbar darauf beauftragt Lord Curzon den britischen Vertreter in Peking, dafür zu sorgen, daß Stein ein »Permit« erhält, das es ihm gestattet, nach Chinesisch-Turkestan zu reisen. Gleichzeitig reicht Stein ein wohlbegründetes Ansuchen bei der Regierung von Indien ein. »Aus historischen Dokumenten«, so schreibt er, »ist allgemein bekannt, daß das Territorium des gegenwärtigen Khotan ein altes buddhistisches Kulturzentrum war. Seinem Ursprung und Wesen nach eindeutig indisch.«

Als Beweis führt er einige Altertümer auf, die man erst kürzlich in der öden Takla-Makan-Wüste gefunden hat. Und wenn, so ar-

gumentiert er, »die gelegentliche Suche einheimischer Schatzsucher« diese Dinge ans Licht gebracht hätten, um wieviel mehr
müßten erst die systematischen Forschungen eines europäischen
Archäologen erbringen. Stein findet noch einen weiteren einflußreichen Mitstreiter: Dr. Rudolf Hörnle.

Hörnle erwartet sich durch Steins Expedition weitere Handschriften für seine Sammlung. Außerdem ist er brennend daran
interessiert, Genaueres über die Fundstätten seines Hauptlieferan-
ten Islam Akhun aus erster Hand zu erfahren. Dieser Wunsch wird
ihm auch in Erfüllung gehen, wenngleich nicht so, wie es sich
Hörnle wünscht. Im Verbund mit Hörnle, der sich nicht scheut, die
chauvinistische Karte zu spielen, indem er diese Gebiete zum na-
türlichen britischen Einflußbereich erklärt, gelingt es jedenfalls, die
Genehmigung der indischen Regierung zu erlangen.

Stein bereitet sich äußerst sorgfältig auf sein Unternehmen vor.
Dem gerade veröffentlichten zweibändigen Werk Hedins »Durch
Asiens Wüsten« entnimmt er viele wertvolle Informationen und
Anregungen. Stein ist gewarnt. Er weiß nun um die besonderen
Schwierigkeiten und Gefahren des Reisens in der Takla Makan.
Der Untergang von Hedins Karawane führt ihm drastisch vor Au-
gen, daß er die heiße Jahreszeit meiden muß und daß längere Grabungen wohl nur im Winter möglich sind. Dank der Pionierarbeit
Hedins kennt er nicht nur die klimatischen Besonderheiten, auf die
er Rücksicht zu nehmen hat, sondern er ist nun auch im Besitz
wertvoller Karten, die Routen und Wege ausweisen. Vor allem aber
braucht er nur den Spuren des Schweden zu folgen, um zu seinem
ersten archäologischen Ziel zu gelangen, zu den nordöstlich von
Khotan im Sand begrabenen Ruinen von »Taklamakan«, wie Hedin die versunkene Stadt nannte.

Abgesehen davon, daß Stein der Pfadfinderrolle Hedins einiges
verdankt, gibt es zwischen den beiden Männern eine ganze Reihe
von Gemeinsamkeiten. Wie Hedin ist Stein klein und untersetzt,
beide bleiben Junggesellen, beide werden über achtzig Jahre alt,
und beide haben ihre Ziele mit außergewöhnlicher Entschlossenheit verfolgt. Betrachtet man das gesamte Lebenswerk Sven Hedins, dann stellen seine Aktivitäten in Zentralasien nur einen Teil
seiner Forschungsreisen dar, während Aurel Stein sich ganz und gar
dieser Region widmet. Hedin war in erster Linie und vor allem

geographischer Eroberer und Kartograph, dessen Ehrgeiz darin bestand, die Lücken auf den Landkarten zu schließen. Stein hingegen war besessen von der Idee, die Reiseroute eines anderen seiner Helden, des chinesischen Pilgermönchs Xuanzang, zu rekonstruieren, in der Hoffnung, dabei auf die Relikte jener buddhistischen Welt zu stoßen, die der Indien-Pilger in den schillerndsten Farben beschrieb.

Im Mai des Jahres 1900 trifft Stein in Kashgar ein, wo er Freundschaft mit Macartney schließt, in dessen komfortabler Residenz Chini-bagh er die Wartezeit bis zum Ende des Sommers verbringt. Obwohl Macartneys Rivale, der grimmige Petrowskij, alles unternimmt, um die chinesischen Behörden gegen Stein aufzubringen, erreicht er ohne große Schwierigkeiten die Oase Khotan. Unterwegs sucht er vergeblich nach jenem sagenhaften Ort, von dem angeblich Islam Akhuns Funde stammen. Weder die Begs, die lokalen Dorfvorsteher, noch die Ältesten haben etwas von der Entdeckung alter Bücher gehört. In Qara Qöl Mazar, wo Islam Akhun ein 16 Kilometer langes Gräberfeld entdeckt haben will, findet Stein lediglich einen einzigen Sandhügel, aus dem ein paar Votivtäfelchen ragen. Nichts deutet darauf hin, daß der künstliche Hügel – ein muslimisches Heiligengrab, wie Stein vermutet – je den Spaten eines Schatzsuchers sah, geschweige denn Schriften oder Blockdrucke aus buddhistischer Zeit beherbergte.

In Khotan angekommen, macht ihm nach und nach die Creme einheimischer Schatzsucher ihre Aufwartung. Nur der berühmteste von allen, wie Stein spöttisch feststellt, ist nicht dabei. Islam Akhun hat es vorgezogen, beim Herannahen von Steins Karawane die Stadt in aller Eile zu verlassen. Die einzige Spur von ihm ist eine alte Handschrift, die Stein im Bazar zum Kauf angeboten wird. Ihm fällt sofort ihre Ähnlichkeit zu manchen Büchern in der Sammlung Hörnles auf. Der anschließende »Wassertest« entlarvt sie als Fälschung. Ohne Mühe lassen sich die »unbekannten Schriftzeichen« wegwischen.

Von den einheimischen Schatzsuchern, die Stein bereitwillig mit Informationen versorgen, fällt ihm ein Mann namens Turdi auf, der schon seit Jahrzehnten die Takla Makan auf der Suche nach Gold durchstreift. Durch ihn erfährt er von Dandan Oilik, einer im Sand begrabenen Ruinenstadt unweit von Khotan, hinter der er nichts anderes als Hedins »Taklamakan« vermutet. Stein hat diesen Ort schon längst als erstes Ziel im Visier. Aus dem Reisebericht Hedins weiß er, daß der Schwede sich lediglich einen Tag dort aufhielt – viel zu kurz, um verborgene Schätze zu finden. Jetzt hat er einen Grund mehr, sofort in die Wüste aufzubrechen.

Schon auf dem Marsch von Kashgar nach Khotan hat der gebürtige Ungar einen Vorgeschmack auf die Takla-Makan-Wüste bekommen. Jetzt lernt er sie näher kennen. Je weiter er mit seinen Leuten in ihr Inneres eindringt, desto schwieriger wird das Vorankommen. Die schwerbeladenen Packtiere sinken tief in den weichen Flugsand ein. Als sie endlich Dandan Oilik erreichen, bietet sich ihm ein Bild völliger Verwüstung. Zur »eigenartigen, von Tod und Einsamkeit gezeichneten Umgebung« gesellt sich der Eindruck von »etwas makaber Faszinierendem«, der vom fast vollständigen Verfall der einst von Menschen bewohnten Siedlung ausgeht. So faßt Stein seine ersten Eindrücke zusammen.

Als nächstes bemerkt er, daß seine Vorgänger erheblichen Schaden angerichtet haben. Allerdings mußten sie sich aus Zeitmangel meist mit den aus dem Sand ragenden Relikten begnügen. Für längere Grabungen fehlten ihnen die Mittel. Stein hingegen kann es sich leisten, wochenlang hier zu bleiben. Darüber hinaus verfügt er über eine große Anzahl an Arbeitern, die er im letzten Dorf rekrutiert hat. Mit ihrer Hilfe hofft er selbst an metertief unter dem Sand begrabene Ruinen zu gelangen. Nicht zuletzt erweist sich der erfahrene Turdi als unschätzbare Hilfe, denn er weiß wie kein anderer um jene Plätze, die von ihm selbst und seinesgleichen noch nicht geplündert worden sind.

Wie von Hedin in Loulan bereits erfolgreich praktiziert, versucht auch Stein seine Männer mit der Aussicht auf Belohnung anzuspornen. Mit Erfolg! Schon am ersten Tag kommen buddhistische Wandgemälde und etliche Stuckreliefs ans Licht. Die meisten davon sind jedoch bereits so verfallen, daß sie sich nicht abnehmen lassen. Während der folgenden Wochen reißt der stete Strom an Funden nicht mehr ab. Bald gibt der Sand die ersten – von Stein so begehrten – schriftlichen Zeugnisse preis. Zuerst erscheinen Sanskrittexte aus dem buddhistischen Kanon; sie stammen aus einem Klostergebäude, das einstmals eine ganze Bibliothek beherbergte. Später folgen Manuskripte in der indischen

183

Brahmi-Schrift und in Chinesisch. Es ist nicht das letzte Mal, daß Stein bedauert, nie die chinesische Sprache erlernt zu haben. Diese Lücke in seiner Ausbildung wird ihn später noch teuer zu stehen kommen.

Trotzdem gelingt es ihm, eine Fülle von Details aus dem Leben in Dandan Oilik und wichtige geschichtliche Eckdaten zu rekonstruieren. Denn Aurel Stein findet für seine Arbeiten im führenden Sinologen Edouard Chavannes einen kongenialen Partner. Was Stein in der Wüste zutage fördert, übersetzt Chavannes. Chavannes' Arbeiten wiederum kombiniert Stein mit seinen Beobachtungen vor Ort. Auf diese Weise gelingt es, die Ruinen wieder zum Leben zu erwecken und ihnen ihre Geheimnisse Stück für Stück zu entreißen. Es zeigt sich, daß die Stadt gegen Ende des 8. Jahrhunderts aufgegeben werden mußte, weil das lebenswichtige Wasser allmählich versiegte.

Alles in allem legt Stein in den drei Wochen, die er in Dandan Oilik zubringt, 14 Gebäude frei. Er ist hoch zufrieden, als er am 9. Januar des Jahres 1901 die Ruinenstadt verläßt, um mehrere mit Altertümern prall gefüllte Kisten reicher. Darüber hinaus scheinen die Funde seine Theorie zu bestätigen. Sie machen deutlich, daß diese Kultur aus einem Verschmelzungsprozeß von indischen, persischen und chinesischen Einflüssen hervorgegangen ist.

So betrachtet, wird die Wehmut verständlich, die Stein zum Abschied befällt. »Mit gemischten Gefühlen sagte ich den schweigenden Sanddünen Lebewohl«, schreibt er. »Sie hatten genug geliefert, um die meisten Fragen zu beantworten, die sich in bezug auf die seltsamen Ruinen stellen, zu deren Erhaltung sie beigetragen haben, und im Laufe meiner Wanderungen über diese sich sanft erhebenden Wellen aus Sand hatte ich diese schlichte Landschaft fast liebgewonnen.«

Das hindert Stein jedoch nicht, sich umgehend neuen Zielen zuzuwenden. Heutigen Archäologen, die sich meistens jahrelang einer einzigen Grabungsstätte widmen, mag die ungebührliche Eile befremdend erscheinen. Man kann sogar jenen Kritikern recht geben, die seine Expeditionen in erster Linie als Beutezüge geißeln. Stein stand unter beträchtlichem Leistungsdruck. Er war kein Schliemann, dem ein großes Privatvermögen zur Verfügung stand. Deshalb war er darauf angewiesen, seine Geldgeber durch Erfolge bei Laune zu halten. Aber man muß auch bedenken, daß die wissenschaftliche Archäologie damals noch in ihren Anfängen steckte und Stein vielfach Pionierarbeit zu leisten hatte. Und es ist nun mal ein himmelweiter Unterschied, ob die Ausgrabungsstätte in Griechenland liegt oder inmitten der Takla Makan. Stein war weitgehend auf sich allein gestellt. Ihm stand weder geschultes Grabungspersonal zur Verfügung, noch gab es eine Infrastruktur, die monatelange Aufenthalte im wasserlosen Sandmeer ermöglicht hätte.

Von Dandan Oilik aus folgt Stein jener Route quer durch die Wüste, die vor ihm bereits Hedin genommen hat. Nach Erreichen des Keriya Darya zieht er allerdings entlang der Südroute der Seidenstraße in Richtung Osten weiter. In der Oase Niya erfährt er von einer *kone-shahr*, einer »alten Stadt«, in der seltsame Holztäfelchen gefunden wurden, die man den Kindern als Spielzeug überließ. Als er eines davon in den Händen hält, stockt ihm der Atem. Sie sind in Karoshthi beschrieben, einer uralten Schrift, die in den Jahrhunderten vor und nach Christi Geburt im äußersten Nordwesten Indiens verwendet wurde.

Dank einem kundigen Führer aus Niya, dem Stein eine hohe Belohnung verspricht, wird er schnell fündig. Nachdem er mit seiner Karawane fünf Tage lang am zugefrorenen Niya Darya nordwärts marschiert ist, steht er vor den ersten Häusern, die halb zugeweht aus dem Sand ragen. Stein erkennt bald, daß die Ruinenstadt, die ebenfalls Niya heißt, viel älter ist als Dandan Oilik. Die über 200 Karoshthi-Texte bestätigen den Bericht des Pilgermönchs Xuanzang, demzufolge das Gebiet von Khotan und seine Umgebung ursprünglich von Indern kolonisiert wurde.

Die beginnende Sandsturm-Zeit setzt Steins Aktivitäten ein Ende. Bei brütender Hitze und tobenden Staubstürmen, in denen der Flugsand kilometerhoch in die Atmosphäre geschleudert wird, verläßt er die Takla Makan. Er zieht sich nach Khotan zurück. Hier hat er noch zwei Aufgaben zu erledigen: die eine archäologischer, die andere kriminalistischer Natur.

Im Fall eins handelt es sich um ein verfallenes Gebäude am Rande der Oase, das die Einheimischen einfach als »altes Haus« bezeichnen. Daher ist Stein mehr als überrascht, als er feststellt, daß es sich in Wirklichkeit um einen mächtigen, freistehenden Stupa handelt. Obwohl zum Teil bis zu sieben Meter unter dem Sand begraben, ist Rawak, wie der Stupa genannt wird, das eindrucksvollste Bauwerk aus buddhistischer Zeit, das er bisher gefunden hat. Das Terrain ringsum trägt die Handschrift einheimischer Schatzsucher. Überall liegen verstreut zerschlagene Köpfe und Torsos von Figuren, die auf der Suche nach verstecktem Gold zerstört und dann achtlos fortgeworfen wurden.

Neun Tage lang graben seine Männer unter zunehmender Tageshitze. Dabei legen sie eine ganze Reihe monumentaler Figuren frei, die Buddhas, Bodhisattvas und andere Gestalten aus dem buddhistischen Pantheon darstellen. Nicht aus Skrupel, sondern wegen des Transportproblems, läßt sie Stein *in situ* zurück. Nachdem er sie fotografiert und ihre Lage und Anordnung in seinen Plan eingezeichnet hat, müssen die Männer, die sie soeben mühsam freigeschaufelt haben, wieder sorgfältig begraben. »Es war eine traurige Pflicht, die ich hier erfüllen mußte«, schreibt Stein, »und sie erinnerte mich auf seltsame Weise an eine echte Beerdigung.«

Seine Vorsichtsmaßnahme erweist sich jedoch als nutzlos. Als er fünf Jahre später nach Khotan zurückkehrt, muß er erfahren, daß chinesische Grabräuber in der Zwischenzeit den Stupa geplündert und alle Figuren zerschlagen haben, weil sie darin Schätze vermuteten.

Obwohl kein Zweifel mehr besteht, daß dieser Islam Akhun nichts anderes als ein gerissener Fälscher ist, und Stein genügend Beweismittel in der Hand hat, dies zu belegen, ist er entschlossen, ihn persönlich zu stellen. Bislang jedoch hat Islam Akhun jede Begegnung vermieden. Stein bleibt nicht viel anderes übrig, als die örtliche Justiz einzuschalten, woraufhin der chinesische *amban* den Übeltäter in einem Nachbardorf aufspüren und verhaften läßt. Doch Islam Akhun leugnet jede Beteiligung an den Fälschungen. Stein gegenüber behauptet er, die Handschriften im Auftrag anderer verkauft zu haben. Die Hintermänner, die er nennt, sind entweder bereits gestorben oder längst geflohen. Erst als Stein ihn mit Protokollen seiner früheren Aussagen gegenüber Macartney konfrontiert und Straffreiheit zusichert, wenn er mit der Wahrheit herausrücke, bekennt er Farbe. Im Laufe des weiteren Verhörs wird er immer gesprächiger und erzählt in allen Einzelheiten, wie er und seine Helfer die Handschriften herstellten und ihren schwungvollen Handel damit betrieben. Stein kann nicht umhin, den erfindungsreichen und eloquenten Schwindler insgeheim zu bewundern. Islam Akhun macht auf Stein den Eindruck eines Mannes »von für jene Gegend erstaunlicher Intelligenz, der zudem über ein rasches Auffassungsvermögen und Humor verfügte«. Besonders amüsieren ihn Islam Akhuns »witzige und schlagfertige Bemerkungen über den ehrlichen alten Turdi, den er mit lächelnder Unverfrorenheit«, wie sich Stein erinnert, »ein lebendes Beispiel dafür nannte, daß es in der Wüste nichts zu holen gibt«. Nur zu gern hätte Stein einige seiner Druckstöcke als Beweismittel mitgenommen. Aber nur ein einziger ist noch aufzutreiben, denn wie ein Lauffeuer hatte sich Islam Akhuns Verhaftung herumgesprochen, und seine ehemaligen Kumpane hatten aus begreiflichen Gründen alle Spuren ihrer Komplizenschaft schnell beseitigt.

Doch Stein hat allen Grund zur Zufriedenheit, als er Khotan in Richtung Kashgar verläßt, denn seine erste Expedition nach Zentralasien ist weit erfolgreicher verlaufen, als er es sich jemals erträumt hätte. Am 29. Mai 1901 macht er sich schließlich auf den weiten Weg nach London mit all seinen Schätzen im Gepäck, sorgfältig verpackt in zwölf hölzernen Kisten.

Dort angekommen, steht ihm zunächst ein Canossa-Gang bevor. In einem vertraulichen Gespräch muß er seinem Freund und Mentor Hörnle die peinliche Wahrheit über Islam Akhun und die aus seiner Werkstatt stammenden Bücher enthüllen. Der wissenschaftliche Fehltritt wird Hörnle von seinen Fachkollegen offenbar stillschweigend verziehen. Denn die demütigende Episode findet weder in den Arbeiten zeitgenössischer Orientalisten einen Widerhall, noch wird sie im Nachruf auf ihn irgendwie erwähnt. Auch Stein vermeidet das Thema in seinen Publikationen taktvoll.

Aurel Steins spektakuläre Entdeckungen sorgten in Europa für großes Aufsehen – in Fachkreisen jedenfalls. Auf dem in Hamburg stattfindenden 13. Orientalistenkongreß wurde er für seine Leistungen besonders geehrt. Die Büchse der Pandora war damit endgültig geöffnet. Denn die Fachwelt, die sich bisher hauptsächlich mit der Erforschung des klassischen Altertums, mit Ägypten und den Kulturen des Vorderen Orients beschäftigt hatte, blickte nunmehr gebannt nach Zentralasien. Steins Erfolge hatten klargemacht, daß dort, ähnlich wie in Ägypten durch das trockene Wüstenklima konserviert, eine bisher unbekannte buddhistische Kultur schlummerte, deren Erforschung noch viele weitere Entdeckungen versprach. Als Folge bedrängten die Gelehrten immer heftiger ihre Regierungen in Paris, Berlin und St. Petersburg, Mittel für eigene Expeditionen bereitzustellen. Der »internationale Wettlauf« um die Schätze der Seidenstraße konnte beginnen. Auch das Motto kannte man bereits. Es lautete: »Wer zuerst kommt, gräbt zuerst!«

Entdeckerruhm und internationale Claims

»Wenn Frankreich nichts unternähme«, verkündete der bedeutende Orientalist Sylvain Levi chauvinistisch, »wäre das Verrat an unserer glorreichen Tradition.« In Berlin wurde ein Komitee ins Leben gerufen, vom Kaiser höchstpersönlich protegiert und vom Rüstungsfabrikanten Krupp großzügig finanziell unterstützt, das sich ganz der archäologischen Ausbeutung dieser Region widmen sollte. Mit einiger Verspätung folgte dann Rußland mit der Gründung eines Komitees zur Erforschung Zentral- und Ostasiens.

Erstaunlicherweise waren es jedoch nicht Gelehrte aus den genannten europäischen Großmächten, die sich als nächste auf den beschwerlichen Weg ins Tarim-Becken aufmachten, sondern Vertreter eines aufstrebenden asiastischen Inselreiches. Eine Gruppe buddhistischer Mönche aus Kyoto reiste im Jahre 1902 entlang der Nordroute der Seidenstraße westwärts. Sie war vom japanischen Grafen Kozui Otani ausgeschickt worden, um nach den Wurzeln ihres Glaubensbekenntnisses zu suchen und so nebenbei auch archäologische Ausgrabungen durchzuführen. Der vermögende Graf, der durch verwandtschaftliche Beziehungen zum Herrscherhaus beträchtlichen politischen Einfluß besaß, war gleichzeitig Oberhaupt der sogenannten »Schule des Reinen Landes«, einer buddhistischen Sekte, deren Ursprung in China liegt. Außerdem interessierte sich Otani lebhaft für die buddhistisch geprägten Kulturen in Zentralasien und Tibet. Einen der Mönche, die er 1902 losschickte, ließ er zuvor ein Jahr lang in Oxford studieren. Er selbst war Mitglied der Royal Geographical Society und unterhielt rege Kontakte zu europäischen Forschern. Sowohl Hedin als auch Stein waren seine Gäste.

Anders als die straff organisierten Expeditionen der Europäer bewegten sich die Mönche so unauffällig, daß sie kaum wahrgenommen wurden. Jedenfalls entgingen sie dem feinmaschigen Netzwerk einheimischer Spitzel, deren sich sowohl Briten als auch Russen bedienten. Allerdings waren die Mönche, was ihre archäologischen Ambitionen betrifft, nicht sonderlich erfolgreich. Zwar gebührt ihnen die Ehre, als erste die mit erlesenen Kunstwerken ausgestatteten Höhlen von Kizil gefunden zu haben, aber ihren Grabungen wurde durch ein heftiges Erdbeben ein vorzeitiges Ende gesetzt, wobei sie unglücklicherweise auch alle ihre Aufzeichnungen und Fotografien verloren. Gemessen an Aurel Steins Beute nahmen sich ihre in Weidenkörbe gepackten Mitbringsel, mit denen sie nach Japan zurückkehrten, bescheiden aus.

Das entmutigte den Grafen jedoch nicht, im Jahre 1908 eine weitere Expedition auszuschicken. Sie bestand aus lediglich zwei Personen: Zuicho Tachibana und Eizaburo Nomura. Offiziell reisten sie als archäologisch interessierte Mönche, inoffiziell jedoch beschäftigten sie bald die britischen und russischen Geheimdienste. Vielleicht wäre auch ihre Mission wie die vorangegangene weitgehend unbeachtet geblieben, hätte nicht das japanische Konsulat in Kalkutta selbst die Briten aufgeschreckt, indem es die indische Regierung über ihre Reise in Kenntnis setzte. Das führte zu hektischen nachrichtendienstlichen Aktivitäten. Allein die Tatsache, daß sie Japaner waren, machte sie in den Augen der Briten – natürlich auch der Russen – verdächtig. Denn nach dem Russisch-Japanischen Krieg im Jahre 1905, der mit einer Niederlage Rußlands endete, war Japan quasi über Nacht zu einer ernstzunehmenden Macht in Asien geworden. Einen weiteren Mitspieler im »Great Game«, darin waren sich Russen und Briten einig, durfte es nicht geben. Man vermutete, daß die archäologischen Forschungen nur eine Tarnung und die Mönche in Wirklichkeit Spione seien.

Der Russe Petrowskij ließ seinen britischen Gegenspieler in Kashgar wissen, daß er in Erfahrung gebracht habe, die beiden Japaner seien Offiziere des kaiserlichen Heeres. Woraufhin die Briten ihr Netzwerk an *aksakals*, indischen Händlern, die in den wichtigsten Oasenorten lebten, aufboten, um die beiden Männer monatelang zu beschatten. Schlüssige Beweise für ihre Agententätigkeit blieben sie jedoch schuldig.

Die beiden Mönche hielten sich zunächst über zwei Monate in der geschichtsträchtigen Region um die Oase Turfan auf. Dort gruben sie an einer Reihe von Ruinenstätten. Dann wanderten sie auf der Nordroute der Seidenstraße in Richtung Westen. In der Nähe von Korla, am nördlichen Rand der Takla Makan trennten sie sich. Tachibana zog durch die Lop-Wüste nach Loulan und weiter an den Südrand der Takla Makan. Dort folgte er im wesentlichen den Spuren Aurel Steins und unternahm Grabungen in den uralten Oasen Niya und Khotan, ehe er nach Kashgar reiste, um dort seinen Partner wieder zu treffen. Nomura hielt sich mehrere Wochen in der Gegend von Kucha auf, wo seine Vorgänger seinerzeit, durch das Erdbeben gestört, ihre hoffnungsvollen Grabungen in den Höhlenheiligtümern von Kizil abbrechen mußten. Die Enttäuschung dürfte groß gewesen sein, als er feststellte, daß in der Zwischenzeit andere die Grotten leergeräumt hatten.

Nachdem sich die beiden in Kashgar wieder vereint hatten, wurden sie höflich, aber bestimmt aus Chinesisch-Turkestan hinauskomplimentiert.

Wenn sie wirklich japanische Agenten waren, wie der britische Geheimdienst behauptete, dann verhielten sie sich ungewöhnlich dilettantisch – oder besonders geschickt, wenn das ihre Masche war. Es spricht nicht gerade von geheimdienstlicher Professionalität, wenn ihnen in Kashgar das Geld ausgeht und sie sich ausgerechnet an den britischen Geschäftsträger wenden, um ein Darlehen zu erbitten. Auf der anderen Seite sind auch die Erkenntnisse, die die Bespitzelung erbringt, ziemlich dünn. Viel mehr an Hinweisen, als daß man sie beim Anfertigen von Zeichnungen oder bei Vermessungen beobachtet habe, gehen durch die Informanten nicht ein. Eine durchaus gewöhnliche Tätigkeit von Archäologen bei der Feldforschung, der auch Aurel Stein und andere nachgingen.

Aber die beiden Japaner schien es nicht sonderlich bekümmert zu haben, daß man jeden ihrer Schritte beobachtete. In Kashgar, gewissermaßen vor den Augen des britischen Konsuls, lassen sie es sich nicht nehmen, auf der Stadtmauer umherzulaufen, um ihre Umrisse abzuzeichnen, was prompt als weiterer Beweis ihrer Spionagetätigkeit gewertet wird. Besonders verdächtig aber sind die dicken Briefe, die sie treuhänderisch über den britischen Vertreter verschicken. Sie hätten, so mutmaßt man, womöglich Karten und

Geheimberichte enthalten. Vielleicht hat man sie deshalb nicht geöffnet, weil sonst die Frage ein für allemal geklärt gewesen wäre. So aber findet das Spiel eine Fortsetzung im Winter 1910.

Da taucht der Japaner Zuicho Tachibana erneut an der Seidenstraße auf, und diesmal läßt er sich nicht vorher durch seine Regierung ankündigen. Als Macartney, der britische Konsul in Kashgar, der sich rühmte, stets gut informiert zu sein, von der Anwesenheit des vermeintlichen Spions erfährt, ist Tachibana bereits seit vier Monaten in seinem Einflußbereich unterwegs. Auch die Umstände, durch die Macartney schließlich Kenntnis erlangt, sind wenig erbaulich. Nach den Erfahrungen seiner letzten Reise, so vermutet man, würde der Japaner Briten künftig aus dem Wege gehen. Aber weit gefehlt: Diesmal erscheint er mit einem Briten als Begleiter.

Hobbs, wie der Mann heißt, und Tachibana haben sich gemeinsam über Rußland nach Urumqi und weiter nach Turfan begeben. Dort trennen sie sich vorübergehend und vereinbaren, sich in Kucha wieder zu treffen. Tachibana wendet sich den Ruinen von Loulan zu, während Hobbs sich auf der Nordroute der Seidenstraße in Richtung Westen vorarbeitet. Am 13. Januar 1911 erhält Macartney ein Telegramm von seinem Gewährsmann aus Kucha, daß dort ein britischer Reisender an Pocken erkrankt sei. Noch am selben Tag erreicht ihn ein verzweifelter Hilferuf von Hobbs selbst. Zu spät! Noch ehe der indische Krankenhelfer, den Macartney auf die 620 Kilometer lange Reise nach Kucha geschickt hat, den Ort erreicht, ist Hobbs tot. Er starb einen einsamen und qualvollen Tod. Macartney beschließt, die sterblichen Überreste des glücklosen Briten zur Bestattung nach Kashgar zu überführen. Infolge bürokratischer Schwierigkeiten, wohl aus Angst vor Ansteckung, dauert es fast drei Monate, bis die Leiche von Hobbs in Kashgar eintrifft. Beim Begräbnis, bei dem Macartney die Grabesrede hält, taucht ein unerwarteter Trauergast auf – Tachibana. Als er in Kucha vom Tod seines Gefährten erfuhr, war er sofort nach Kashgar geeilt.

Vielleicht ist Macartney nach einem vertraulichen Gespräch mit Tachibana zu dem Schluß gekommen, daß man ihn zu Unrecht verdächtigt hatte, denn in seiner Mitteilung an die indische Regierung bezeichnet er ihn lediglich als »den reisenden japanischen Archäologen«. Trotzdem läßt er ihn auch während seiner Rückreise bis nach Dunhuang beschatten, schon als Freundschaftsdienst gegenüber Aurel Stein, den er regelmäßig über die Schritte seiner Konkurrenten informiert.

Ernstzunehmende Konkurrenz kündigt sich für Stein jedoch aus einer ganz anderen Richtung an. Schon bald nach Steins aufsehenerregender erster Expedition und noch bevor Tachibana zentralasiatischen Boden betrat, hatten bereits Orientalisten aus Berlin ihre begehrlichen Blicke auf diese Region gerichtet. An vorderster Stelle stand Professor Albert Grünwedel, Leiter der Indischen Abteilung im Völkerkundemuseum und Verfasser zahlreicher Arbeiten über buddhistische Kunst. Zusammen mit seinem Stellvertreter, Dr. Georg Huth, und einem weiteren Mitarbeiter des Museums, Theodor Bartus, unternahm er im Jahr 1902 eine erste archäologische Expedition. Als Ziel hatten sie sich die Gegend um Turfan auserwählt.

Die Steilvorlage dazu lieferte ihnen der russische Gelehrte Dimitri Klementz, der vier Jahre zuvor die Gegend besucht und mit staunenden Augen insgesamt 130 Höhlentempel mit zum Teil gut erhaltenen Fresken gezählt hatte. Sein Bericht, der noch dazu in deutscher Sprache erschien, enthielt nicht nur fotografische Aufnahmen, sondern darüber hinaus auch einen Faltplan, auf dem die genaue Lage der Relikte eingezeichnet war. Als sichtbaren Beweis seiner Entdeckung brachte er ein paar abgelöste Wandbilder mit, deren erlesene Qualität zeigte, daß Turfan ein uraltes Kulturzentrum gewesen war.

Grünwedel konnte sich deshalb ausrechnen, daß eine Expedition dorthin mehr als erfolgversprechend sein würde. Und Turfan hielt, was sich die Deutschen dort erhofften. Als sie nach einjähriger Abwesenheit, wovon sie fünf Monate in Turfan verbrachten, nach Berlin zurückkehrten, hatten sie 46 Kisten Kunstschätze der Seidenstraße im Gepäck. Der Erfolg dieses ersten Beutezugs wirkte wie ein Aphrodisiakum und beflügelte sogar die Phantasie des Kaisers. Sofort begann man mit der Planung einer weiteren Expedition. Der vorzeitige Tod Dr. Huths und der angeschlagene Gesundheitszustand Grünwedels machten es jedoch erforderlich, die Leitung vorübergehend, wie man dachte, einem anderen zu übertragen. Die Wahl des Komitees fiel auf Albert von LeCoq.

Der Sohn eines hugenottischen Weinhändlers ist – was die Orientalistik betrifft – ein Spätberufener. Erst um die Vierzig und nachdem er das ungeliebte Geschäft seines Vaters verkauft hat, entschließt er sich, seiner Passion zu folgen und in Berlin orientalische Sprachen zu studieren. 1902, als Grünwedel zur ersten »Ost-Turkestan-Expedition« aufbricht, kommt er als unbezahlter Volontär an die Indische Abteilung des Völkerkundemuseums. Zwei Jahre später steht er selbst an der Spitze einer Expedition, die Geschichte schreiben sollte, weil sie alles gewann und zugleich alles verlor.

Stein, der sich in Kashmir auf seine zweite Expedition vorbereitete, fand die Nachricht vom neuerlichen Anrücken der Deutschen wenig erfreulich. In seinen Büchern hat der noble Stein sorgfältig vermieden, über seine Konkurrenten herzuziehen, aber die private Korrespondenz macht deutlich, wie sehr es ihn irritierte, daß er nicht mehr der Alleinherrscher über die Schätze der Seidenstraße war. »Die Deutschen«, so vertraute er einem Freund an, »jagen meist in Rudeln.« Dem Japaner Tachibana wünschte er, daß er als Spion erfolgreicher sein möge als in der Archäologie.

Indessen war Stein britischer Staatsbürger geworden, aber die Schwierigkeit, widerstrebenden Beamten die notwendigen Mittel für sein geplantes Unternehmen abzuringen, war nicht geringer geworden. Frustriert mußte er zusehen, wie er wertvolle Zeit verlor. Alarmierende Meldungen erreichten ihn auch aus Paris, wo mit Unterstützung der Academie Française eine weitere Expedition in den Startlöchern stand – unter der Führung des jungen, ambitionierten Sinologen Paul Pelliot. Selbst die Russen, die sich bisher seltsamerweise zurückhielten, obwohl sie eigentlich den besten Zugang hatten, waren drauf und dran, eine Expedition auf die Beine zu stellen. Eile war also geboten.

Das weiß auch LeCoq, als er mit Theodor Bartus im September 1904 von Berlin aufbricht. Schon bei der Anreise gibt es Schwierigkeiten. Als sie in Moskau die Transsibirische Eisenbahn besteigen wollen, weigert sich der Stationsvorsteher, das umfangreiche Gepäck – es wog mehr als eine Tonne – zu befördern. LeCoq, der keine Zeit zu verlieren hat, löst das Problem mit einem 50-Rubel-Schein. Mitte November trifft LeCoq mit seinen Leuten schließlich in Turfan ein. Die Oase mit ihren grünen Gärten, den Weinlauben und dem von kristallklarem Wasser gespeisten Netz von Bewässerungskanälen bietet wesentlich angenehmere Arbeitsbedingungen als die von Stein aufgesuchten Ruinen inmitten des Wüstensandes der Takla Makan. LeCoq und Bartus, den die Bewohner schon von der ersten Expedition her kennen und freudig mit »Batur, Batur« (»Held!, Held!«) begrüßen, quartieren sich bei einem gastfreundlichen Wirt ein.

Auch wenn während ihres monatelangen Aufenthalts weder Sandstürme ihr Leben bedrohen, noch die Angst des Verdurstens sie plagt, mangelt es nicht an brenzligen Situationen. Nachts bekommen sie es mit »allerlei ekelhaften Insekten« zu tun, berichtet LeCoq. Als besondere Quälgeister empfinden sie eine dort lebende Spezies großer Schaben. »Wenn man morgens erwachte«, läßt LeCoq die Daheimgebliebenen wissen, »und solch ein Tier einem auf der Nase saß, mit den großen Augen herabstierte und mit den Fühlern nach den Augen des Opfers suchte, so packte einen ein unwillkürlicher Ekel.« Ein andermal geraten sie in Schwierigkeiten, als zwei Dorfhonoratioren in ihrem Quartier erscheinen und erklären: »Herr, es ist nicht gut, daß ihr allein lebt. Ihr müßt heiraten.« LeCoqs Einwand, sie seien bereits verheiratet, lassen sie nicht gelten. Ihre eigenen Töchter, sagen sie, wären bereit, die deutschen Herren zu heiraten. »Dies war eine unangenehme Eröffnung«, schreibt LeCoq. Mit Rücksicht auf ihre Gefühle bedankt er sich höflich, erklärt aber, daß er und Bartus mit 25 Stockschlägen bestraft würden, wenn der Kaiser in Berlin davon erführe, daß sie ein zweites Mal geheiratet hätten. »Da entsetzten sie sich über unsere Barbarei und empfahlen sich mit Ausdrücken des Bedauerns und der Freundschaft.«

Auch die eintönige Kost – »Reis mit Hammelfett oder … Hammelfett mit Reis« – macht den beiden zu schaffen, aber dafür hat der passionierte Weinhändler LeCoq ein wirksames Gegenmittel parat. Von Zeit zu Zeit erlauben sie sich, eine der kostbaren Flaschen Veuve Clicquot Ponsardin zu öffnen und auf ihre Erfolge anzustoßen. Gelegenheit dazu sollte sich reichlich bieten, denn ihre archäologische Ausbeute ist enorm.

Mehr als fragwürdig hingegen sind ihre Methoden. Hatte Grünwedel sich noch gescheut, Fresken von den Wänden abzulösen, so kennen LeCoq und Bartus keine Hemmungen mehr. LeCoq rechtfertigt seine Vorgehensweise damit, daß viele der von Grünwedel zuvor entdeckten, aber nicht entfernten Fresken inzwischen zerstört oder zumindest entstellt worden sind. In den eindrucksvollen Ruinen von Khocho*, der einstigen Hauptstadt eines uigurischen Königreichs, das hier vor mehr als 1000 Jahren blühte, hatten Bauern unmittelbar vor ihrer Ankunft die Fresken von den Wänden gekratzt, weil man deren leuchtende Farben für einen besonders guten Dünger hielt.

Auch unersetzliche Schriften sind, LeCoq zufolge, der Ignoranz Einheimischer zum Opfer gefallen. In einem Fall berichtet ihm ein Bauer, er habe eigenhändig einen ganzen Karren voller Handschriften in den Fluß gekippt, weil er »den unheiligen Charakter« der Manuskripte mit der »kleinen Schrift« fürchtete. Mit »kleiner Schrift« meinte er die manichäische, jenes seltene Schrifttum der Anhänger der persischen Lichtreligion. Ein andermal hatten Bauern einen Bewässerungskanal in die Ruinenstadt geleitet, um dort Felder anzulegen. Die Feuchtigkeit erwies sich als fatal. In einem Tempel stößt LeCoq auf eine ganze Bibliothek, aber das eingedrungene Wasser und der Schlamm haben alle Bücher in einen Lößbrei verwandelt.

Dennoch ist es Albert von LeCoq vergönnt, nicht nur unschätzbare Zeugnisse der manichäischen Religion an der Seidenstraße zu finden, sondern in das Antlitz des Religionsstifters selbst zu blicken. Das einzigartige Wandgemälde aus dem 9. Jahrhundert, auf dem Mani im Kreise seiner Jünger dargestellt ist, gehört zu den größten Entdeckungen abendländischer Archäologen an der Seidenstraße überhaupt.

Ein weiterer Coup gelingt LeCoq in den nahegelegenen Flammenbergen. Dort hatten buddhistische Mönche in die senkrechte Lößwand einer canyonartigen Schlucht Dutzende Grotten geschlagen. Die Abgeschiedenheit sollte den Mönchen nicht den erhofften Frieden bringen. Islamische Eiferer fielen im 13. Jahrhundert über das Heiligtum her und metzelten die Bewohner nieder. Als LeCoq und Bartus eintreffen, dienen die Grotten umherziehenden Ziegenhirten als zeitweilige Unterkunft. Allein schon der Name Bezeklik (der Ort, an dem es Gemälde gibt) verheißt reiche Funde. Nach den Erfahrungen in Khocho ist LeCoq fest entschlossen, die hier vorhandenen Wandmalereien abzulösen und mitzunehmen, koste es,

---

* Vgl. dazu auch S. 139

was es wolle. »Wenn wir diese Bilder retten können, war der Erfolg der Expedition gesichert«, schreibt LeCoq nach einer ersten Untersuchung.

Das Ablösen von Fresken ist eine heikle Sache, die mit den damals vorhandenen Mitteln nicht nur Geschick, sondern auch enorme körperliche Kraft erfordert. Kritiker behaupten später, die Deutschen hätten die empfindlichen Wandgemälde mit Säbeln herausgetrennt. In Wirklichkeit aber bringen sie mit einem scharfen Messer zunächst um das betreffende Gemälde herum tiefe Schnitte an, die alle Schichten aus Lehm, Kamelmist, gehacktem Stroh und schließlich Stukko, auf dem die Farben aufgetragen sind, durchdringen. Dann schlagen sie neben dem Fresko mit Hacke oder Hammer und Meißel ein Loch, das so groß und tief ist, daß man eine Fuchsschwanzsäge einführen kann. Auf diese Art sägt der bärenstarke Bartus nach LeCoqs Vorgaben die Fresken buchstäblich aus den Wänden. Größere Bilder müssen in mehrere Teile zerschnitten werden, bevor man sie wie ein »Sandwich« zusammenlegt, in Kisten mit Reisstroh packt und auf Kamelrücken abtransportiert. Auf diese Weise gelangen sogar sämtliche Wandbilder einer nahezu vollkommen erhaltenen Grotte nach Berlin.

In der Nähe des malerischen Dorfes Tuyuq, das durch seine köstlichen Weintrauben bekannt ist, die im getrockneten Zustand bis nach Peking gehandelt werden, entdecken sie ein weiteres Höhlenheiligtum. Darin finden sie auch eine Mönchszelle, deren Architektur eindeutig persische Einflüsse aufweist. Sie enthält sogar Schriften, die zuvor jemand vergeblich zu verbrennen versucht hat. Aus dem halbversengten Papierhaufen bergen sie immerhin noch so viel, daß die Funde zwei Säcke füllen. Die gesamte Anlage, die ähnlich Bezeklik »wie ein Schwalbennest an den senkrechten Berghang geklebt ist« und den Funden zufolge mindestens seit 1300 Jahren bestand, wird den Besuch der Deutschen nicht lange überdauern. Ein Jahrzehnt später, als ein Erdbeben das Gebiet erschüttert, stürzt das ganze Kloster in die Schlucht.

Indessen ist es Anfang August geworden und die glühende Hitze in der Turfan-Senke kaum noch zu ertragen. LeCoq und Bartus leiden unter einem juckenden Hautausschlag. Deshalb beschließen sie, in die 320 Kilometer nordwestlich gelegene Oase Hami umzuziehen. Sie hoffen, daß es dort durch die Nähe zum Tian-Shan-Gebirge kühler ist. Anders als der britische Oberst Mark Bell, den man 18 Jahre zuvor noch als »fremden Teufel« beschimpft hat, wird den beiden Deutschen ein herzlicher Empfang bereitet. Der lokale Khan schickt ihnen sogar zu allen Raststätten entlang des Weges Proviant entgegen. In Hami angekommen, genießen sie die Gastfreundschaft des Khans in seinem prächtigen Palast und staunen über die erlesene Auswahl an französischem Champagner und russischen Likören, die er – obwohl Moslem – mit seinen Gästen großzügig teilt.

Archäologisch betrachtet ist Hami allerdings eine Enttäuschung. Trotzdem wird LeCoq dieser Ort unvergeßlich bleiben. Denn nun beginnt eine Kette schicksalshafter Ereignisse, die ihn um den bedeutendsten Fund der Seidenstraße bringen sollte. Hier erfährt er von einem turkmenischen Kaufmann, daß ein chinesischer Mönch in der Nähe von Dunhuang eine umfangreiche Bibliothek alter Handschriften entdeckt hat. LeCoq weiß um die Mogao-Grotten und deren Bedeutung als buddhistisches Kulturzentrum. Er weiß aber auch, daß die reich ausgeschmückten Höhlen von den Bewohnern ringsum noch immer als Heiligtum betrachtet werden und ein Ablösen der Fresken wie in Bezeklik nicht in Frage käme. Während LeCoq und Bartus noch abwägen, ob sie der Geschichte nachgehen sollen oder nicht, trifft aus Berlin ein Telegramm ein: Grünwedel sei auf dem Weg nach Kashgar.

Monatelang hat sich Grünwedels Reise, der LeCoq als Expeditionsleiter ablösen soll, wegen seines Gesundheitszustands hinausgezögert. LeCoq und Bartus überlegen hin und her. Wenn sie nach Dunhuang reisen, können sie Grünwedel nicht rechtzeitig in Kashgar empfangen. Andererseits könnte sich Grünwedels Ankunft abermals verspäten. Was also ist zu tun? LeCoq läßt den Zufall entscheiden. Er nimmt einen chinesischen Silberdollar und sagt zu Bartus: »Kopf gewinnt, Schwanz verliert!« Es ist der Schwanz. Daraufhin satteln sie ihre Pferde und brechen nach Kashgar auf.

Als sie eineinhalb Monate später nach einem Gewaltritt durch halb Turkestan dort ankommen, ist Grünwedel nicht da. LeCoq ist wütend, als er erfährt, daß sich seine Ankunft auf unbestimmte Zeit verzögere, weil ihm auf seiner Zugreise durch Rußland irgendwo sein Gepäck abhanden gekommen sei. Vielleicht deshalb, weil er es versäumt hat, den Bahnhofsvorsteher in Moskau zu bestechen, wie LeCoq zynischerweise vermutet. Mit 52 Tagen Verspätung trifft Grünwedel dann endlich in Kashgar ein. Er ist erschöpft und krank und muß erst einmal wochenlang gepflegt werden. LeCoq, der auf Grünwedel ungeduldig gewartet und deshalb verabsäumt hat, weiteren Gerüchten um die geheimnisvolle Bibliothek in Dunhuang nachzugehen, läßt ihn seinen Unmut spüren. Von Anfang an herrscht zwischen den beiden ein gespanntes Verhältnis, das im Laufe der Expedition zu einem offenen Machtkampf eskaliert, in dem der energische LeCoq sich letztlich durchsetzt.

Während sie die legendäre Gastfreundschaft der Macartneys genießen, wartet Stein jenseits des Karakorum sehnsüchtig auf seine Expeditionsgenehmigung und beklagt sich bitter über die langsamen Mühlen der indischen Bürokratie. Durch Macartney ist er sowohl über die Verspätung Grünwedels als auch über die Konflikte zwischen den beiden gegensätzlichen Persönlichkeiten informiert. Stein kennt die langsame und bedächtige Arbeitsweise Grünwedels und geht davon aus, daß er seine »jungen Museumsassistenten«, womit er LeCoq und Bartus meint, zügeln werde. Stein hofft natürlich, daß die Deutschen auf der Nordroute bleiben und nicht etwa auf die Idee kommen, in seinem Revier zu »wildern«. Seine Sorge erweist sich jedoch als unbegründet, denn Grünwedels Krankheit läßt keine großen Sprünge zu, schon gar nicht Wüstenexpeditionen in entlegene Gebiete der Takla Makan.

Obwohl Grünwedel noch längst nicht genesen ist, setzt LeCoq den Aufbruch der Expedition nach Kucha durch. Seine drängende Eile ist nicht unbegründet, denn durch den russischen Generalkonsul hat er vom Herannahen der Brüder Beresowskij erfahren, die sich ebenfalls in der Region Kucha archäologisch betätigen wollen. Da Grünwedel zum Reiten zu schwach ist, wird er auf einen mit Heu gefüllten Karren verfrachtet, den eine Plane überspannt, um ihn vor der Sonne zu schützen. In Kucha angekommen, unternehmen LeCoq und Bartus zunächst eine Reihe von Erkundungsritten. Als Oase der »Tausend Klöster und Stupas« wird Kucha in alten Quellen gerühmt. Diese Landschaft, heute so bar allen Lebens, hat einst eines der größten Wunder der Seidenstraße beherbergt.

Da LeCoq weiß, daß auch die russischen Konkurrenten demnächst eintreffen müssen, mietet er vorsorglich die einzige gute Unterkunft, die in dieser öden Gegend zu finden ist. Und bald erhält er auch Besuch. Doch statt der erwarteten Russen »erschien plötzlich eine hochgewachsene junge Frau, im chinesischen Jäckchen und prächtig bestickten Unterkleidern«, berichtet LeCoq. »Sie brachte das ›Tischtuch‹ mit; ihre Dienerinnen, hübsche junge Mädchen, klimperten niedliche Melodien auf langgehalsten, *tambur* genannten Saiteninstrumenten, und alle drei richteten sich häuslich ein. Auf genaueres Befragen erfuhr ich dann, daß die Schönheit eine berühmte Halbweltdame war, die den fremden Herren ihre Dienste anbieten wollte. Ich kaufte ihr ein paar schöne Ohrringe ab, die ich sehr reichlich bezahlte, und entließ sie, freilich ziemlich gekränkt.«

Bald stehen die nächsten Besucher vor der Tür, und die lassen sich nicht so einfach abwimmeln. Statt der Musikinstrumente tragen sie Gewehre und beanspruchen, genau dort zu graben, wo bereits LeCoq seinen Claim abgesteckt hat. Die russischen Brüder Beresowskij berufen sich dabei auf eine alte Vereinbarung, die Grünwedel mit St. Petersburg vor seiner ersten Expedition getroffen hat: Derzufolge sollte die Region Turfan den Deutschen »gehören«, während das Gebiet um Kucha die Russen für sich reservierten. Aber die Russen hielten sich nicht daran und schleppten vor LeCoqs Ankunft in Turfan eine ganze Menge Altertümer weg. Wutentbrannt über das doppelte Spiel, erklärt LeCoq daraufhin die Vereinbarung für null und nichtig und überredet seinen »Chef« Grünwedel dazu, in Kucha zu graben. Als die Beresowskij-Brüder nun feststellen, daß die Deutschen in ihrem Revier zu Gange sind, kommt es beinahe zu Handgreiflichkeiten. Erst als die Russen damit drohen, sie mit Waffengewalt zu vertreiben, lenkt LeCoq ein und räumt das Feld, was ihm um so leichter fällt, als er erkennt, daß die Russen keine wirklich ernstzunehmende Konkurrenz darstellen. »Die Herren Beresowskij waren gar nicht in der Lage, Wandgemälde ohne Beschädigung herauszuschneiden«, stellt er mit Befriedigung fest und wendet sich anderen Zielen zu.

Einer ihrer einheimischen Begleiter führt die Deutschen zu einem riesigen, in den Bergen versteckten *ming oi*, einem »Tausend-Buddha-Höhlenheiligtum«. »Eine fabelhafte Siedlung von vielen hundert Tempeln in den steilen Klippen eines Höhenzuges«, wie LeCoq begeistert feststellt.

Die Arbeit in Kizil, wie die Örtlichkeit heißt, beginnt nicht allzu vielversprechend. Nachdem sie mühevoll eine Höhle vom Schutt befreit haben, starren sie in eine gähnende Leere. Keine Spur von der erhofften Bemalung! Doch bald merken sie, daß die Wände von einer drei Zentimeter dicken schneeweißen Schimmelschicht überzogen sind. Darunter scheint sich Farbe erhalten zu haben. LeCoq hat rasch ein probates Mittel zur Hand. »Ich holte chinesischen Schnaps aus Kucha – für Europäer ist er ungenießbar! – und wusch mittels eines Schwammes alle Wände ab. In der Nacht bekam ich erhöhte Temperatur und sehr starke Kopfschmerzen« – wegen der Schnapsdünste, wie er ausdrücklich betont, um keinen falschen Verdacht aufkommen zu lassen. Die Ergebnisse jedoch wirken wie Balsam. »Die Malereien sind die schönsten, die wir überhaupt in Turkestan gefunden haben. Es waren hellenistische, nur wenig abgewandelte Darstellungen der Buddha-Legende.«

Trotz der Erfolge wird das Verhältnis zwischen Grünwedel und LeCoq immer problematischer. Grünwedel mißfallen die rabiaten Methoden LeCoqs und seines Gehilfen Bartus. Er hält nicht viel von der Aneignung von Kunstwerken ohne eingehende Erforschung vor Ort. Für diese Einstellung zeigt wiederum LeCoq wenig Verständnis, und er setzt sich damit meistens durch. Wenn es nicht anders geht, läßt er Bartus – ohne Grünwedels Wissen und Einverständnis – Malereien an den Wänden ablösen. Sie sind von erlesener Qualität. »Die Erfolge, die wir hier erzielten«, schwärmt LeCoq, »ließen alle anderen, früheren hinter sich.«

Tatsächlich zählen die Wandgemälde aus Kizil zu den Glanzpunkten zentralasiatischer Kunstentfaltung. Im flackernden Licht der Öllampen wird an den Wänden ein längst verschwundenes Volk der Seidenstraße wieder lebendig: die Tocharer.

Die vier Deutschen – der sprachkundige Pohrt ist der vierte im Bunde – setzen auch während der drückenden Sommerhitze ihre

Arbeiten fort. Allerdings beteiligt sich Grünwedel nur selten an den Ausgrabungen. Als er sich einmal entschließt, eine Grabung zu leiten, vermerkt LeCoq mit unverhohlener Schadenfreude, fördert Bartus gerade dort »ganze Lagen frühindischer Schriften zutage«, wo nach Meinung Grünwedels nichts zu finden ist. Außerdem erträgt er den Staub nur schwer, der bei den Arbeiten unweigerlich anfällt, so daß er sein Unterfangen bald aufgibt, berichtet LeCoq spöttisch.

Die Schadenfreude rächt sich. Bald darauf beginnt LeCoq an chronischem Durchfall zu leiden, der ihn schließlich so schwächt, daß er die Heimreise antreten muß. Bevor er abreist, empfiehlt er Grünwedel noch, möglichst rasch nach Turfan zu gehen, um dort die restlichen Tempel, die er auf seinen Wunsch hin übriggelassen hat, auszugraben, bevor es Stein täte. Sie haben nämlich erfahren, daß der Brite bereits in Kashgar eingetroffen ist und beabsichtige, Turfan einen Besuch abzustatten. Um ein Haar wäre LoCoq dem Briten begegnet. Als er Kashgar erreicht, ist es erst eine Woche her, seit Stein den Ort verlassen hat.

Nach einer dramatischen Rückreise über die Pässe des Karakorum ist LeCoq im Januar 1907 wieder in Berlin. Monate später kommen auch Grünwedel, Bartus und Pohrt zurück, mit den Ergebnissen weiterer Ausgrabungen – allerdings nicht in Bezeklik. Die Bearbeitung der enormen Ausbeute von 128 Kisten an Kunstschätzen beschäftigt sie die nächsten Jahre. Erst 1913 kehrt LeCoq wieder nach Zentralasien zurück, um mehr zu holen.

In der Zwischenzeit sind wieder andere an der Reihe – insbesondere Stein, der Russe Kozlow, der Japaner Tachibana und erstmals Franzosen.

Aurel Stein gönnt sich nur wenig Zeit, als er von Kashgar entlang der Südroute der Seidenstraße über die ihm bereits bekannten Oasen Khotan, Keriya und Niya ostwärts zieht. Obwohl er ursprünglich vorhatte, an manchen seiner alten Fundstätten weitere Grabungen zu unternehmen, begnügt er sich mit kurzen Erkundigungen. Stein fürchtet vor allem, daß ihm jemand in Loulan zuvorkommen könnte. Nach Hedins Bericht ist Stein nicht der einzige, der dort ergiebige archäologische Schätze wittert.

Dieser Jemand ist der hochbegabte junge Franzose Paul Pelliot. »Das eigentliche Wettrennen werden wir mit den Franzosen austragen müssen«, vertraut Stein vor der Abreise einem Freund an. Er hegt insgeheim die »boshafte« Hoffnung, daß die Russen den Franzosen die Durchreise verwehren, was Pelliot zum langwierigen Umweg über Indien zwingen würde. Nachdem er sich bis nach Kargilik, wo die Bewohner aus Loulan nach der Austrocknung des Lop Nor neu siedeln, vorgearbeitet hat, bereitet er seine Karawane auf die Durchquerung der Lop-Wüste vor. Aus Hedins Erfahrungen weiß er, daß die salzüberkrustete Wüste nur im Winter begehbar ist und das gesamte Trinkwasser in Form von Eisblöcken mitgeführt werden muß.

Der Weg durch die flache, zeitweise von tückischen Yardangs – Irrgärten aus salzüberkrusteten Felsen – durchzogene Wüste erweist sich als äußerst mühsam. Die wundgelaufenen Füße der Kamele behandeln die einheimischen Begleiter mit der schmerzhaften, aber wirksamen Prozedur des »Besohlens«, indem man ihnen Lederstücke auf die Haut näht. Nach knapp zwei Wochen haben sie Loulan erreicht, die entlegenste aller Stätten in der Wüste. »Welch trostlose Wüste – überall spürt man den Hauch des Todes«, faßt Stein die ersten Eindrücke zusammen.

Der Brite erkennt schnell, daß seit Hedins Besuch im Jahre 1901 niemand mehr hiergewesen ist. Stein holt sich, was Hedin aus Zeitmangel, Desinteresse oder mangelnder archäologischer Kenntnis unter dem Sand gelassen hat. Und das sind vor allem Schriften, das wertvollste und aufschlußreichste Relikt menschlicher Kultur, weil sie den Schlüssel zur Geschichte bilden. In dieser Hinsicht als reichste Fundstätten erweisen sich antike Müllkippen, für deren Auffindung Stein einen besonderen Spürsinn entwickelt.

Es würde bei weitem den Rahmen sprengen, auch nur annähernd auf die Reisewege Steins einzugehen, die er während der zweieinhalbjährigen Expedition über Tausende Kilometer quer durch Zentralasien zurücklegte, geschweige denn die Gesamtheit seiner archäologischen Aktivitäten darzustellen. Nur zwei davon seien noch erwähnt. Die eine betrifft die Erforschung des Han-Limes. Das ist jener Grenzwall, den die Chinesen gegen die Bedrohung der Nomadenvölker und zur Sicherung der Seidenstraße anlegten und dessen Rest bis auf den heutigen Tag, teils als Mauern, teils als verfallene Wachtürme, die Wüste zwischen Loulan und Dunhuang durchzieht. Die archäologische Aufarbeitung der Relikte gehört zu Steins größten Erfolgen, nicht was die Beute betrifft, sondern wegen der Erkenntnis historischer Zusammenhänge.

Zur anderen Tat setzt Aurel Stein an, als er Loulan in Richtung Osten verläßt. Es sollte der »größte Beutezug eines Archäologen werden, der je asiatischen Boden betrat«, wie ein Kollege später formuliert.

Als Stein am 12. März des Jahres 1907 in der Oasenstadt Dunhuang eintrifft, ist er erschöpft und ausgezehrt. Er hat den gesamten Winter in der Takla Makan verbracht, tagsüber frierend bei Grabungen, nachts im Zelt, um mit klammen Fingern seine Aufzeichnungen zu machen. Zuletzt ist er 600 Kilometer durch die Kumtagh-Wüste gezogen. In Dunhuang will er sich und seiner Mannschaft ein paar Rasttage gönnen und Proviant besorgen, um mit neuem Elan seine Forschungen am Han-Limes fortzusetzen. Dabei erfährt er von einem Mönch namens Wang Yuanlu, der in einer der Grotten des etwas mehr als 20 Kilometer entfernten buddhistischen Höhlenkomplexes Mogao-ku eine ganze Bibliothek alter Handschriften gefunden haben soll. Sofort macht er sich auf den Weg zu dem berühmten Heiligtum.

Dort angekommen, muß er bedauernd feststellen, daß Wang gerade auf Betteltour unterwegs ist, um Geld für seine – wie Stein es ausdrückt – »geschmacklosen Restaurierungsarbeiten« aufzutreiben, mit denen er zum Entsetzen des Briten in einer der Höhlen bereits begonnen hat. Die Höhle mit den Schriften, wie Stein erfährt, hat er zuvor auf Anweisung der Behörden in Lanzhou, denen er den Fund gemeldet hat, wieder zugemauert. Es bleibt Stein nichts anderes übrig, als sich in Geduld zu fassen, bis der selbsternannte Wächter von seiner Reise zurückkommt.

Die folgenden Wochen nutzt Stein, um sich seinem ursprünglichen Ziel, der Erkundung des Han-Limes, zu widmen. Danach kehrt er zu den Höhlen zurück, wo ihn Wang bereits erwartet. »Dieser wunderliche Geistliche mit seiner seltsamen Mischung aus frommem Eifer, naiver Unwissenheit und hartnäckiger Zielstrebigkeit«, wie ihn Stein charakterisiert, läßt sich nicht durch die Aussicht auf »großzügige Spenden« bestechen. »Allein auf die Verlockung des Geldes zu setzen, war offenbar nutzlos«, stellt Stein schnell fest. Deshalb schickt er, da er des Chinesischen nicht mächtig ist, erst einmal seinen gebildeten Dolmetscher Jiang vor, um den taoistischen Mönch auf seine Schwachstellen abzuklopfen.

Wang, der seine Heimat im Osten Chinas wegen einer Hungersnot verlassen mußte und hier gestrandet war, widmet sich seitdem ganz dem Heiligtum. Obwohl Wangs »Hingabe um des religiösen Verdienstes willen unverkennbar echt war«, wie auch Stein zugeben muß, schätzt er dessen Fähigkeiten aber ansonsten nicht sehr hoch ein. Bald stellt sich heraus, daß Wang sich – wie Stein – besonders für den Pilgermöch Xuanzang interessiert, wenngleich aus anderen Motiven. Stein benutzt Xuanzang bei seiner archäologischen Spurensuche als eine Art antiken Reiseführer. Für Wang hingegen ist Xuanzang ein religiöses Idol, das er anbetet und dem er nacheifert, und er hat bereits begonnen, einen Vorbau mit Szenen aus dem Leben des berühmten Indienpilgers ausschmücken zu lassen.

Ob sich das wirklich so zugetragen hat oder die Episode dazu dienen soll, Steins Handlungen nachträglich in ein besseres Licht zu rücken, bleibe dahingestellt. Tatsache ist, daß Wang dem Drängen Steins schließlich nachgibt und die zugemauerte Höhle öffnet. »Was ich in dem kleinen Raum zu Gesicht bekam, ließ mich die Augen aufreißen«, erinnert sich Stein an den Augenblick seines größten Triumphes. »In verschiedenen Schichten übereinander gelagert, aber ohne irgendwelche Ordnung, erschien dort im trüben Licht der kleinen Lampe des Priesters eine große Masse von Manuskriptbündeln fast drei Meter hoch.« Stein erkennt auf den ersten Blick, daß man wohl kaum eine bessere Deponie für die Schriften hätte finden können als das »schwarze Loch«, wie er das Versteck nennt, diese zugemauerte Höhle inmitten einer staubtrockenen Wüste. Ebenso schnell wird ihm klar, daß er außerstande sein würde, den Berg an Handschriften zu untersuchen. Dazu hätte es eines ganzen Stabes qualifizierter Mitarbeiter bedurft. Ihm steht nur Jiang zur Verfügung, den er als seinen »Literatus« bezeichnet.

Zunächst aber gilt es, den Hüter zu überreden, zumindest einen Teil der Schriften aus der engen, stockdunklen Kammer zu schaffen, um sie draußen sichten zu können. Stein schickt wieder Jiang vor und hofft, er werde seinen Landsmann entsprechend bearbeiten. Da kommt ihnen ein Zufall zu Hilfe. Eine der Schriftrollen, die Jiang sich nachts als »Probe« ausleihen kann, eine chinesische Transkription buddhistischer Sutras, endet mit dem Hinweis, daß Xuanzang selbst sie übersetzte, nach Original-Schriften, die er aus Indien mitgebracht hatte. Jiang vergißt nicht, darauf hinzuweisen, daß dies nur »ein göttlicher Fingerzeig« sein könne. Auch über die Bedeutung läßt er Wang nicht im unklaren. Xuanzang habe aus dem Jenseits diesen Augenblick gewählt, läßt er den wundergläubigen Mönch wissen, um durch die Hände der fremden »Bewunderer und Verehrer aus dem fernen Indien« die heiligen Schriften wieder dorthin zu schaffen, wo sie herstammten. Die religiöse Trumpfkarte verfehlt nicht die beabsichtigte Wirkung. Wang willigt ein, einige der Schriften zum »Studium« herauszugeben – allerdings besteht er auf größter Geheimhaltung, denn er fürchtet, die Nachricht, daß der Fremde die heiligen Schriften entweihe, könne sich wie ein Lauffeuer verbreiten und seine Gönner irritieren, von deren Spenden seine Arbeiten im Kloster weitgehend abhängig sind.

Nach und nach aber gelingt es Stein, das Vertrauen des seltsamen Mönchs zu gewinnen, so daß er bereit ist, immer mehr Schriften aus der Kammer herauszugeben. Er besteht jedoch weiterhin darauf, die Schriftrollen selbst auszuwählen. Das ist für Stein zwar bedauerlich, aber viel mehr ärgern ihn die mangelnden Sprachkenntnisse, denn der überwiegende Teil der Handschriften ist in Chinesisch abgefaßt. Zu Steins großer Überraschung läßt ihn Wang eines Tages sogar hinter die schützende Mauer, mit der die »Schriftenhöhle« nach wie vor abgeriegelt ist. Stein hat bereits befürchtet, die Behörden in Lanzhou hätten die Anweisung erteilt, die Höhle zuzumauern, aber jetzt erfährt er von Wang, daß dies auf Eigeninitiative geschehen sei, um während eines Festes neugierige Blicke fernzuhalten.

Damit ist der Bann gebrochen, und es folgt das, was man auf der einen Seite als Sternstunde der Archäologe, vergleichbar mit Howard Carters Entdeckung des Grabes von Tutenchamun, feierte, während die andere Seite bis heute darin einen Akt schamlosen Betrugs sieht, einen staatlich finanzierten Diebstahl unerhörten Ausmaßes. Stein erwirbt in der Folge Tausende Schriften, darunter das älteste Buch der Welt – eine im Jahre 868 gedruckte Ausgabe des Diamant-Sutra, bestehend aus sieben zusammengehefteten Seiten, die heute im Britischen Museum neben der berühmten Gutenberg-Bibel liegt. Die Masse an Dokumenten, die Stein in 24 Kisten verpackt im Britischen Museum in London abliefert, umfassen etwa 7000 vollständige Texte und weitere 6000 Fragmente. Ihre vollständige Aufarbeitung wird noch die nächste Generation an Wissenschaftlern beschäftigen. Das alles, so merkt Stein befriedigt an, der nach wie vor Beamter ist, habe den Steuerzahler lediglich 130 Pfund gekostet. An ihrem unschätzbaren Wert gemessen wahrhaftig ein Pappenstiel.

Stein ist aber nicht der einzige »fremde Teufel«, der sich aus der Bibliothek bei Dunhuang bedient. In seinem Windschatten folgt der Franzose Paul Pelliot. Trotz Steins sagenhafter Ausbeute sind die Ressourcen an alten Handschriften noch lange nicht erschöpft, und darüber hinaus birgt die Höhlenanlage noch einiges an Altertümern, die Stein in der Euphorie der ersten Stunde übersehen hat. Davon freilich hat Pelliot keine Ahnung, als er sich sechs Monate nach Steins Besuch den Grotten nähert. Er weiß auch nichts von der großen Entdeckung des Briten. Pelliot kommt mit der Absicht, die Wandgemälde und Skulpturen der »Tausend-Buddha-Höhlen« zu untersuchen und fotografisch zu dokumentieren. Bei seinem Eintreffen ist – so wie bei Stein – Wang unterwegs, und die Höhlen mit den Schriften sind verschlossen. Pelliot und seine beiden französischen Begleiter, sein Freund Dr. Louis Vaillant und der Fotograf Charles Nouette, richten sich zunächst einmal häuslich in ihrer mitgebrachten Jurte ein.

Schon auf dem Weg über Kashgar, Kucha und Urumqi hat Pelliot für Staunen gesorgt – vor allem bei den chinesischen Behörden. Pelliot ist ein Sprachgenie. Er beherrscht 13 Sprachen – und fast spielerisch ist es ihm auf dem Weg hierher gelungen, sich genügend Turktatarisch anzueignen, um mit den Einheimischen zu kommunizieren. Vor allem aber sind es seine chinesischen Sprachkenntnisse, die ihm hier zugute kommen. Denn kaum einer der westlichen Besucher, auch keiner seiner Rivalen, ist dieser Sprache mächtig. Anläßlich eines Besuchs bei einflußreichen chinesischen Beamten in Kashgar, so erinnert sich sein Begleiter Vaillant, waren die hohen Herrn wie elektrisiert, »als sie Pelliot fließend und elegant Chinesisch sprechen hörten, wobei er aus ihren Klassikern zitierte und mit Leichtigkeit die Texte auf den langen Schriftrollen las, die in China alle Empfangsräume schmücken.«

Pelliot ist mit China gut vertraut. Schon als junger Mann hielt er sich dort auf. Mit 21 Jahren war Pelliot in Peking vom Boxeraufstand überrascht worden, und er machte sich dabei durch allerlei Husarenstücke einen Namen. Ein Jahr später erhielt er in Hanoi von der Ecole Française d'Extrême Orient die Doktorwürde für Chinesisch. In wissenschaftlichen Kreisen machte er sich bald durch Kritik an den Arbeiten seiner Kollegen unbeliebt – »die edle Kunst, sich Feinde zu machen«, wie er es nannte.

Mit den lokalen chinesischen Behörden jedenfalls steht er, wo immer er hinkommt, auf gutem Fuß. Offenbar ist auch Wang von Pelliots vollendeter Sprachgewandtheit und Kenntnis der verfeinerten chinesischen Kultur beeindruckt, denn anders läßt es sich nicht erklären, daß er gleich nach seiner Rückkehr den Franzosen erlaubt, einen Blick in die geheime Bibliothek zu werfen. »Mir verschlug es den Atem«, schreibt Pelliot über diesen Moment. Die Menge der Schriften schätzt er auf mindestens 15 000 bis 20 000 Manuskripte. Stein hat den Versuch schnell aufgegeben, eine vollständige Inventarliste zu erstellen. Pelliot läßt sich nicht so schnell abschrecken. Allein um jede einzelne Schriftrolle aufzumachen und eingehend zu prüfen, rechnet er aus, würde er mindestens sechs Monate benötigen. Dazu ist er fest entschlossen, denn er erkennt, »eine wenn auch nur oberflächliche Untersuchung der gesamten Bibliothek war unbedingt notwendig. Ich mußte jede Handschrift öffnen, die Art des Textes feststellen und sehen, ob er irgend etwas Neues enthielt.« Dabei geht er sehr effizient vor. »Während der ersten zehn Tage«, so berichtet er, »nahm ich täglich fast tausend Schriftrollen in Angriff. Was ein Rekord sein muß«, fügt er nicht ganz unbescheiden hinzu.

Für Pelliot steht außer Frage, daß Wang ihm die gesamte Bibliothek überlassen würde. Deshalb stapelt er jene gesichteten Schriften, die er am meisten begehrt, auf zwei Haufen. Auf den einen legt er die Rollen, die er unbedingt mitnehmen will, auf den anderen jene, die er ebenfalls gern erwerben möchte, auf die er aber gegebenenfalls verzichten kann. Jeden Abend, so schildert Vaillant die Situation, kam er aus der Höhle »strahlend vor Freude, den Überzieher vollgestopft mit seinen interessantesten Funden. An einem solchen Abend zeigte er uns ein nestorianisches Johannesevangelium, an einem anderen eine aus dem Jahr 800 stammende Beschreibung des seltsamen kleinen Sees inmitten der Sanddünen südlich von Dunhuang, dann die Klosterbuchführung.«

Pelliot ist sich sicher, daß er »nichts Wichtiges übersehen hat«, als er Wang schließlich jene beiden Stapel präsentiert, die er ausgesondert hat, um sie zu erwerben. Der entscheidende Augenblick ist gekommen. Die Verhandlungen werden streng vertraulich geführt. Der Mönch weiß wohl, daß er mit dem Verkauf ein Sakrileg begeht, immerhin pilgern immer noch Buddhisten aus Tibet und der Mongolei hierher, um die kostbaren Schriften zu lesen oder zu verehren. Aber die Aussicht auf weitere Mittel für seine grellen Restaurierungsarbeiten wiegt schwerer als die Skrupel. Schließlich einigt man sich auf einen Preis von 500 Tael. Dann wird der Schriftschatz gewissenhaft zum heimlichen Abtransport verpackt.

Wang ermahnt die Franzosen zum Abschied, »über den Fund nur mit äußerster Vorsicht« zu sprechen. Daran freilich halten sie sich nur bedingt: »... nachdem Nouette sich mit den Kisten, die unsere Sammlungen enthielten, eingeschifft hatte«, erzählt Vaillant, »sprach Pelliot offen darüber und reiste selbst mit einer Kiste Handschriftenproben nach Peking.« Das bleibt nicht ohne Folgen und beschert dem ahnungslosen Wang eine böse Überraschung. Die Behörden schicken sofort ein Telegramm nach Dunhuang mit dem Befehl, alles zu beschlagnahmen, was immer die Franzosen in der Höhle zurückgelassen haben.

Doch damit ist die Geschichte noch nicht zu Ende. 14 Jahre nach Pelliot und nachdem die Briten, Deutschen, Russen und Japaner längst das Feld geräumt haben, erscheint der Nachzügler des Rennens. Es ist der Amerikaner Langdon Warner. Er ist der einzige Verlierer des »internationalen Wettlaufs«, wie der britische Journalist und Asienkenner Peter Hopkirk schreibt. Warner betritt die Bühne zu einem denkbar ungünstigen Zeitpunkt und von einer denkbar ungünstigen Richtung. Denn inzwischen hat sich die Situation in China grundlegend gewandelt. Das Land ist in Aufruhr, eine politische Krise jagt die andere, über weite Teile ist die Ordnung zusammengebrochen, und lokale »Warlords« kämpfen gegeneinander um die Macht. Hinzu kommt eine zunehmende Fremdenfeindlichkeit.

Unter diesen düsteren Vorzeichen erwägen Warner und sein Begleiter, der Orientalist Horace Wayne, schon in Peking die Umkehr. »Aber die Phantasie spricht jeder vernünftigen Überlegung hohn«, begründet Warner die Entscheidung, trotz der absehbaren Risiken aufzubrechen. Neben der archäologischen Ausrüstung, zu der ein in Italien erfolgreich erprobtes chemisches Mittel zum Ablösen von Wandgemälden zählt, haben sie auch eine Schrotflinte und eine automatische Pistole dabei, mit denen sie marodierende Soldaten oder Banditen abzuschrecken hoffen.

Die eigentliche Expedition beginnt in Xi'an, wo die Militäreskorte umkehrt, die ihnen die Regierung als Schutz mit auf den Weg gegeben hat. Bevor sie die schützenden Mauern verlassen, wird ihnen noch einmal eindrücklich vor Augen geführt, wie wenig in diesen Zeiten ein Menschenleben wert ist. Mit Entsetzen beobachten die beiden Amerikaner, wie Soldaten drei Gefangene mitten auf der Straße hinrichten. »Drei Köpfe fielen von drei unglücklichen Leibern, und die Soldaten schlurften davon und überließen es anderen, das Aas zu beseitigen«, schreibt Warner angewidert. Derartige Gewaltakte waren Warner nicht ganz fremd, immerhin hatte er zuvor die alten, ebenfalls an der Seidenstraße gelegenen Oasen Samarkand und Buchara und – als erster Amerikaner – das damals noch unabhängige Khanat Chiwa besucht, wo das Kopfabschlagen als Todesart ebenfalls Konjunktur hatte.

Die Zwei-Mann-Expedition reist im Auftrag des Fogg-Museums in Harvard, das sich als Geldgeber selbstverständlich entsprechende Funde erwartet, auch wenn Warner das herunterspielt, indem er später die Tour als »Erkundungsreise« bezeichnet.

Ihr erstes Ziel ist Khara Khoto, die schwer zugängliche, inmitten der Gobi gelegene Ruinenstadt, aus der zuvor bereits der Russe Koslow eine ganze Karawanenladung voller Schätze nach St. Petersburg abgeschleppt und der Brite Stein abgeräumt hat, was der Russe übersehen hatte. Noch auf halbem Weg werden sie von einer Gruppe chinesischer Soldaten gestellt, die ihre Maultiere samt Karren beschlagnahmen – »für militärische Zwecke«, wie sie höhnisch erklären. Warner ist außer sich vor Wut, packt den nächsten Soldaten und verlangt, zu ihrem Befehlshaber geführt zu werden. Im Garnisonsquartier wird ihm beschieden, daß der *amban* bereits zu Bett gegangen sei und er sie erst am nächsten Morgen empfangen könne. Daraufhin gerät Warner erst noch mehr in Rage und verlangt, den Beamten sofort zu sehen, sonst werde er ihn persönlich beim Anziehen helfen. Sein forsches Auftreten ist nicht ungefährlich, aber der *amban* muß über die Unverfrorenheit der wütenden fremden Teufel so überrascht gewesen sein, daß er nach einigem Palaver einlenkt und seinen räuberischen Soldaten befiehlt, ihre Beute wieder herauszugeben.

Ziemlich abgerissen, verstaubt und zerlumpt erreichen die beiden vier Monate nach ihrer Abreise aus Peking ihr Ziel Khara Khoto. »Der Ort selbst ist um vieles schöner, als ich ihn mir vorgestellt habe«, schwärmt Warner bei der Ankunft. Aber die anfängliche Freude macht bald herber Enttäuschung Platz. »Koslow und Stein hatten eine zu reiche Ernte eingebracht, als daß sich eine Nachlese noch gelohnt hätte«, stellt der Amerikaner ernüchtert fest.

Der Rückweg durch die winterliche Gobi kostet seinem Partner fast das Leben. Ein eisiger Wind bläst ihnen entgegen, als sie sich mühsam entlang des zugefrorenen Edsin Gol südwärts kämpfen. Vor Erschöpfung besteigt Wayne eines der Kamele. Als er wieder absteigen will, sind seine Beine so steif von der Kälte, daß er umfällt. Als sie am Feuer allmählich wieder auftauen, wird er ohnmächtig vor Schmerzen. »Unser Mitgefühl niederkämpfend, rieben wir fieberhaft weiter«, beschreibt Warner den Versuch, die Durchblutung wieder in Gang zu bringen. Von Zeit zu Zeit flößen sie ihm unverdünnten chinesischen Schnaps ein, den sie als Brennstoff mitführen. Der weitere Weg gestaltet sich entsprechend schwierig. Schließlich gelingt es Warner, einen Karren aufzutreiben, die einzige Möglichkeit, den Verletzten zu transportieren. Sie kommen so langsam voran, daß sich Warner bereits mit dem Gedanken beschäftigt, wie man einen Fuß »mit einem Jagdmesser und ohne Betäubungsmittel« amputiert. Nach 18 qualvollen Tagen erreichen sie Suzhou, wo ein chinesischer Arzt den Amerikaner in Pflege nimmt. Für Wayne ist die Reise zu Ende. Er kehrt nach seiner Genesung nach Peking zurück.

Schweren Herzens läßt Warner den Kameraden zurück und legt weitere 110 Wüstenkilometer zurück, allerdings nun auf einer vielbegangenen Karawanenroute, ehe er Dunhuang und kurze Zeit später die »Höhlen der Tausend Buddhas« erreicht. Wie immer ist Wang nicht da. Warner ist Kunsthistoriker und nicht Philologe, deshalb interessieren ihn die Wandbilder mehr als Schriften. Beim Anblick dieser einzigartigen Kunstgalerie der Gobi verschlägt es ihm den Atem. »Zum ersten Mal begriff ich, warum ich einen Ozean und zwei Kontinente überquert und mich diese zwei Monate neben meinen Karren dahingeschleppt hatte.« Höhle um Höhle wird von ihm untersucht, die Wandgemälde und Figuren werden nach Stilrichtungen eingeordnet.

Dann steht er fassungslos vor den Spuren schlimmsten Vandalismus. Zwei Jahre zuvor haben 400 versprengte Kosaken dort vorübergehend Quartier bezogen und dabei die Wandbilder mutwillig entstellt. »Auf einige dieser lieblichen Gesichter sind die Nummern eines russischen Regiments gekritzelt«, empört sich der Amerikaner, »und aus dem Mund eines Buddha, der dasitzt, um das Gesetz des Lotos zu verkünden, strömt irgendeine slawische Zote.«

Es klingt wie eine Rechtfertigung dessen, was Warner selbst an Ungeheuerlichem vorhat, wenn er schreibt: »Meine Aufgabe ist es, alles in meinen Kräften Stehende zu tun, um möglichst viele dieser Schätze vor dem raschen Verfall zu bewahren und zu retten.« Vor allem will er versuchen, was er zuvor noch für undenkbar gehalten hat, nämlich einige der unschätzbaren Wandbilder abzulösen. Nur widerwillig und gegen eine stattliche »Spende« stimmt Wang zu. Er nimmt das Risiko in Kauf, unter noch nie erprobten Bedingungen – mitten im Winter bei Temperaturen weit unter dem Gefrierpunkt – die »Chemotechnik« einzusetzen. Allerdings achtet er darauf, nur Wandbilder abzunehmen, die bereits beschädigt sind, aber selbst die, so weiß er, würden in Amerika, wo es nichts dergleichen gibt, große Kostbarkeiten darstellen. Nach langem Hin und Her gelingt es dem Amerikaner sogar, Wang eine Figur abzuringen. Das Meisterwerk, eine 90 Zentimeter hohe kniende Figur aus der Tang-Zeit, ist heute das Schmuckstück in der Sammlung des Fogg-Museums.

Gegen Ende seines Aufenthalts scheint sich Warner aller Skrupel entledigt zu haben, wenn er sich zu der Behauptung versteigt, er würde, »ohne mit der Wimper zu zucken, die ganze Anlage leerräumen«, um sie vor weiterem Vandalismus zu bewahren, den er als drohendes Bild heraufbeschwört. »Wer weiß«, orakelt der Amerikaner, »wann hier chinesische Truppen einquartiert werden wie die Russen? Oder, was noch schlimmer wäre, wie lange es noch dauern wird, bis die mohammedanische Rebellion ausbricht, mit der jeder rechnet? ... In 20 Jahren«, so prophezeit er, »wird dieser Ort keinen Besuch mehr wert sein.«

Darin sollte er sich irren. Aber vielleicht ist es die Vorahnung, daß seine eigenen Tage in Chinesisch-Turkestan gezählt sind, die ihn veranlaßt, ein so düsteres Bild der Zukunft an die Wand zu malen. Denn sein nächster Versuch, nach Dunhuang zurückzukehren, um das Höhlenkloster kunsthistorisch zu erforschen und bei Gelegenheit weitere Wandbilder abzulösen, erstickt in einer Welle von Fremdenfeindlichkeit. Auslösendes Ereignis ist ein Vorfall in Shanghai, wo elf demonstrierende Studenten im Kugelhagel britischer Soldaten starben, die meisten, wie es hieß, im Rücken getroffen. Daraufhin kam es im ganzen Land zu Übergriffen auf die verhaßten Ausländer.

In dieser explosiven Atmosphäre bricht Warner von Peking in Richtung Westen auf. Trotz offizieller Erlaubnis der chinesischen Regierung sieht sich der Amerikaner überall, wo er hinkommt, der Willkür lokaler Behörden ausgesetzt und von der Bevölkerung mit Haß verfolgt. Es gelingt ihm zwar noch, bis Dunhuang vorzudringen, aber dort erwartet ihn ein wütender Mob, so daß er jede Hoffnung auf ein Arbeiten in den »Tausend-Buddha-Höhlen« begraben muß. Unverrichteter Dinge zieht er wieder ab.

Bei seiner Rückkehr nach Peking wird die Situation immer brenzliger, weil indessen chinesische Intellektuelle, allen voran sein einstiger Begleiter, Dr. Chen, ihn in einer Kampagne als Plünderer brandmarken. Warner ist gezwungen, China fluchtartig zu verlassen. Damit ist die Zeit der Freibeuterei im Namen der abendländischen Wissenschaft endgültig vorbei. Die Chinesen haben die Tür zu den Schätzen der Seidenstraße zugeschlagen.

Das Thema ist in China noch immer stark emotionalisiert – auch politisch. Fielen diese Beutezüge doch in die Zeit schlimmster Demütigung durch die europäischen Kolonialmächte. Vor diesem Hintergrund wurden sie in diesem Umfang erst möglich. Spricht man heute mit chinesischen Wissenschaftlern darüber, ist deutlich die Empörung herauszuhören, sobald der Name eines der damaligen Protagonisten fällt. Es sind vor allem Stein, Pelliot und Hedin – in dieser Reihenfolge –, denen die Chinesen vorwerfen, sie um ihre Geschichte gebracht zu haben. Zu Recht!

Natürlich muß man sich fragen, warum die Chinesen zu diesem Zeitpunkt nichts zum Schutz der vom Verfall bedrohten Kulturgüter unternahmen. Die »Raubzüge der fremden Teufel« wurden überwiegend in Kenntnis und mit Billigung der chinesischen Behörden durchgeführt. Über die Rechtmäßigkeit ihres Tuns hatte sich freilich keiner von ihnen Gedanken gemacht. Dazu waren sie zu sehr Kinder ihrer Zeit, dominiert vom Geist des Kolonialismus – wie ihre Regierungen, in deren Auftrag sie letztlich handelten. Moralische Bedenken, die zuweilen aufkamen, gingen unter dem Eindruck des »Wettrennens« schnell verloren.

Man kann die Entrüstung der Chinesen verstehen, wenn man heute entlang der Seidenstraße reist, die Höhlenheiligtümer besucht und dabei immer wieder in dunkle Löcher starrt, wo früher bunte Bilder Geschichte erzählten. »Gestohlen«, sagen die einen, »gerettet«, behaupten die anderen. Die Frage, ob die abgeschleppten Kunstwerke die moslemische Rebellion, den Bürgerkrieg und schließlich den Zerstörungswahn der Roten Garden im Zuge der Kulturrevolution unbeschädigt überstanden hätten, wird nie zu klären sein. Ganz abgesehen davon, was sonst noch dem Wirken Einheimischer, sei es aus Ignoranz oder religiösem Fanatismus, zum Opfer gefallen wäre.

Aber auch nicht alles, was fortgeschafft wurde, konnte gerettet werden. Etwa die Hälfte aller Schätze, darunter alle großen Wandbilder, die LeCoq in Bezeklik abgelöst hatte, fielen den Bomben des Zweiten Weltkriegs zum Opfer. Fast zwei Drittel der im Auftrag von Graf Otani zusammengerafften Schätze sind heute verschwunden. Wer sich ein Bild von der Kunst der Seidenstraße machen will, der muß bereit sein, mindestens den zweifachen Weg des legendären Fernhandelsweges zurückzulegen. Ihre Glanzstücke, sieht man von den in den Höhlenklöstern verbliebenen und heute zugänglichen Werken ab, sind sage und schreibe über Museen und Institutionen von nicht weniger als ein Dutzend Staaten verteilt. Aber selbst das wäre enttäuschend, denn ein großer Teil der Schätze lagert gut verpackt in Depots. Das trifft insbesondere auf das Britische Museum zu, das zwar die größte Seidenstraßensammlung besitzt, aber am wenigsten ausgestellt hat. Rühmliche Ausnahmen bilden das Museum für Indische Kunst in Berlin, das Nationalmuseum in Tokio, wo ein Drittel der Otani-Sammlung ausgestellt ist, und die Eremitage in St. Petersburg.

Ein Trost: Im Internet kann sich heute jeder unter der Adresse http://idp.bl.uk 26000 Manuskripte und 5000 Bilder kostenlos ansehen.

Schmelztiegel Kashgar

Unendliche Geschichten

Im westlichsten Winkel Chinas liegt am Treffpunkt der nördlichen und der südlichen Route der Seidenstraße die Stadt Kashgar, »die größte und schönste unter den zahlreichen Städten«, wie es in Marco Polos Buch heißt. Wenn die Karawanen hier eintrafen, hatten sie eine beschwerliche Reise durch Wüsten und Gebirge hinter sich und freuten sich auf eine ausgiebige Rast und auf entspannende Unterhaltung.

Auf den ersten Blick ist von der alten Schönheit allerdings nicht viel geblieben. Kashgar ist, wie die meisten Städte, die wir auf der Seidenstraße besucht haben, eher enttäuschend. Es zieht sich zu Füßen des Pamir-Massivs weitläufig hin und wird mehr und mehr von Betonbauten beherrscht. Kashgar ist zu einer Stadt mit 400 000 Einwohnern angewachsen, in der die Moderne unaufhaltsam vordringt. Heute allerdings, einen Tag vor dem 50. Jahrestag der Gründung der Volksrepublik China, begrüßt uns ein Meer von roten Fahnen. Sie beherrschen das Stadtbild so sehr, daß wir zunächst nicht verstehen, warum Kashgar die »orientalischste Stadt Chinas« genannt wird.

Unser Auto hält vor dem Seman-Hotel. Es ist ein großer Komplex, der aus mehreren Gebäuden besteht. Eines der Häuser ist das alte russische Konsulat, jener legendäre Ort, an dem der russische Konsul, als die Großmächte England und Rußland um die politische Vormacht in China kämpften, wie ein Statthalter regierte. Das Hotel bezeichnet sich selbst als »one of the top ten hotels in the world«, ist aber nicht mehr als eine komfortable Zwei-Sterne-Herberge, in der hauptsächlich japanische und europäische Touristen absteigen. Während unseres Aufenthalts sehen wir besonders viele Deutsche, die man auf den ersten Blick in zwei Gruppen einteilen kann: die »Bleichgesichter«, die in heller Aufregung ihrem bevor-

stehenden Ausflug in die Takla Makan entgegenfiebern, und die
»Rothäute«, die den Ausflug bereits hinter sich haben.

Wir sind gespannt, was aus dem russischen Konsulat geworden
ist, und vereinbaren, dort zu Abend zu essen. Bei Verabredungen
im äußersten Westen der Volksrepublik muß man sorgfältig darauf
achten, nach welcher Zeit man sich richtet, nach der örtlichen oder
nach der Beijing-Zeit. Offiziell gilt in ganz China nur die Beijing-
Zeit, inoffiziell schlagen die Uhren der Uiguren allerdings zwei
Stunden später.

An dem kleinen Haus im alten Stil prangt groß ein neues Schild
mit der Aufschrift »Ehemaliges russisches Konsulat«. Das Restaurant im Innern ist nur zum Teil mit alten Möbeln eingerichtet, und
an der Speisekarte sieht man sofort, daß Kashgar näher an Mekka
als an Beijing liegt: Man sucht vergeblich nach Schweinefleisch.
Keiner von uns möchte Fisch bestellen, schließlich ist Kashgar von
allen Städten Chinas am weitesten vom Meer entfernt. Da wir nicht
schon wieder Lammfleisch essen wollen, versuchen wir eine besondere Delikatesse: »Kamelfuß«. Dieser Fuß kommt allerdings als
chinesisches Gericht auf den Tisch, kleingeschnitten mit viel Gemüse. Nur die Tatsache, daß das Fleisch sehr zäh ist, könnte als Beweis
für echtes Kamelfleisch gelten.

Am 1. Oktober scheint dann ganz Kashgar auf den Beinen zu
sein, viele nutzen die Feiertage für Einkäufe. Bevor wir zur offiziellen Regierungsfeier gehen, suchen wir im Bazar nach geeigneten
Motiven. Auf unserem Weg durch die hoffnungslos überfüllten,
engen Gassen fällt uns in einem Geschäft ein wunderschöner alter
Seidenteppich auf, der allerdings 2800 Dollar kosten soll. Doch
Cheng Wei meint, daß man dafür nicht mehr als 700 Dollar bezahlen dürfe. Im Bewußtsein einer echten Herausforderung betreten
wir den Laden und erkundigen uns bei einem jungen Verkäufer, der
gut Englisch spricht, ob er bereit wäre, den Teppich auch billiger
zu verkaufen. Er will uns bis auf 2500 Dollar entgegenkommen
und fragt, wieviel wir bezahlen wollten. Über unsere Preisvorstel-
lung gibt er sich empört. Bevor wir den Laden verlassen, zeigt er
uns an seiner Jacke ein Namensschild »007« und erklärt, daß er
normalerweise in einer Filiale der Firma im Seman-Hotel bediene,
dort könnten wir ihn jederzeit treffen.

Nach der großen staatlich verordneten Feier lernen wir eine

Uigurin kennen, die uns erzählt, daß eine Verwandte am nächsten Tag heiraten werde. Das Team ist sofort Feuer und Flamme. Nachdem wir so begeistert von unserem nächtlichen Erlebnis auf der Uigurenhochzeit in Turfan berichtet hatten, hoffen nun alle, mit der Kamera dabeisein zu können.

Am nächsten Morgen liegt der schöne alte Seidenteppich zu unserer Überraschung schon in einem Verkaufsstand unseres Hotels. Cheng Wei rät uns gerade, unser Interesse nicht so deutlich zu zeigen, da erscheint auch schon »007« und erklärt, daß er das gute Stück unseretwegen mit ins Hotel gebracht habe. Wir sollten es uns noch einmal ernsthaft überlegen. Wir fühlen uns nun verpflichtet, mit ihm freundlich weiterzuverhandeln, geben ihm eine Visitenkarte und versprechen, am nächsten Tag wiederzukommen, weil wir es jetzt eilig hätten. Er will uns aber nicht ziehen lassen und wäre bereit, auf 2000 Dollar herunterzugehen. Doch im Augenblick bewegt uns nur eines: die Hochzeit in einem kleinen Dorf vor Kashgar. Vor allem müssen wir rechtzeitig dort sein, weil wir noch um Erlaubnis fragen müssen und uns überzeugen wollen, ob das Motiv auch wirklich unseren Erwartungen entspricht. Die Schönheit der Braut gibt den Ausschlag: Es wird gedreht. Das Mittagessen lassen wir ausfallen, da auf uigurischen Hochzeiten ohnehin reichlich gegessen wird.

Als wir mit dem gesamten Team und unserem Geschenk, einem wunderschönen Seidenatlas, den wir in Khotan gekauft haben, eintreffen, ist die Feier schon voll im Gange. Musikanten spielen auf, die Gäste essen und tanzen, immer mehr Leute treffen ein. Die Braut finden wir mit viel Mühe in einem kleinen Raum. Die 24jährige Lehrerin Nuer Amina ist völlig verzweifelt, weil ihr das Make-up nicht gefällt. Wir lenken sie etwas ab und fragen nach dem weiteren Verlauf des Festes. Nach äußerst widersprüchlichen Antworten insistieren wir zunächst nicht weiter, sondern begeben uns zum Essen. Das Festmahl zieht sich hin. Es gibt mehrere Gänge mit längeren Pausen dazwischen. Als Hauptgericht wird Reis mit Lammfleisch aufgetragen. Gegessen wird mit den Fingern. Für uns heißt das: Händewaschen vor jedem Griff zur Kamera; ein Essen mit Hindernissen …

Während die ersten Gäste schon gehen, kommen neue hinzu. Die Geschenke häufen sich, doch der Bräutigam ist bisher nicht erschienen. Nach langem Warten erfahren wir, daß er auch nicht kommen wird. Nach uigurischer Sitte feiert er nämlich woanders und wird die Braut erst nach der Feier treffen. Wie sollen wir da klassische Hochzeitsbilder machen – mit dem glücklichen Bräutigam, der die wunderschöne Braut küßt?

Enttäuscht packen wir unsere Sachen ein und fahren zum Bräutigam. Auf dem Fest des 25 Jahre alten Taxifahrers Ilias bietet sich uns das gleiche Bild: viele ausgelassene Gäste, Musik und Tanz, reichlich zu essen. Wir hoffen, den Bräutigam überreden zu können, mit der Braut für eine Einstellung zusammenzukommen. Aber alle Überredungsversuche führen zu nichts. Der Bräutigam ist nicht bereit, zu seiner Braut zu fahren. »Sie würde weglaufen«, meint er. »Bei uns treffen Braut und Bräutigam erst nach dem Ende der Festlichkeiten im Ehebett zusammen.« Andere Länder, andere Sitten. Eine uigurische Hochzeit läuft nun mal nach alter Tradition ab, nicht nach unserem Drehplan. Inzwischen ist die Schwiegermutter erschienen, inmitten einer großen Gästeschar. Die Braut ist noch immer nicht dabei.

Wir werden mit der Bemerkung getröstet, daß sogar ein chinesischer Kaiser schon einmal jahrelang auf eine uigurische Braut gewartet habe, und beschließen, an dieser Stelle des Films die traurige Geschichte von der »wohlriechenden Konkubine« zu erzählen. Diese Mamrisim lebte im 16. Jahrhundert in Kashgar. Sie war die Tochter des sehr einflußreichen Abakh Hoja und fiel dem chinesischen Kaiser Qianlong auf einem Eroberungsfeldzug wegen ihrer Schönheit und wegen ihres »außerordentlichen Wohlgeruchs« auf. Nachdem ihre gesamte Familie von den kaiserlichen Soldaten umgebracht worden war, wurde sie, die man als einzige verschont hatte, in einer Sänfte nach Beijing getragen. Drei Jahre war sie unterwegs, um fortan als Konkubine des Kaisers am Hofe zu leben. Jahrelang widerstand sie den Gunstbezeugungen des Kaisers und starb schließlich an Vereinsamung.

Die Uiguren ließen ihren Leichnam in einem prunkvollen Trauerzug nach Kashgar zurückbringen. Für sie ist Mamrisim, die duftende Konkubine, noch heute ein Symbol des Widerstands gegen China und wird im Abakh-Hoja-Mausoleum bei Kashgar verehrt. Schönheit und Liebreiz der jungen Frau wurden der Nachwelt durch das Gemälde des italienischen Malers Guiseppe Castiglione überliefert, der im Jahre 1715 von den Jesuiten nach China geschickt wurde, weil er dem chinesischen Kaiserhof die Zentralperspektive nahebringen sollte. Die katholische Kirche erhoffte sich davon, daß der Kaiser durch diese Entdeckung zur Einsicht kommen müßte, daß es nur einen Gott gäbe.

Als Giuseppe Castigilione es 1723 wirklich schaffte, am Hofe zu reüssieren, war er bald chinesischer als alle Chinesen, nannte sich Lang Shining und hatte seine Kontakte zu den Jesuiten verloren. Er hat jedoch die Entwicklung der chinesischen Malerei im 18. Jahrhundert maßgeblich beeinflußt.

Nach der traurigen Erfahrung mit der filmisch nicht vollzogenen Ehe erleben wir beim Eintreffen in unserem Hotel eine Überraschung: Dort wartet »007« und ist sehr froh, uns noch zu treffen. Er hatte schon befürchtet, wir könnten ohne seinen schönen Teppich abgereist sein. Jetzt ist er bereit, auf 1500 Dollar runterzugehen, und wir sind schon fast soweit, das gute Stück zu kaufen. Doch Cheng Wei flüstert uns auf deutsch zu: »Nicht mehr als 700!«

Am nächsten Morgen geht es auf den berühmten Sonntagsmarkt von Kashgar, den größten des Orients. Jede Woche sollen hier bis zu 150 000 Menschen zusammenkommen. Wir fahren in ein nahegelegenes Dorf, um einen Bauern mit der Kamera zu begleiten, der acht Schafe zum Markt bringen will. Mit ihm und seinen Tieren tauchen wir ein in das unüberschaubare Gewimmel des riesigen Handelsplatzes. Hier gibt es wirklich alles zu kaufen: Obst und Gemüse, Seide und Teppiche, Fernseher und Kamele, Kleidung und Gebrauchsgegenstände. Aus Kofferradios plärrt laute Musik. Man weiß nicht recht, was größer ist: der Lärm oder das Gedränge. Zumindest umwehen alle Wohlgerüche des Orients unsere Nase. Nudelsuppe und Spieße aus Lammfleisch finden reißenden Absatz. Ein Geschichtenerzähler fasziniert uns, obwohl wir seine Sprache nicht verstehen. Wir sind aber sicher, daß da vom unendlichen Warten auf die »wohlriechende Konkubine« die Rede ist. Mehrmals glauben wir den Namen »Mamrisim« verstanden zu haben.

Unter den Besuchern sind viele Touristen, denen es besonders der Tiermarkt angetan zu haben scheint. Ein Pferd kann man hier für 1500 Yuan (330 Mark) erstehen, ein Schaf für 500. Wer auf dem Markt verkaufen will, muß vorher Steuern zahlen. Sie betragen zum Beispiel für ein Pferd fünf Yuan und für ein Schaf einen

Yuan. Für umgerechnet 200 Mark könnten wir sogar ein Kamel haben, aber wer soll so viel zähes Fleisch essen.

Der Sonntagsmarkt von Kashgar wird neuerdings auch von sehr vielen Pakistani besucht. Der Karakorum Highway hat die Reise leichter und schneller gemacht. Wir beobachten, daß die ausländischen Käufer mehr Geld hierlassen als die Uiguren, für die das Ganze nur ein herrliches Sonntagsvergnügen zu sein scheint. Der Spaß am Schlendern, Schauen und Handeln ist fast wichtiger als der Kauf selbst, und der gesamte Markt ist sowohl ein riesiger Treffpunkt als auch eine Art Vergnügungszentrum.

Für unsere Dreharbeiten machen sich die zahlreichen malerischen Stände sehr gut, an denen zubereitete Speisen angeboten werden. Eigentlich müßten wir aus Höflichkeit dort etwas essen. Aber wir sind zu einem Interview mit Yunusi Kurban und seiner Frau verabredet, die eine Bar in der Nähe unseres Hotels betreiben.

Der winzige Raum ist nicht größer als vier Quadratmeter. Die Hauptattraktion sind zehn Billardtische im Freien. Yunusi erzählt uns von seinen fünf Kindern. Sein ganzer Stolz ist einer seiner Söhne, der in Urumqi Medizin studiert. 300 Yuan kostet das Studium im Monat. Von seinen 800 Yuan Rente kann er das natürlich nicht bestreiten. Darum betreibt er diese kleine Bar, die immer gut besucht ist und genug einbringt, um die Sonderausgaben zu finanzieren. Viele Gäste kommen von außerhalb.

»Kashgar gehört nicht zu China«, sagt Yunusi Kurban augenzwinkernd, »hier gibt es viel mehr pakistanische Geschäftsleute und Touristen als Chinesen. Sie bringen viel Geld mit; das ist gut für Kashgar.«

Schon während des Interviews ist »007« in der Bar erschienen und sieht uns neugierig bei der Arbeit zu. Kaum ist die Kamera abgeschaltet, macht er uns sein letztes Angebot: 1200 Dollar. Er muß wohl erfahren haben, daß wir am nächsten Tag abreisen. Wir laden ihn zu einem Drink ein und sind eigentlich bereit, auf sein Angebot einzugehen, doch Cheng Wei sieht uns streng an. Mit der Entschuldigung, daß wir schon viel zuviel Übergepäck hätten, verabschieden wir uns schweren Herzens von ihm.

Bei unserer Abreise finden wir an der Rezeption einen kleinen Korb mit Früchten und einen kleinen Zettel vor. Darauf steht: »700 US-$ sind o. k., gez. 007«.

Jesus auf der Seidenstraße?

Seit unserer Ankunft in Kashgar bemühen wir uns, Informationen über ein geheimnisvolles Marien-Grab zu erhalten, das sich in der Nähe der Stadt befinden soll. Leider ist unser örtlicher Begleiter, den uns die Ausländerbehörde der Stadt gestellt hat, ein totaler Versager: Er spricht weder Uigurisch noch Englisch und kennt nur die üblichen touristischen Sehenswürdigkeiten. Doch nachdem wir Cheng Wei bis zum Wutanfall getrieben haben, schleppt sie endlich einen »Christenmenschen« an, der angeblich etwas über das Grab wissen soll. Leider spricht er nur Uigurisch. Wir müssen deshalb unseren Fahrer bitten, sich den Weg erklären zu lassen, da er der einzige ist, der sich mit ihm unterhalten kann.

Auf unserer Fahrt zum Khunjerab-Paß wollen wir versuchen, dieses Grab, das 1930 entdeckt worden sein soll und angeblich »nördlich von Ladakh im angrenzenden Ost-Turkestan«, der heutigen chinesischen Provinz Xinjiang, etwa neun Kilometer von der Stadt Kashgar entfernt liegt, zu filmen. Vielleicht können wir auch erfahren, welche Maria dort ihre letzte Ruhestätte gefunden hat.

Das apokryphe, also von der christlichen Kirche nicht offiziell anerkannte Evangelium des Philippus erwähnt drei Marias, die nach der Kreuzigung an der Seite Jesu waren: seine Mutter, eine gleichnamige Schwester sowie Maria-Magdalena. Nur: Wie gelangten sie an die Seidenstraße? Oder nur eine davon? Und vor allem: Warum kam sie hierher, wenn nicht aus einem einzigen Grund, nämlich als Begleiterin Jesu? Das aber würde bedeuten, daß sich auch Jesus hier aufgehalten haben muß.

Für einen im abendländisch-christlichen Umfeld aufgewachsenen Menschen ist das eine gewagte These, stellt sie doch das zentrale Element christlichen Glaubens in Frage, den Opfertod Christi, durch den allein der Menschheit Erlösung zuteil wird. Wenn Jesus sich mit den drei Frauen zur Seidenstraße aufmachte, kann es keinen Kreuzestod und demgemäß keine Auferstehung gegeben haben. Statt dessen hätten wir uns vorzustellen: die Kreuzesabnahme des noch nicht Verstorbenen, seine Genesung, Flucht vor drohender Verfolgung, fort aus dem römischen Herrschaftsbereich, und das bedeutete: Richtung Osten.

Nun wird in Srinagar in Kaschmir das Grab eines Propheten Issa verehrt. Und für die Moslems dieser Gegend steht fest, daß dieser mit Jesus identisch sei. Er sei, so die Erklärung, über die Seidenstraße dorthin gelangt, möglicherweise als reisender Kaufmann. Die Verehrung des Apostels Thomas in Indien deutet ebenfalls auf eine Verbindung nach Osten, die im 1. Jahrhundert viel intensiver gewesen sein mag, als wir uns das heute vorstellen können. Die christliche Lehre hat sogar in Persien Eingang gefunden, was Spuren in der manichäischen Religion hinterlassen hat.

Zu unserem Bedauern haben wir an dem angegebenen Ort aber kein Grab gefunden, und unser sehr enger Drehplan hat es nicht erlaubt, noch weiter danach zu suchen. Deshalb haben wir einen Religionswissenschaftler in Shanghai gebeten, der Frage nachzugehen. Er hält die Geschichte über die Reise Jesu nach Indien für eine schöne Legende und meint, daß es sich bei der rätselhaften Gedenkstätte vielleicht um eine Verwechslung mit dem Grab der »wohlriechenden Konkubine« handeln könnte.

Es wird also weiterhin ein Geheimnis bleiben, wer nun die ersten Christen an der Seidenstraße waren. Sicher ist nur, daß sich mit dem Nestorianismus im 6. Jahrhundert das Christentum endgültig an der Seidenstraße etablierte. Diese christliche Bewegung, die im 8. Jahrhundert besonders erfolgreich war, erhielt ihren Namen nach Nestorius, dem Patriarchen von Konstantinopel (381–451). Für die Nestorianer ist Maria nicht »Gottesgebärerin«, sondern »Christusgebärerin«. Wenn aber Maria nicht mehr die »Mutter Gottes« ist, heißt das auch, daß Jesus nicht Gottes Sohn ist. In der Tat sahen die Nestorianer in Jesus den Mittler zwischen Gott und den Menschen – eine Position, die Nestorius in große Schwierigkeiten mit dem Papst brachte, der im Jahre 431 zum Konzil in Ephesos lud, das zu endlosen Streitereien zwischen den verschiedenen Würdenträgern der Kirche führte.

Zentralsymbol der Nestorianer war nicht das Kruzifix, sondern das »Siegeskreuz«, das uns auf vielen Abbildungen in Dunhuang und Turfan begegnet. Die Nestorianer erwiesen sich bei ihrer Missionierung als äußerst anpassungsfähig. Standen in den Oasenstädten an der Seidenstraße die Abgrenzungsbemühungen noch deutlich im Vordergrund, so nahm die Angleichung des Nestorianismus an den Buddhismus um so mehr zu, je weiter er nach China gelangte. Die dem Kaiser übergebenen Texte trugen schon einen deutlich buddhistischen Stempel: Auf Bildern wächst das Nestorianerkreuz plötzlich aus einer Lotusblüte.

Wie alle anderen Religionen konnte sich später auch der Nestorianimus in den Oasen an der Seidenstraße nicht gegen den Islam behaupten.

Etwa ein Jahrhundert nach dem Nestorianismus gelangte der Manichäismus hierher, die Lichtreligion des aus Persien stammenden Mani, in die – neben zoroastrischen und buddhistischen Elementen – auch christliches Gedankengut eingegangen war. Sogar im persönlichen Schicksal Manis gibt es Parallelen zu Jesus: Auch er wurde von den Machthabern gekreuzigt.

Auf der zweiten deutschen Turfan-Expedition fand Albert von LeCoq 1905 in den Ruinen von Gaochang Malereien und Fresken sowie Reste von manichäischen Bet- und Beichtbüchern. Später wurde ein äußerst wichtiges Dokument entdeckt, das 731 in chinesischer Sprache verfaßte Kompendium der manichäischen Lehre. Die Bilder und Texte vermitteln uns einen unverfälschten Eindruck von einer Religion, die man zuvor nur aus Darstellungen ihrer Gegner kannte und die im 8. Jahrhundert Staatsreligion im Uigurenreich gewesen ist. Jesus spielte in ihr als »Aufklärer« über die wahre Existenz des Menschen eine wichtige Rolle.

Mani selbst nannte seine Lehre »vorzüglicher und besser als die anderen Glaubenslehren«. »Die früheren Religionen herrschten nur in einem Land und in einer Sprache. Meine Religion ist derart, daß sie sich in jedem Land und in allen Sprachen zeigen kann und in den fernsten Ländern gelehrt werden wird.«

Licht und Finsternis sind für den Manichäismus der sichtbare Ausdruck des Gegensatzpaares Gut und Böse. Dieser Dualismus ist das Entscheidende an dieser Lehre, die damit einen Grundgedanken persischer Weltsicht aufgreift. Der Mensch, so Religionsgründer Mani, hat die Aufgabe, diesen Gegensatz zu erkennen und das Böse unschädlich zu machen. Das ist deswegen nicht einfach, weil die Finsternis die Sinneslust des Menschen erweckt, um eine Rettung des Lichtes zu verhindern. Der Mensch kann eine Trennung dieser beiden Gegensätze nur vollziehen, wenn er den Grundsätzen dieser Religion folgt und sich völlig asketisch verhält. Jemand, der die Regeln streng beachtet, kann nur in völliger Zurückgezogenheit von der Welt leben und muß auf den Genuß von Fleisch und Alkohol sowie auf Geschlechtsverkehr verzichten. Schon die Zubereitung von Speisen wäre ein Bruch der Vorschriften gewesen. Das heißt aber, daß ein solcher Asket nicht lebensfähig gewesen wäre, hätte Mani nicht die Stufe des »Laien« vorgesehen. Diejenigen seiner Anhänger, die diesen Status besaßen, hatten für das leibliche Wohl der Asketen und deren Krankheiten zu sorgen.

Ob es besondere Verheißungen diesem Laienstand gegenüber waren, die den Manichäismus attraktiv gemacht haben, wissen wir nicht. Kaum vorstellbar, daß eine so kompromißlose Askese viele Menschen anziehen konnte. Für die Würdenträger der bestehenden Religionen konnte ihr Ansehen nur beängstigend sein. Das zeigen sowohl die Schärfe der Polemik gegen die Manichäer, als auch die radikale Verfolgung der Anhänger und die Vernichtung von Tempeln und Schriften.

Die ersten Manichäer in China waren wahrscheinlich Nachfahren jener Flüchtlinge, die vor den Verfolgungen, denen die Anhänger des Religionsstifters Mani (216–276) in Persien ausgesetzt waren, fliehen mußten. Manis Religion hatte die zoroastrische persische Priesterschaft allmählich um ihre Macht fürchten lassen, und es gelang ihnen, den König zu einem Todesurteil gegen den Religionsgründer und zu einer radikalen Ausrottung seiner Anhänger zu veranlassen. Wer konnte, floh nach Osten; viele gelangten bis nach China. Ausgehend von den ersten manichäischen Gemeinden verbreitete sich die Religion bis an die Westgrenzen Chinas und in die Oasen der Seidenstraße.

Wie der Manichäismus in seinem Vordringen nach Westen Erfolg damit erzielte, daß er sich dem Christentum anglich und sich bei seiner Ausbreitung nach China mehr und mehr dem Buddhismus annäherte, vermochte er aber auch geeignete Elemente des Konfuzianismus zu integrieren. Gewisse Übereinstimmungen mit dem Buddhismus machten den Manichäismus schließlich auch für Buddhisten attraktiv.

Ohne Zweifel verstanden es die Manichäer, ihre bei der Verbreitung ihrer Religion bewiesene Flexibilität und Anpassungsfähigkeit auf den politischen und ökonomischen Bereich zu übertragen. Sie waren »mehrsprachig«, wie ihre Schriften zeigen, die uns in Chinesisch, Uigurisch und Sogdisch erhalten sind. Diese Manichäer erwiesen sich als geschickte und gewandte Kaufleute. In den Uigurenstaaten entlang der Seidenstraße lebten in der Zeit des starken manichäischen Einflusses die erfolgreichsten Händler. Manichäische Kirchenführer aus Samarkand, die zur Kontrolle anreisten, mußten allerdings feststellen, daß die Gebote Manis bei den Uiguren ein wenig lasch befolgt wurden, besonders die Speise- und Reinlichkeitsvorschriften.

Staatsreligion ist der Manichäismus außer bei den Uiguren nirgendwo sonst geworden. Als diese sich dann zunächst für den Buddhismus und später für den Islam entschieden, fehlte den Manichäern jeder weitere offizielle Rückhalt. Die Religion wird Opfer des politischen und wirtschaftlichen Kalküls, ihre Spuren verlieren sich bis auf wenige Reste; die letzten Manichäer soll es im 16. Jahrhundert in Fujian gegeben haben.

Eines der bemerkenswertesten Phänomene in der Geschichte der Seidenstraße ist, daß in den wohlhabenden Oasen Händler, Pilger, Missionare und Abenteurer, aber auch Künstler und »Intellektuelle« aus vielen Teilen der Welt aufeinandertrafen und die unterschiedlichsten Weltanschauungen ausgetauscht wurden. Auf der Basis des gemeinsamen Interesses am Handel entstand ein Klima der Toleranz und des gegenseitigen Respekts, in dem der theologische Disput zwischen den Religionen eines der belebenden Elemente gewesen ist. Entscheidend war sicher diese Atmosphäre gegenseitigen Respekts, vor deren Hintergrund die Religionen auch zu ernsthafter geistiger Auseinandersetzung fanden und damit eine Tradition begründeten, die später sogar die Rigidität des vordringenden Islam abzumildern vermochte.

Mohammed vertreibt Buddha

Kashgar ist unübersehbar islamisch geprägt. Seit der Islamisierung im 11. Jahrhundert bestimmt diese Religion die Kultur der Region. Im Gebiet von Kashgar sollen sich über 500 Moscheen befinden, in denen sich Gläubige fünfmal am Tag zu ihren Gebeten versammeln. Das Zentrum der Stadt wird beherrscht vom größten Sakralbau Chinas, der Id-Kahn-Moschee. 8000 Menschen finden im Innenhof dieses imposanten Gebäudes Platz.

Als wir am 1. Oktober 1999 das Freitagsgebet um 15 Uhr filmen, das vom Imam zelebriert wird, ist die Moschee bis auf den letzten Platz gefüllt. Hunderte von Menschen haben sich außerhalb versammelt. Uns fällt auf, wie gelassen sie der Zeremonie folgen. Jeder kommt und geht nach Lust und Laune. Manche essen noch eine Melone, obgleich der Imam schon mit dem Gebet begonnen hat; andere suchen sich in aller Ruhe einen Platz, um ihren Teppich auszurollen. Einzelne verschwinden dann während der Zeremonie wieder. Eine völlig andere Atmosphäre als in arabischen Ländern!

Irgendwie scheint hier noch nachzuwirken, daß in den Städten an der Seidenstraße lange Zeit die unterschiedlichsten Religionen friedlich nebeneinander existierten. Der Buddhismus, der in der Blütezeit der Tang-Dynastie zur vorherrschenden Religion Chinas geworden war, tolerierte Ideen und Riten des Judaismus, Manichäismus, Nestorianismus, Zoroastrismus und all der anderen Religionen.

Auch die Angriffe der Tibeter auf China, die 763 die Hauptstadt Chang'an und danach weite Teile des Tarim-Beckens eroberten, führten zu keiner Beeinträchtigung, denn schließlich hatte der Buddhismus inzwischen auch in Tibet Fuß gefaßt.

Doch dann trat eine Macht auf den Plan, die die Situation an den Grenzen Chinas radikal veränderte und zu einer realen Bedrohung des Reiches der Mitte werden sollte: der Islam. Diese Glaubensbewegung, die unter dem Gebot des Heiligen Krieges die Ausbreitung der Religion und die Erweiterung des eigenen politischen Machtbereichs auf fremde Länder erzwang, interpretierte Toleranz auf andere Weise. Nachdem der Siegeszug, der die Truppen des Propheten nach Westen geführt hatte, in der Schlacht von Tours und Poitiers gestoppt worden war, richtete sich ihr Vorstoß vehement nach Osten.

Und als die Araber vor Kashgar standen, sahen sich die Tang-Herrscher gezwungen, der akuten Gefahr militärisch zu begegnen, allerdings erfolglos. Nach dem Sieg der Araber über die chinesische Armee im Jahre 751 blickten nicht nur der Kaiser und seine Beamten, sondern auch die Vertreter der verschiedenen Religionen zu Recht sorgenvoll in die Zukunft. Neben dem Buddhismus mußte insbesondere auch der unter den Uiguren stark vertretene Manichäismus mit dem Ende seiner Vormachtstellung, wenn nicht mit Schlimmerem, rechnen.

Ganz so schlimm kam es dann vorerst doch nicht. Abgesehen davon, daß der in anderen Regionen auftretende blinde Fanatismus hier weniger um sich greifen konnte, waren die arabischen Eroberer sehr auf die Sicherung ihrer Vormacht bedacht. Diplomatisch bemühten sie sich um Zusammenarbeit mit den örtlichen Herrscherhäusern und beließen die jeweiligen Fürsten in ihren Ämtern, übertrugen ihnen jedoch nur administrative Aufgaben, insbesondere die regionale Verwaltung und die Erhebung der Steuern. Auch wenn das den Übertritt des jeweiligen Herrschers zum Islam voraussetzte, bedeutete das noch keinesfalls den Glaubenswechsel der Untertanen. Christen, Juden und Buddhisten wurde Religionsfreiheit zugestanden – allerdings gegen Zahlung der üblichen Sondersteuer.

Auf diese Weise blieb die Islamisierung entlang der Seidenstraße in den ersten Jahrzehnten eine eher friedliche Angelegenheit. Sowohl religiöse als auch kulturelle Traditionen konnten fortgesetzt werden, vor allem aber erlitt der Handel kaum Einbußen.

Später wurde allerdings deutlich, daß diese Politik sich zu einer Bedrohung der islamischen Vormacht entwickeln konnte. Die in ihrer Machtstellung belassenen Fürsten und ihre Beamten, die gelegentlich sogar Posten am Kalifenhof erhielten, verfolgten durchaus auch weiterhin sehr eigene Interessen. Sie protegierten Mitglieder der eigenen Familie, auch wenn diese nicht islamischen Glaubens waren, und begünstigten – wenn es sein mußte, heimlich – überhaupt häufiger die alten Religionen, als sich an die Gebote des Islam zu halten.

Außerdem erwies sich selbst der Islam als nicht vollständig gefeit gegen den »Seidenstraßen-Bazillus«, das allmähliche Einsickern fremder kultureller und religiöser Elemente, das die »reine Lehre« schleichend veränderte. Insbesondere Elemente des buddhistischen Glaubens bedrohten die Festigkeit und Eindeutigkeit des Islam, so daß sich die Kalifen gezwungen sahen, die sozialen und politischen Voraussetzungen für die Gefahr einer »Verwässerung« zu beseitigen. Lokale Fürsten, die nicht fest genug im Glauben standen, wurden in entfernt liegende Gebiete versetzt. Damit war meist auch die einigende Kraft und mögliche Identifikationsfigur beseitigt, die eine organisierte Widerstandsbewegung hätte anführen können.

Einwohner, die zuwenig Glaubenseifer zeigten oder neue Ideen propagierten, wurden zunächst zum Besuch der Moschee angehalten. Manchmal lockte man sie auch mit Geldprämien zum Gottesdienst. Erst wenn sie sich widersetzten, drohten ihnen drakonische Strafen wie Auspeitschen oder eine Einquartierung arabischer Truppen in ihren Häusern.

Dieser sich verhärtende Druck des Islam scheint insbesondere bei den Buddhisten einen verstärkten Gegendruck provoziert zu haben. Buddhisten übernahmen vielerorts die Führung des Widerstandes und schienen dabei auch weitaus weniger kompromißbereit gewesen zu sein als andere Religionen. Schriften voller Haß gegen die Araber wurden in Umlauf gesetzt, in denen Verbrechen der Eroberer aufgelistet wurden. Die Araber ihrerseits begannen um 820 den Buddhismus offen zu bekämpfen. Vor einer völligen Entmachtung dieser Religion im Gebiet des heutigen Xinjiang war allerdings noch ein entscheidendes Hindernis zu nehmen. Die beiden benachbarten Mächte Tibet und China bekannten sich zum Buddhismus, und es war nicht auszuschließen, daß diese ihren Glaubensbrüdern zu Hilfe eilen würden. Da man aber, ungeachtet der bestehenden Interessenkonflikte und militärischen Auseinandersetzungen, auch bisher verschiedentlich diplomatische Kontakte gepflegt hatte, wurde ein Vertrag geschlossen, und es stand einer konsequenteren Islamisierung nichts mehr im Wege.

Eine wesentliche Rolle bei der weiteren Verbreitung des Islam entlang der Seidenstraße spielten die Türken, die sich frühzeitig der sunnitischen Richtung dieser Religion angeschlossen hatten. Ursprünglich als Nomaden nach Zentralasien gekommen und als Söldner für zoroastrische Fürstendynastien angeworben, hatten sie sich bald an der Seidenstraße angesiedelt. Seidenproduktion und Seidenhandel waren nach wie vor eine attraktive Einnahmequelle, und so erstaunt es nicht, wenn die Türken sich anfänglich Sold oder Tribut in Seide auszahlen ließen.

Einer Religion, die ihre Aufgabe auch in einer politischen Machtausdehnung sah, war natürlich schwer zu widerstehen, wenn man nicht mit gleichen Mitteln zurückschlug. Dem hatte der Buddhismus mit seinen Forderungen nach Gewaltlosigkeit und mitleidiger Liebe wenig entgegenzusetzen. Auch werden kampfesfreudige Männer die buddhistische Forderung nach Enthaltsamkeit vermutlich für weniger attraktiv gehalten haben als die dem Muslim gestattete Polygamie.

Geschäftstüchtige Fürsten bekannten sich rechtzeitig zum Islam. So zum Beispiel Satuq Bugra Chan, Herrscher der Karachaniden, eines ursprünglich buddhistischen Volks. Zum Islam übergetreten, unterwarf er einen Teil des Tarim-Beckens und wurde zur Legende. Sein Grab wird noch heute von islamischen Gläubigen als Wallfahrtsort besucht. 893 eroberte das Karachaniden-Heer Kashgar und hatte nun die Kontrolle über die Nord- wie über die Südroute der Seidenstraße. Als die Karachaniden dann wenig später auch Khotan eroberten, kontrollierten sie zudem die Abzweigung der Seidenstraße Richtung Indien und an die indische Küste. Von dort wurde der Seehandel nach Ägypten abgewickelt.

Dabei erfuhren die eroberten Regionen und Oasen eine Turkisierung, die auch vielfältige kulturelle Auswirkungen hatte, wurden doch bestehende Lebensformen zunächst nicht vollständig zerstört. Das Bilderverbot des Islam zum Beispiel wurde von den sunnitischen Türken nicht sehr streng gehandhabt; viele Darstellungen in Turfan beweisen, daß hier der iranische Einfluß dominierend blieb, der solche Darstellungen durchaus zuließ. Und die Blüte frühislamischer Kunst und Wissenschaft ist nicht zuletzt Ergebnis der Integration von Anteilen nichtislamischer Kulturen. Von den indischen, christlichen und hellenistischen Zivilisationen und Religionen nahm der Islam hier anfänglich zahlreiche Anregungen schöpferisch auf.

Daraus entstanden die bekannten wissenschaftlichen und philosophischen Leistungen, denen durch ihre Verbreitung in einheitlicher arabischer Sprache im großen einheitlichen Machtbereich des Islam großer Erfolg und Einfluß beschieden war. Auch der Handel an der Seidenstraße hat von dieser Politik profitiert, bis er unter der Zwangsislamisierung zusammenbrach.

Um die Jahrtausendwende war sowohl Schluß mit dem Seidenhandel als auch mit der Vielfalt der Kulturen und Religionen. Versuche, neue Absatzmärkte für die Seide zu schaffen und bestehende auszuweiten, scheiterten an den neuen Verhältnissen, die sich allmählich zu einer unnachgiebigen Strenggläubigkeit entwickelten. Auch die Nachfrage nach kostbarer Seide in wohlhabenden moslemischen Kreisen, die anfänglich sehr groß war, ging immer mehr zurück. Plötzlich besann man sich darauf, daß Mohammed geboten hatte, sich nicht in Seide und Brokat zu kleiden.

Natürlich wollen wir erfahren, wie sich das Verhältnis zwischen dem Islam und der chinesischen Regierung heute entwickelt, und bitten unsere Begleiter, ein Interview mit dem Imam von Kashgar zu arrangieren. Darauf reagieren sie allergisch. Wahrscheinlich befürchten sie, daß der Imam die Gelegenheit zu anti-chinesischer Propaganda nutzen könnte. Sie erklären uns, ein Interview mit ihm sei nicht möglich. Wir sollten doch einen gewöhnlichen Gläubigen befragen, aber nicht den Imam. Als wir auch nach mehreren Absagen noch hartnäckig bleiben, kommt es am Tag vor unserer Abreise doch noch zu einem Gespräch. Damit gerechnet haben wir nicht mehr.

Herr Jahalipu (62), Imam von Kashgar, erscheint im Innenhof der Id-Khan-Moschee in einem nagelneuen Gewand und antwortet sehr bereitwillig auf unsere Fragen. Solange der Begleiter vom Kultusministerium dabei ist, bemüht er sich, freundliche Worte über die »Religionsfreiheit« zu finden. Er erklärt uns, daß die Regierung Zuschüsse für die aufwendige Renovierung der Moschee bezahlt hat und daß er schon zweimal nach Mekka reisen durfte. Jährlich genießen nur 200 Gläubige das Privileg dieser Pilgerfahrt, obgleich Kashgar näher an Mekka liegt als an Beijing.

Nachdem die Kamera abgeschaltet ist und unser Aufpasser tief durchatmet, weil alles halb so schlimm war, wollen wir vom Imam wissen, was für ihn Priorität habe, die chinesische Regierung oder sein Glaube. Auf diese Frage scheint er nur gewartet zu haben. Mit blitzenden Augen erklärt er den Koran zum höchsten Gesetz und Allah zur einzigen Autorität.

Mit Vollgas aus der Steppe: Kirgisistan

Volk in zwei Staaten

Jäh hört die Vegetation auf. Messerscharf verläuft die Grenze zwischen Fruchtbarkeit und Unfruchtbarkeit. Hinter dem letzten Pappelgürtel beginnt unvermittelt die Wüste. Die vielfältigen Stimmen des Lebens verstummen wie ein Radio, das man plötzlich abschaltet. Die laute Händlerseele, das Plätschern des Wassers in den Bewässerungskanälen, das Rauschen des Windes, wenn er durch die Bäume fährt, alles macht dem großen Schweigen Platz. Als grün gestrichelte Linie bleibt die Oase Kashgar am Horizont zurück. Die Wüste erscheint zuerst flach, sandbeladen, vom Wind zerfräst, dann tauchen kahle gerundete Bergkämme auf, wie ausgestreckte Finger einer Hand. Die Luft ist staubgeschwängert. Allmählich erscheinen aus dem milchig-weißen Nebel weitere Bergrücken, die rasch Gestalt annehmen. Dahinter türmen sich andere auf, noch höhere, die sich kulissenartig ineinanderschieben.

Die Straße, auf der wir entlangfahren, ist neu, aber die Route uralt. Ihr waren schon Generationen von Reisenden gefolgt – mit unterschiedlichen Absichten. Die Straße über den Pamir atmet Geschichte. Auf ihr stürmten die Horden der Steppennomaden herab, um gegen die ummauerten Oasenstädte anzurennen oder ins Reich der Mitte einzufallen. Ihren Windungen folgten die Heere der Han auf der Suche nach den begehrten »Himmlischen Pferden« der Barbaren, und hier entlang galoppierte auch der sagenhafte Recke Manas, eine Art kirgisischer Siegfried, auf seinem geflügelten Roß, um den Chinesen ihre Beute wieder abzujagen. Unzählige Handelskarawanen erklommen die schwindelerregenden Höhen des Congling (sprich: Tsungling) – des »Zwiebel-Gebirges«, wie die alten Chinesen den Pamir nannten. In ihrem Gepäck führten die Händler auch ihre Glaubensbekenntnisse mit (vgl. S. 220ff.). Auch der Venezianier Marco Polo kam dieses Weges, in jener Zeit der Pax Mongolica, die den gnadenlosen Eroberungszügen Dschingis Khans folgte. Pilger, Propheten, Händler, Soldaten, sie alle haben in dieser geschichtsträchtigen Gegend irgendwie ihre Spuren hinterlassen.

Aber die jüngste »Religion«, der Kommunismus, hat die Region am nachhaltigsten verändert. Bis dahin war der Pamir, das Dach der Welt, trotz seiner Höhe für die Menschen die beiderseits des Gebirges lebten, kein trennender Wall, sondern höchstens ein Hindernis, das jedoch Glaube und Handel überwand. Erst in diesem Jahrhundert, als sowohl die Chinesen auf der einen Seite als auch die Russen auf der anderen Seite begannen, die kulturellen Eigenheiten der hier lebenden Völker zu unterdrücken, und eine Sinisierung beziehungsweise Russifizierung einsetzte, entstand hier eine wirkliche Grenze. Nach dem Bruch Chinas mit dem sowjetischen Bruder wurde die Grenze weiter zementiert. So sind Völker getrennt worden, die zusammengehören, und solche beisammen, die nichts gemeinsam haben. Die viehzüchtenden kirgisischen Jurtenbewohner, deren Rundzelte allenthaben entlang der Straße auftauchen, sind genauso getrennt von ihren Verwandten jenseits der Grenze wie Tadschiken oder Uiguren, die da und dort siedelten.

Nach dem Zerfall der Sowjetunion und dem Entstehen unabhängiger Turkstaaten hat sich die Situation wieder grundlegend verändert. Aus dem egalisierenden Schatten der Sowjetunion herausgetreten, sind die jungen zentralasiatischen Staaten dabei, sich neu zu orientieren: nicht mehr nach Rußland, sondern nach Europa und dem pazifischen Raum. Die »Neue Seidenstraße« lautet das mythenbeladene Zauberwort, das nun von Peking über Teheran bis zum Kaspischen Meer in aller Munde ist. Dahinter stecken weniger nostalgische Sehnsüchte als handfeste wirtschaftliche Interessen. Mit der Wiederbelebung des Handels auf den Routen der alten Seidenstraße erhofft man sich jene blühenden Landschaften, die die politischen Führer ihrem Volk gegenüber unentwegt beschwören. Auf dieser Basis finden selbst Politiker so unterschiedlicher Couleur wie der chinesische Präsident Jiang Zemin, der Georgier Schewardnadse oder die Mullahs in Teheran einen Konsens.

Vordringlichstes Ziel ist der Ausbau der Verkehrswege. Mit tatkräftiger Unterstützung der EU sollen, unter Umgehung Rußlands, Verbindungsstränge von Zentralasien über den Iran an den Persischen Golf sowie über das Kaspische Meer und die Türkei nach

Westeuropa revitalisiert werden. Schon 1996 hat der Iran eine Lükke im Schienenstrang nach Turkmenistan geschlossen und mit großem Pomp eingeweiht. Zwei Jahre später trafen sich auf Initiative der EU die Staatschefs zentral-, mittelasiatischer und kaukasischer Staaten in Baku, mit Beteiligung von Vertretern der USA und Rußlands. Das Ziel: Grundlagen für den weiteren Ausbau der Verkehrs- und Kommunikationswege über den euroasiatischen Korridor zu erarbeiten. In die andere Richtung streben vor allem Kirgisistan, Usbekistan und Kasachstan eine wirtschaftliche Anbindung an den pazifischen Raum über China an. Die Verständigung wird von zwei Motiven getragen: dem Wunsch nach dem großen Geschäft und einem gemeinsamen Feindbild in Form des islamischen Fundamentalismus.

Kirgisistan sucht schon lange finanzkräftige Partner für die Fortführung der Bahnlinie von Osch bis an die chinesische Grenze. Die Chinesen ihrerseits haben die Bahnlinie von Korla nach Kashgar – entlang der Nordroute der alten Seidenstraße – inzwischen fertiggestellt. Mit dem Anschluß des kirgisischen Bahnnetzes an das chinesische würde man mit dem »Seidenstraßen-Expreß« auf Schienen vom Mittelmeer bis nach Xi'an oder Peking rollen können – theoretisch jedenfalls. Praktisch hingegen holpern wir über eine Straße, die mit Bombentrichtern übersät zu sein scheint. Sie entpuppen sich jedoch als Baustellen, um die herum sich die Fahrzeuge eigene Umwege im Gelände suchen müssen.

Der Weg über den Torugart-Paß ist zur Zeit der einzige offene Grenzübergang zwischen China und Kirgisistan. Trotzdem ist das Verkehrsaufkommen gering. Von der »Neuen Seidenstraße« kann hier zumindest noch keine Rede sein. Ein Touristenbus, ein paar Lkws und eine handvoll Kirgisen – hoch zu Roß – bleiben während der vierstündigen Fahrt die einzigen Begegnungen. Der Warenaustausch, wenn man ihn so nennen will, ist einseitig, zugunsten Chinas. Aus China kommen vor allem Insignien moderner Massenkultur: billige Konsumgüter und Bekleidung. Kirgisistan bleibt die Hoffnung, längerfristig am Zwischenhandel und durch die Transitgebühren zu verdienen.

Der Torugart-Paß, knapp 4000 Meter hoch, ist ein weites, windgepeitschtes Hochplateau, mit einer Barackensiedlung auf der einen Seite der Schranken und einem monumentalen Torbogen auf

232

der anderen. Der Grenzübertritt? Nur eine lästige Formalität, denkt man. Man mag es nicht glauben: Hier wie dort dieselbe Landschaft, dasselbe kirgisische Volk, nur mit dem Unterschied, daß die einen unter dem totalitären Regime Chinas stehen, die anderen den ihnen aufgepfropften Kommunismus sowjetischer Prägung vor ein paar Jahren abgestreift haben. Trotzdem hat man das Gefühl, in eine andere Welt zu geraten.

Von der Freiheit und einem Minimal-Wohlstand, den man auf Grund des demokratischen Kurses und der Wirtschaftsreformen erwartet, die Präsident Akajew seinen Landsleuten verordnet hat, ist nicht viel zu spüren. Im Gegenteil, die Menschen sind bettelarm, viel ärmer als auf der anderen Seite der Grenze. »Die Freiheit will auch fressen«, schrieb einmal der russische Dichter Jewgenij Jewtuschenko. Traurig, aber wahr. Mit leerem Bauch lassen sich die schönsten Privilegien nicht richtig genießen. Es herrscht Mangel an allem, außer an Landschaft.

Davon gibt es genug. Sie umzingelt uns von allen Seiten; rollende grüne Hügelketten, weit und offen, die Berge erhaben, die Täler fruchtbar, ganz so wie der Schriftsteller Tschingis Aitmatow mit seiner klaren, lyrisch anmutenden Sprache seine Heimat beschreibt. Nur das Leben, das er beschreibt, noch ganz verwoben mit dem mythisch durchtränkten Weltbild der Steppennomaden, existiert so nicht mehr. Überhaupt gibt es wenig Spuren von Leben. Die Landschaft erscheint phasenweise wie tot, nur noch Kulisse, als ob die viehzüchtenden Nomaden weitergezogen wären, ohne Spuren zu hinterlassen.

Die Nomaden sind nicht freiwillig gegangen, das freie Leben in der Steppe wurde ihnen ausgetrieben. Die Gleichschaltung aus Moskau duldete keine Ausnahmen. Am grünen Tisch wurde die Zwangskollektivierung der Bauern und Viehzüchter beschlossen. Fortan gab es nur eine Existenzform, die der Kolchose, auch wenn die Natur hier eine ganz andere vorgesehen hatte – und immer noch hat. Aber was scherte schon die Natur. So wurden die Nomaden in Plattenbausiedlungen gepfercht, die man schnell errichtete. Hier mußten sie nach Plansoll produzieren, zusammen mit Russen, Koreanern und Wolgadeutschen, die von Stalin antisozialistischer Umtriebe verdächtigt und deshalb hierher deportiert worden waren. Später kamen noch »Freiwillige« hinzu, die der durch die Kollektivierung der Landwirtschaft in anderen Teilen der Sowjetunion verursachten Hungersnot zu entrinnen suchten.

Ein typisches Beispiel dafür ist die Stadt Naryn. Sie taucht wie aus dem Nichts auf, als wir um einen Bergkamm biegen. Tief unten in die Talfurche des gleichnamigen Flusses hineingesetzt, erscheint sie wie ein Fremdkörper. Künstlich eingepflanzt, um die Nomaden zu domestizieren, mußte die Stadt stets auch künstlich am Leben erhalten werden. Jetzt ist der totalitäre Geist verschwunden, der sie hervorbrachte, jetzt stößt die Steppe sie wieder ab, wie ein falsches Organ. Halb verlassen siecht Naryn dahin.

Nach der Unabhängigkeitserklärung, als die Kirgisen begannen, nationalistische Töne anzuschlagen, sind viele der russischen Bewohner in ihre alte Heimat zurückgekehrt. Sie waren nicht mehr erwünscht, wie unliebsame Gäste, die man vor die Tür setzt. Auch das kirgisische Jungvolk ist abgewandert, nach Bishkek vor allem, weil es in der Heimat keine Arbeit mehr gibt, keine Zukunftsperspektiven. Zurückgeblieben sind jene Verlierer der postkommunistischen Zeit, wie man sie überall in den Gebieten der ehemaligen Sowjetunion antrifft. Es sind jene armen Teufel, die ein Leben lang hier schufteten, in dem Glauben, einen Vorposten des Kommunismus aufzubauen, die fortschrittlichste aller Gesellschaftsformen, wie ihnen die Propaganda unermüdlich einhämmerte. Dem Ende des Traums folgte das Trauma. »Verwirrt und sich selbst überlassen«, schrieb der Journalist Tiziano Terzani, der diese Gebiete unmittelbar nach dem Zerfall der Sowjetunion bereiste, »waren sie dabei, mit ihrem vergeudeten Leben abzurechnen: ohne Heimat, in die sie hätten zurückkehren können, ohne Geschichte, derer sie sich hätten rühmen können, dafür aber gezeichnet von den Entbehrungen und Opfern, für die ihnen heute keiner mehr Anerkennung zollt.«

Der Ort wirkt wie tot, wenn man die überbreite Hauptstraße entlangfährt. Aber überall nistet noch der alte Mief der Sowjetzeit. Es sind noch dieselben grauen, langweiligen Häuser, die die Straßen säumen, mit derselben drückenden Stimmung, die ihnen innewohnt; und noch immer blickt Lenin mit düsterer Miene von seinem Sockel. Hin und wieder sieht man auch Menschen an Bushaltestellen warten oder mit leeren Einkaufstaschen an kahlen Häuserreihen vorbeischleichen, als würden sie sich beobachtet fühlen. Einige kirgisische Familien haben in der Umgebung der

Stadt wieder ihre Rundzelte aufgeschlagen und sind zur Viehzucht zurückgekehrt.

Nördlich von Naryn entfaltet sich eine kirgisische Bilderbuchlandschaft. Baumlose, gerundete grüne Hügelketten, durchbrochen von schroffen Felsgebirgen. In die Falten eingesprenkelt liegen kleine Seen und Tümpel. Pferde grasen auf den üppigen Weiden und Schafe, wie Reiskörner darauf hingestreut. Hoch oben zeichnet ein Falke seine Kreise in die blaue Himmelsjurte und verschwindet hinter filzig-weißen Wolkenlappen. Es ist ein Land, das das Herz öffnet und tief in die Seele schneidet.

»Ich leih mir einen Traum«

Die Kirgisen sind relativ neu in dieser Gegend. Wenn man den Quellen glaubt, dann handelt es sich um ein altes indoeuropäisches Volk, das bereits in den Annalen der Han unter dem Namen *Diankun* Erwähnung findet. Ihre genaue Herkunft und die frühen Wanderbewegungen bleiben im Dunkeln. Fest steht, daß die Vorfahren der heutigen Kirgisen, die die alten Chinesen als rothaarig und blauäugig beschreiben, im Laufe der Zeit immer mehr turkisiert wurden. Im Jahre 840 tauchten sie aus den Tiefen der Steppe auf, um ein für die Kultur der Seidenstraße folgenschweres Ereignis auszulösen. Sie zerschlugen das Steppenreich der Uiguren im Gebiet der heutigen Monoglei, woraufhin diese in das Tarim-Becken einwanderten und die Stadt Khocho in der Turfan-Oase zum Zentrum ihres neuen Reiches ausbauten. Später wurden die Kirgisen ihrerseits von den Mongolen in ihre heutige Heimat, in die Steppen und Bergregionen des Tian Shan und Pamir, abgedrängt.

Es gibt Indizien dafür, daß sie einstmals eine eigene Schrift kannten, runenähnliche Schriftzeichen, wie sie im Orchongebiet der nördlichen Mongolei entdeckt wurden, diese aber nicht mehr weiterentwickeln konnten und schließlich in Vergessenheit geriet. Statt dessen bildete sich eine außerordentlich reiche Erzähltradition heraus. Alles, was das Volk in seiner langen Geschichte erfuhr, erschuf und durchlebte, wurde mündlich überliefert, insbesondere im Heldenepos »Manas«. In ihm ist die Geschichte dieses Volkes zusammengefaßt. Es ist eine Aneinanderreihung historischer Begebenheiten, in die Sprache der Mythen verpackt, vor dem Hintergrund eines animistisch und schamanistisch geprägten Weltbildes, getragen von der heldenhaften Lichtgestalt des Manas. Erst in der zweiten Hälfte des 19. Jahrhunderts hat es der deutschstämmige Russe Wilhelm Radloff aufgezeichnet. Teile des Epos wurden von ihm erstmals im Jahre 1885 in russischer Sprache und anschließend auch in deutscher Übersetzung in St. Petersburg veröffentlicht. Heute kennt man mindestens 70 Variationen des Epos. Seine Komplexität drückt sich allein schon in Zahlen aus. Eine der Varianten besteht aus einer halben Million Verszeilen, das ist 18mal soviel wie »Ilias« und »Odyssee« zusammengenommen.

Das dunkle Band der Straße durchschneidet das Land des Manas wie eine Schlangenlinie. Statt einäugiger Riesen glotzt Lenin als Schreckgespenst von einer einsamen Bergspitze herab. Am Straßenrand stehen zuweilen Jurten, aus denen blasser Rauch aufsteigt. Sie gehören jungen Familien, die keine Arbeit fanden und, um nicht zu verhungern, wieder Vieh züchten. Das Leben im Zelt ist billig, und sie sind autark. Das Erwirtschaftete reicht aus, um die Familie durchzubringen. Überschüsse an Milch und Yoghurt werden an Vorbeikommende am Straßenrand verkauft. Die alte Lebensform mußten sie freilich erst mühsam wieder erlernen, denn in der Schule wurde ihnen nur die russische Kultur vermittelt.

Die Rückkehr in die Jurte ist also keine Rückwendung zur überkommenen Lebensform. Die Kirgisen betrachten sie eher als Strafe. »Sobald mein Mann eine bessere Arbeit findet, geben wir dieses Leben auf«, sagt eine junge Frau entschlossen. Sie sind keine Nomaden mehr und werden es nie mehr sein. Der Bruch mit der Vergangenheit ist längst vollzogen, das Leben in der Steppe ist zum »survival«-Akt verkommen, dem der Sinn stiftende kulturelle Hintergrund fehlt.

»Meine Großmutter Aimchan war eine großartige Erzählerin«, erinnert sich Tschingis Aitmatow. »Ihr Märchenschatz war unerschöpflich ... und wenn er wirklich einmal ins Stocken geriet, dann sagte sie: ›Ich geh zur Nachbarin und leih mir einen Traum aus.‹«

Heute wird das »Manas«-Epos nicht mehr weitererzählt, geschweige denn weitergeschrieben. Die neuen Steppenfeger in Jurten, Datschas und Plattenbausiedlungen sind die gelackten Timur-Brüder aus der Fernseh-Seifenoper des Channel »Kirgyistan 2«.

Ihre Welt ist ein kleines Studio in Bishkek, aber sie werden aller Voraussicht nach das Leben auf der Steppe nachhaltiger verändern als Islam und Kommunismus zusammen.

Dann ist er plötzlich da, der Issyk Kul, das alte Herz Zentralasiens. Die Kirgisen verehren ihn innig und pilgern an seine Ufer wie zu einem Heiligtum. Kein Wunder, schon Manas badete im kristallenen Wasser, nachdem er den mächtigen Khan Orgo besiegt hatte; zur Sowjetzeit steckten die Kreml-Führer ihre Füße in den warmen Sand, und zuletzt wurde der Issyk Kul zum Trauzeugen bei der Hochzeit des kirgisischen Präsidentensohnes mit der Tochter des kasachischen Nachbarn.

Seine tiefblaue Wasserfläche dehnt sich bis zum Horizont. Auf der einen Seite von himmelstrebenden Bergen des Tian Shan eingerahmt, scheint er sich auf der anderen in der Unendlichkeit der Grassteppen zu verlieren. Die Umgebung des Issyk Kul ist ungewöhnlich fruchtbar und – für das trockene Zentralasien – extrem wasserreich. Er ist Mittelpunkt eines gigantischen Sammelbeckens, das wie ein Schwamm die umliegenden Gebirge entwässert. Bing Gol, »Land der Tausend Quellen«, hatten die Turkvölker einstmals diese Gegend genannt.

Der chinesische Pilgermönch Xuanzang, der auf seinem Weg nach Indien hier vorbeikam, schwärmte: »Wie eine kostbare Stickerei erleuchten im letzten Monat des Frühlings die mannigfaltigsten Blumen. Die dort herrschende Feuchtigkeit verbreitet eine angenehme Frische.« Der Tang-Pilger wurde hier Zeuge eines folgenschweren historischen Ereignisses. Er wohnte einem *Khuriltai* bei, einer Versammlung türkischer Heerführer, die Khan Yabgu einberufen hatte. Die Türken standen zu diesem Zeitpunkt auf dem Höhepunkt ihrer Macht, und Xuanzang ist sichtlich beeindruckt vom Schauspiel, das sich ihm inmitten der Steppe bot: »Der Khan bewohnte ein großes Zelt, das mit goldenen Blumen verziert war, deren Glanz die Augen blendete. Seine Heerführer hatten an der Vorderfront lange Matten ausbreiten lassen, auf denen sie in zwei Reihen saßen, alle trugen glanzvolle Kostüme aus durchwirkter Seide. Die Leibwache des Khans stand hinter ihnen. Der Rest der Truppen bestand aus Reitern, die auf Kamelen oder Pferden saßen, in Felle und Stoffe aus feiner Wolle gekleidet waren und lange Lanzen, Banner und gerade Bogen trugen. Derart weit erstreckte sich ihre Menge, daß es dem Auge unmöglich war festzustellen, wo sie endete.«

Die Parade des Jahres 630, die der chinesische Pilger so anschaulich beschrieb, sollte das letzte Mal die türkischen Stämme vereint sehen. Denn bald darauf zerstreuten sich die Banner, trennten sich Ost- und Westtürken ein für allemal. Fortan ritt jeder seinem eigenen Schicksal entgegen, begann sein eigenes Epos zu schreiben.

Erst mehr als 1000 Jahre später, im Sommer 1997, kommt es hier am Issyk Kul zu einer Wiederbegegnung zwischen türkischen Führern aus Ost und West. Im Rahmen eines von Aitmatow organisierten Forums trifft sich der kirgisische Präsident Akajew mit dem türkischen Staatschef Demirel zur Plauderstunde. Die Türkei versteht sich als »großer Bruder« der unabhängig gewordenen Turkstaaten und macht ihnen unverhohlen Avancen. In der Tat war die Türkei das erste Land, das mit den zentralasiatischen Republiken Wirtschaftsabkommen und Verträge abgeschlossen hat, Verkehrs- und Kommunikationsverbindungen herstellte. Nicht uneigennützig freilich. Die Türkei träumt davon, die alten Bande neu zu knüpfen. Türkische Politiker machen auch kein Hehl daraus, daß sie langfristig an eine Integration der Staaten glauben und in einer großen politischen Union die einzige Zukunftschance sehen.

Die Vision eines geeinten Turkestan ist nicht nur in den Amtsstuben Ankaras zu finden. Es gibt gute Gründe, die dafür sprechen. Das wissen auch diejenigen, die sich jetzt betont nationalistisch geben. Die geopolitischen Verhältnisse in diesem Raum zwingen zu enger Zusammenarbeit. Die zwei Flüsse Amu Darya und Syr Darya, in der Antike Oxus und Jaxartes genannt, sind die Lebensadern der gesamten Region. Um sie wurden in der Vergangenheit blutige Kriege geführt, denn ihr Wasser bedeutet gleichzeitig Leben. Die Republiken müssen sich auf deren Nutzung einigen, sie müssen sich arrangieren, um sich nicht gegenseitig im wörtlichen Sinne das Wasser abzugraben.

Aber das ist noch Zukunftsmusik. Das Issyk-Kul-Forum steht ganz im Zeichen aktueller Ereignisse. Die Republiken befinden sich nach dem Zerfall des Sowjetsystems in einer schwierigen Übergangsphase. Die »Entkolonisierung« gelingt nicht von heute auf morgen. Begleitet wird dieser Weg von ethnischen Konflikten, einer scheinbar unvermeidlichen Folgeerscheinung der Unterdrückung kultureller Identität. Der Zusammenbruch der von Moskau aufgezwungenen Monokultur und die Umgestaltung der Wirtschaft treiben ganze Gesellschaftsschichten in die Armut. So entsteht ein gefährlicher Nährboden für nationalen und religiösen Fanatismus. »Kampfarena« oder »Oase der Blüte«? Zentralasien steht am Scheideweg, und die Weichen – darüber sind sich am Issyk Kul alle einig – werden jetzt gestellt.

Kirgisistan besitzt im Vergleich zu den anderen zentralasiatischen Republiken nur wenig Rohstoffe. Sein natürlicher Reichtum liegt in den weitgehend unberührten Hochgebirgslandschaften mit ihrer Tier- und Pflanzenwelt. Auch den Issyk Kul und seine Umgebung halten Umweltexperten für eine Feuchtlandschaft von internationaler Bedeutung. Daraus soll nun touristisches Kapital geschlagen werden. In diesem Zusammenhang ist geplant, die Schiffahrt auf dem See einzuschränken und den Transitverkehr in möglichst großer Entfernung am Seeufer vorbeizuführen. Außerdem wird unter der Schirmherrschaft der UNESCO ein Naturreservat eingerichtet, in dem ein schonender Öko-Tourismus gefördert werden soll.

Diese Bestrebungen erfuhren im Mai 1998 einen herben Rückschlag und machten den hoffnungsvollen Werbeslogan »vom saubersten See der Welt« auf Jahre hinaus unbrauchbar. Denn ausgerechnet inmitten des Naturschutzgebiets, nur 60 Kilometer vom Issyk Kul entfernt, an den Abhängen des Tian Shan, befindet sich die einzige einträgliche Rohstoffquelle des Landes: Gold. Schätzungsweise 1000 Tonnen des wertvollen Edelmetalls birgt das Gestein. Damit handelt es sich um die größten bekannten Goldvorkommen der Welt – unverzichtbar für Kirgistans marode Wirtschaft.

Mit Hilfe der kanadischen Cameco Corporation, eines Uranproduzenten, wird das Gold in 4400 Meter Höhe abgebaut. Allein 1997 betrug die Ausbeute, obwohl erst um die Jahresmitte mit der Förderung begonnen wurde, 17 Tonnen Gold im Wert von 176 Millionen Dollar. Der Erlös, den Kirgisistan dabei erzielte, machte 31 Prozent der gesamten Exporteinnahmen aus und trug dazu bei, das katastrophale Handelsdefizit zu reduzieren. Soweit die gute Nachricht. Die schlechte Nachricht ist, daß der Goldgehalt des Gesteins relativ niedrig ist und Natriumcyanid zur Trennung verwendet wird, die billigste und einfachste Methode.

Am 8. Mai 1998 kommt es zu einem folgenschweren Zwischenfall. Ein mit 1,7 Tonnen Blausäure beladener Lastwagen stürzt auf der Fahrt zur unwegsamen Abbaustelle von einer Brücke. Die Folge: Das in Plastiksäcke verpackte Gift gelangt in den Fluß und von dort in den Issyk Kul. In alter Sowjet-Manier wird der Vorfall zunächst von den Behörden unter den Teppich gekehrt, bis die ersten Menschen an der Einmündung des Flusses in den See erkranken und ihr Vieh verendet. Erst dann, als auch immer mehr Fische bäuchlings nach oben auf dem See treiben, wird das Gebiet evakuiert.

Jetzt, zwei Jahre später, sind keine Spuren des Vorfalls mehr zu erkennen, aber es sind auch keine Touristen da. Bislang verirren sich nur wenige Fremde nach Kirgisistan, und die meisten, die am Issyk Kul vorbeikommen, sind Transitreisende von oder nach China.

Dabei ist das Land sehr reizvoll, insbesondere im Frühjahr. Als zartroter Schleier legt sich der blühende Klatschmohn flächendeckend über die Hügel, wie früher das Propaganda-Rot am 1. Mai. Wir fahren das Tschu-Tal entlang, auf der einen Seite Kirgisistan, auf der anderen Kasachstan. An Rastplätzen stehen ausrangierte Eisenbahnwaggons, die die Russen zurückgelassen haben. Die Kirgisen haben daraus erfinderisch moderne Jurten gemacht. Gummiräder machen sie straßentauglich. Mit Tischen, Ofen und Theke im Inneren ausgestattet, sind sie mobiles Gasthaus und Wohnung zugleich.

Schatten der Geschichte

Der abendliche Blick aus dem Hotelfenster läßt jede Erinnerung an Alpenglühen verblassen. Wenn sich die Sonne im Westen dem Steppenhorizont zuneigt, entfesselt sie eine Orgie an Farben. Die Landschaft ist wie verwandelt. Im Vordergrund das Grün, dahinter leuchten die schneebedeckten Berggipfel auf, durchlaufen die ganze Farbskala von Gelb über Rosa bis hin zum dunklen Rot. Dann der Himmel darüber, mit mächtigen Wolkenschiffen, die man meint berühren zu können.

Bishkek ist eine angenehme Stadt; für mich jedenfalls die mit Abstand angenehmste von all denen, deren Hauptplatz noch im-

...amarkand, Inbegriff von »Tausenundeiner Nacht«: der Registan mit der ...rabstätte der Timuriden, seinen Moscheen und Medresen.

...uch in Buchara entfalteten Timur Leng und Ulugh Beg eine rege Bautätigkeit. ...s galt als Hort islamischer Gelehrsamkeit.

Vom Kalan-Minarett erschallten nicht nur die Gebetsrufe des Muezzin,
sondern auch Todesschreie: Verurteilte wurden vom »Großen« hinuntergestürzt.

Mit seinen Zinnen, Türmen und Bastionen erscheint die Altstadt von Chiwa heute wie ein Museum islamischer Architektur.

Bei aller Freude am Geschäft – die Gebetszeiten ordnen den Tag. Der Islam ist Mittelpunkt des Lebens.

An der Stadtmauer von Chiwa, einst Hochburg der Karawanenräuber.

mer Lenins bronzenes Abbild ziert. Auch hier gibt es originalge-
treue Kopien jener Architektur, wie man sie auch in Moskau, Beijing, Pjöngjang findet und mit der einer Idee Substanz verliehen
werden sollte, die hier keine Wurzeln hat. Aber in Bishkek mildern
großzügige Gartenanlagen und Alleen den Eindruck einer sterilen
Betonwelt. Selbst der gepflasterte Hauptplatz mit den halbkreisför-
mig angeordneten Protzbauten wird allmählich zum Lebensraum
umgestaltet. Zu Füßen der monumentalen Lenin-Statue vergnügen
sich Jugendliche mit Rollerskates; aus einem Straßencafé mit seinen roten Coca-Cola-Schirmen dröhnt Popmusik.

Hier wurden nicht wie anderswo die Lenin-Büsten schnell durch
einen nationalen Helden ersetzt, um Patriotismus zu demonstrieren
– oder im naiven Glauben, damit sei die Vergangenheit überwun-
den. Gut möglich, daß hier irgendwann einmal ein Reiterstandbild
des Volkshelden Manas den Platz schmückt. Aber vielleicht wird
man es auch schaffen, sich anders mit der Vergangenheit auseinan-
derzusetzen; vielleicht heißt es hier einmal nicht, daß keiner dabei-
gewesen sein will, und wenn, dann nur als Opfer.

Bishkek ist eine Gartenstadt, mit 100 Quadratmeter Grünfläche
pro Einwohner sogar eine der grünsten Hauptstädte der Welt. Entlang der Straßen und auf den Plätzen wachsen Tausende Obst- und
Zierbäume. Die von übereinandergreifenden Baumkronen be-
schatteten Boulevards laden zu Spaziergängen ein. Es ist eine far-
bige, lebendige und multikulturelle Stadt. Ein Geist von Freiheit
und neu gewonnener Lebensfreude weht allenthalben, und man
spürt – so jedenfalls mein Eindruck – etwas von einer Aufbruchstimmung, trotz leerer Staatskassen und überdurchschnittlicher
Arbeitslosigkeit.

Das Zusammenleben der verschiedenen Volksgruppen unter den
geänderten politischen Verhältnissen funktioniert hier reibungslo-
ser als anderswo. Natürlich brachen auch hier Konflikte aus, die
früher durch repressive Strukturen künstlich niedergehalten wurden, aber die brutalen Übergriffe der Kirgisen auf die usbekische
Minderheit im Jahre 1990 blieben ein Einzelfall. Präsident Akajew
betreibt eine sehr gemäßigte Politik, betont tolerant, darauf abzie-
lend, den kirgisischen Nationalismus im Zaum zu halten. Alle Versuche von einflußreichen kirgisischen Extremisten, diskriminierende Gesetze durchzubringen, konnten bisher abgeblockt werden.

Der einseitigen Russifizierung wurde zwar die Wiederherstellung eigener nationaler Werte und der eigenen Sprache entgegengesetzt, aber die Zweisprachigkeit ist geblieben.

»Bei uns haben sich die Entwicklungen am demokratischsten abgespielt, und wir haben im Vergleich mit den anderen Ländern auch die demokratischsten Verhältnisse«, verkündet Tschingis Aitmatow nicht ohne Stolz. »Aber generell«, so räumt er ein, »gab und gibt es Chauvinismus und Nationalismus – beides sind Ausdrucksformen dieser gewaltigen Veränderungen.«

Ein anderes Schreckgespenst, das das geistige Vakuum füllen könnte, ist hier weniger virulent. Dem radikalen islamischen Fundamentalismus bietet sich kein Nährboden. Die nomadisierenden Kirgisen haben sich, im Vergleich zu den seßhaften Tadschiken und Usbeken, einer tiefgreifenden Islamisierung stets widersetzt. Ihre Verwurzelung in alten schamanistischen Traditionen war so stark, daß weder die Araber im 16. Jahrhundert es schafften, sie zu richtigen Moslems zu machen, noch die Russen, die ihnen im letzten Jahrhundert Moscheen bauten und Mullahs schickten, weil sie meinten, mit Hilfe der Religion ließe sich dieses Volk leichter unter Kontrolle bringen.

Einen Unruheherd bildet nur die Region um Osch im südlichen Ferghana-Becken. Osch und die benachbarte Stadt Usgen sind uralte Kulturstätten der Seidenstraße. Wie archäologische Funde beweisen, existierten hier bereits in vorchristlicher Zeit buddhistische Glaubensgemeinschaften und Kultplätze der persischen Feuerreligion. Später wurden Osch und Usgen zu Zentren des islamischen Glaubens. Osch ist bis heute ein wichtiger Wallfahrtsort gläubiger Moslems. Sie pilgern zu einem hohen Kalksteinberg, der als Thron Sulaimans verehrt wird und auf dem der Legende zufolge schon der Prophet gebetet haben soll. Besonderen Zündstoff birgt das Gebiet, weil hier eine starke usbekische Minderheit lebt, wo – anders als bei den Kirgisen – fundamentalistisches Gedankengut seine Anhänger hat.

Der Konflikt zwischen Kirgisen und Usbeken ist einer jener traurig-typischen Erbschaften des Sowjet-Kolonialismus. In zaristischer Zeit war die Region territorial zu Russisch-Turkestan zusammengefaßt. Die Völker lebten in einer Art Symbiose, in gegenseitiger wirtschaftlicher Abhängigkeit. Die Kirgisen züchteten Vieh und lieferten Fleisch, Milchprodukte und Wolle. Die Usbeken waren seßhafte Bauern und Handwerker. Sie versorgten die Viehzüchter mit Getreide, Gemüse und Werkzeugen. Die Zeitbombe begann erst zu ticken, als nach der Russischen Revolution pantürkische Bewegungen einsetzten, die von Moskau blutig unterdrückt wurden. Stalin schließlich teilte Turkestan in fünf Sowjet-Republiken auf. *Divide et impera!* Nach kolonialistischem Vorbild wurde das Territorium zerstückelt – zum Teil mit straffen willkürlichen Strichen auf der Landkarte. So verblieben in Kirgisistan Enklaven mit einer halben Million Usbeken, eine weitere Million wurde nach Tadschikistan dividiert. Die Tadschiken ihrerseits »verloren« die bedeutenden Städte Samarkand und Buchara an Usbekistan.

Das blieb zunächst noch ohne Folgen, denn die Grenzen bestanden nur auf dem Papier, und die Wirtschaft war unter dem Diktat Moskaus gleichgeschaltet. Die Bombe ging erst hoch, als 1991 die Republiken ihre Unabhängigkeit erklärten und die Grenzen plötzlich enorme Bedeutung bekamen. Kirgisen und Usbeken waren nicht mehr gemeinsames Opfer der Fremdbestimmung durch die Russen, sondern die einen waren zum Staatsvolk aufgestiegen, die anderen zur Minderheit geworden. Die lauten nationalistischen Töne, die das Klima vergifteten, und die Befürchtung, von den Entwicklungen des »Mutterlandes« abgekoppelt zu werden, provozierten Ängste und später Aggressionen.

Der folgenschwerste Vorfall ereignete sich in Osch und Umgebung. Auslösender Faktor war eine Grundstücksfrage. Die Stadtverwaltung beschloß, für ein paar hundert Kirgisen, die nach Osch gezogen waren, eine Siedlung zu bauen. Das Land, das dazu auserkoren wurde, gehörte einer usbekischen Landwirtschaftskommune. Am 4. Juni 1990 standen sich dort zwei Menschengruppen gegenüber, eine kirgisische und eine usbekische. Das Faß war am Kochen, und als es überlief, gab es die ersten Toten, hauptsächlich Kirgisen. In den folgenden Tagen veranstalteten kirgisische Banden – meist in alkoholisiertem Zustand – regelrechte Treibjagden auf Usbeken. Mit primitiven Werkzeugen als Waffen schlachteten sie alle Usbeken ab, derer sie habhaft werden konnten – Männer, Frauen, Kinder. Die Sicherheitskräfte schritten erst nach drei Tagen ein. Fazit: offiziell 300 Tote. Unabhängige Beobachter schätzen die Opferbilanz auf 1000 Tote.

Geschockt eilte der kirgisische Schriftsteller und EU-Botschafter Aitmatow aus Brüssel herbei, um sich mit seinem usbekischen Kollegen vor Ort demonstrativ zu verbrüdern. »Nie hätte ich gedacht, daß mein Volk so barbarisch sein kann«, soll er ausgerufen haben, als ihm das Ausmaß der Greueltaten bekannt wurde.

Die Entgleisungen vom Juni 1990 blieben ein Einzelfall. Allem Anschein nach gelang es, die Wogen zu glätten, denn seitdem sind – anders als in den Nachbarländern – keine ethnisch oder religiös motivierten Konflikte mehr aufgeflammt. Außerdem ist Kirgisistan das einzige Land Zentralasiens, das sich auf dem Weg zu einer demokratischen Ordnung befindet.

Auch Demokratie muß erlernt werden

Auch Tschingis Aitmatow, Schriftsteller und politisches Aushängeschild der jungen Republik, ist wieder einmal in seiner Heimat Kirgisistan – aus weit angenehmeren Gründen. Er feiert seinen 70. Geburtstag. Die Regierung hat zu seinen Ehren ein umfangreiches Festprogramm auf die Beine gestellt, und wir sind dazu eingeladen. Höhepunkt ist ein Festakt in der Bishkeker Oper, an dem auch der Präsident teilnimmt.

Auf dem Weg dorthin kommen wir am Präsidentenpalast vorbei. Vor seinem Tor hat sich eine Gruppe empörter Pensionäre versammelt. Sie demonstrieren, weil ihnen seit Monaten die Renten nicht mehr bezahlt werden. Stumm stehen sie da, betagte Frauen und Männer, mit faltigen Gesichtern, Tränen in den Augen, erbittert und enttäuscht darüber, daß jetzt, nachdem sie arbeitsunfähig geworden sind, der Staat sie einfach vergißt.

Nicht weit entfernt davon, vor der Oper, versammelt sich unterdessen die Nomenklatura des Landes. Aitmatow hat bis zuletzt überlegt, die Feiern in seiner Heimat wegen der anhaltenden Wirtschaftskrise abzusagen, dann aber entschieden, es nicht zu tun. Da steht er nun auf der Bühne, im vollen Ornat eines Steppenfürsten, das man ihm anlegt, während der Präsident die Laudatio hält. Was dann folgt, ist eine mehrstündige, aufwendige Inszenierung zu den wichtigsten Stationen seines Lebens, verknüpft mit Figuren seiner Werke – von Manas bis zu den Apparatschiks.

Aitmatows Vater, ein kirgisischer Kommunist der ersten Stunde, wurde 1935 in die Funktionärsakademie nach Moskau berufen. Klein-Tschingis zog mit den Eltern in das sowjetische Machtzentrum. Zwei Jahre später kehrte die Familie wieder zurück – ohne ihr Oberhaupt. Sein Vater geriet in die »Säuberungsaktionen« Stalins und fiel, nachdem es ihm gelungen war, seine Familie in Sicherheit zu bringen, der Todesmaschinerie des Diktators zum Opfer. Danach wuchs Tschingis in der Obhut seiner Großmutter auf, inmitten kirgisischer Bergnomaden, deren Weltsicht noch stark von überlieferten Mythen geprägt ist. Es war die Zeit, in der aus nomadisierenden Hirten seßhafte Kolchosbauern wurden. Mitten in dieser Umbruchphase bot sich Aitmatow eine Chance: Der Dorfsowjet hatte gehört, daß es im Dorf einen Jungen gebe, der des Schreibens mächtig sei, und stellte den 15jährigen als Sekretär ein. Seine Hauptbeschäftigung aber war, Steuern einzutreiben und die sogenannten »schwarzen Papiere« auszustellen, die Totenscheine für die an der Front Gefallenen. Dann nahm er sich ein Pferd und ritt los, um sie den Angehörigen zu überbringen. Die menschlichen Tragödien, die sich dabei abspielten, konnte er später nur durch Schreiben verarbeiten.

Obwohl seine ersten Werke in der UdSSR heftig umstritten waren, startete er eine sagenhafte Karriere. Zunächst wurde er Sonderberichterstatter der »Prawda« in Mittelasien, dann, im Jahre 1966, sogar Abgeordneter des Obersten Sowjet. Er ist der einzige bekannte Schriftsteller, der in beiden Systemen – im Osten wie auch im Westen – gleichermaßen anerkannt war und Erfolg hatte. In der Phase der Perestroika stand er als Berater Gorbatschows an vorderster Front und wurde von ihm als Botschafter in den Westen entsandt. Heute ist er eine führende Figur in der kirgisischen Politik. Er ist enger Berater des Präsidenten und vertritt sein Land bei der Europäischen Union. Seine Heimat sieht er nur noch selten, am häufigsten vom Flugzeug aus, wenn er zwischen Brüssel und Tokio hin und her jettet.

Und wenn er einmal nach Bishkek kommt, ist es nicht einfach, ihn zu finden. Wir haben mit ihm ein Treffen in seinem Haus am Rande der Stadt vereinbart. Aber seit einer halben Stunde kreisen wir um ein riesiges ummauertes Areal und landen immer wieder an einem Eingang, wo uns Sicherheitskräfte abweisen. Auch der Beamte des Außenministeriums, der uns als Übersetzer begleitet, ist ratlos. Endlich finden wir den Zugang, der zu Aitmatows Anwesen führt. Aber jenseits des Tores wird es erst recht verwirrend. Wir finden uns in einer weitläufigen Parkanlage wieder, in der vereinzelt Gebäude, meist Villen, stehen. Auch hier überall uniformierte Sicherheitsleute mit Funkgeräten, bei denen wir uns durchfragen. Allmählich begreifen wir, daß wir uns in jenem »Staat im Staate« befinden, wo sich die Parteiführung eine eigene Welt errichtet hat. Hier gibt es alles, was draußen kaum oder gar nicht zu bekommen ist, durch Mauern vor den neugierigen Blicken des Volkes geschützt. Daran hat sich nichts geändert. Es ist immer noch eine Luxusenklave mit Gästevillen, Repräsentationsbauten, mit eigenem Obstbau, mit Landwirtschaft, Werkstätten – und einer eigenen kleinen Armee, die das alles bewacht.

Hier bewohnt Aitmatow eines der Gästehäuser der Regierung, wenn er sich im Lande aufhält.

»Sie kommen aus Deutschland?« fragt er uns zur Begrüßung. Wir nicken. Dann fordert er uns auf, Tee einzuschenken und uns am Obst zu bedienen. Er wirkt müde nach all den Feierlichkeiten, und jetzt wird er sein Heimatdorf im Talas-Gebiet besuchen, wo auf ihn ein traditionelles Reiterspiel wartet.

»Ich komme gerade von einer langen Lesereise durch Deutschland. Sie wissen ja, mein neues Buch ...«

»Ja, ›Ferne Heimat Kirgisien‹«, und ich frage mich, wie fern ihm diese Heimat in Wirklichkeit bereits geworden ist. Tschingis Aitmatow, was für eine merkwürdige Namenskombination. Der Vorname eines blutrünstigen mongolischen Eroberers und ein russifizierter kirgisischer Familienname. Er spiegelt die beiden Welten wider, in denen Aitmatow sich bewegt – im Leben wie in seinen Werken. Aitmatow schreibt in kirgisischer und russischer Sprache, er schöpft aus der reichen Mythen- und Sagenwelt seiner Väter und zieht sie in die andere Welt hinüber. Ebenso mühelos, wie er zwischen den Welten wandert, vollführt er den Spagat zwischen Schriftsteller und Politiker.

Tschingis Aitmatow hat sich unter der Sowjet-Diktatur stets mit der Macht arrangieren können. »Unsere Gesellschaft ist menschlicher«, verkündete er noch zu Zeiten der Perestroika. Jetzt vertritt er demokratische Ideen. Ist das glaubwürdig? fragen wir.

»Natürlich mußte ich seinerzeit in der sowjetischen Epoche –
wie auch jetzt – manchmal Umwege gehen, um meine Lebensein-
stellung äußern zu können. Man muß gewisse Realitäten und Kräfte in dieser Welt erkennen. Wer sich in der UdSSR Kritik erlauben
wollte, benötigte dazu einen gewissen Ruf.«

»Sie waren einmal Stolz auf die Sowjetunion. Was hat ihr Zusammenbruch für sie bedeutet?«

»Es war eines der tiefgreifendsten und kompliziertesten Ereignisse des 20. Jahrhunderts, wenn nicht gar der Menschheitsgeschichte.
Es gibt kaum etwas Vergleichbares. Das wohl bemerkenswerteste
an dieser gewaltigen Veränderung ist, daß sie ohne Blutvergießen
vor sich ging.«

»Kommen wir zur Gegenwart: Wie fühlt man sich als Schriftsteller und Botschafter eines Landes, das von Amnesty International wegen mangelnder Meinungsfreiheit* gerügt wird?«

»Im Vergleich zu anderen Ländern ist Kirgisistan außerordentlich freiheitlich. Freiheit und Verantwortung ist ein Paar. Sie verlangen nach Ausgleich, und das braucht viel Zeit. Man muß zum
Beispiel auch die Schichten sehen, die von der Einführung der Demokratie profitiert haben und das Wort Demokratie ständig im
Mund führen – es sind oft genau dieselben, welche die Möglichkeiten der Demokratie für ihre eigenen Zwecke mißbrauchen. Wir
hatten diesbezüglich eine Illusion. Wir dachten, die Demokratie
kommt, und alles regelt sich von selbst. Demokratie muß erlernt,
angewandt und umgesetzt werden können. Da muß man einiges
dafür tun.«

Aitmatow hat im Westen eine große Lesergemeinde. Die tiefe,
religiöse Verbindung zur Natur, die in einigen seiner Werke zum
Ausdruck kommt, hat ihn zu einem dichtenden Apostel der Öko-
Bewegung werden lassen. Wenn man hier in die Buchhandlungen
geht, sucht man ihn oft vergebens, dafür findet man stapelweise
Handbücher zum Reparieren von Autos, nach Marken geordnet.

»Haben Sie in Kirgisistan keine Leser, Herr Aitmatow?«

»Sie berühren da einen schmerzhaften Punkt. Unter der Markt-

---

* Die Menschenrechtsorganisation hatte das rigide Vorgehen gegen
Journalisten angeprangert, die nach dem Umweltskandal am Issyk Kul den
Goldabbau kritisierten.

wirschaft ist ein ganz anderer Typus von Literatur in den Vordergrund getreten. Die sogenannte Massenliteratur der Massenkultur basiert auf der Ausbeutung der primitivsten Instinkte: des Besitzstrebens, das vom Hunger ausgeht, des Geschlechtstriebs, der der Vermehrung dient, der Aggression, die die Kehrseite der Angst ist.«

»Wird sich das wieder ändern?« werfen wir ein.

»Ich glaube nicht, daß man die Massenkultur stoppen kann, sie wird weiterstürmen. Aber es braucht daneben wirkliche Kunst und Literatur; sie müssen zumindest eine Nische dafür erhalten, damit sie sozusagen als Goldreserve bleiben. Die Kultur – das sind die Goldbarren, die in der Zentralbank der Menschheit liegen; die Massenkultur erzeugt nur schlechtes Papiergeld.«

»Ihrem Präsidenten wären im Moment echte Goldreserven lieber«, entfährt es mir in Anspielung auf die marode Wirtschaft.

»Die wirtschaftlichen Probleme, die wir heute haben, sind Teil der Umgestaltung. Einfache Lösungen gibt es dafür nicht. Aber darüber können Sie mit dem Präsidenten selbst sprechen, wenn Sie ihn morgen treffen.«

Begegnung mit Staatspräsident Askar Akajew

Auch in Kirgisistan wurde der Kommunismus nach der Erklärung der Unabhängigkeit von Moskau offiziell für tot erklärt. Die »Revolution« kam von oben und wurde präzise gesteuert. Die Metamorphose vollzog sich buchstäblich über Nacht. Die Partei wurde umbenannt, und ihre Führer wählten Askar Akajew zum Präsidenten. Später wurde er durch das Votum des Volkes bestätigt.

Die radikale Wirtschaftsreform, die Staatspräsident Akajew seit seinem Amtsantritt vorantreibt, hat das Leben der 4,2 Millionen Kirgisen von Grund auf verändert. Viele sind in die Armut abgerutscht und kämpfen ums Überleben. Durch die Bereitschaft zu weitgehender Privatisierung der Wirtschaft kann Kirgisistan zwar bilaterale und multilaterale Hilfe anzapfen, dennoch bleibt die Abhängigkeit von Energielieferungen aus Usbekistan und Rußland bestehen, die nun Weltmarktpreise in Hartwährung verlangen – was die Verbraucherpreise enorm in die Höhe drückt. So kommt es, daß man in Bishkeks Straßen mehr deutsche Autos sieht als in irgendeiner anderen Hauptstadt der Welt, während die Staatskassen leer sind und der Nachbar Usbekistan schon mal den Gashahn abdreht, wenn die Zahlungen zu lange ausbleiben. Auch an Konsumgütern herrscht in den Geschäften kein Mangel.

»Wir gehen in die Geschäfte wie andere in Museen: Man geht hinein, sieht sich um und geht wieder«, sagt Nadezhda, eine Hochschulabsolventin, die wie viele junge Menschen keine Arbeit findet und sich als Gelegenheitsdolmetscherin über Wasser hält.

Die Sonne gießt goldenes Licht auf die breite Allee, die uns aus der Stadt hinausführt. Ich habe das Gefühl, in die Alpen zu fahren. Denn die Straße hält geradewegs auf eine frisch verschneite Bergkette zu, die sich aus gewellten grünen Hochflächen erhebt. Entlang der Straße wimmelt es von Sicherheitskräften. Der Präsident Afghanistans ist zu Besuch.

Diesmal haben wir es nicht schwer, den richtigen Eingang zu finden. Wir werden bereits am Tor erwartet. Alles ist bekannt: das Kennzeichen unseres Fahrzeuges, die persönlichen Daten und auch die Fragen an den Präsidenten.

An einem runden Pavillon ist die Fahrt zu Ende. Wir werden in einen Empfangssalon geführt, mit herrlichem Ausblick auf die kirgisischen Berge. Wenige Minuten später erscheint der Präsident.

Askar Akajew ist ein kleiner, glatzköpfiger Mann mit mongolischen Gesichtszügen. Am auffallendsten sind seine pechschwarzen Augenbrauen, die vollendete Halbkreise bilden. Er hat sich bereits das gewinnende, kamerawirksame Lächeln eines Politikers angeeignet, der auf dem internationalen Parkett verkehrt. Seine Stimme ist angenehm, fast sanft. Er war Physiker und Mathematiker und lehrte an der Bishkeker Universität, bevor er in die Politik ging.

»Wir Kirgisen verdanken den Deutschen viel«, sagt er. »Ein Deutscher hat unser National-Epos ›Manas‹ aufgeschrieben – Wilhelm Radloff; ein Deutscher hat es künstlerisch illustriert – Theodor Herzen; ein Deutscher hat den Begriff ›Seidenstraße‹ eingeführt – Ferdinand von Richthofen.«

Die Seidenstraße – das ist zweifelsohne Akajews Lieblingsthema. Er rühmt sich, einer der Urheber des Begriffs »Neue Seidenstraße« zu sein; und daß dieser von zahlreichen Staaten Mittel- und Zentralasiens mit Beifall aufgenommen wurde, ist für Akajew der Beweis, daß es sich dabei um etwas wirklich Großes, Bedeutsames handelt. Akajews bislang größter diplomatischer Erfolg ist das Treffen von Präsidenten und Regierungschefs der Anrainerstaaten der Seidenstraße – unter Beteiligung der EU und der USA in Baku. Ziel war es, angesichts der sehr verschiedenen Erwartungen und Eigeninteressen der Staaten das Gemeinsame auszuloten und einen Grundlagenvertrag zu erarbeiten, der die künftigen Spielregeln festlegen soll: das Netz an Handels-, Verkehrs- und Kommunikationsbedingungen. Die europäischen Staaten und die USA setzen auf Routen durch den südlichen Kaukasus, bei denen Rußland und der Iran umgangen werden.

Das liegt ganz im Sinne jener Staaten wie Usbekistan und Turkmenistan, deren wertvolle Rohstoffe früher auf einer Einbahnstraße nach Rußland flossen und die nun nach neuen Transportwegen zu internationalen Märkten suchen. Dem erhofften Warenfluß voraus ist die Kommunikation. Mit einer Investition von einer Milliarde Mark entstand ein Glasfasernetz, das zwischen Frankfurt und Shanghai durch 20 Staaten führt.

Seine Begeisterung für dieses Thema führt der Präsident auf historische Wurzeln zurück, auch wenn das – genaugenommen – nicht ganz der Geschichte entspricht, denn das Volk der Kirgisen ist erst hier eingewandert, als die Glanzzeit der Seidenstraße längst vorbei war. Akajews verwegenes Konstrukt lautet: »Die einzelnen Wege der Großen Seidenstraße änderten sich mehrfach, ihre Hauptadern aber verliefen, wie der Zufall es wollte, immer durch das Territorium der Kirgisen.«

Die Renaissance als »Neue Seidenstraße des 21. Jahrhunderts« führt er auf zwei Gründe zurück. »Der erste ist verbunden mit dem stetig fortschreitenden Prozeß gegenseitiger Abhängigkeit und Globalisierung, einer lawinenartigen Entwicklung und Durchsetzung neuer Technologien, Kommunikationssysteme und Computervernetzungen sowie einer in diesem Ausmaß noch nie dagewesenen Beschleunigung von Informations- und Kapitalströmen, die die nationalen Grenzen überspülen.« Die Globalisierung erweise sich als Antriebsmotor für die Wiederbelebung der durch die Monowirtschaft der Sowjetunion zerstörten uralten Beziehungsgeflechte, meint Akajew.

Die zweite Triebkraft sieht er in dem Wunsch und in der Notwendigkeit einer Integration.

Also doch die Vision von einer Union der Turkstaaten, auf einer anderen Ebene und Basis freilich, als es einmal im alten »Turkestan« der Fall war?

»Die stetige dynamische Entwicklung der politischen und wirtschaftlichen Beziehungen in der gegenwärtigen Phase ist unvorstellbar ohne eine Festigung der freundschaftlichen und partnerschaftlichen Beziehungen zwischen allen Staaten der Region der Großen Seidenstraße, die auf gegenseitigem Vertrauen beruhen und zu beiderseitigem Nutzen sind«, doziert der Präsident. Das ist erst recht vonnöten, um die anstehenden Probleme zu lösen. Denn im Moment ist von der vielgerühmten Toleranz und Harmonie des Mythos Seidenstraße nichts zu spüren. Im Nachbarland Tadschikistan stehen russische, usbekische und kirgisische Soldaten, um einen fragilen Frieden zu erhalten, der nach dem Bürgerkrieg mühsam ausgehandelt wurde. In fast allen Republiken haben sich radikal-islamische Parteien formiert, die einen Gottesstaat errichten wollen, vom chronischen Unruheherd der Region, Afghanistan, ganz zu schweigen. Von dort geht auch jenes Exportgut aus, das die »Neue Seidenstraße« in erster Linie als Drogenstraße definiert.

»Das ist ein sehr ernstes Problem«, räumt Akajew ein, »und wir arbeiten mit den Drogenbekämpfern der Vereinten Nationen eng zusammen.«

Varianten der Gewinnmaximierung

Zwar ist Kirgisistan »nur« Transitland und hat kein eigenes Drogenproblem wie etwa der Nachbar Kasachstan, wo die Zahl der Drogenabhängigen in den letzten Jahren stark gestiegen ist. Aber die mafiösen Strukturen, die den Drogenhandel beherrschen, haben auch hier ihre festen Stützpunkte. Zentren sind die Stadt Osch und der Grenzabschnitt zu Tadschikistan. Der Leiter der UN-Drogenbekämpfung in Taschkent attestiert der kirgisischen Regierung hohe Kooperationsbereitschaft. Er hat in Osch zwei Mitarbeiter stationiert, die mit den kirgisischen Sicherheitskräften die Schmuggelrouten überwachen sollen, aber sie führen einen aussichtslosen Kampf. Der Job ist lebensgefährlich. Lkw-Transporte werden oft

von bewaffneten Beschützern begleitet, die ohne Zögern drauflos-
schießen, wenn sie zur Kontrolle angehalten werden. Die gelegent-
lichen Erfolgsmeldungen über die Beschlagnahme und Vernichtung
größerer Mengen Heroin sind nur die Spitze des Eisbergs; sie lassen
erahnen, wie und in welcher Größenordnung der Drogenschmuggel
hier betrieben wird.

Afghanistan ist heute der Welt größter Produzent von Opiaten,
insbesondere von Heroin. Drei zentralasiatische Republiken – Tadschikistan, Usbekistan und Turkmenistan – teilen 2500 Kilometer
Grenze mit Afghanistan. Die Grenzen verlaufen großenteils durch
unwegsame Gebirgswüsten, die kaum zu kontrollieren und für
Schmuggler durchlässig sind. 280 Tonnen Opium jährlich werden
in Afghanistan produziert; 65 Prozent davon, so schätzt die UN-
Behörde in Taschkent, verlassen das Land über die Grenze zu einer
der drei zentralasiatischen Republiken. Von dort werden die Drogen nach Rußland und in die Ukraine geschmuggelt und weiter
nach Westeuropa verteilt – mit enormen Profiten. Die 280 Tonnen
Opium, auf den Straßen westlicher Großstädte verkauft, erbringen
einen Gewinn von 81 Milliarden Dollar. Die schwindelerregenden
Summen, die dabei im Spiel sind, korrumpieren höchste Politiker.
Ein Teil des Opiums wird neuerdings von russischen Soldaten, die
die Grenzen zu Afghanistan bewachen sollen, in Militärmaschinen
ausgeflogen. Ihre Hintermänner sitzen in Moskau. Schon seit einiger Zeit erwägen die Drogenbekämpfer den Einsatz eines umstrit-
tenen Pilzes, der in einem ehemaligen sowjetischen Labor für che-
mische Kampfstoffe in Taschkent gezüchtet wird.

Die Tradition der Seidenstraße kommt dem Drogenhandel zugute. Es gibt ein ausgebautes Netz an Verkehrsverbindungen, auf
Straßen, Wasserwegen und Schienen. Handel wie auch Schmuggel
haben hier eine lange Tradition. Schmuggel gehörte stets zum
Überleben. Der Kaffee oder andere westliche Luxusgüter, die man
zur Zeit der Sowjetunion einschmuggelte, wurden nun durch ein
weißes Pulver ersetzt – und keiner macht sich Gedanken über die
Folgen.

»Ich bin überzeugt, daß wir das Drogenproblem lösen, wenn wir
die Armut in diesen Regionen beseitigen können«, hat Akajew voller Zuversicht verkündet. Aber das Drogenproblem ist nicht nur
eine Sache von Armut. In den Straßen von Bishkek erzählt man mit

vorgehaltener Hand, daß die Ehe von Akajews Sohn am Ende sei, weil seine Frau, die Tochter des kasachischen Präsidenten, drogensüchtig wäre.

Mein Problem ist ein preisgünstiges Fahrzeug, das mich nach Taschkent bringt. »Ich kann dir einen Toyota oder einen Wolga für 200 Dollar anbieten«, sagt Sergej, Vizedirektor des Reisebüros »Edelweiß«, ein Russe. »Aber für die hiesigen Straßen empfehle ich dir, den Wolga zu nehmen.« Gesagt, getan. Und bald schaukeln wir über gelbgrüne Steppen, wie auf einer Berg- und Talbahn. Der Weg führt überwiegend durch Kasachstan. Daß wir die Grenze passiert haben, merke ich erst, als uns ein Polizist anhält, der eine andere Uniform trägt.

»Bußgeld ist in den 200 Dollar schon eingerechnet«, klärt mich Maxim, einer der beiden russischen Fahrer, auf. Dann rollen wir stundenlang über grasgrüne Dauerwellen, und nur das dunkle Band der »Almaty-Taschkent-Autobahn« zieht einen Mittelscheitel über das Land.

Die beiden Fahrer, die sich von Zeit zu Zeit abwechseln, achten seit der letzten Strafe peinlich genau auf Geschwindigkeitsbeschränkungen. Vergeblich. Mitten im Nichts, auf kerzengerader Strecke, springt plötzlich ein Polizist hinter einem Busch hervor. Maxim flucht. »So geht es hier jedem, der mit kirgisischem Nummernschild unterwegs ist.«

»Die Kasachen können nichts anderes«, preßt sein Kompagnon verächtlich hervor. »Sie können nur Polizisten werden, wenn sie in die Stadt kommen.«

Das Schaukeln des Wagens und die monotone Landschaft machen mich müde. Ich nicke ein und wache erst wieder auf, als wir vor einer pompösen Grenzstation stehen.

»Das ist die usbekische Grenze«, sagt Maxim. »Du mußt jetzt umsteigen auf ein usbekisches Fahrzeug.«

»Könnt ihr mich nicht bis Taschkent bringen«, frage ich erstaunt. »Nein, nach den Bombenanschlägen erlauben sie es uns nicht mehr.«

Mir scheint, als habe hier soeben die Abgrenzung begonnen und nicht die Integration.

Bürde eines großen Erbes: Usbekistan

Zwischen Mohammed und Seidenstraße

»In Amerika gibt es Indianer-Reservate. Wir haben jetzt ein Reservat für Kommunisten: Usbekistan«, spottete die Schriftstellerin Ischahowar Dilarowa nach der »Wahl« Islam Abduganijewitsch Karimows zum Präsidenten. Karimow, der Oberkommunist Usbekistans, der zuvor noch als Parteisekretär der SSR Republik den Putsch gegen Gorbatschow offen unterstützt hatte, ließ die Kommunistische Partei, als er es an der Zeit fand, leise sterben, um sie anschließend, mit dem Etikett »Demokratische Volkspartei« versehen, wie Phönix aus der Asche neu zu erwecken. Diese wundersame Metamorphose geschah im September 1991, im Rahmen eines Parteitags, den er selbst einberufen hatte.

Seitdem gilt der Kommunismus auch in Usbekistan als tot – offiziell wenigstens. Seine repressiven Strukturen aber haben sich noch überall erhalten. Wie verflogen ist der liberale Geist, der in Kirgisistan so wohltuend zu spüren war. Die Stimmung ist niederdrückend. Auch wenn sich das Land – nach dem Vorbild Chinas – alle Mühe gibt, ausländische Investoren und Touristen anzulocken, hat man selten das Gefühl, erwünscht zu sein. Das beginnt schon bei der Einreise, am Grenzposten, wo einen die Polizisten ansehen, als hätte man soeben ein Verbrechen begangen, wo Zoll und Devisenerklärungen gleich vierfach ausgefertigt werden müssen und wo man im Hotel offenbar ein schlechtes Gewissen haben muß, wenn man ein Zimmer verlangt.

Mit der Stadt Taschkent bin ich nie warm geworden. Sie wirkte auf mich stets wie ein Fremdkörper, als ob sie nicht zu Zentralasien gehörte, trotz des bunten Völkergemischs, das auch hier vorhanden ist. Das mag vielleicht daran liegen, daß kaum noch Spuren vom alten, türkisch geprägten Taschkent vorhanden sind. Die Wurzeln der Stadt reichen über 2000 Jahre zurück, aber geblieben sind nur ein paar Baudenkmäler aus dem islamischen Mittelalter; der Rest stammt aus der Sowjet-Ära. Nach einem verheerenden Erdbeben im Jahre 1966 fiel die in typischer Oasenbauweise errichtete Altstadt mit ihren verschachtelten Lehmhäusern in Schutt und Staub. Moskau schickte Russen, um beim Wiederaufbau zu helfen. Denen gefiel es so gut hier, daß viele von ihnen blieben und, wie böse Zungen behaupten, selbst in die Häuser zogen, die sie für die Usbeken errichteten.

Die langweiligen phantasielosen Bauten, die das Stadtbild heute prägen, scheinen allesamt aus dem Supermarkt der totalitären Architektur geordert. Alles wirkt kalt, unnahbar, selbst die Grünanlagen und baumbestandenen breiten Boulevards vermögen der Stadt kein Leben einzuhauchen. Tröstlich ist nur der Blick zum Himmel, er ist noch nicht verbaut, vergewaltigt und domestiziert. Es ist der große, weite, offene Himmel Zentralasiens, mit seinem leuchtenden Farbspiel und den eilenden Wolken.

Seit der Unabhängigkeit herrscht Islam Karimow als Präsident mit harter Hand. Er bedient sich dabei eines bewährten, zu Sowjetzeiten installierten Überwachungs- und Repressionsapparats. Schon nach seinem Amtsantritt stellte er die Maxime seiner Politik klar: autoritär in der Führung, liberal in der Wirtschaft. Es ist der Traum vieler Länder Asiens, einschließlich Chinas. Unter diesen Vorzeichen gibt es weder Meinungs- und Pressefreiheit noch irgendwelche demokratischen Ansätze in bezug auf Rechtswesen oder Mitbestimmung. Karimow duldet zwar die Bildung demokratischer Vereinigungen, hält sie aber auf Sparflamme, so daß Oppositionelle ein halbes Untergrunddasein führen müssen. Er gibt sich betont national, patriarchalisch und bis zu einem gewissen Grad Islam-freundlich, allerdings besteht er auf einer strikten Trennung von Staat und Religion und läßt keine konfessionell orientierten Parteien zu.

Mit dieser Politik findet der frühere KP-Chef durchaus breite Zustimmung in der usbekischen Bevölkerung. Er gilt gemeinhin als einziger Garant für Stabilität und wirtschaftlichen Aufschwung. Geschickt versteht er es, das Gespenst eines islamischen Gottesstaates nach dem Vorbild Irans oder Afghanistans an die Wand zu malen. Islam Karimow oder ein »usbekischer Khomeini«! Eine Alternative, so glauben viele, gibt es nicht. Demokratische Gruppierungen finden kaum Unterstützung und führen ein bedeutungsloses Schattendasein. Ihre Führer versuchen dies damit zu erklären, daß die Usbeken schon immer in besonderem Maße obrigkeitshörig waren, was durch die Versklavung zum Baumwollanbau noch verstärkt wurde. Außerdem liege es in der Tradition dieses Volkes, einen starken Mann als Führer zu haben, eine autoritär-patriarchalische Identifikationsfigur, wie sie dem Typus nach auch Karimow darstellt. International gilt der usbekische Präsident als Bollwerk gegen den islamischen Fundamentalismus. Im gegenwärtigen politischen Weltklima sind ihm damit mächtige Freunde sicher. Inwieweit radikal-islamische Ideen bei den gemäßigten Sunniten Usbekistans tatsächlich auf fruchtbaren Boden fallen und eine ernste Gefahr für den laizistischen Weg bedeuten, sei dahingestellt. Karimow jedenfalls gelingt es gekonnt, die Angst davor zu schüren und seine Macht dabei weiter auszubauen.

Usbekistan ist reich an Bodenschätzen und mit seinen 23 Millionen Einwohnern das bevölkerungsreichste Land Zentralasiens. Gute Voraussetzungen also, um westliche Investoren anzulocken. Anfänglich gaben sich auch westliche und südostasiatische »bisnismen« in Taschkent die Türklinke in die Hand, aber der ersten Euphorie folgte bald Ernüchterung. Die Zusammenarbeit mit den Ex-Apparatschiks erwies sich als äußerst zäh und frustrierend. Jetzt hat Karimow die Sache vereinfacht. Per Dekret hat er verfügt, daß alle Auslandsgeschäfte über seinen Schreibtisch laufen müssen und seiner eigenen Kontrolle unterliegen – um russische Verhältnisse zu verhindern, wie er zur Begründung verlauten ließ.

»In Usbekistan kann aus einem Projekt nur etwas werden, wenn es vom Präsidenten abgesegnet ist. Selbst mit seiner Zustimmung ist es schwierig, aber ohne sie völlig unmöglich«, faßt ein Schweizer Baumwollimporteur seine Erfahrungen zusammen. Trotzdem wurde das Investitionsklima in Usbekistan, auf Grund der politischen Stabilität, allgemein für günstig befunden. Über das totalitäre Herrschaftssytem, das dahintersteht, sieht man in solchen Fällen gewöhnlich großzügig hinweg.

Diese Einschätzung erlitt einen herben Rückschlag, als am 16. Februar 1999 vor dem Taschkenter Regierungssitz mehrere Autobomben detonierten. Zu diesem Zeitpunkt hätte Karimow dort eine Sitzung leiten sollen, aber da er sich verspätete, entging er dem Anschlag. 15 seiner Landsleute hatten weniger Glück, sie wurden zerfetzt, weitere 140 zum Teil schwer verletzt.

»Die Anschläge haben mir gegolten und waren von langer Hand vorbereitet«, verkündete Karimow in einer Fernsehrede seinem Volk. »Bestimmte Kräfte wollen zeigen, daß Usbekistan kein stabiles Land sei.«

Diese Kräfte sind schnell benannt. Der Schwarze Peter wird – wie immer – dem Feindbild Nummer eins zugeschoben: den »Wahhabiten«, wie Karimow militante Islamisten verallgemeinernd bezeichnet. Er kündigt an, daß man mit aller Härte gegen die Bombenleger vorgehen werde – wenn nötig, lasse man ihnen auch die Hände abhacken. Kurz vor den Anschlägen hatte er noch erklärt, Usbekistan werde nie ein Staat mit Scharia-Recht sein. Die anschließende Verhaftungswelle, bei der mehrere hundert Menschen festgenommen wurden, läßt vermuten, daß er die Verfolgung der Attentäter gleich zu einem Rundumschlag gegen alle Art von Opposition benutzte. Auch der im Exil lebende Vorsitzende der einzigen demokratischen Oppositionspartei, »Erk« (»Der Wille«), wird verdächtigt, hinter den Anschlägen zu stehen.

Drei Monate nach den Bombenexplosionen begannen in Taschkent die ersten Prozesse. 20 »Kriminelle« sollen sich vor Gericht verantworten müssen. Aber Karimow machte schon im Vorfeld klar, daß sich keiner der Hintermänner unter den Angeklagten befinde. Sie sollen sich im Ausland versteckt halten. Das läßt darauf schließen, daß die Täter womöglich nicht bei den »Wahhabiten« zu suchen sind, wie Karimow die Öffentlichkeit glauben machen will, sondern in ganz anderen Kreisen.

An Gegnern jedenfalls, die viel ernst zu nehmender sind als die vermeintlichen »Islamisten«, mangelt es nicht. Hartnäckig halten sich in Taschkent Gerüchte, wonach Rußland etwas mit den Bombenattentaten zu tun haben könnte. Denn zwei Wochen vor den Anschlägen hat Karimow bekanntgegeben, daß er das Sicherheitsabkommen mit Rußland nicht mehr verlängern werde, das russischen Truppen im Falle einer Bedrohung ein Eingreifen erlaubt. Man wolle in Taschkent nicht mehr von Rußland »beschützt« sein, erklärte Karimow kühl, sondern sich »lieber auf sich selbst verlassen«. Die russische Regierung hat diesen Schritt ausdrücklich bedauert und sofort eine Delegation nach Usbekistan geschickt, der es jedoch nicht gelang, Karimow umzustimmen.

Der usbekische Präsident hat sich auch in der tadschikischen Regierung Feinde geschaffen, die ihm vorwerfen, er hätte Rebellen unterstützt, die einen Umsturz betrieben. Die Taliban in Afghanistan sind ebenfalls nicht gut auf ihn zu sprechen, denn es ist ein offenes Geheimnis, daß er den Usbeken-General Dostum in seinem Kampf gegen die Taliban mit Waffenlieferungen und Geld unter die Arme griff.

Möglicherweise sind die Täter sogar in der unmittelbaren Umgebung des Präsidenten zu suchen. Die bis in alle Einzelheiten geplante Koordinierung der Anschläge deutet auf »Insiderwissen« hin. Durch eine »Säuberung« im Rahmen einer Anti-Korruptions-Kampagne hat er sich bittere Feinde geschaffen. Erst kurz vor den Anschlägen wurde eine Gruppe hochrangiger Regierungsbeamter entlassen.

Seit den Bombenexplosionen ist die Situation gespannt. Die Staatsmacht fühlt sich herausgefordert und hat den Druck verstärkt. Ich schlendere den breiten Emir-Timur-Boulevard hinab. Der Überwachungsapparat ist allgegenwärtig; keine Kreuzung, kein öffentliches Gebäude, das nicht bewacht wird. Die Straße mündet in einen parkähnlichen runden Platz, von dem sternförmig weitere Straßen abgehen. Den Mittelpunkt bildete bis zum Zerfall der Sowjetunion die obligatorische Lenin-Statue. Eine der ersten Aktionen nach der Unabhängigkeitserklärung bestand jedoch darin, den Despoten vom Sockel zu holen und durch einen anderen zu ersetzen – durch Timur.

Den blutrünstigen Eroberer als Usbeken zu vereinnahmen ist ziemlich verwegen. Zu der Zeit, als Timur sein Weltreich gründete und Samarkand zum Zentrum ausbaute, gab es die Usbeken hier noch gar nicht. Sie tauchten erst im 16. Jahrhundert in diesem Gebiet auf. Der historische Kunstgriff macht deutlich, wie schwierig die Suche nach der eigenen Vergangenheit und Identität ist. Die Sowjet-Kommunisten haben die Geschichte dieser Völker nach ihrem Gebrauch umgeschrieben. Und nun besteht die Gefahr, daß im Zuge eines erstarkten Ethno-Nationalismus dasselbe wieder geschieht – nur eben unter anderen Vorzeichen.

Spuren der alten Seidenstraße sucht man in Taschkent vergeblich. Der älteste Teil der Stadt, früher der Kreuzungspunkt verschiedener Karawanenstraßen, die hier zusammenführten, ist heute ein freier, von Bäumen umgebener Platz, an dem die Oper steht. Aus der Zeit vor dem Mongolensturm, dem auch Taschkent zum Opfer fiel, ist praktisch nichts erhalten. Im 14. Jahrhundert geriet Taschkent unter die Herrschaft Timurs, aber die Stadt blieb im Schatten von Samarkand, der Timur den Vorzug gab. Erst als die Russen kamen, gewann sie wieder an Bedeutung. Bald nach der russischen Übernahme im Jahre 1865 wurde sie Hauptstadt des Generalgouvernements Turkestan.

Daraufhin entwickelte sich Taschkent zweigeteilt: auf der einen Seite eine orientalisch bunt zusammengewürfelte Altstadt, in der vornehmlich Usbeken lebten, und auf der anderen eine russische Kolonialstadt, nach Planquadraten angeordnet. Damit wurde Taschkent zu einem Machtzentrum, aber mehr nicht. Nie hat die Stadt eine ähnliche Bedeutung erlangt wie Samarkand und Buchara, nie konnte es sich mit deren kulturellen und geistigen Leistungen messen. Samarkand galt einst als »mittelasiatisches Rom«, und Buchara bedeutete der islamischen Welt ebensoviel wie Mekka. Wenn man die gegenwärtigen Zeichen richtig deutet, spricht einiges dafür, daß eine zukünftige kulturelle Erneuerung wieder von dort ausgehen wird.

Wer heute nach Usbekistan reist, um sich mit der Seidenstraße zu befassen, mit ihrer Geschichte, Kunst und Geisteswelt, der geht nach Samarkand, Buchara, Chiwa... Auch ich kann es kaum erwarten, nach Samarkand aufzubrechen.

Der Teufelskreis aus Menschenhand

Die Straße von Taschkent nach Samarkand durchschneidet eine flache, trockene Steppenlandschaft. Die russischen Soldaten, die vor etwas mehr als einem Jahrhundert als Eindringlinge hierher kamen, nannten sie »die Hungersteppe«, denn viele von ihnen starben dort elendiglich. Die Steppe ist heute um nichts lebensfreundlicher geworden, auch wenn die ausgedehnten Baumwollfelder zu beiden Seiten dies suggerieren mögen. Das »weiße Gold« ist aus ökologischer Sicht der »weiße Tod«. Theoretisch könnte man hier noch heute verhungern, denn Baumwolle läßt sich nicht essen.

Nach der Industrialisierung und Kollektivierung der Landwirtschaft wurden die Oasenbauern gezwungen, praktisch nur noch Baumwolle zu pflanzen. Das brachte der Sowjetunion zwar den Weltmeistertitel im Baumwollexport, den Usbeken aber eine sklavische Abhängigkeit und der Natur den Ruin. Es grenzt schon an Wahn, auf die Idee zu kommen, ein ganzes Land, das noch dazu in einer Trockenzone liegt, wo Wasser rar und kostbar ist, in eine einzige Baumwollplantage zu verwandeln, aber es ist ein Fall von Geisteskrankheit, wenn man dazu noch die sibirischen Flüsse in die zentralasiatischen Steppen ableiten oder den Issyk Kul auspumpen will, was man in Moskau noch bis in die achtziger Jahre erwog. Soweit kam es nicht mehr. Aber die Schäden, die die Monokultur anrichtete, sind schlimm genug. Sie lassen sich nicht wie der Kommunismus in Usbekistan durch eine kosmetische Operation beseitigen. Ihre Auswirkungen belasten das Leben auf Generationen hinaus.

Die beiden Flüsse Amu Darya und Syr Darya, die Lebensadern Zentralasiens, sind durch den Wasserverlust so geschwächt, daß sie nicht mehr den Aral-See erreichen, der nun seinserseits austrocknet, wie zuvor der Lop Nor in der Takla Makan. Die Natur rächt sich. Als Folge intensiver Bewässerung und Nutzung, ohne dem Boden die notwendige Brache zu gönnen, stieg der Grundwasserspiegel und drückte das Salz an die Oberfläche. Auf der pickelharten Salzkruste wächst überhaupt nichts mehr, auch keine Baumwolle. Die Hungersteppe verwandelt sich in eine Hungerwüste.

Nach Überquerung des Syr Darya führt die Straße über einen schmalen Korridor durch kasachisches Territorium – ein weiteres Beispiel für willkürliche Grenzziehung. Wie abhängig diese Staaten voneinander sind und wie notwendig eine Zusammenarbeit ist, zeigt das Beispiel des Syr Darya in dramatischer Weise. Der Fluß entspringt in den Gletschern des Tian Shan, durchfließt die grünen Steppen Kirgisistans, verwandelt das Ferghana-Becken in Usbekistan in einen fruchtbaren Garten, nährt riesige Baumwoll-Monokulturen in Kasachstan und stirbt einen langsamen Tod in der trockenen Wüste Kisilkum, ehe er als Rinnsal oder gar nicht mehr den Aral-See erreicht.

Die Technik der künstlichen Bewässerung ist in Zentralasien uralt. Ein gut funktionierendes und ausgeklügeltes System an Bewässerungsanlagen versorgte sowohl die bäuerliche Landwirtschaft als auch die großen Oasenstädte. Die Verteilung des Wassers und seine Nutzung regelte das Amt des »Mirab«, des Wasserverwalters. Das funktionierte offensichtlich über die Jahrtausende ohne nennenswerte Störungen im Wasserhaushalt der Region. Dann übernahm Moskau das Management. Was den Syr Darya betrifft, stellte sich das so dar: Das Wasser wurde an seinem Oberlauf in Kirgisistan im Winter und Frühjahr aufgestaut und im Sommer zur Nutzung der Baumwollkulturen Usbekistans und Kasachstans abgelassen. Der Strom, den die Stau-Kraftwerke in Kirgisistan im Sommer produzierten, aber nicht brauchten, wurde in das gemeinsame zentralasiatische Netz eingespeist. Dafür versorgten im Winter usbekische Kraftwerke und kasachische Gruben Kirgisistan mit Strom und Kohle. Das funktionierte – von ökologischen Folgen abgesehen –, solange es die Sowjetunion gab. Nach der Unabhängigkeit der einzelnen Republiken fühlten sich die Staaten am Unterlauf des Syr Darya aber nicht mehr an diese Abmachung gebunden. Kasachstan, das seine Gruben privatisiert hatte, lieferte keine Kohle zum Nulltarif mehr nach Kirgisistan. Gleichzeitig weigerte sich Usbekistan, den kirgisischen Strom im Sommer abzunehmen, und beschloß, die Kirgisen im Winter nur noch gegen Bezahlung zu beliefern. Daraufhin drehten die Kirgisen den Usbeken den Wasserhahn zu. Sie speicherten das Wasser des Syr Darya im Sommer, von dem die Baumwollfelder in Usbekistan abhängig sind, und begannen, im Winter für den Eigenbedarf Strom zu erzeugen. Außerdem beschloß die kirgisische Regierung 1998, Wasser an die Nachbarländer, wenn überhaupt, dann nur gegen Bezahlung zu liefern. Ein völkerrechtlich nicht haltbarer Akt. Er zeigt aber auf, um was es hier in Zukunft geht und welches Potential an politischem Sprengstoff hier verborgen liegt.

»Die Kriege des 21.Jahrhunderts werden um Wasser geführt werden«, warnen Experten, die in der steigenden Wasserknappheit das größte Problem der Zukunft sehen. Immer schneller dreht sich die Spirale von steigender Weltbevölkerung und Wasserverbrauch. Das Wasser ist der Schlüssel für deren Ernährung – es ist die Voraussetzung, daß Getreide und Gemüse gedeihen, aber auch Gras und Futter fürs Vieh. »Nicht die Erde spendet Leben, sondern das Wasser«, besagt ein turkmenisches Sprichwort. Die »Wasserhahn-zu«-Politik Kirgisistans ist keine Lösung. Im Gegenteil, die Folgen fallen auf das Land selbst zurück. Das im Torktugul-Stausee, nach Kubikkilometern Speicherkapazität der größte des Landes, gesammelte Wasser, das nun im Winter zur Stromgewinnung durchgeschleust wird, kommt nicht dem sterbenden Aral-See zugute, wie Umweltschützer erhofften, sondern verschwindet in der Wüste. Das Bett des Syr Darya hat sich durch den chronischen Wasserentzug mittlerweile so verkleinert, daß es die Mehrmenge nicht mehr fassen kann. Um Überschwemmungen ihrer Felder zu vermeiden, leiten die Menschen am Unterlauf es einfach in die Wüste ab. Dort bildet es versalzte, scheußliche Kloaken, die langsam austrocknen und den Boden verseuchen. Schon weht der Wind das Salz aus den ausgetrockneten Wasserflächen bis zu den hohen Gebirgen des Tian Shan und Pamir und bringt die Gletscher zum Schmelzen, die wiederum die Quellen des Syr Darya und Amu Darya speisen. Es ist ein Teufelskreis, aus dem nur gemeinsame Anstrengungen aller Beteiligten herausführen. Ob der politische Wille dazu vorhanden ist, bleibt fraglich.

Aber zurück auf die Straße in Usbekistan. Die Landschaft ist nun hügeliger und steiniger. Wir passieren einen schwarzen Felsriegel, der als die »Säulen Tamerlans« bekannt ist. Samarkand kündigt sich mit einer Serie von Straßensperren und Polizeikontrollen an. Dann sind wir da.

Samarkand – Garten der Seele

Schon der Name ist eine Verheißung. Samarkand – die Silben klingen wie ein Mantra. Wenn man sie ausspricht, so zerfließen sie einem auf der Zunge. Sie regen zum Träumen an, selbst wenn man nichts über den Ort weiß, nicht einmal, wo er ungefähr auf der Landkarte liegt. »Goldene Stadt«, »Spiegel der Welt«, »Paradies des Ostens«, »mittelasiatisches Rom«, »schönstes Antlitz, das die Erde der Sonne je zugewandt hat«, sind nur einige Attribute, die man Samarkand im Laufe der Geschichte zugedacht hat. Die gegenwärtige Wirklichkeit kann da freilich nicht mehr mithalten.

262

Der erste Eindruck ist, gelinde gesagt, ernüchternd. Keine Spur von der märchenhaften Schönheit, wenn man die Peripherie erreicht und an einförmigen Wohnsilos und Fabrikschloten vorbeifährt. Es läßt sich nicht verkennen, daß sich die Sowjet-Kommunisten redlich bemüht haben, diese Stadt bis zur Unkenntlichkeit »aufzuräumen« und ihr den Anstrich eines aufstrebenden Industriezentrums zu verleihen. Die alten Stadtmauern und Tore mußten genauso weichen wie die krummen Gassen der Altstadt. Statt dessen wurden schnurgerade, mehrspurige Boulevards durchgezogen. Und neben dem Registan, dem Prunkplatz des Weltenherrschers Timur, reckt sich ein Wasserturm in den Himmel. Nein, der erste Anblick ist nicht erbaulich, noch dazu wenn der Kopf voller träumerischer Bilder ist.

Erst auf den zweiten Blick läßt sich etwas vom Glanz erkennen, der den legendären Ruf begründete. Zwischen den Betonbauten ragen granatförmige Kuppeln wie aufgeblasene Ballons hervor, blau und türkisfarben. Da und dort erhebt sich eine monumentale Fassade, flankiert von schlanken, sich nach oben hin verjüngenden Minaretten. Aus einem Markttor strömen bunt gekleidete Frauen mit prallgefüllten Körben voller Obst und Gemüse. Dazwischen sieht man Russen, die hier so fremd wirken wie die Chinesen in Tibet. Am Straßenrand sitzen Männer mit bärtigen Gesichtern und viereckigen, schwarzweiß bestickten Käppchen auf dem Kopf. Sie trinken Tee unter einem aufgespannten Zeltdach. Daneben brät einer Lammspieße auf einem qualmenden Metallgestell.

Das Hotel befindet sich ganz im Zentrum. Von meinem Zimmerfenster aus blicke ich auf Gur-e Mir, die Grabstätte Timurs mit seiner geriffelten Kuppel, deren Blau mit dem des Himmels wetteifert. Schon früh am Morgen sieht man die ersten Busse vorfahren. Die Menschen kommen aus allen Teilen der Republik, in Gesellschaftsgruppen eingeteilt. Ganze Schulklassen sind darunter, hochdekorierte alte Kader mit Orden auf der Brust, einfache Baumwollarbeiter, die einen Betriebsausflug machen. Samarkand zieht auch Scharen von Religiösen an. In ihren dunklen Mänteln, schwarzen Schaftstiefeln und weißen Käppis pilgern sie zu den Moscheen, Medresen und Mausoleen. Timurs palastähnliches Grabmal gehört zu jedem Besichtigungsprogramm.

Noch vor wenigen Jahren galt er als Unperson, und die bloße

Erwähnung seines Namens war verboten, heute ist er Teil des staatlich verordneten Selbstfindungsprogramms. Die Geschichtsbücher sind längst umgeschrieben, und um Timur, den Lahmen, wie man ihn nannte, wuchert ein üppiger Personenkult. Er gilt gemeinhin als Begründer der usbekischen Nation, dessen Taten Schulkindern in verklärter Form vermittelt werden. Er ist ein *Inbegriff* von Größe und Macht.

»Er ist einer von uns«, behaupten die Tadschiken, die hier – wie in Buchara – die alteingesessene Oasen-Bevölkerung bilden. Das Mischvolk iranischer Zunge fühlt sich als Träger jener islamischen Hochkultur, die sich hier im Mittelalter entfaltete. Im Gegensatz zu den Usbeken, die der gemäßigten sunnitischen Richtung des Islam anhängen, sind die Tadschiken »rechtgläubige« Schiiten. Der »Verlust« von Samarkand und Buchara an Usbekistan ist für tadschikische Nationalisten nur schmerzlich zu verkraften. Sie fordern von Usbekistan eine Rückgabe der beiden Städte, während Usbekistan seinerseits Chodschand am Rande des Ferghana-Beckens beansprucht, das heute zu Tadschikistan zählt.

Ursprünglich hatte Timur vorgesehen, in seinem Heimatort Kesch, 80 Kilometer südlich von Samarkand, bestattet zu werden. In Schahr-e Sabs, wie Kesch heute heißt, hatte er zu diesem Zweck eine Familiengruft anlegen lassen. Gur-e Mir sollte das Grabmal seines Nachfolgers, des Thronerben Sultan Mohammed, werden. Das Bauwerk war noch längst nicht fertiggestellt, als der Thronerbe im Jahre 1403 – erst 29 Jahre alt – überraschend starb, angeblich an den Folgen der Verletzungen, die er sich bei Timurs letztem Feldzug gegen die Türken zugezogen hatte. In unglaublich kurzer Zeit, binnen zehn Tagen, wie der spanische Augenzeuge Clavijo berichtet, wurde das Gebäude nach den Wünschen Timurs noch einmal umgestaltet und als Grablege für seinen Enkel kommissioniert. Zum Gesamtkomplex gehörten einstmals eine Koranschule und ein Sufi-Konvent mit dazugehörigen Unterkünften. Sie bildeten einen der Begräbnisstätte angemessenen Rahmen und gaben dem Ort des Todes eine lebendige Atmosphäre, wo fromme Muslime nicht nur beteten, sondern auch lehrten, lernten und lebten. Von diesen Rahmenbauten ist nichts mehr übriggeblieben, und selbst von den beiden Minaretts, die die Melonenkuppel flankierten, zeugt nur noch ein Stummel.

Aber das Mausoleum steht noch. Es beeindruckt durch seine Größe und Schönheit. Ich drücke mich in die äußerste Ecke der Umfriedungsmauer, lehne den Kopf weit zurück, um das Bauwerk in seiner Gesamtheit zu überblicken. Auf den achteckigen Unterbau mit großen, streng geometrischen Mustern ist ein zylindrischer Tambour aufgesetzt, den in mehr als 30 Meter Höhe eine alles beherrschende Kuppel krönt, gleich einer riesigen Jurte. Auf der 64fach geriffelten Oberfläche verändern sich die Farben je nach Lichteinfall. Den Eingang bildet eine überwölbte Halle, ein Iwan, der kürzlich restauriert wurde.

Durch eine mit Schriftzeichen und Arabesken umwölkte Türöffnung gelangt man ins Innere des Kuppelbaus. Hier stehen mehrere Grabblöcke, allen voran der kostbare Kenotaph Timurs: ein großer polierter Jadeblock, der in der Mitte gespalten ist. Der persische Schah Nadir hatte im 18. Jahrhundert nach der Einnahme von Samarkand vergeblich versucht, das Grab zu öffnen. Er hätte sich die Mühe ersparen können. Denn die Gebeine Timurs und der vier anderen, die hier bestattet sind, liegen ein Stockwerk tiefer, in einer verborgenen unterirdischen Krypta.

Der Wächter macht mich geheimniskrämerisch darauf aufmerksam und vergißt nicht, darauf hinzuweisen, daß der Besuch eigentlich verboten sei und den Schlüssel sein Kollege verwahre. Ich verstehe. Ein förderungswürdiger Fall von kollegialer Zusammenarbeit. Zwei Dollarscheine bringen den Schlüssel schnell zum Vorschein. Der Zugang erfolgt von außen, über eine schmale tunnelartige Treppenflucht. Sie endet in einem wohltuend kühlen Raum mit roten Backsteinwänden.

Die Krypta befindet sich genau unterhalb des Mausoleums, und die Anordnung der wirklichen Gräber entspricht exakt den Grabsteinen darüber. Sie sind alle mit Marmorplatten verschlossen, in die Inschriften eingemeißelt sind. Links neben Timur liegen seine beiden Söhne, auf der anderen Seite ruhen die Gebeine seines Enkels Ulugh Beg. Den Ehrenplatz an der Kopfseite erhielt Timurs Lehrer, und etwas abseits ist eine bisher nicht identifizierte Persönlichkeit bestattet.

Was dem persischen Grabräuber nicht gelang, nämlich das Grab zu öffnen, geschah 1941 im Auftrag der Wissenschaft. Der sowjetische Anthropologe Professor Gerasimow erhielt, wie eingangs erwähnt (vgl. S. 31 f.), den Auftrag, mit einem Team von Archäologen das Geheimnis zu lüften. Die Nachricht schlug in Samarkand wie eine Bombe ein und versetzte die Einwohner in Angst und Schrecken. Einer alten Prophezeiung zufolge werde an dem Tag, an dem Timurs Grabesruhe gestört werde, schlimmes Unheil über das Land hereinbrechen. Um Unruhen unter der Bevölkerung zu vermeiden, öffneten Gerasimow und seine Mitarbeiter das Grab nachts. Es war der 21. Juni 1941. Am darauffolgenden Morgen traf in Samarkand die Nachricht ein, daß Hitlers Truppen nach Rußland einmarschiert waren. Für die Sowjetunion hatte der Zweite Weltkrieg begonnen.

Aus wissenschaftlicher Sicht erbrachte die Untersuchung der Gebeine nur die Bestätigung der über Generationen weitererzählten Geschichten: Timur lahmte wirklich an beiden Beinen, und sein Gesicht hatte mongolische Züge. Die Überlieferung hatte behauptet, Timur sei ein Nachfahre Dschingis Khans gewesen, und er hätte auf Grund einer in der Schlacht erlittenen Verletzung humpeln müssen.

»Glücklich ist, der die Welt verläßt, bevor die Welt auf ihn verzichtet«, ließ Timur in kufischen Lettern auf dem Sockel des Gur-e Mir schreiben. Er starb auf dem Höhepunkt seiner Macht zu Anfang des Jahres 1405, im Alter von 69 Jahren, in seiner Stadt Samarkand, die er zum glanzvollen Mittelpunkt seine Reiches ausgebaut hatte.

Seinem Nachfolger Ulugh Beg war ein derartiger Abgang nicht beschieden. Der Gelehrte auf dem Herrscherthron fiel einem Gewaltakt zum Opfer. Auch diese Überlieferung wurde durch die Wissenschaftler bestätigt. Die verletzten Halswirbelknochen lassen darauf schließen, daß er durch einen Schwerthieb getötet wurde.

Das islamische, von den Timuriden geprägte Samarkand, deren Prachtbauten die seelenlose Tristesse der Moderne überstrahlen, repräsentiert eine nur kurze Episode in der langen Geschichte der Stadt. Dank der Vorzugslage an der Seidenstraße war Samarkand zu allen Zeiten ein bedeutendes Handels- und Kulturzentrum. Hier gabelte sich die Seidenstraße. Eine Route führte weiter westwärts nach Merw, von dort nach Persien, in die Türkei, ans Mittelmeer; die andere bog nach Süden ab, überquerte die Pässe des Hindukusch und stellte eine Verbindung nach Indien her. Samarkand war *die* große Drehscheibe am Kreuzungspunkt der Karawanenstraßen und nicht bloß ein wichtiger Umschlagplatz für Waren aller Art. Vor allem aber war es auch ein Mittler von geistigem Gedankengut – Technologien, Kunststilen und Religionen. Nahezu alle an der Seidenstraße praktizierten Glaubensbekenntnisse waren in Samarkand vertreten und wurden durch das Händlervolk der Sogdier weiter verbreitet. Von chinesischen Kriegsgefangenen lernte man das Verfahren, aus Lumpen Papier herzustellen. Bereits im Jahre 751 existierte in Samarkand eine Papiermanufaktur.

Das alte Samarkand, das Marakanda der Griechen, ist ebenso alt wie das antike Rom und liegt nordöstlich des Stadtzentrums auf dem Hügel Afrasiab.»Alles, was ich über die Schönheit Samarkands gehört habe, ist wirklich wahr, nur mit einer Ausnahme: Es ist viel schöner, als ich es mir vorstellen konnte«, soll Alexander der Große beim Anblick der Stadt am Ufer des Serafschan ausgerufen haben. Das hinderte ihn jedoch nicht daran, die Stadt anzugreifen, mit Gewalt zu erobern und den lokalen König zu unterwerfen. Einen anderen der dortigen Herrscher ließ er gefangennehmen; dessen Tochter aber, die schöne Roxane, wurde seine Frau.

Über diese Art der Brautwerbung dürfte man in Marakanda nicht sehr angetan gewesen sein, denn Alexander mußte sich nach heftigen Kämpfen und großen Verlusten bald wieder hinter den Oxus zurückziehen. Der Mazedonier hatte die Vision, Europa und Asien zu verbinden, und das war durchaus auch physisch gemeint, wie die organisierten Massenhochzeiten seiner Soldaten mit einheimischen Frauen nahelegen. Die geistige Verschmelzung ging nicht so schnell vonstatten. Sie wurde erst Jahrhunderte später vollzogen, auf dem Boden von Gandhara, von wo aus Buddha im Gewand eines griechischen Apollon über die Seidenstraße ostwärts zog.

Wenn man heute auf den Hügel Afrasiab hinaufsteigt, ist es ratsam, dabei nicht an die Worte Alexanders des Großen zu denken, denn die kühnste Phantasie reicht nicht aus, um sich aus den spärlichen Überresten ein Bild der Vergangenheit zu machen. Man wird beim Anblick eines unförmigen gelbbraunen Lehmhügels kaum an einen Königspalast denken und in überwucherten Furchen und Gräben nicht unbedingt den Grundriß eines sogdischen Herrschaftshauses erkennen, dessen Innenwände einstmals mit erlesenen Malereien ausgestaltet waren. Einen besseren Eindruck vermittel das kleine Museum am Rande des Ruinenfeldes. Hier finden sich Reste von Wandbildern, die in den Ruinen draußen abgelöst und wie ein Puzzle zusammengesetzt wurden. Sie sind Meisterwerke sogdischer Kunst. Die Malereien zeigen in szenischer Abfolge den Zug einer Gesandtschaft eines kleinen Nachbarreiches, dessen Souverän dem Herrscher von Samarkand – wie es damals üblich war – zum Zwecke gut nachbarschaftlicher Beziehungen eine Braut königlichen Blutes als Geschenk überbringen ließ.

Die Sogdier konnten sich als Reichsgründer nur bis zum 2. vorchristlichen Jahrhundert behaupten. Dann setzte mit der Expansion Chinas eine Völkerbewegung ein, die auch Samarkand nicht verschonte. Für Jahrhunderte blieb die Stadt zwischen den Persern und Nomadenvölkern, die in immer neuen Wellen aus der Steppe auftauchten, heiß umfehdet. Verschiedene Völker gaben sich nacheinander die Schlüssel der Stadttore in die Hand. Den Kushan folgten die »weißen Hunnen«, die ihrerseits von den Türken verdrängt wurden. Aber stets blieb die verfeinerte sogdische Kultur tonangebend in Samarkand.

Als der chinesische Pilgermönch Xuanzang im 7. Jahrhundert auf der Durchreise nach Indien hier vorbeikam (vgl. dazu auch S. 139 ff.), erlebte die sogdische Kultur gerade ihre letzte und vielleicht größte Blüte. »Der König und das Volk glauben keineswegs an die Gesetze Buddhas«, empörte sich der Pilgermönch, »ihre Religion besteht vielmehr im Feuerkult.« Xuanzang betrat Samarkand mitten in einer Phase mazdaistischer Renaissance, und der König mußte ihn unter Schutz stellen, als der aufgebrachte Mob ihn mit brennenden Holzscheiten verfolgte. Trotzdem dürfte es auch buddhistische, manichäische und wohl auch nestorianische Gemeinden gegeben haben.

Bald darauf erschien eine neue Religion in Samarkand – in der Gestalt eines Märtyrers. Unter den ersten Arabern, die in die Stadt kamen, um ihr Glaubensbekenntnis als das einzig wahre zu predigen, gehörte – so will es die Überlieferung – auch ein Heiliger. Ob Kussam Ibn Abbas wirklich ein Vetter Mohammeds war, wie manche glauben wollen, sei dahingestellt. Tatsache ist jedenfalls, daß die Anhänger des persischen Feuerkultes und anderer Religionen, die lange vorher da waren, von der neuen Lehre nichts hören wollten und dem Störenfried kurzerhand den Kopf absäbelten. Das schien dem seltsamen Heiligen nicht viel ausgemacht zu haben, denn er nahm seinen Kopf unter den Arm, wie die Legende fortfährt, und verschwand damit auf den Grund eines tiefen Brunnens. Die Untat sollte für die Samarkander nicht ohne Folge bleiben. Nach dem Fall von Merw – heute Mary in Turkmenistan – standen die arabischen Heere am Oxus. Damit war *Ma wara an nahr*, »das Land hinter dem Fluß«, in Sichtweite gerückt. Im Jahre 712 fiel Samarkand in die Hände von Qutaiba Ibn Muslim, Heerführer des Kalifen von Bagdad. Mit der arabischen Eroberung wurde den Bewohnern auch der Islam aufgezwungen – notfalls mit Gewalt.

Der Versuch Chinas, den Einfluß der Araber zurückzudrängen, endete 751 mit einer verheerenden Niederlage unweit der Stadt Talas im heutigen Kirgisistan. Die Schlacht war nicht nur von politischer, sondern auch von eminent kultureller Bedeutung. Nach dem Bericht des arabischen Chronisten erbeuteten die Sieger eine im Troß der Chinesen mitgeführte Papiermanufaktur, deren Handwerker in Samarkand angesiedelt wurden. In der Folgezeit entwickelte sich Samarkand – wie auch die westlich gelegene Oase Buchara – zu einem Zentrum islamischer Kultur, die unter der Herrschaft der Samaniden einen ersten Höhepunkt erreichte.

Diese Blütezeit nahm ein jähes und schreckliches Ende, als 1220 die Mongolen unter Dschingis Khan vor den Toren der Stadt auftauchten. Marakanda war trotz seiner mächtigen Wehrmauern durch die Abhängigkeit von künstlicher Wasserversorgung verwundbar. Die Mongolen bauten einen Damm und schnitten die Stadt vom lebenswichtigen Wasser ab. Marakanda konnte sich nicht lange halten. Nach der Eroberung zerstörten die Mongolen nicht nur die Stadt, sondern auch das gesamte Bewässerungssystem. Wer nicht hingerichtet, versklavt oder als Handwerker in Fron gezwungen wurde, hatte in der Stadt keine Lebensbasis mehr. Marakanda hat sich von diesem Schlag nie wieder erholt, die Ruinen wurden nicht mehr aufgebaut. Die neue Stadt – Samarkand – entwickelte sich weiter südlich und erlangte 150 Jahre nach dieser Katastrophe die Bedeutung ihrer Vorgängerin zurück, als Timur sie zum Zentrums seines Reiches erkor und großzügig ausbaute.

Ganz im Stile seines berüchtigten Vorfahren Dschingis Khan schuf sich Timur sein Weltreich durch grausame Eroberungsfeldzüge. Auch er hatte gnadenlos Reiche und Städte vernichtet, ganze

Landstriche entvölkert. Nur Gelehrte, Handwerker und Künstler verschonte er, um sie nach Samarkand zu bringen, und wenn es nicht anders ging, auch gewaltsam. Anders als Dschingis Khan war Timur kein Sohn der Steppe mehr, sondern er hatte die Kultur der Seßhaften, das Leben der Städter angenommen, das Dschingis Khan noch verachtete. So setzte Timur alles daran, um Samarkand zur würdigen Metropole eines Weltenherrschers auszubauen. Mit einer Geschwindigkeit, wie es nur in einer Despotie mit uneingeschränkter Machtfülle möglich ist, entstanden Bauwerke von noch nie gesehener Größe, Schönheit und Komplexität: Moscheen, Medresen, Mausoleen, Karawansereien und Bazare. Etliche dieser Bauten haben sich bis heute erhalten, sie gehören zum Großartigsten, was die islamische Welt zu bieten hat, und repräsentieren das schönste Antlitz, das Samarkand seinen Besuchern heute zuzuwenden vermag.

Der Besucher, der im 15. Jahrhundert durch das Haupttor die Stadt betrat, gewahrte vor sich zwei gewaltige Bauwerke: Timurs Hauptmoschee Bibi Hanim, »die alte Königin«, und die Medrese der Sarai Mulk Hanim. Heute ist nur noch erstere übrig, mehr oder minder verfallen. Auch dieses Bauwerk ist von zahlreichen Legenden umrankt. Die Pläne dazu soll Timur von der Tausendsäuligen Moschee in Delhi abgekupfert haben, nur sollte Bibi Hanim, seiner Person entsprechend, noch größer und schöner werden. Ungewöhnlich für die islamische Welt ist, daß diese Moschee einer Frau gewidmet war, nämlich Timurs Lieblingsfrau Bibi Hanim, einer mongolischen Prinzessin. Noch ungewöhnlicher ist, daß sie sich in die Bauarbeiten eingemischt hat. Um die Fertigstellung zu beschleunigen, so behauptet jedenfalls die Legende, habe sie dem führenden Architekten, einem Perser, der sie glühend verehrte, einen Kuß auf die Wange gewährt, der auf ihrer Haut ein Brandmal hinterließ. Da kam sie auf die Idee, einen Schleier zu tragen, und sämtliche Frauen der Stadt hatten der »neuen Mode« zu folgen. Timur, der den Grund schnell herausfand, ließ den Architekten verfolgen. Der aber hatte sich auf die Spitze eines Minaretts geflüchtet. Dort wuchsen ihm Flügel, und er entschwand in seine Heimatstadt Meschhed.

Unverzüglich nach seiner Rückkehr vom Indien-Feldzug wurden die Bauarbeiten in Angriff genommen. Es war eine Gemeinschafts-

und Meisterleistung der Elite der damaligen Architekten, Handwerker und Künstler, die Timur zu diesem Zweck in Samarkand zusammenzog. Eine zeitgenössische Quelle berichtet recht anschaulich von den Arbeiten an diesem Monsterprojekt:»500 Steinmetze aus Aserbaidschan, Fars, Hindustan und anderen Gegenden waren zum Bau dieser Moschee herangezogen worden, abgesehen von jenen Arbeitern, die in den Bergen Steine zu brechen und in die Stadt zu bringen hatten ... Um das Baumaterial auf die Baustelle zu befördern, war die Arbeit von 95 Elefanten nötig, die aus Indien nach Samarkand gebracht wurden, indem sie unter Beihilfe vieler Menschen die gewaltigen Steinblöcke rollten ... Timur, unterstützt von seinen Prinzen und Emiren, leitete die Arbeiten selbst.«

Aber der Weltenherrscher begnügte sich nicht damit, nur den Fortgang des Baues zu beobachten, er griff, wie der spanische Augenzeuge Clavijo berichtet, zum Schrecken der Baumeister und Architekten auch selbst ein. Das fertige Portal, das ihm zu klein schien, befahl er wieder abzureißen. Weil niemand wagte, ihm offen zu widersprechen, wandten sich die Opfer seiner Willkür und Enteigneten seiner Großbaustelle an die Derwische, denen Timur gewöhnlich ein offenes Ohr lieh.»Diese Stadt gehört mir, ich habe sie mit meinem Geld gekauft«, schmetterte Timur die Klagen ab. Täglich ließ er sich in einer Sänfte zur Baustelle tragen, um die Arbeiten zu überwachen und voranzutreiben. Geschwächt durch immer neue Krankheiten und wohl ahnend, daß ihm nicht mehr viel Zeit bleiben würde, spornte er die Handwerker und Frondiener bis zur Erschöpfung an.

In nur vier Jahren Bauzeit war die Moschee fertig. Die Höflinge Timurs überschlugen sich in Lobeshymnen und fanden keine angemessenen irdischen Vergleiche mehr:»Die Kuppel könnte wohl einzigartig sein, wenn es da nicht das Himmelszelt gäbe«, liest man bei Yazdi. Und vorsichtshalber fügte er noch hinzu:»Einzig in seiner Art wäre auch der Bogen des Iwan, wenn er nicht durch die Milchstraße zurückversetzt würde.«

Bibi Hanim sollte nach Timurs Willen die Hauptmoschee Samarkands sein, wo sich Gläubige zum Freitagsgebet versammeln, wo in der Predigt die Taten des Herrschers gepriesen und auf seinen Namen Allahs Segen herabgefleht werden sollte. Aber die Eile, mit der das Bauwerk errichtet wurde, rächte sich. Schon bald nach

271

der Vollendung begannen die Mauern abzubröckeln. Viel zu überstürzt waren die Arbeiten durchgeführt worden, um von Dauer zu sein. Außerdem hatte man nicht sorgfältig genug die Erdbebenanfälligkeit des Bodens bedacht. Vielleicht aber hatten die Architekten, Künstler und Baumeister einfach auch nur die Grenzen der damaligen Möglichkeiten und zur Verfügung stehenden Materialien erreicht.

So kam, was kommen mußte. Stück für Stück stürzte das Bauwerk ein, zuletzt durch den Beschuß russischer Kanonen im Jahre 1868. Als die Bolschewiken an die Macht kamen, vertrieben sie die letzten Mullahs und Gläubigen und überantworteten das Heiligtum dem weiteren Verfall.

In den neunziger Jahren wurde mit modernsten Mitteln und mit Unterstützung der UNESCO ein Teil des Bauwerks restauriert. Seitdem reckt sich die Kuppel wieder türkisfarben in den Himmel. Dort, wo früher Hunderte runder Marmorsäulen und Stützpfeiler mehr als 400 Kuppeln trugen, gibt es heute einen schattenspendenden Hain, in dem ein gemeißelter, pultartiger Steintisch steht. Er war dazu bestimmt, den Koran Osmans zu tragen, aus dem der Schwiegersohn Mohammeds gerade las, als er hinterrücks ermordet wurde. Die Blutstropfen Osmans, die darauf fielen, machten den Koran zu einer besonderen Reliquie der Verehrung, die hier ausgestellt wurde. Nach der Eroberung Samarkands nahmen die Russen den Koran als Kriegsbeute mit nach St. Petersburg. Erst zur Erlangung der Unabhängigkeit haben sie ihn den usbekischen Muslimen wieder zurückgegeben. Er befindet sich nun in Taschkent.

Doch selbst ohne Koran ist das Steinpult, das Timurs Enkel Ulugh Beg aus der Mongolei herbeischaffen ließ, verehrungswürdig. Wir beobachten eine Gruppe junger Frauen, die es wie Satelliten umkreisen. Nach der Volksmeinung verhilft der wundertätige Platz Frauen zu Kindersegen – insbesondere wenn sie einen Jungen erflehen.

Von draußen, vom nahe gelegenen Bazar, dringen Stimmengewirr und ein betörendes Gemisch von Gerüchen herüber, dem wir zu folgen beschließen. Durch eine kleine Tür in der Umfriedung gelangen wir auf einen staubigen Platz. Offenbar wird hier einiges umgebaut, oder genauer: weiter sterilisiert. In Erwartung eines orientalischen Marktes wie in Kashgar, Khotan oder Osch ist Samarkand eine Enttäuschung. Keiner der Kuppelbazare, die Timur anlegen ließ, hat überlebt. Heutzutage wird die Ware unter einer wellblechgedeckten Stahlkonstruktion feilgeboten, auf langen Reihen von Betontischen, mit numerierten Verkaufsplätzen. Außer Gemüse, Obst oder traditionellem Brot gibt es nur noch billige Massenware, sogar der Stoff für die regenbogenfarbenen Kleider, die die Frauen hier tragen, stammt aus der sowjetischen Kollektion für »ethnische Minderheiten«. Verschwunden sind die kunstfertigen Handwerker, für die Samarkand einst so berühmt war, die Geschichten und Märchenerzähler, die auch den neuesten Klatsch verbreiteten. Statt dessen überbieten sich die Verkäufer von Musikkassetten mit Lautstärke aus der »Konserve«.

Anhand früherer Beschreibungen versuchen wir dem Verlauf der alten Marktstraße zu folgen, die von Bibi Hanim zum eigentlichen Bazar Samarkands führte, zum Registan. Es ist ein hoffnungsloses Unterfangen. Wir müssen uns durchfragen. Der Weg führt am Ziegelbau einer alten Schnapsbrennerei vorbei, die im Zuge einer Anti-Alkoholismus-Kampagne von den Sowjets geschlossen wurde und jetzt Bier herstellt. Dann öffnet sich die Straße zu einem großen Platz hin. Am anderen Ende sehen wir ein Gewirr von buntgemusterten, schlanken Minaretts, im Sonnenlicht glänzenden Kuppeln und flachen, hochstrebenden Fassaden. Schließlich ordnen sich die Bauwerke zu einem Dreigestirn von Medresen, die sich rechtwinklig gegenüberstehen und einen im Vergleich zu den monumentalen Fassaden winzigen Platz umschließen. Beim ersten Hinsehen haben wir das Gefühl, die Proportionen würden nicht stimmen, denn die Fassaden scheinen nach vorn zu fallen. Mit den hohen, einander zugewandten Portalen, die den Platz nur an einer Seite offenlassen, wirken die drei Koranschulen wie eine geschlossene Bastion des Glaubens. Die ungeheure Farbenpracht löst den Eindruck der Unnahbarkeit wieder auf: großflächige geometrische Muster in Türkis, Lila und Blau auf hellem Untergrund. Inschriften in Kufi, Sterne und Blumenmuster mit Farben und Glasuren, wie man sie heute nicht mehr herstellen kann. Die Minaretts gleichen in Teppiche gewickelten Säulen.

Ursprünglich und auch noch zu Timurs Zeit war der Registan nichts anderes als ein Marktplatz, auf dem sich das orientalische

Leben entfaltete – wo auf sandigen Flächen Waren aller Art angeboten wurden, wo Barbiere und Garköche im Freien ihrem Handwerk nachgingen, wo Derwische, Märchenerzähler und Taschenspieler um Aufmerksamkeit buhlten. Es war der Ort, an dem vor den Augen der neugierigen Menge öffentliche Hinrichtungen vollzogen wurden und die Herrscher von Samarkand ihre Paraden abhielten. Timur ließ den Platz überkuppeln und davon ausgehend strahlenförmig Straßen anlegen.

Die entscheidende Umwidmung erfuhr der Platz durch Timurs Nachfolger Ulugh Beg – er regierte 1409 bis 1449 –, den Gelehrten auf dem Herrscherthron. Er ließ dem Zentrum des Handels und Handwerks einen geistig-spirituellen Pol entgegensetzen, machte den Registan zum Schah Medan, zum Königsplatz, und bereicherte ihn mit dem Bau einer Medrese. Die verschwenderisch mit Fayencen geschmückte »Ulugh Beg« gehört nicht nur zu den ältesten Hochschulen Zentralasiens, sondern auch zu den künstlerisch außergewöhnlichsten Bauwerken ihrer Art.

»Riesig wie ein Berg steht mein Koloß, das stürzende Gerüst des Himmels. Mein Gewicht erschüttert das Rückgrat der Erde«, so läßt ein Samarkander Dichter die Medrese Ulugh Beg sprechen. Es ist, als ob seine Worte Gehör fanden, denn der Boden gab unter dem tonnenschweren Gewicht wirklich nach, und die Medrese neigte sich bedenklich nach vorn. Später, als die Bauten Timurs zu verfallen begannen, erfuhr der Registan seine letzte und bis heute gültige Gestaltung. Aus Gründen der Symmetrie oder aus Mangel an Phantasie wurde Anfang des 17. Jahrhunderts die Medrese Schirdar jener von Ulugh Beg wie gespiegelt gegenübergestellt. Und schließlich vollendete die Medrese Tella-kari, die »Goldgeschmückte«, eines der hervorrangendsten Bauensembles der Welt.

Das Licht der untergehenden Sonne haucht den musealen Bauwerken etwas Leben ein. Die polychromen, siebenfarbigen Fayencen mit den Blumenmustern beginnen zu blühen, während der mächtige Schatten der Medrese Ulugh Beg wie ein Mantel über den Platz fällt. Wir möchten auf eines der beiden Minarette, um das Schauspiel von einem Logenplatz aus zu betrachten. Der Wächter ist nicht begeistert darüber. So viele Treppen …, außerdem sei es schon zu spät, wendet er ein. Ein Dollarschein verleiht ihm den nötigen Enthusiasmus. Dem Muezzin blieb die Kletterei über die dunkle Wendeltreppe erspart, denn dieses Minarett diente nur der Optik, als schlankes Gegengewicht zum massigen Portal. Von seiner Spitze eröffnen sich neue Perspektiven, nicht nur auf den darunterliegenden Registan, sondern auch auf die türkisfarbene Monsterkuppel der Moschee Bibi Hanim, die in einiger Entfernung aus dem uniformen Häusergewirr herausragt.

Der Wächter blickt nervös auf die Uhr. Unten wartet zahlungskräftige Kundschaft. Eine französische Reisegruppe ist eingetroffen. Sie hat das Abendprogramm gebucht. Usbekistans Präsident Karimow hatte das Jahr 1996 zum Gedenkjahr an die »Befreiung« Samarkands vor 630 Jahren durch Timur erklärt. Zu diesem Anlaß wurde dem Registan mit einem Aufwand von 20 Millionen Dollar neuer Glanz verliehen und eine pompöse Feier abgehalten. Seitdem gibt es ein Licht-Ton-Spektakel, das, mehrsprachig abrufbar, zum touristischen Standardprogramm gehört.

»Ich bin der Registan«, dröhnt es pathetisch aus Lautsprechern, während die Bauwerke in grellen Farben angestrahlt werden.

Der Registan ist zweifelsohne ein großartiges Vermächtnis menschlicher Schöpfung, aber er rührt mich nicht an, weil er nicht mehr lebt. Er erinnert mich an den Potala-Palast in Lhasa, die Akropolis in Athen und all die anderen Sehenswürdigkeiten, die man gesehen haben muß. Ungezählte Male abgelichtet, auf Postkarten vervielfältigt, ist er nur noch eine leere Hülse, in Schönheit erstarrt, tot.

Ich halte mich lieber in Schah-e Sende auf, der Friedhofsmeile am Fuße des Hügels von Afrasiab. Die Stadt der Toten ist voller Leben. Seit Jahrhunderten ist die Gräberstadt Hauptanziehungspunkt gläubiger Muslime, und ihr Besuch zählt fast ebensoviel wie eine Reise nach Mekka. Den Bolschewiken war die Ansammlung der Heiligengräber suspekt. Sie duldeten keine Konkurrenz. Die Menschen sollten nur ihre Götzen verehren und ließen sie schließen. Jetzt finden sich die Gläubigen wieder in Scharen ein. Sie nutzen die Religionsfreiheit, die ihnen jahrelang verwehrt war. Es herrscht ein ständiges Kommen und Gehen. Vom schattigen Iwan des Eingangsportals beobachte ich die Pilger, wie sie andächtig die 36 Stufen hinaufsteigen, zur Pforte des ewigen »Paradieses« der Moslems. Aus ihren Gesichtern ist deutlich die Freude herauszulesen, die sie dabei empfinden.

Schah-e Sende ist eine Nekropole, in der Timur und Ulugh Beg für Freunde und Verwandte letzte Ruhestätten bauen ließen – in Form eindrucksvoller Mausoleen, zu beiden Seiten eines gepflasterten Weges aufgereiht, die Männer rechts, die Frauen links. Die farbenprächtigen Muster und die Ornamentik spiegeln die Fülle des Lebens wider und vermitteln den Gläubigen einen Vorgeschmack auf das zukünftige Paradies.

Die hier Bestatteten befinden sich in guter Gesellschaft. Am oberen Ende der Gräberstraße befindet sich das Allerheiligste, das Mausoleum des Märtyrers Kussam Ibn Abbas. Vor dem schmucklosen Bau drängen sich die Pilger. Hier werden sie von einem Wärter zu einem Sarkophag geführt, der von *Buntschuks*, roßschweiftragenden Stangen, beschützt wird. Der Sarkophag ist leer, denn Schah-e Sende, der »lebende Schah«, ist unsterblich. Noch immer, so sind die Gläubigen überzeugt, halte sich der Heilige am Grunde des Brunnens oder in einer Felshöhle auf, um zu gegebener Zeit wieder herauszukommen und den Kampf gegen die Ungläubigen aufzunehmen.

»Wird er womöglich bald ans Tageslicht treten, um in einen neuen Heiligen Krieg zu ziehen?« fragen wir den Imam von Samarkand.

Der oberste islamische Würdenträger zögert, blickt verstohlen in die Runde. Dann antwortet er betont vorsichtig: »Wir wünschen uns mehr Einfluß.« Er weiß nur zu gut, daß das Thema hochsensibel ist. Schon eine unbedachte Äußerung kann schwerwiegende Folgen haben. Auch unserer Begleitung aus Taschkent ist das Thema sichtlich unangenehm. Mit bürokratischen Hindernissen hatten sie versucht, uns von dem Treffen abzubringen. »Ihr habt keine Akkreditierung. Ihr braucht eine Erlaubnis des Informationsministeriums und eine Genehmigung der Stadtverwaltung«, hieß es zunächst.

Der Imam ist eine beeindruckende Gestalt mit schwarzem, buschigem Vollbart und dunklen, lebhaften Augen. Er empfängt uns im Kreise seiner Schüler auf einer schönen holzgetäfelten Veranda. Das Anwesen liegt versteckt im Schatten uralter Platanen. Die ganze Anlage, zu der, neben weiteren Wohngebäuden, ein Teich, ein kleines Minarett und eine Sommermoschee gehören, macht einen sehr gepflegten Eindruck.

Angehende Mullahs, die den Koran studieren, restaurierte Moscheen und Medresen ... Wir fragen ihn, wie man das Geld für all das aufbringt.

Sicher gebe es Unterstützung »privater Geschäftsleute« in Form von Geld, antwortet er ausweichend und fügt schnell noch hinzu, »daß keine direkten Spenden aus dem Ausland« kommen. Die usbekische Regierung setzt alles daran, den Geldfluß aus dem Ausland zu kontrollieren. Sie verdächtigt vor allem den Iran der Einflußnahme, obwohl die meisten Zuwendungen aus Saudi-Arabien stammen dürften. Gegen allzu forsche »Missionierung« schreitet Karimow energisch ein. Mehrfach wurden saudische »Geschäftsleute« ausgewiesen, und Pakistan erhielt sogar eine Protestnote wegen »Schürens von Unruhe« im östlichen Ferghana-Tal.

Zuweilen schießt die Verfolgung mutmaßlicher Fundamentalisten weit über das Ziel hinaus. Im Dezember 1997 wurden mehrere hundert junge Männer, die allein wegen ihrer langen Bärte für islamische Eiferer gehalten wurden, verhaftet. Ein anderes Mal schob die Polizei Verdächtigen Waffen oder Drogen unter, um sie anschließend zu verhaften. Im Sommer 1998 fanden mehrere Prozesse statt, bei denen lange Gefängnisstrafen verhängt wurden und in einem Fall sogar die Todesstrafe. Der Schuß kann leicht nach hinten losgehen. Schon mehrfach hat sich gezeigt, daß die Repression gerade jene Kräfte stärkt, gegen die sie sich richtet – siehe Algerien.

»Die unfaire Verfolgung von Moslems könnte in der Tat islamischen Extremismus zur Folge haben«, befürchtet auch Abdumannob Polat, der in den USA lebende Vorsitzende der »Gesellschaft für Menschenrechte in Usbekistan«. Das ist nicht von der Hand zu weisen. Im Ferghana-Tal entlud sich der Zorn der Verfolgten gegen die Polizei zum Jahresende 1997, als Unbekannte einen Polizisten enthaupteten und den Kopf an seine Kollegen schickten.

Die usbekische Regierung versucht einen schwierigen Spagat. Es geht um die Frage, wieviel Islam braucht das Land, und wieviel kann es vertragen. Die Regierung fördert offiziell den Islam. Sie läßt Gläubige nach Mekka pilgern, und seit der Unabhängigkeit wurden mehr als 5000 Moscheen wieder oder neu eröffnet. Der Islam ist ein wichtiger Mörtel der jungen Nation, das weiß auch Karimow. Andererseits ist die Gefahr, daß extremistische

Ideologien aus den Nachbarländern Tadschikistan und insbesondere Afghanistan nach Usbekistan hinüberschwappen, nicht zu unterschätzen. Ob es dafür einen Nährboden gibt, wird letztlich auch davon abhängen, inwieweit es gelingt, die wirtschaftlichen Probleme in den Griff zu bekommen und die Schere zwischen Arm und Reich nicht weiter aufgehen zu lassen.

Am westlichen Stadtrand von Samarkand beginnt die »Königliche Straße«, der uralte Verbindungsweg nach Buchara. Zur Blütezeit der Seidenstraße verkehrten hier die Handelskarawanen, die die Nordroute eingeschlagen hatten. Im Mittelalter war die Strecke in sechs bis sieben Tagen zu bewältigen, heute legt man sie in einer fünf- bis sechsstündigen Autofahrt auf einer Teerstraße zurück.

Die vorbeiziehende Landschaft zeigt kaum Abwechslung. Sie stellt den hoffnungslosen Versuch dar, dort Leben zu schaffen, wo die Natur Wüste vorgesehen hat. Ein weitverzweigtes Netz von künstlichen Bewässerungskanälen sollte, ähnlich wie im Ferghana-Tal, das Ödland zwischen Samarkand und Buchara in einen fruchtbaren Garten verwandeln – insbesondere in profitable Baumwoll-Monokulturen. Das ist fehlgeschlagen. Mit der zunehmenden Wasserknappheit der Flüsse Amu Darya und Serafschan versiegten auch die Kanäle. Die Wüste rückte wieder vor.

Auf halber Strecke, inmitten der flachen Wüstenlandschaft, steht ein monumentales Tor, das ins Nichts führt. Es ist der letzte Rest einer Karawanserei, von der nur noch das Portal und ein überkuppelter Wasserspeicher übrig ist. »Es ist die größte und eindrucksvollste Karawanserei, die entlang der Seidenstraße gefunden wurde«, sagt die Archäologin Nina Nemzewa, die mit einer Gruppe von Hilfskräften die Ruine freilegt, in mühsamer Kleinarbeit, bei sengender Hitze. Sichtlich erfreut über unser Interesse, führt sie uns durch das Grabungsfeld. Wir erfahren, daß hier über 700 Jahre Karawanen Rast machten. Sie zeigt uns, wo die Tiere eingestellt wurden, wo die Händler und Karawaniers schliefen, bewirtet wurden und wo sie, gegen Mekka gewandt, vor dem Mihrab beteten.

Während auf der einen Seite die Vergangenheit der Seidenstraße noch nicht aufgehört hat, hat auf der anderen die Zukunft bereits begonnen. Unmittelbar neben dem antiken Wasserspeicher hat ein Usbeke einen Parkplatz angelegt und eine Imbißbude hingestellt.

Dort rasten die modernen Karawaniers der »Neuen Seidenstraße«, die Fernfahrer mit ihren tonnenschweren Sattelschleppern. Sie kommen aus der Türkei, Persien oder Rußland und transportieren – wie früher – Waren aller Art auf dem Landweg von Europa nach Asien und umgekehrt.

Buchara, Stadt der Moscheen und Medresen

Im Laufe der Zeit hat Buchara viele Besucher gesehen, aber eine so seltsame Gestalt wie diese, die am 27. April 1844 durch das Stadttor ritt, hatten die Bewohner noch nie zu Gesicht bekommen. Der Fremde saß im vollen Priesterornat auf seinem Pferd, hatte einen Schaffellhut auf, in der einen Hand hielt er die Zügel, in der anderen eine aufgeschlagene Bibel. Kaum hatte er das Stadttor passiert, sah er sich als Mittelpunkt einer wogenden, lärmenden Menge, die ihn von oben bis unten begaffte. Die Menschen umdrängten ihn, fragten ihn, was für ein Buch er in der Hand halte, und versuchten, es zu berühren. Der Ankömmling hatte eine lange Reise hinter sich, mehr als 5000 Kilometer, von England in die Türkei, dann durch Persien bis zum Oxus. Er hieß Dr. Joseph Wolff.

Als sich Wolff dem Tor des Ark, dem befestigten Herrscherpalast, näherte, erschien ein Abgesandter des Emirs, der ihn aufforderte, ihm zu folgen. Am Eingang zum Ark ersuchte man ihn abzusteigen, weil nur die Abgesandten des Emirs und auserwählte Edelleute den Palast zu Pferd betreten durften. Als nächstes wurde ihm mitgeteilt, daß der Emir fragen lasse, ob er bereit sei, sich »dem Brauch des *selam* zu unterwerfen«. Als er wissen wollte, was damit gemeint sei, erklärte man ihm, wenn er vor den Emir trete, würde der Hofmeister ihn an den Schultern packen, worauf er dreimal seinen Bart streichen, sich dreimal verbeugen und jedesmal »Allahu akbar! Selamat padischah!« – »Allah ist groß! Friede dem König!«, ausrufen müsse. Wolff erwiderte, das würde er notfalls auch dreißigmal machen. Unmittelbar darauf wurde er zum Emir geführt.

Nasrullah saß auf einem erhöhten Balkon, umgeben von seinem Hofstaat. Der Emir war ein stämmiger, untersetzter Mann, um die 40, mit kurzem schwarzen Bart und kleinen, schwarzen Perlaugen. Nasrullah hatte 18 Jahre zuvor den Thron von Buchara bestiegen, nachdem er seinen Vater, seinen älteren Bruder und als weitere Vorsichtsmaßnahme seine drei jüngeren Brüder ermordet hatte. Seitdem regierte er im Stile eines orientalischen Potentaten, wobei seine Herrschaft in den letzten Jahren immer tyrannischer geworden war.

»Er trug ein gezwungenes Lächeln zur Schau«, erinnerte sich Wolff an den ersten Eindruck. Für den Kennerblick des Doktors schien er aber »ganz das Aussehen eines Bonvivant« zu haben. Nasrullah betrachtete den Fremden lang und abschätzig. Dann brach er in schallendes Gelächter aus. »Was für ein seltsamer Mann, dieser Engländer, mit seinen Augen, seiner Kleidung und dem Buch in der Hand«, bemerkte er zu den neben ihm Stehenden.

Alle Augen waren nun auf Wolff gerichtet. Man war gespannt, wie er sich benehmen würde. Der Doktor enttäuschte sie nicht. Nachdem er sich mit Hilfe des Hofmeisters dreimal verneigt hatte, verbeugte er sich aus freien Stücken noch mehrere Male und sagte: »*Selamat padischah!* Friede dem König!«, bis der Emir schließlich »Genug! Genug!« rief.

Nach dieser Vorstellung wurde Wolff nach dem Grund seines Besuchs gefragt. »Mein Anliegen«, so teilte er dem Emir mit, »ist erstens, zu erfahren, wo sich meine Freunde Colonel Stoddart und Captain Conolly befinden. Sind sie am Leben, oder sind sie tot? Wenn sie am Leben sind, bitte ich Seine Majestät, sie mit mir nach England ziehen zu lassen. Sind sie tot, so möge Seine Majestät mir seine Gründe für ihre Hinrichtung darlegen und außerdem einen Gesandten mit mir nach England schicken.«

Daraufhin erklärte Nasrullah die Unterredung für beendet und entließ den Doktor, ohne auf seine Fragen im geringsten einzugehen. Zu seinem Hofstaat gewandt sagte er dann: »Wie merkwürdig! Ich habe 200 000 persische Sklaven hier, und niemand kümmert sich um sie. Und wegen zweier Briten kommt da ein Mann aus England und verlangt auf eigene Faust ihre Freilassung.«

Buchara war um diese Zeit für Europäer zweifellos einer der gefährlichsten Plätze der Welt. Ungläubige galten als todeswürdig, und wenn man sie nicht hinrichtete, wurden sie versklavt. Die unabhängigen Khanate Buchara, Chiwa und Kokand befanden sich im Machtvakuum zwischen den von Norden vordringenden Russen und den Briten, die von Indien aus nach Afghanistan vorrückten, um der russischen Expansion zu begegnen. Es war der Beginn des »Turniers der Schatten«, wie die Russen Englands »Great Game« nannten. Die Herrscher der unabhängigen Khanate, die sich gegenseitig bekriegten, fühlten sich in ihrer isolierten Lage, umgeben von ausgedehnten Wüsten, recht sicher und frönten ungehindert ihrem Hauptgewerbe – dem Sklavenhandel.

Seitdem der spanische Gesandte Ruy Gonzalez de Clavijo sich im 14. Jahrhundert am Hofe Timurs aufgehalten hatte, fanden nur wenige Europäer den Weg nach Buchara. Sofern sie lebend zurückkehrten, verführte das, was sie zu berichten hatten, nicht zur Nachahmung. Zwei- oder dreimal trotzte ein russischer Gesandter oder Kaufmann den Gefahren der turkmenischen Wüste und erreichte die Stadt der Emire. »Keine ausländische Ware erzielt einen Preis, der im Verhältnis zu dem Risiko stünde, sie auf den Markt zu bringen«, resümierte der britische Kaufmann George Thompson nach einem Besuch Bucharas im Jahre 1741. Mehrere Vorstöße der Russen, die angeblich das Ziel hatten, versklavte russische Untertanen zu befreien, blieben im Sand der Wüste Kisilkum stecken. Das rief die Briten auf den Plan. Eine erste halboffizielle Reise unternahm ein gewisser Mr. Moorcroft, der nach zahlreichen Abenteuern Buchara zwar erreichte, aber auf dem Rückweg mit seinen Begleitern ums Leben kam. Dem Leutnant Wyburd erging es nicht besser. Er gehörte der Königlichen Indischen Infanterie an und wurde offenbar als Spion nach Buchara gesandt. Allein ritt er, als Mohammedaner verkleidet, auf einem grauen Pferd durch die Wüste. Seine Tarnung wurde jedoch bald durchschaut. Soldaten des Emirs nahmen ihn gefangen, schleppten ihn nach Buchara, wo man ihn in einen Kerker warf.

»Wenn Ihr ein Muselman werdet und in meinen Dienst tretet«, sagte der Emir, »werde ich Euch gut behandeln.«

»Laßt Euch gesagt sein«, antwortet Wyburd, »daß ich Engländer bin und daher weder meine Religion wechseln noch in den Dienst eines Tyrannen treten werde.«

»Seht«, rief er, als man ihn zur Hinrichtung führte, »wie ein Engländer und Christ sterben kann.«

Erst 1838, als die Briten durch das russische Vordringen ernstlich beunruhigt waren, entschlossen sie sich, einen offiziellen Gesandten an den Hof des Emirs zu schicken. Die Wahl fiel auf den jungen,

unerfahrenen Colonel Charles Stoddart. Er hatte sich die ersten
Sporen in Persien verdient, wo er dem Schah ein britisches Ultima-
tum überreichte, das den prompten Rückzug seiner Armee bewirk-
te. Mag sein, daß diese Episode bei ihm gewisse Vorstellungen geprägt hatte, wie man mit orientalischen Potentaten zu verhandeln
habe. Seine Instruktionen waren eindeutig. Er hatte den Auftrag,
sich nach Kräften für die Freilassung etwaiger russischer Sklaven
oder Gefangener einzusetzen, um den Russen einen Vorwand zur
militärischen Intervention zu nehmen, ferner dem Emir einen britischen Beistandspakt anzubieten und ihn schließlich zu beruhigen:
Vom britischen Einfluß in Afghanistan, wohin die Engländer gerade
einmarschieren wollten, hätte er nichts zu befürchten.

Charles Stoddart traf am 17. Dezember 1838 in Buchara ein.
Während sich die russischen Gesandten dem umständlichen Zere-
moniell am Hofe des Emirs bereitwillig gefügt hatten, trat Stoddart
mit der Überheblichkeit des Vertreters einer überlegenen europäischen Militärmacht auf. Mit Uniform und Zweispitz angetan, ritt
er auf den Registan, ein Recht, das traditionell nur dem Emir und
seinen Edelleuten vorbehalten war. Außerdem weigerte er sich,
vom Pferd zu steigen, als der Emir vorbeiritt, sondern salutierte
lediglich militärisch, und später, als er von Nasrullah empfangen
wurde, schlug er den Hofbeamten, der ihm bei der Verbeugung
assistieren wollte, die Stoddart selbstverständlich verweigerte. Der
Emir soll über diese groben Verletzungen der Etikette noch lä-
chelnd hinweggesehen haben, aber seine Stimmung verschlechterte
sich rapide, als er erfuhr, daß der Besucher ihm keine Geschenke
mitgebracht hatte und der Brief, den er ihm überreichte, nicht die
Unterschrift der Königin Victoria trug. Als noch dazu einer seiner
afghanischen Diener dem Emir heimlich einen Brief des befreunde-
ten Khans von Herat übergab, in dem dieser Stoddart als gefährlichen Spion bezeichnete und empfahl, ihn schleunigst aus den Weg
zu schaffen, nahm das Schicksal des Briten rasch eine Wende zum
Unheilvollen.

Ein paar Tage später wurde Stoddart verhaftet, »erst nach einem
heftigen Kampf mit vielen Männern«, wie es hieß, und in das berüchtigte »Schwarze Loch« geworfen. Das war ein sieben Meter
tiefer ehemaliger Brunnen, voll von Menschengebeinen, verwesten
Tierresten und stinkendem Unrat, in dem der Emir eigens für seine

Opfer gezüchtetes Ungeziefer und Gewürm hielt. Darunter befanden sich riesige Schafzecken, die sich tief in das Fleisch bohrten und schreckliche Wunden verursachten. Dort ließ man Stoddart monatelang schmachten und drohte, ihn hinzurichten, wenn er nicht den islamischen Glauben annehme. Seine anfängliche Standhaftigkeit schwand, als man ihn, von den Qualen schwer gezeichnet, aus dem Loch holte, nur um ihm zu eröffnen, daß er nun bei lebendigem Leib begraben werde. Er kapitulierte, trat zum Islam über und wurde freigelassen. Seine Lage aber blieb weiterhin heikel. »Ich bin nominell frei«, schrieb Stoddart an seinen Vorgesetzten, »aber praktisch ein Gefangener. Dieser Emir ist verrückt. Ich setze meine Hoffnung auf Befreiung in den Allmächtigen und in das Nahen unserer Armee, denn die Regierung muß ihre Ehre verteidigen und daher mich oder meine Gebeine befreien.«

Nasrullah spielte mit seinem Opfer Katz und Maus. Die Behandlung, die er Stoddart zuteil werden ließ, wechselte je nach den Berichten, die er von den militärischen Aktionen der Briten in Afghanistan erhielt. Die Nachricht von einem britischen Sieg bei Herat verbesserte kurzfristig seine Lage. Der Emir ließ sogar eine pompöse Botschaft an Königin Victoria aufsetzen, worin er erklärte, Stoddart nun als offiziellen Botschafter anzuerkennen und an einem Bündnis mit Großbritannien interessiert zu sein. Was ihn nicht daran hinderte, den Briten weiterhin als Geisel in Buchara zu behalten.

Inzwischen waren aber Gerüchte von Stoddarts Tod bis nach England gedrungen, was den zweiten Mann auf den Plan rief: Captain Arthur Conolly. Der romantische und tief religiöse Offizier der berühmten Bengal Lancers war es, der in einem seiner früheren Berichte über die Erkundung Turkestans den Ausdruck »The Great Game« (das Große Spiel) erfunden hatte. Damit bezeichnete er den Machtkampf zwischen dem russischen Zarenreich und dem Viktorianischen Empire um diesen Teil Zentralasiens. Weithin popularisiert hat den Begriff erst Rudyard Kipling durch seine märchenhafte Erzählung *Kim*.

Conolly war von der Idee des britischen Vorstoßes nach Afghanistan begeistert. Parallel dazu, so war er überzeugt, werde eine diplomatische Mission erfolgen, um die Khane von Chiwa, Buchara und Kokand auf die britische Seite zu ziehen, um dem Vordringen der Russen Einhalt zu gebieten. Er betrachtete dies auch als zivilisatorische Maßnahme. »Ziel müsse sein«, so betonte er in seinem Ansuchen um Reiseerlaubnis an die Regierung, »zugleich die Sklaverei abzuschaffen, den Handel zu erweitern, das Christentum zu verbreiten, die Dampfschiffahrt auf dem Amu Darya einzuführen und aus den verfeindeten Khanaten eine Föderation zu bilden« – unter britischer Schirmherrschaft selbstverständlich. Und er empfahl sich selbst als den geeignetsten Mann für diese heikle Aufgabe.

Ursprünglich beabsichtigte er, nur Chiwa und Kokand zu besuchen. Als er jedoch von einem entflohenen Diener Stoddarts erfuhr, daß sein Landsmann am Hofe des Emirs von Buchara den islamischen Glauben angenommen und sich öffentlich dem Ritus der Beschneidung unterworfen hatte, sah er es als Herausforderung und Pflicht an, die verlorene Seele aus den Händen Nasrullahs zu befreien und wieder zum rechten Glauben zurückzuführen. Trotz eindringlicher Warnungen der Khane von Chiwa und Kokand, unter keinen Umständen nach Buchara zu gehen, ließ sich Conolly von seiner Mission nicht abbringen.

Dort traf er am 10. November 1841 ein und wurde mit Stoddart in ein Haus am Rande der Stadt einquartiert und streng bewacht. Aber es sollte bald noch schlimmer kommen. Wie ein Lauffeuer hatte sich die Nachricht von einer schweren Niederlage der Briten in Afghanistan verbreitet. Nasrullah folgerte daraus, daß er die Briten kaum mehr zu fürchten hätte, und ließ die beiden Gesandten wieder in den Kerker werfen. Als Grund gab man an, der Emir sei erzürnt, daß er auf sein Schreiben an Königin Victoria noch keine »gehörige Antwort« bekommen hätte. Den ganzen Winter über schmachteten die beiden unter unmenschlichen Bedingungen in ihrem Verlies. Dann wurde Conolly gefragt, ob er »weiterhin in Buchara in Gunst stehen wolle« und bereit sei, zum Islam überzutreten. Conollys Antwort war, daß er lieber den Tod erleiden als dem Glauben abschwören würde. Die Situation wurde nun von Tag zu Tag bedrohlicher.

Bisher war es den beiden Engländern hin und wieder gelungen, Nachrichten aus ihrem Gefängnis herauszuschmuggeln und durch einen zuverlässigen Boten nach Afghanistan und Indien zu senden, aber nun wurde es nahezu unmöglich. »Wir sind beide in einem erbärmlichen Zustand, haben seit 107 Tagen und Nächten die

Kleidung nicht wechseln können, aber da es inzwischen wärmer geworden ist, können wir ohne die Lumpen auskommen, in denen das meiste Ungeziefer sitzt, das uns so peinigt«, schrieb Stoddart nach den durchfrorenen Wintermonaten. Es war die letzte direkte Nachricht, die von Stoddart und Conolly an die Außenwelt gelangte. Ein halbes Jahr später verdichteten sich die Gerüchte von ihrem Tod.

Daraufhin distanzierte sich das Foreign Office in einer Erklärung von den beiden Offizieren. Es wurde bestritten, daß Stoddart und Conolly in offiziellem Auftrag gehandelt hätten. Statt dessen warf man ihnen grobe Fahrlässigkeit vor, ihre Mission eigenmächtig ausgedehnt zu haben. Deshalb hätten sie auch die alleinige Schuld an ihrem Schicksal zu tragen. In einem Schreiben bezeichnete der Generalgouverneur von Indien sie zynisch als »harmlose Reisende«.

Die Sache wäre damit für die Behörden erledigt gewesen, hätten nicht Verwandte und einflußreiche Freunde in London eigene Nachforschungen angestellt. Sie dachten immer noch, die beiden wären am Leben und würden, von der Regierung im Stich gelassen, im Gefängnis des Emirs schmachten. Deshalb suchten sie nach einem geeigneten Mann, der bereit war, die lebensgefährliche Reise nach Buchara zu unternehmen, um das Schicksal der beiden Offiziere aufzuklären. Die Wahl fiel auf Dr. Joseph Wolff.

Der abenteuerlustige, resolute Geistliche hatte zuvor Kurdistan, Persien, Indien und Afghanistan besucht und konnte auf eine Reihe bemerkenswerter Erfahrungen zurückblicken: Einmal hatte er Schiffbruch erlitten, dann wurde er fast vergiftet, von Piraten ausgeraubt, von Wespen halb zu Tode gestochen; von einem kurdischen Stamm wurde er in Ketten gelegt, von einem anderen erhielt er 200 Stockschläge auf die Fußsohlen; von einem Räuberhauptmann in Khorassan wurde er ausgepeitscht, zum Sklaven gemacht und an den Schwanz eines Pferdes gebunden; mindestens dreimal wurde er völlig nackt ausgezogen und in der trostlosesten Umgebung seinem Schicksal überlassen.

Nach seiner Ankunft in Buchara und der ersten Begegnung mit dem Emir dauerte es nicht lange, bis Dr. Wolff die Gewißheit hatte, daß die beiden Briten nicht mehr am Leben waren. An einem Junitag des Jahres 1842 hatte man sie beide aus dem »Schwarzen

Loch« geholt und zum Hinrichtungsplatz vor dem Ark geschleppt, wo der Scharfrichter schon auf sie wartete. »Wir sehen uns im Paradies wieder«, soll Conolly gesagt haben, bevor man Stoddart den Kopf abschnitt. Dann war er selbst an der Reihe. »Weh mir, weh mir, daß ich in die Hände eines Tyrannen gefallen bin«, waren seine letzten Worte.

Dr. Wolff drohte nun ein ähnliches Schicksal. Als Dr. Wolff den Emir um die Erlaubnis bat, Stoddarts und Conollys Gebeine mit nach England zu nehmen, erhielt er die Antwort: »Ich werde *Eure* Gebeine nach England schicken.« Daß es vorerst nicht soweit kam, verdankte er der Anwesenheit des persischen Gesandten, der schützend seine Hand über ihn hielt. Er konnte jedoch nicht verhindern, daß der Brite unter Arrest gestellt wurde und schließlich in jenem Haus landete, wo auch Stoddart und Conolly zeitweise ihr erbärmliches Dasein fristeten, ehe der Tod sie daraus erlöste. Seine Tage schienen gezählt, als ein Mullah erschien und fragte, ob er Muselman werden wolle. »Sagt dem König«, antwortete der Doktor: »Niemals, Niemals, Niemals!« Ein paar Stunden später kam der Scharfrichter. »Joseph Wolff«, sagte er, »dir soll geschehen, wie Stoddart und Conolly geschah.«

Das Ende war gekommen. Dr. Wolff bereitete sich auf den Tod vor. Er hatte etwas Opium dabei, das er zur Linderung der Schmerzen nehmen wollte, wenn ihm die Kehle durchgeschnitten würde. Da geschah etwas Bedeutsames. Aus Teheran erschien ein Bote mit einer persönlichen Nachricht des Schah von Persien an den Emir. Darin forderte er mit einer Deutlichkeit, die nichts zu wünschen übrigließ, die sofortige Freilassung des Briten. Der Brief verfehlte seine Wirkung nicht.

»Gut«, sagte der Emir, »ich werde ihm Joseph Wolff zum Geschenk machen.«

Mit einer Karawane von nicht weniger als 2000 Kamelen, begleitet vom persischen Gesandten und einer großen Anzahl freigelassener Sklaven, durfte er, ohne abzusteigen, aus dem Palasttor reiten, ein einem Fremden noch nie zuvor gewährtes Privileg. Zu den Geschenken, die ihm der Emir mit auf den Weg gab, zählten 90 Dukaten, ein persisches Manuskript, ein Pferd mit Silbersattel – und eine Gruppe gedungener Mörder, die den Auftrag hatten, ihn bei günstiger Gelegenheit ins Jenseits zu befördern.

»Stoddart und Conolly«, verkündete der Emir zum Abschied, »haben Kokand und Chiwa zum Krieg aufgewiegelt und sind deshalb hingerichtet worden. Ihr, Joseph Wolff, habt Euch als Mann von Verstand und Wissen erwiesen, und ich habe Euch daher ehrenvoll behandelt.« Acht Monate später traf Dr. Wolff wohlbehalten in England ein.

Wir stehen vor dem Ark, und der Anblick seiner Mauern stimmt uns nachdenklich – nicht wegen all der Grausamkeiten, die hier in der Vergangenheit geschehen sind, sondern weil sich heute ein nationalistisch verbrämter Mantel über alles breitet und man von jener Epoche zu sprechen beginnt, als wäre sie das Goldene Zeitalter gewesen. Hatten die Kommunisten hier ein Gruselmuseum eingerichtet, um die Tyrannei des alten Feudalsystems herauszustreichen und ihr Befreiungswerk ins richtige Licht zu rücken, so wird heute die Vergangenheit zunehmend unkritisch verherrlicht.

Der geräumige Platz vor dem Eingangstor ist gepflastert und dient als Parkplatz für Touristenbusse. Es ist früh am Morgen und noch still, als ich ihn betrete. Zu Zeiten Nasrullahs war der Platz abschüssig und aus gestampftem Lehm. Hier befand sich auch das berüchtigte »Schwarze Loch«, wo der Emir seine Opfer von fleischfressendem Ungeziefer zu Tode martern ließ. Die Vorstellung, über die Gebeine all der Unglücklichen hinwegzuschreiten, die in mehreren Metern Tiefe darunter liegen, berührt uns seltsam.

Eines der Opfer war der Italiener Orlandi. Nach allerlei Abenteuern landete er hier als Sklave. Als er sich weigerte, zum Islam überzutreten, verurteilte ihn der Emir zum Tode. Um sein Leben zu retten, bot er dem Despoten an, ihm eine große Uhr zu bauen, die er oberhalb des Tores anbringen wollte. Der Emir war von der Idee begeistert und begnadigte ihn. Später baute er auch noch ein Teleskop, womit der Emir die Sterne betrachten konnte. Eines Tages fiel das Teleskop zu Boden, und der Emir rief nach Orlandi, damit er es repariere. Der Italiener aber war betrunken, und der Emir verurteilte ihn ein zweites Mal zum Tode, es sei denn, er nehme den islamischen Glauben an. Um zu zeigen, daß er es diesmal ernst meinte, schickte der Emir den Scharfrichter, der Orlandi mit einem scharfen Messer die Kehle anritzte. Der Italiener gab nicht nach, anderntags schnitt man ihm den Kopf ab.

Die Uhr des Orlandi, die noch zwischen den beiden Wachtürmen hing, als die Schweizer Reisende Ella Maillart im Jahre 1932 Buchara besuchte, ist verschwunden. Aber das Fenster ist noch da, von dem aus der Emir die Hinrichtungen zu beobachten pflegte. Auch das schwere, metallbeschlagene Flügeltor ist noch dasselbe, durch das Dr. Wolff zum Staunen der Bewohner – im Besitz seines Kopfes – hinausritt. Nur die Kammer, in der früher die Wächter hausten, hat man in einen Andenkenladen umfunktioniert. Ein tunnelartiger Aufgang führt hinauf zu den Gemäuern des alten Palastes. Alles wirkt hier düster, bedrückend. Der Ark ist kein Bauwerk von Größe, er demonstriert Macht, die auf Gewalt gründete.

Schön ist nur der Blick, der sich von seiner Höhe auf die Altstadt eröffnet. Eine Ansammlung von türkisfarbenen Kuppeln, mächtigen Portalen und filigranen Türmen, um die sich ringförmig ein ineinander verschachteltes Gewirr flacher Häuserwürfel drängt. Über allem aber erhebt sich »der Große«, ein 50 Meter hohes Minarett, das den Karawanen schon aus der Ferne Buchara als eine Oase des Glaubens ankündigte.

Freilich wurde auch hier die Stadtmauer vollständig abgetragen, hielt die Moderne Einzug, mit breiten Straßen, Fabrikschloten und kommunistischen Parteibüros. Aber Buchara ist die Stadt Turkestans, die noch am meisten ihr orientalisches Gepräge bewahrt hat.

Am Eingangstor werden wir schon erwartet. Kaum ist er unser ansichtig geworden, geht er zielstrebig auf uns los. Im blütenweißen Hemd, mit Strahlemann-Lächeln, sein gesamtes Vokabular in deutscher Sprache ausschöpfend, präsentiert sich Amon radebrechend als dienstältester und kundigster unter den Fremdenführern in Buchara, wie er nicht unbescheiden von sich behauptet. Wenigstens spricht er leidlich gut Englisch. Amon ist um die 50. Sein leicht angegrautes Haar, sein asketisches Gesicht, vor allem aber seine Mimik verleihen ihm etwas Interessantes. Der Mann ist ein Original und für uns ein Glücksfall. Die Erfahrung mit Touristen hat ihn gelehrt, daß es für sie nur eines nicht geben darf, nämlich »ein Problem«. Und deshalb kommt in jedem zweiten Satz »no problem« vor. Wir sagen ihm, daß wir dem Koranunterricht in der ehrwürdigen Medrese Mir-e Arab beiwohnen wollen. »Nooo problem«, erklärt er uns; das ließe sich sofort arrangieren, denn einer seiner Vettern sei dort Lehrer. Er hatte auch noch eine Koranschule für Mädchen anzubieten, die einzige in ganz Usbekistan; ebenfalls »nooo problem«, weil dort seine beiden Töchter studieren.

»Brauchen wir da keine Akkreditierung?« fragen wir irritiert.

»*Ich* bin die Akkreditierung!« donnert er los, als ob es sich um einen schlechten Scherz handelte.

Er ist auf der Stelle engagiert. Bevor wir losziehen, wollen wir noch in das Hotel zum Frühstück.

»Hotel? Zu welchem Hotel?« fragt er ungläubig.

»Zum Hotel Buchara.«

Kaum ist das Wort gefallen, verzieht sich sein Gesicht zu einer fürchterlichen Grimasse. »Hotel Buchara? Essen nix gut!« ruft er und spuckt verächtlich auf den Boden. »Bazar: Essen gut!«

Minuten später finden wir uns auf einem kleinen Hinterhof-Markt wieder, wo buntgekleidete Frauen frisches Fladenbrot, Eier und süßen Milchrahm verkaufen. Während wir Tee trinken und in Rahm getauchtes Brot verzehren, ist er unterwegs, um bei der Familie eines anderen Vetters unser Abendessen zu arrangieren.

Im Gegensatz zu Samarkand läßt sich Buchara zu Fuß erkunden. Wir schlendern die alte Bazarstraße entlang, die vom Ark über den Registan, durch überkuppelte Märkte bis zu den Hochburgen islamischer Geisteswelt führt. Buchara ist wie ein aufgeschlagenes Geschichtsbuch, und mit jedem Schritt blättert man eine Seite weiter. Das unabhängige Khanat, regiert von Emiren, ist, gemessen an der Geschichte dieser Stadt, nicht mehr als ein Hauch. Es stellt die letzte Phase des Niedergangs am Vorabend der russischen Annexion dar. Bucharas Wurzeln aber reichen 2500 Jahre zurück.

Buchara war schon damals ein heiliger Ort. Es hieß Vihara (Kloster), galt als bedeutendes Kultur- und Handelszentrum und war eng mit der Seidenstraße verknüpft. Hier trafen sich Nord- und Südroute der Seidenstraße, die über den Tian Shan beziehungsweise das Pamir-Gebirge hierher führten; von hier aus gingen die Karawanenstraßen weiter durch die Wüsten Kisilkum und Karakum nach Persien und ans Kaspische Meer.

Bereits Anfang des 7. Jahrhunderts wurde die Stadt islamisiert. Die Anhänger des Buddhismus, der persischen Feuerreligion und anderer entlang der Seidenstraße vertretener Religionen, wurden teilweise gewaltsam gezwungen, ihrem Glauben abzuschwören. Die Armen köderte man damit, daß die Araber jeden Besuch der Moschee mit einem Dirham belohnten. Schon damals existierte an der Stelle des heutigen Ark eine Zitadelle, die immer wieder zerstört und am selben Platz wiederaufgebaut wurde.

1220 war Dschingis Khan an der Reihe. Er tat dies gründlicher als alle seine Vorgänger. Nur das mächtige Kalan-Minarett und das Mausoleum der Samaniden wurden verschont. Buchara erholte sich von diesem Schlag nur sehr langsam. Noch im 14. Jahrhundert schrieb der arabische Reisende Ibn Battuta nicht gerade schmeichelhaft: »Diese Stadt war einstmals die Hauptstadt jenseits des Oxus. Sie wurde von dem verfluchten Dschingis Khan zerstört ... Auf ihre Einwohner blickt man verächtlich herab, denn sie stehen im Ruf des Fanatismus, der Falschheit und der Lügnerei.«

Erst unter Timur und Ulugh Beg, die auch hier ihre Bautätigkeit entfalteten, erlangte Buchara neuen Glanz. 1417 gründete Ulugh Beg in Buchara die erste Medrese Zentralasiens. Aus dieser Zeit stammt der legendäre Ruf Bucharas als geistiger Mittelpunkt der islamischen Welt, zumal es auch zuvor schon ein Hort der Gelehrsamkeit war. Dort hatten einige der führenden Denker gewirkt, die bis heute jeder gebildete Muslim kennt: der Philosoph Ibn Sina (Avicenna), der Dichter Rudaki, der Universalgelehrte al-Buchari. Ihre Werke erwiesen sich als unzerstörbar.

»Siehe, die Paläste sind Ruinen«, schrieb Nureddin Dschami, ein Zeitgenosse Ulugh Begs, triumphierend. »Der Zorn der Herrscher hat sich in Luft aufgelöst. Keine Spur von Pomp und Glorienschein blieb, aber die Dichter leben in ihren Werken durch die Zeiten.«

Auch Medresen und Moscheen haben sich erhalten. Einstmals rühmte sich die Stadt ihrer 197 Moscheen und 167 Medresen, in denen 20 000 Studenten aus allen Teilen der muslimischen Welt studierten. Es gab sogar eine Art Religionspolizei, die in den Straßen patrouillierte und Passanten mit Geldbußen bestrafte, die bestimmte Koranstellen oder islamische Gesetze nicht kannten. Dieser eingefleischte Glaube erwies sich auch für die Sowjet-Kommunisten als unausrottbar. Sie wagten die religiösen Stätten nicht zu zerstören, sondern beschlossen, sie lediglich umzuwidmen: Moscheen und Medresen wurden zu Lagerräumen, Ställen, Verwaltungsbüros oder Museen des Atheismus. Die Bazare wurden von einem Tag auf den anderen geschlossen.

Wir stehen auf dem Registan. Der weite, geräumige Platz vor dem Ark ist gähnend leer. Der gepflasterte Platz strahlt unerträgliche Hitze aus. Einst, so heißt es, war er eine Oase in der Oase, mit blühenden Gärten, einladenden Gasthäusern und kühlenden Bassins, beschattet von üppigen Baumkronen der Ulmen, die ein »Zeltdach« bildeten.

Dann sind wir mitten in der Altstadt. Ein Labyrinth von regellos aneindergereihten Häusern nimmt uns auf. Wir folgen engen Gassen aus Lehm im undurchschaubaren Zickzack, vorbei an weißgetünchten Häuserfronten, mit Türen, die in großzügige Innenhöfe führen. Das Leben spielt sich weitgehend im Freien ab, auch die Gasse ist Lebensraum. Vor den Türen machen Kinder ihre Schulaufgaben, sitzen alte Männer und tauschen ihre Gedanken aus, sieht man Frauen beim Weben.

Unvermittelt geben die Häuser einen großen Platz frei, und wir sind geblendet von einer Orgie aus Farben: golden aufleuchtende Fassaden, in allen Grün- und Blautönen schimmernde Mosaiken, wie Gärten in der Wüste. Der Blick gleitet an einem braunen Turm nach oben, der sich im Himmel verliert. Das Kalan-Minarett erinnert an einen babylonischen Turm, nur mit dem Unterschied, daß er gelungen ist. Das erstaunliche Bauwerk ist ganz aus gebrannten braunen Ziegeln errichtet, die durch einen Mörtel aus Eiweiß und Kamelmilch zusammengehalten werden. Der Überlieferung nach soll Dschingis Khan, als er nach der Eroberung Bucharas vor dem »Großen« stand, den Kopf erhoben haben, um seine Spitze zu betrachten. Dabei fiel ihm die Mütze vom Kopf. Sofort ließ er die Stadt zerstören – bis auf das Kalan-Minarett, da er noch nie ein derartiges Bauwerk gesehen hatte.

Bis ins 20. Jahrhundert hinein hatte das Minarett zwei Funktionen. Von seiner Spitze erschallten nicht nur die Gebetsrufe des Muezzin, sondern auch die Todesschreie von Verurteilten. »Der Große« diente als öffentliche Richtstätte. Die zum Tode Verurteilten wurden in einen Sack gesteckt und von oben hinuntergestoßen.

Schräg gegenüber dem Kalan-Minarett und der gleichnamigen Moschee befindet sich eine der altehrwürdigsten islamischen Universitäten: die Medrese Mir-e Arab. Sie ist die einzige Koranschule, die auch während der Sowjet-Zeit in Betrieb war – allerdings auf Sparflamme. Seit der Unabhängigkeit ist die Zahl der Studierenden von 40 auf 170 gestiegen.

Jenseits des Gebäude-Ensembles reiht sich Kuppelbazar an Kuppelbazar, die sogenannten »Tak« und »Tim«. Sie bilden die Kreuzungspunkte von Gassen, die aus der Altstadt zusammenströmen. In den letzten Jahren hat hier das Kunsthandwerk wieder zunehmend die Massenware verdrängt. Es gibt Seide, Metallarbeiten und auch jene berühmten Teppiche, die turkmenische Nomaden knüpfen und die als typische Buchara-Teppiche gehandelt werden.

Die Serie von überkuppelten Märkten entlang der Hauptbazarstraße endet oder beginnt, je nachdem von welcher Richtung man kommt, am Lab-e Haus. Hier findet sich noch ein letzter Rest von orientalischem Leben. Um ein erfrischendes Wasserbecken stehen mächtige Bäume und in deren Schatten Teehäuser. Früher diente das Wasser des künstlichen Beckens zum Trinken und zum Waschen. Heute ist es ein beliebter Badeplatz für die Kinder im Herzen der Stadt. Auf der Wasseroberfläche spiegelt sich die blaue Fassade der alten Pilgerherberge Nadir Diwan-Begi.

»Vor dem Tee fehlt die Kraft zum Arbeiten, nach dem Tee die Lust«, besagt ein usbekisches Sprichwort. Wie an keinem anderen Platz treffen sich hier tagsüber bärtige Männer zum Schwatzen oder Dominospiel. Sie sitzen auf bettähnlichen Gestellen und schlürfen grünen Tee. Die anregenden Gespräche werden aber immer häufiger durch schrille Signale von Mobiltelefonen gestört. Auch hier bricht unaufhaltsam das Zeitalter moderner, aber unpersönlicher Kommunikation an.

Die »Neue Seidenstraße«

Im September 1998 unterzeichneten Vertreter von zwölf Staaten Zentralasiens, des Kaukasus und der Region um das Schwarze Meer ein, wie es hieß, epochemachendes Abkommen. Sie beschlossen, die Verbindungen zu Lande, zur See und in der Luft zwischen China und Europa auszubauen sowie in allen Transitländern Zollschranken nach und nach zu beseitigen – mit anderen Worten: einen gigantischen Freihandelskorridor zwischen Ost und West einzurichten. Das erklärte Ziel der Konferenz war es, in einer durch den Zusammenbruch der Sowjetunion hart getroffenen Region Handel und Kommunikation neu zu beleben oder aufzubauen. Armenien, Aserbaidschan, Georgien, Bulgarien, Rumänien, Moldawien, die Ukraine, Kasachstan, Kirgisien, Tadschikistan, Usbekistan und die Türkei einigten sich auf ein Projekt, welches das »verlorene Herz Asiens« wieder schlagen lassen soll. Der Vertrag trägt die inoffizielle Bezeichnung »Neue Seidenstraße«. Alle waren sich darin einig, daß dieser euro-asiatische Korridor sich die historische Seidenstraße zum Vorbild nehmen solle als legendäres Beispiel von friedlichem Austausch von Waren und Ideen. Die Europäische Union und die USA unterstützten diese Vision und schickten Delegationen nach Baku. Schon 1993 legte die EU das Traceca-Programm auf. Traceca steht für Transport Corridor Europe Caucasus Asia.

Mit einer Fülle von Einzelprojekten für Verkehrs- und Kommunikationsverbindungen greifen Europa und Amerika den beteiligten Staaten finanziell unter die Arme. Dahinter stehen für Brüssel und Washington strategische Interessen. Fast alle Teilnehmer der Seidenstraßen-Konferenz zählten einst zum sowjetischen Machtbereich und waren ökonomisch von Moskau abhängig. Als sie Anfang der neunziger Jahre in die Unabhängigkeit entlassen wurden, entstand ein politisches und wirtschaftliches Vakuum. Das Projekt

»Neue Seidenstraße« sollte helfen, die traditionellen Bindungen nach Rußland aufzulösen, dafür Zentralasien und dem Kaukasus eine neue, westlich orientierte Perspektive zu bieten. Die »Neue Seidenstraße« umgeht Rußland, würde somit seine Vormachtstellung, die es im 19. Jahrhundert in langen Feldzügen erlangte und absicherte, beenden.

Damals spielten das British Empire und das Russische Reich ihr »Great Game«, das Große Spiel um die Kolonialherrschaft im Herzen Asiens. Erst Anfang des 20. Jahrhunderts wurde es mit einem Kompromiß entschieden: Rußland überließ den Briten Indien und Afghanistan, die Briten versprachen im Gegenzug, Rußland in Zentralasien freie Hand zu lassen. Während indes England seine Kolonien nach dem Zweiten Weltkrieg verlor, behielt die Sowjetunion die Eroberungen, die seit den zwanziger Jahren als Sowjetrepubliken in das Rote Reich eingegliedert wurden. Stalin zerschlug die religiösen und kulturellen Bindungen der islamisch-geprägten asiatischen Republiken. Die Moscheen wurden geschlossen, der Koran verboten, ganze Völker umgesiedelt. Kunststaaten entstanden, die es in der Geschichte nie gegeben hatte.

Nach 1990 wurden die zentralasiatischen Republiken unabhängig, ohne einen Kampf für die Freiheit geführt zu haben. Das machte den Neuanfang gleichzeitig einfach und ungeheuer schwierig. Schwierig deshalb, weil es keine wirkliche Opposition gab, kein ideologisches oder administratives Gegenmodell zum Sowjetstaat. So blieben im wesentlichen die Politiker und ihre Clans an der Macht, die schon zuvor von Moskaus Gnaden regierten. Fast alle diese einstigen Kommunisten von Georgiens Schewardnadse bis Usbekistans Karimow aber zogen aus dieser Lage eine klare Konsequenz: Absetzen vom einstigen großen Bruder, Ausrichtung nach Westen!

Europa und Amerika unterstützten diesen Prozeß nach Kräften, während Rußland ihn mit allen Mitteln zu verhindern oder zumindest zu verlangsamen suchte. Ein neues »Great Game« ist im Gange, vielleicht das spannendste geopolitische Tauziehen der Gegenwart. Bei den postkommunistischen Führern Zentralasiens, häufig mit diktatorischen Vollmachten ausgestattet, verbinden sich große Egos, großer Ehrgeiz mit der Aussicht auf das große Geld – eine mächtige, auch gefährliche Mischung. Dazu kommt noch die strategische Bedeutung der Region. Zentralasien liegt mitten in einem brisanten Kräftefeld: im Osten flankiert von einer aufstrebenden Weltmacht (China), im Norden von einer absteigenden (Rußland); im Süden liegen zwei islamische Gottesstaaten (Afghanistan und Iran), im Westen schließlich will ein islamisch-säkularer Staat (die Türkei) eine größere Rolle spielen. Im Hintergrund strebt die Supermacht USA heftig nach Einfluß, wenn nicht Dominanz.

Wie im 19. Jahrhundert geht es um politische Einflußsphären und handfeste wirtschaftliche Interessen. Zentralasien verfügt über reiche Bodenschätze, Gold, Metalle, Uran und vor allem über Erdgas und Öl.

Kasachstans Öl- und Turkmenistans Gasfelder, dazu Aserbaidschans Off-shore-Reserven an schwarzem Gold machen einen Raum aus, der in Zukunft die gleiche Bedeutung wie die Golfregion heute haben könnte. Bezeichnenderweise fand die Seidenstraßen-Konferenz in Aserbaidschans Hauptstadt Baku statt, einst Herz der sowjetischen Ölindustrie. Auf den Feldern von Baku, so Stalin, wurde der Zweite Weltkrieg gewonnen. Drei von vier Fässern Sprit für die Panzer und Flugzeuge der Roten Armee rollten aus Baku an die Front. Als die Russen sich 1990 zurückzogen, nahmen sie alles mit, was von Wert und neu war. Die Produktion sank, zeitweise standen 90 Prozent der Bohrtürme still. Die Hoffnungen vom einfachen Arbeiter bis hinauf zur Staatsspitze richteten sich fortan auf westliche Ölkonzerne. Die haben dann begonnen, die älteren Felder wieder flottzumachen, und sind obendrein auf neue gewaltige Lagerstätten gestoßen.

Im Kaspischen Meer werden vor den Küsten Aserbaidschans und Kasachstans Vorräte vermutet, die zu den größten der Welt gehören. Baku ist heute Boomtown. Die »großen Schwestern«, wie man die westlichen Ölkonzerne hier nennt, haben sich auf Dauer eingerichtet und schon zwei Milliarden Dollar investiert. Wo früher rote Fahnen flatterten, wehen heute das Sternenbanner und Flaggen mit den Logos der Ölmultis. Die US-Außenministerin Albright erklärte Aserbaidschan zum amerikanischen Interessengebiet. In der Ölbranche gilt ein einprägsamer Grundsatz: Wenn US-Konzerne große Summen investieren, schaut und hört das Pentagon genau hin. Öl-Manager sprechen von einem neuen Mittleren Osten, einem neuen Kuwait. »Wir sind hier, um zu bleiben«, meint einer, »denn hier wird bald das ganz große Geld verdient.« Auch die Türkei will mit dabei sein, sieht sich wieder gern als Beschützerin aller islamischen Turkvölker. Manche Pantürkischen Nationalisten träumen gar von einem neuen Groß-Turkestan, von der Wiedervereinigung Zentralasiens.

Mit Beginn des neuen Jahrtausends soll die Großförderung draußen im Kaspischen Meer beginnen. Optimistische Schätzungen scheinen sich nach ersten Bohrungen zu erfüllen.

Das schönste Öl aber ist nichts wert, wenn man es nicht zu den Abnehmern leiten kann. Die Streckenführung der Pipeline hat einen erbitterten Machtpoker ausgelöst. Bisher ging die einzige Pipeline für das kaspische Öl über Rußland. Die neuen Pipelines aber werden aller Voraussicht nach an Rußland vorbeigeleitet. Sie folgen fast dem Verlauf der alten Seidenstraße, unter anderem durch das NATO-Land Türkei. Rußland seinerseits will diesem Spiel offenbar nicht ruhig zusehen. Es besteht kaum ein Zweifel, daß sich Rußland auf den Tschetschenien-Krieg auch deswegen einließ, um die Kontrolle über das Öl zu behalten. Durch Tschetschenien führt die bislang einzige intakte Pipeline. Der Tschetschenien-Krieg aber machte Aserbaidschan und Georgien klar, daß man Verbündete im Westen braucht, um die Souveränität auf Dauer zu behalten.

Hajdar Alijew, Staatspräsident von Aserbaidschan, hat in jüngster Zeit zwei Putschversuche überlebt, auf Georgiens Präsident Edward Schewardnadse wurden zwei Attentate verübt, bei denen der Präsident nur knapp mit dem Leben davonkam. In Baku und Tiflis macht man hinter vorgehalter Hand Rußland für diese Anschläge verantwortlich und holte sich amerikanische Militärberater ins Land. Vor diesem Hintergrund gewinnt das Projekt »Neue Seidenstraße« strategische Brisanz, denn vom kaspischen Öl wollen auch die anderen zentralasiatischen Staaten profitieren.

Auch China schaut begehrlich auf seine potentiell reichen Nachbarn im Westen. Es braucht neben neuen Märkten gewaltige Mengen an Öl und Erdgas. Will China seine Wachstumsraten auch nur annähernd halten, muß es im neuen Jahrtausend seine Energieimporte vervielfachen. Im Gespräch sind neue Pipelines quer durch Zentralasien. Die geplanten Investitionen gehören zu den größten in der Geschichte der Volksrepublik.

Chinas Wirtschaft wächst gegenwärtig mit beeindruckenden acht Prozent im Jahr. Wovon indes die meisten Länder nur träumen können, reicht für China gerade aus, um Massenarbeitslosigkeit nicht zum sozialen Problem werden zu lassen. Privatisierung vernichtet erst einmal Arbeitsplätze, bevor welche geschaffen werden – diese Grunderfahrung beim Übergang von der Kommando- zur Marktwirtschaft kann bei den Dimensionen Chinas leicht zum Albtraum werden. Die kommunistische Führung will gegensteuern mit gewaltigen öffentlichen Ausgaben, geschätzten 750 Milliarden US-Dollar bis zum Jahr 2000. Bei der Schaffung einer neuen Infrastruktur und der Modernisierung veralteter Industrien hat der Nordwesten Chinas Priorität. Denn in der Provinz Xinjiang, wo einst die Seidenstraße verlief, liegen 80 Prozent der Rohstoffreserven.

Wer heute die Seidenstraße bereist, kommt nur mühsam voran: Über den in den siebziger Jahren ungeteerten Karawanenweg soll eine streckenweise vierspurige Schnellstraße gelegt werden: durch Wüsten oder wüstenähnliche Gebiete. Schilder künden heute von einer neuen Seidenstraße, gesäumt von »sauberen« Industrien und Musterstädten vom Reißbrett.

Im Herzen Xinjiangs, mitten in der berüchtigten Wüste Takla Makan, wurde in den achtziger Jahren Öl entdeckt. Um diese Entdeckung wirtschaftlich zu nutzen, gab es nur eine Lösung: eine Straße quer durch die schlimmste Wüste der Welt. China schickte Zehntausende Arbeiter – oder richtiger vielleicht: Arbeitssklaven – in die Wüste, ließ sie jahrelang schuften bei 70 Grad im Sommer und 30 Grad minus im Winter.

Im September 1995 wurde der Highway 312 dem Verkehr übergeben. Er verbindet die alten Oasenstädte der Seidenstraße. Den Highway gegen Sandstürme offenzuhalten, erfordert den Dauereinsatz tausender Arbeitskräfte – eine Aufgabe, die wohl nur ein Land wie China bewältigen kann. Es verfügt über schier unerschöpfliche Arbeiterheere und ist bereit, für den Sprung zur Weltmacht jedes Opfer zu bringen.

Schon in den sechziger Jahren nahm China gemeinsam mit Pakistan eines der gewaltigsten Bauvorhaben der Geschichte in Angriff: den Karakorum Highway, eine Straße von vielen hundert Kilometern quer durch eines der höchsten Gebirge der Welt. Mehr als 20 Jahre dauerte der Bau, Hunderte von Arbeitern kamen bei

Lawinen und Steinschlag ums Leben. Seit den achtziger Jahren ist der Highway geöffnet.

Erstmals seit dem 13. Jahrhundert ist es wieder möglich, die Seidenstraße ohne Unterbrechung zu befahren. Aus dem Norden Irans führt seit zwei Jahren auch eine neue Eisenbahnstrecke zur Grenze Turkmenistans. Eine Freihandelszone ist geplant, genau dort, wo einst persische Zwischenhändler chinesische Seide in Richtung Rom auf den Weg brachten.

In allen Staaten entlang der Seidenstraße kommt es verstärkt zu einer Rückbesinnung auf Traditionen der Vor-Sowjetzeit. Dazu gehört vor allem die Wiedergeburt des Islam. In Usbekistan etwa entstehen täglich neue Moscheen, die neugegründeten Koranschulen in Buchara und Samarkand sind hoffnungslos überlaufen. Als Staatspräsident Karimow, ein Altkommunist mit dem vielversprechenden Vornamen Islam, den Eid auf die Verfassung ablegte, hielt er den Koran in der Hand. Karimow ging auch auf Pilgerreise nach Mekka, um sich der islamischen Wiedergeburt verpflichtet zu zeigen, aber politisch will er eher dem Modell der Türkei folgen, Staat und Religion strikt trennen. Er und andere fürchten, daß die Woge der neuen Gläubigkeit auch politische Formen annehmen könnte. Zwar lehnen die meisten Mullahs offiziell den Fundamentalismus ab und verweisen auf die reformerischen Traditionen des zentralasiatischen Islam, aber Afghanistan und der Iran liegen gleich in der Nachbarschaft, und äußere Not könnte bei den armen Massen die Sehnsucht nach einem Gottesstaat wecken. Millionen scheinen die Notwendigkeit zu fühlen, die alten, abgedankten Wahrheiten des Kommunismus durch die älteren, höchst lebendigen des Korans zu ersetzen.

Auch China hat Probleme mit seiner islamisch geprägten Seidenstraßenprovinz Xinjiang. Man fürchtet, daß die neue Glaubensfreiheit zu Konflikten mit der ohnehin ungeliebten kommunistischen Zentralregierung führen könnte. Wie schon zu Zeiten der Kaiser reagiert Peking mit einer Mischung aus Härte und Anpassung: Härte gegen Unruhestifter, Anpassung bei den gemäßigten und akzeptierten religiösen Führern. Bei ihnen zieht man Samthandschuhe an, wohl wissend, daß die geistlichen Herren den Herzen der Uiguren wesentlich näherstehen als kommunistische Funktionäre. Erst nach erheblichem Zögern erklärten sich unsere offiziellen Begleiter zum Beispiel bereit, ein Interview mit dem Imam von Kashgar zu vermitteln. Da man im Beisein von chinesischen »Aufpassern« klare Antworten nicht erwarten kann, fragten wir indirekt, was für ihn, den Gläubigen und gleichzeitig chinesischen Staatsbürger, die höchste Autorität sei; wem seine Loyalität gelte. Daß er den Hintersinn dieser Formulierung verstanden hatte, ließ sich an seinen Gesichtszügen ablesen. Ohne zu zögern, antwortete er klar und deutlich: »Der Koran ist das höchste Gesetz und Allah die höchste Instanz.« Mehr braucht einer in einer atheistischen Diktatur wirklich nicht zu sagen. Unsere Begleiter nahmen es zur Kenntnis.

Das beste Mittel gegen radikale Strömungen ist bekanntlich wachsender Wohlstand. Der dazu nötige wirtschaftliche Aufschwung setzt für die meisten zentralasiatischen Politiker die Anbindung an den Westen bei gleichzeitigen guten Beziehungen zu China voraus.

Genau dieser Gedanke liegt der Vision der »Neuen Seidenstraße« zugrunde. Wer etwa durch Usbekistan reist, der trifft überall auf Plakate, die das Projekt Seidenstraße feiern. Der Präsident Kirgisistans hat eine »Seidenstraßen-Doktrin« erlassen, Grundlage seiner Innen- und Außenpolitik. Der Berater von Präsident Akajew, der Schriftsteller Aitmatow, sagte uns in einem Interview: »Heute ist soviel von Globalisierung die Rede. Dabei ist das keine neue Idee, keine neue Entwicklung. Die Seidenstraße hat schon vor vielen Jahrhunderten Länder und Kulturen miteinander verbunden. Das neue Eurasien, die Verbindung von Europa und Asien, gab es ja schon, und heute geht es darum, eine ganze Weltgegend sozusagen wieder auf die Landkarte zu bringen. Hier entsteht ein neuer Raum, eine neue Verbindung von Ost und West, und unsere politische Führung hat zu Recht eine Seidenstraßen-Doktrin ausgegeben. Die Seidenstraße ist eine der großen Legenden, sie birgt Mythen der Geschichte, aber sie existierte. Sie muß und wird neu entstehen als Brücke zwischen den Völkern. Und der Westen, Europa, sollte als Partner auftreten, damit Ost und West wieder zueinanderfinden, ein so fruchtbares Verhältnis wie in der Vergangenheit eingehen.«

Der Mythos Seidenstraße lebt, ist hochaktuell. Auch wenn es noch viele Jahre dauern wird, bis Visionen Wirklichkeit werden. »Aber was vor 2000 Jahren möglich war«, meint Aitmatow, »sollte auch im Zeitalter der Globalisierung zu schaffen sein.«

Schon heute rollen Lkw-Kolonnen über Straßen, die man über die Reste von Pisten baute, über die einst die Karawanen zogen. So gut wie jeder, den wir auf unserer Reportage-Reise auf die Seidenstraße ansprachen, verband mit diesem Begriff eine große Vergangenheit und ein Versprechen für die Zukunft.

Anhang

Zeittafel zur chinesischen Geschichte

ca. 1650–1050   *Shang-Dynastie*

ca. 1050–771   *Westliche Zhou-Dynastie*

770–256   *Östliche Zhou-Dynastie*
um 600   Laozi
551–479   Überlieferte Lebensdaten von Konfuzius.
486   Erste Erwähnung eines Kanalbaus.

453–221   *Zeit der Streitenden Reiche*

221–206   *Qin-Dynastie*
             Der »Erste Kaiser«, Qin Shihuangdi, vereinigt das Reich.
             Beginn des Baus der »Großen Mauer« und Entstehung
             des ersten Straßennetzes sowie der Terrakotta-Armee
             in Xi'an.

206–9 n. Chr.   *Westliche Han-Dynastie*
139   Beginn der Reisen des Zhang Qian.
129   Erschließung der Handelswege nach Westen
             unter Kaiser Wu. Entstehung der »Seidenstraße«.
104   Feldzüge des Li Guang.
             Die »himmlischen Pferde« gelangen nach China.
50   Die Seide gelangt nach Rom.

nach Chr.:
25–220   *Östliche Han-Dynastie*
31   Erste Erwähnung von wasserangetriebenen
             Blasebälgen an Hochöfen.
157   Eine Volkszählung ergibt eine Bevölkerung von
             56 486 856 Menschen.

220–265   *Drei Reiche*

317–589   *Nördliche und Südliche Dynastien*
344–413   Kumarajiva der erste große Übersetzer buddhistischer
             Texte.
399   Der Mönch Faxian reist nach Indien.

589–618	*Sui-Dynastie*
550	Das Geheimnis der Seidenherstellung gelangt nach Khotan und 552 nach Byzanz.
618–906	*Tang-Dynastie*
626–649	Kaiser Li Shimin
629–645	Xuanzangs Reise nach Indien.
631	Nestorianer in China
712–755	Kaiser Xuanzong
745–840	Steppenreich der alttürkischen Uiguren
755	An-Lushan-Rebellion
820	Erste Form von Papiergeld
841–846	Kaiser Wu Zong
845	Edikt des Kaisers gegen Buddhismus und andere Religionen.
868	Erstes bekanntes Buch in Blockdruck erscheint.
906–960	*Fünf Dynastien*
919	Erste Anwendung einer Schießpulvermischung
960–1127	*Nördliche Song-Dynastie*
1127–1279	*Südliche Song-Dynastie*
1279–1368	*Mongolische Yuan-Dynastie*
1368–1644	*Ming-Dynastie*
1368–1398	Kaiser Zhu Yuanzhang, Gründer der Ming-Dynastie.
1405	Expeditionen des Zheng He bis nach Afrika.
1583–1610	Matteo Ricci in China.
1644–1911	*Qing-Dynastie*
1840	Beginn des Opiumkrieges
1912	*Gründung der Republik China*
1949	*Gründung der Volksrepublik China*
1978	Beginn der Wirtschaftsreformen von Deng Xiaoping.

Zur Aussprache

Die Umschrift chinesischer Namen und Begriffe erfolgt in Pinyin (also zum Beispiel Beijing für Peking, Xinjiang für Sinkiang und Xi'an für Sian).

Vokale

ai	wie ai	in Saite
ao	wie au	in Baum
ei	zwischen ei	zwischen englisch *eight*
	und eh	und Ehe
e	zwischen kurzem ö	wie in Böller
	und kurzem e	wie in Falle
i	(nach c, sh, z, zh) ö,	wie in schön
	sonst i	wie in Liebe
o	als Endlaut offenes o	wie offen
ong	in der Silbe kurzes u	wie in Lunge
ou	Diphtong	wie englisch *go*
u	(nach j, g, x, y) ü	wie in müde
	sonst u	wie in gut

Konsonanten

c	wie z	in Zürich
ch	wie tsch	in Rutsche
h	wie ch	in Tuch
q	wie ch	in Chile
r	zwischen englisch r	
	und j	in Journalist
sh	wie sch	in schön
x	etwa wie ch	in wichtig
y	wie j	in Jubel
z	wie stimmhaftes z	wie englisch *zero*
zh	wie weiches j	wie englisch *job*
w	etwa wie u	wie englisch *white*

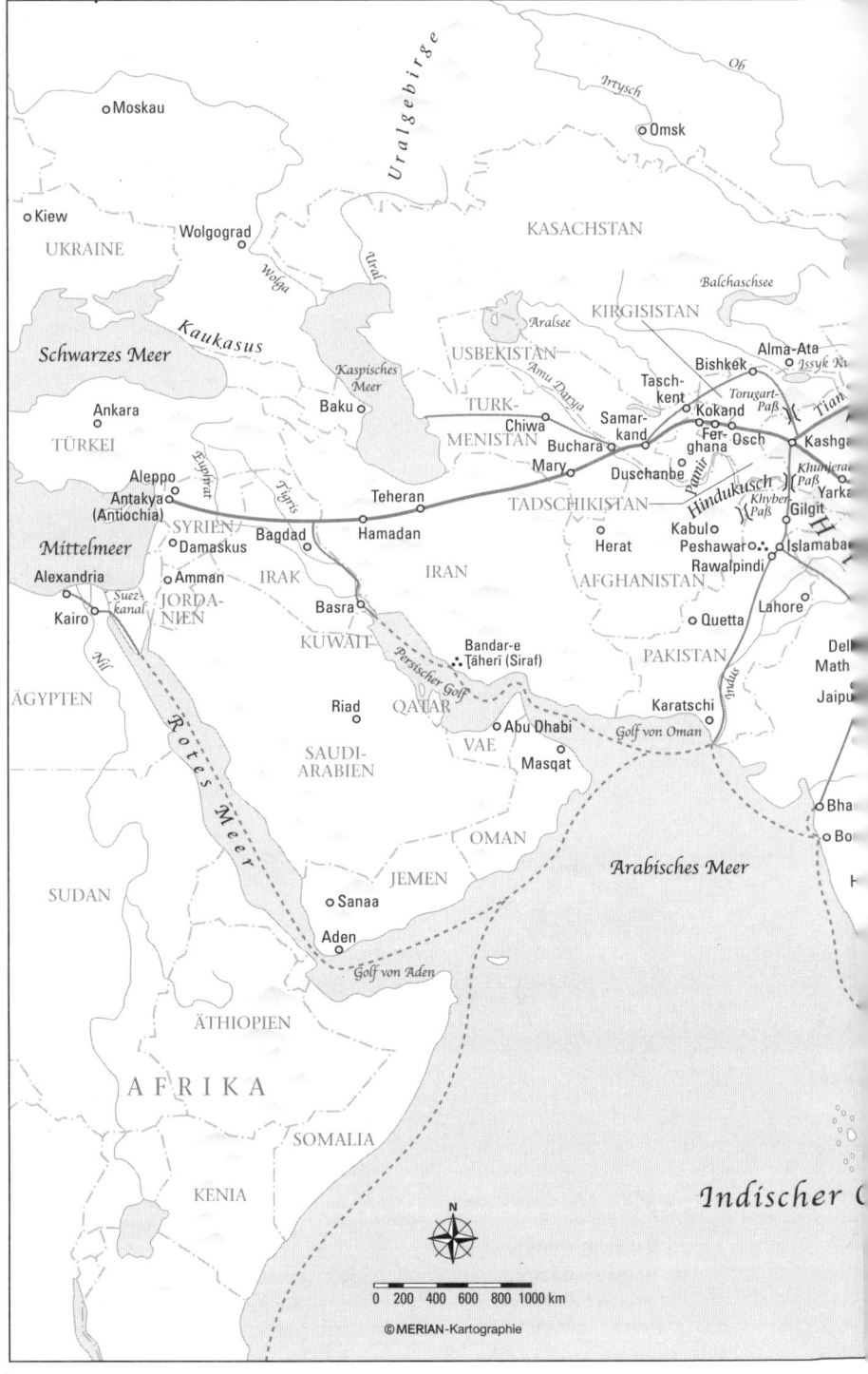